AF233943

EXERCICES

ORTHOGRAPHIQUES

—

LIVRE DU MAITRE

Les ouvrages suivants, par F. P. B., se trouvent
aux mêmes adresses.

Abrégé d'Arithmétique décimale, 1 vol. in-18.
Abrégé de Géographie, 1 vol. in-18.
Abrégé de Grammaire Française, 1 vol. in-18.
Abrégé d'Histoire sainte et d'Histoire de France, 1 vol. in-18.
Abrégés réunis (les 4 ouvrages ci-dessus).
Abrégé de la Vie de N. S. J.-C., 1 vol. in-18.
Chants pieux, ou Choix de Cantiques, 1 vol. in-18.
Le Même livre (Musique).
Cours complet d'Histoire, 1 gros vol. in-12.
Cours d'Ecriture, 1 vol. in-4°.
Dictées et Corrigé des Exercices Orthographiques, 1 vol. in-12.
Dictionnaire de la Langue française, 1 vol. in-8°.
Exercices Orthographiques, 1 vol. in-12.
Les Mêmes, avec un petit Dictionnaire.
Géographie commerciale et historique, 1 vol. in-12 avec cartes.
Géométrie pratique, 1 vol. in-12.
Grammaire Française élémentaire, 1 vol. in-12.
Lectures instructives (autographiées), 1 vol. in-12.
Les Mêmes, caractères d'imprimerie en regard, 1 vol. in-12
Nouveau Traité d'Arithmétique décimale, 1 vol. in-12.
Nouveau Traité des Devoirs du Chrétien, 1 vol. in-12.
Solutions des Problèmes du Traité d'Arithmétique, in-12.
Syllabaire des Ecoles Chrétiennes, in-18 de 144 pages.

EXERCICES
ORTHOGRAPHIQUES

COURS DE PREMIÈRE ANNÉE

MIS EN RAPPORT

AVEC L'EXTRAIT DE LA GRAMMAIRE DES FRÈRES DES ÉCOLES CHRÉTIENNES

Par F. P. B.

> Les meilleures méthodes sont celles qui font le plus agir l'esprit, qui l'exercent le plus énergiquement dans la mesure de ses forces présentes.
>
> MGR DUPANLOUP.

LIVRE DU MAITRE

CHEZ LES ÉDITEURS

TOURS   **PARIS**

Aⁿ MAME ET Çⁱᵉ   Vᵉ POUSSIELGUE RUSAND

Imprimeurs-Libraires.   Rue Saint-Sulpice, 23.

1860

EXERCICES ORTHOGRAPHIQUES

COURS DE PREMIÈRE ANNÉE

PREMIÈRE PARTIE

INDICATIONS MÉTHODOLOGIQUES.

Il importe, surtout dans le cours élémentaire, d'aller lentement, de ne passer sur aucun milieu nécessaire, et de bien préparer les élèves avant de leur prescrire des devoirs un peu difficiles.

Au point de vue de l'orthographe, l'exercice le plus difficile pour un enfant qui débute, est la dictée proprement dite; c'est pourquoi nous conseillons aux maîtres de terminer par elle chacune de nos leçons.

Voici, dans l'ordre chronologique, les différents travaux qui peuvent être faits par les élèves sur une leçon de ce cours :

1° Étude et récitation des numéros de grammaire indiqués en tête de la leçon.

2° Exercice oral prescrit pour cette leçon.

3° Lecture et épellation du texte de la dictée.

4° Préparation des devoirs écrits.

5° Correction des devoirs écrits que les élèves ont dû faire chez leurs parents ou en étude.

6° Dictée proprement dite, épellation et correction.

7° Vérification de la correction.

Il est bien entendu que ces travaux ne se font pas en un seul jour, à moins qu'on n'ait beaucoup de temps à sa disposition, ou que l'on ne subdivise chaque texte en deux ou trois parties.

Dans ce dernier cas, on pourrait faire les quatre premiers le soir, pendant la demi-heure destinée à la récitation de la grammaire, et les trois derniers le lendemain matin, dans le temps destiné à la leçon d'orthographe.

S'il arrivait que les élèves eussent achevé les devoirs écrits d'une leçon avant que le maître jugeât à propos de leur laisser commencer la suivante, il pourrait, en attendant, leur donner pour devoir soit de relever au propre quelque dictée ou quelque exercice précédemment corrigé, soit de copier les verbes auxiliaires et les conjugaisons modèles, soit de répondre par écrit à quelques questions de grammaire.

Dans les premières leçons, les exercices oraux contiennent les questions mêmes que le maître doit adresser aux enfants ; plus tard, ils ne renferment que des conseils, des indications méthodologiques, auxquelles il tâchera de se conformer le plus possible.

PREMIÈRE LEÇON.

Du nom (Gr. n° 15).

EXERCICE ORAL.

DÉFINITION. Le nom est un mot qui sert à désigner une personne ou une chose.

QUESTIONNAIRE. Qu'est-ce que le nom? — A quoi sert le nom? — Citez trois ou quatre noms désignant des personnes... des choses qu'on voie... — Citez quelques noms de la dictée qui désignent des parents.

DICTÉE.

La famille, le père, la mère, le frère, la sœur, l'oncle, la tante, le cousin, la cousine, le parent, l'ami, le voisin, le patron, le garçon, la fille, le compagnon, le camarade, le grand-père, la grand'mère, l'homme, la femme, le fils, l'enfant.

Le ciel, la terre, la mer, le feu, l'eau, l'air, le vent, le pain, le vin, le blé, la vigne, les arbres, la pierre, le jardin, la plante, la fleur, la maison, le mur, la ville, le village, le chemin, la rue, la place, l'or, l'argent, le fer, la montagne, la plaine, le jour, la nuit.

J'aime beaucoup mon papa et ma maman; mais j'aime encore plus le bon Dieu.

DEVOIRS ÉCRITS.

1. Les élèves copieront les noms compris dans la dictée précédente, mais sans les faire précéder des mots le, la, l', mon, ma.

MODÈLE : Famille, père....

2. Ils copieront, dans le petit dictionnaire, quinze noms commençant par A, et pris dans la première colonne.

MODÈLE : Abaissement, abandon, abandonnement.....

2ᵉ LEÇON.

Du nom (Gr. nº 15).

EXERCICE ORAL.

DÉFINITION. Le nom est un mot qui sert à désigner une personne ou une chose.

QUESTIONNAIRE. Qu'est-ce que le nom? — Le mot *table* est-il un nom, et pourquoi? — Pourquoi les mots *chanter, marcher...* ne sont-ils pas des noms? — Pourquoi les mots *cavalier, cheval, sabre....* sont-ils des noms? — Citez cinq ou six noms désignant des choses à votre usage. — Citez quelques noms de la dictée qui désignent des personnes... des objets en bois... des objets en papier... des livres...

DICTÉE.

L'école, le pensionnat, la classe, la table, le bureau, le banc, le maître, l'instituteur, l'écolier, l'élève, l'étudiant, le pensionnaire, le répétiteur, le moniteur, la composition, la question, la réponse, la copie, l'examen, l'explication, le tableau, la carte, le modèle, la planchette, la baguette, le signal, le cahier, le papier, la page, la plume, l'encre, le crayon, la lettre, le transparent, l'image, la gravure, la feuille, le livre, la couverture, le feuillet, la bible, le règlement, le syllabaire, le catéchisme, le dictionnaire, la grammaire, l'histoire, la récompense, une note, un point, le congé, les vacances.

J'ai acheté un encrier, une règle et un cartable.

DEVOIRS ÉCRITS.

1. *Les élèves copieront les noms compris dans la dictée précédente, mais sans employer les mots* le, la, l', les, un, une.

MODÈLE : Ecole, pensionnat, classe.....

2. *Ils copieront quinze noms dans le petit dictionnaire, en commençant au mot* ablution.

MODÈLE : Ablution, abnégation, aboiement.....

3ᵉ LEÇON.

Du nom (Gr. nº 15).

EXERCICE ORAL.

DÉFINITION DU NOM. Le nom est un mot...

QUESTIONNAIRE. Comment s'appellent les mots qui désignent les personnes ou les choses? — Citez cinq ou six noms d'oiseaux. — Pourquoi ces mots sont-ils des noms? — Citez quelques noms d'animaux domestiques. — Citez-en quelques-uns désignant des animaux sauvages. — *Loup, lion, tigre...*

DICTÉE.

L'animal, le bétail, l'agneau, l'âne, l'ânon, le baudet, le bœuf, la brebis, le taureau, le cheval, le mouton, le mulet, la cavale, la génisse, la vache, le veau, le bouc, la chèvre, le porc, le cochon, le pourceau, le dogue, le chien, le chat, la chatte, le chameau, le loup, la louve, le lion, la lionne, le tigre, l'ours, le léopard, le renard, la fouine, le furet, l'oiseau, la volaille, la cane, le canard, le coq, la poule, le poussin, le pigeon, la colombe, la tourterelle, le dindon, l'oie, le faisan, l'aigle, le vautour, l'épervier, le faucon.

J'ai vu un éléphant et une tigresse.

DEVOIRS ÉCRITS.

1. Les élèves copieront les noms précédents, mais en omettant les mots le, la, l', un, une.

Modèle : Animal, bétail, agneau, âne...

2. A partir du mot absinthe, *ils copieront quinze noms dans le petit dictionnaire.*

Modèle : Absinthe, absolution, absorption......

4ᵉ LEÇON.

Du nom (Gr. nᵒ 15).

EXERCICE ORAL.

Définition. Le nom est un mot servant à désigner une personne, un animal ou une chose.

Questionnaire. Quels mots sont appelés noms? — Citez quelques noms désignant des vêtements. — Pourquoi les mots *tailleur, linger...* sont-ils des noms? — Pourquoi les mots *habit, linge...* sont-ils des noms? — Citez des noms de la dictée qui désignent des coiffures... des chaussures...

DICTÉE.

L'habillement, le vêtement, le trousseau, le costume, l'uniforme, la livrée, la casquette, la calotte, le bonnet, le chapeau, le capuchon, la coiffe, la toque, le turban, le képi, la blouse, la lévite, la veste, le paletot, l'habit, le manteau, la redingote, la capote, le gilet, le linge, la chemise, le mouchoir, le tablier, le tricot, la flanelle, le caleçon, la camisole, la collerette, le collet, le col, le corset, la cravate, les gants, les bottes, les bottines, les brodequins, les chaussettes, les escarpins, les bas, les galoches, les pantoufles, les sabots, les chaussons, les sandales, les savates, les souliers, le fil, le cordon, la ficelle, la bretelle.

J'ai déchiré ma tunique et mon pantalon.

DEVOIRS ÉCRITS.

1. *Les élèves copieront les noms de la dictée, sans employer les mots* le, la, les, mon, ma.

Modèle : Habillement, vêtement, trousseau,.....

2. *A partir de* accentuation, *ils copieront quinze noms dans le petit dictionnaire.*

Modèle : Accentuation, acception, accès......

5e LEÇON.

Récapitulation des quatre leçons précédentes.

EXERCICE ORAL 1.

Texte : C'est pour l'homme que Dieu a créé le soleil, la lune, les étoiles, toutes les plantes et tous les animaux.

Questionnaire. Qu'appelle-t-on noms? — Quels sont les noms compris dans cette phrase? — Quels noms de cette phrase désignent des personnes? — Quels noms désignent des choses inanimées? — Pourquoi *homme, Dieu, soleil...* sont-ils des noms? — Le mot *plantes* est-il un nom? pourquoi?...

COMPOSITION.

J'aime mon père et ma mère, mon frère et ma sœur, mon oncle et ma tante. — Pour l'homme Dieu a créé le ciel, la terre et la mer, le blé, la vigne, les arbres et toutes les plantes, le cheval, le bœuf, la chèvre, le mouton, le chien, le coq, la poule, le canard, la cane, le pigeon, la tourterelle et tous les animaux. — J'ai acheté une carte, un modèle, un cahier, un transparent, un dictionnaire et une histoire; j'ai encore acheté une tunique, un képi, des bottines et des sabots. — J'ai vu un lion, un léopard, un aigle, un vautour, un épervier, un renard et une fouine. — J'ai déchiré mon paletot, ma blouse, ma chemise, mon bonnet, mes bas et mes chaussons.

DEVOIRS ÉCRITS.

1. *Les élèves copieront les mots ci-après en remplaçant les points par* a *ou par* e, *suivant l'usage.*

La tante généreuse, le parent, la femme, l'enfant, le vent, la plante, l'argent, la bonne maman, le pensionnat,

---

1 La phrase donnée pour texte de cet exercice doit être écrite au tableau noir ; cependant comme elle est aussi sur le livre de l'élève, cela n'est pas absolument indispensable. Après que les enfants l'auront lue et épelée, le maître leur adressera les questions placées au-dessous, et au besoin les multipliera, afin de bien faire récapituler les exercices oraux des quatre leçons précédentes.

Cette note est également pour les autres leçons récapitulatives.

le banc, la planchette, l'encre noire, le transparent, le règlement, la récompense, un encrier, le milan, l'éléphant,
l'habillement, le vêtement, le turban, le manteau, le pantalon, les pantoufles, les sandales, l'abandon, l'abattement, l'abondance, l'absence, l'accident, le substantif, la
langue, la pensée.

2. *Les élèves remplaceront les points par t, ou tt, suivant
l'usage :*

La crava*t*e, la calo*tt*e, les bo*tt*es, la redingo*t*e, la capo*t*e,
les bo*tt*ines, la lévi*t*e, les sava*t*es, la cha*tt*e, la bonne no*t*e,
l'aba*tt*ement, l'aba*tt*oir.

6e LEÇON.

Définition du nom (Gr. n° 15).

EXERCICE ORAL.

QUESTIONNAIRE. Qu'est-ce que le substantif? — Comment s'appelle plus ordinairement le substantif? — Citez six noms de la
dictée qui signifient des meubles. — Citez-en quatre qui signifient
des parties de maison. — Lisez les vingt premiers noms de la
dictée, et dites de chacun s'il désigne un meuble ou une partie
d'habitation.

DICTÉE.

La cave, le rez-de-chaussée, l'entresol, *la bibliothèque*,
la chaise, l'étage, *le coffre-fort*, le grenier, *le buffet*, *la commode*, le salon, la salle, *le fauteuil*, *le siège*, *l'horloge*, *la
pendule*, *le miroir*, la chambre, le cabinet, *l'armoire*, la
cuisine, le dortoir, *le berceau*, *le lit*, *le canapé*, *la boîte*,
la caisse, le lavoir, le réfectoire, *la table*, *la huche*, la cellule,
l'alcôve, l'antichambre, *le secrétaire*, le balcon, le corridor,
le couloir, *le tabouret*, *la corbeille*, l'écurie, le hangar, l'escalier, *le marchepied*, le laboratoire, le palier de l'escalier,
le vestibule, le cellier, la soupente, *la malle*, la terrasse,
le toit, la mansarde, le galetas.

J'ai nettoyé les meubles de mon appartement.

DEVOIRS ÉCRITS [1].

1 *Les élèves copieront les noms de la dictée qui désignent des
parties d'une habitation.*

MODÈLE : Cave, rez-de-chaussée, entresol,.....

2. *Ils copieront tous les noms désignant des meubles.*

MODÈLE : Bibliothèque, chaise, coffre-fort....

---

1 Si ces exercices étaient trop difficiles pour les enfants, on les rem-
placerait par une simple copie de la dictée.

3. *A partir de* achèvement, *ils extrairont quinze noms du petit dictionnaire.*

Modèle : Achèvement, acide, acidité,.....

7º LEÇON.

Définition du nom (Gr. nº 15).

EXERCICE ORAL.

Questionnaire. Définissez le nom. — Citez les noms qui dans le texte de la dictée signifient des arbres. — Citez ceux qui désignent des fruits. — Lisez les vingt premiers, et dites de chacun s'il signifie un arbre ou un fruit.

DICTÉE.

Sapin, pin, abricotier, *abricot, amande,* amandier, cerisier, châtaignier, *châtaigne, cerise,* chêne, *gland,* citronnier, palmier, dattier, *datte,* figuier, grenadier, *marron, citron, figue, grenade,* marronnier, *mûre,* mûrier, *noix,* noyer, *olive,* olivier, *orange, pêche, poire,* pommier, oranger, pêcher, poirier, *pomme,* prunier, *prune,* cocotier, *coco,* noisetier, *noisette,* fraisier, *fraise,* groseillier, *groseille,* néflier, *nèfle,* sorbier, *sorbe,* jujubier, *jujube,* coignassier, *coing,* tilleul, sycomore, sureau, saule, orme, laurier, if, hêtre, frêne, cyprès.

Le vent a déraciné le peuplier et le platane. J'ai cueilli un *raisin.*

DEVOIRS ÉCRITS.

1. *Les élèves copieront tous les noms de la dictée qui désignent des arbres ou des plantes.*

Modèle : Sapin, pin, abricotier.....

2. *Ils transcriront tous ceux qui signifient des fruits.*

Modèle : Abricot, amande, châtaigne.....

3. *Ils copieront quinze noms dans le dictionnaire, en commençant à* administration.

Modèle : Administration, admiration, admission.....

8e LEÇON.

Définition du nom (Gr. nº 15).

EXERCICE ORAL.

Questionnaire. Qu'est-ce que le nom? — Citez six noms du texte de la dictée, qui signifient des vertus. — Citez-en six qui signifient des vices. — Citez-les tous, et dites de chacun s'il désigne un vice ou une vertu.

DICTÉE.

La foi, *l'incrédulité,* l'espérance, *le désespoir, la présomp-*

tion, la générosité, la bienfaisance, *l'avarice, la cupidité,
l'orgueil, l'ambition,* l'humilité, *la colère,* la douceur, *la haine,*
la patience, la tempérance, *l'ivrognerie, la sensualité, la
gourmandise,* la sobriété, *la paresse, la nonchalance, la
mollesse,* la chasteté, la modestie, la probité, *l'injustice,*
la piété, *l'irréligion,* la pénitence, la reconnaissance, *l'ingratitude, la perfidie,* la loyauté, la prudence, la sagesse,
la compassion, *l'humanité, la jalousie, la médisance, la
calomnie, l'envie,* la bienveillance, *l'arrogance,* la sincérité,
l'hypocrisie, le mensonge, l'obéissance, la soumission, le
courage, *la pusillanimité,* la sollicitude, la vigilance, le
zèle.

La religion nous commande d'opposer la justice à *la partialité,* la charité à *l'égoïsme,* le pardon à *la vengeance.*

DEVOIRS ÉCRITS.

1. *Les élèves transcriront les noms signifiant des vertus.*
Modèle : Foi, espérance, générosité.....
2. *Ils transcriront ceux qui signifient des vices ou des
défauts.*
Modèle : Incrédulité, désespoir, présomption.....
3. *Ils extrairont quinze noms du petit dictionnaire, en commençant à* affectation.
Modèle : Affectation, affection, affermissement.....

9º LEÇON.

Définition du nom (Gr. nº 15).

EXERCICE ORAL.

Questionnaire. A quelle partie du discours appartiennent les
mots *loquet, serrure, clef*...? Pourquoi les mots *tiroir, placard,
échelle...* sont-ils des noms? — Citez cinq noms de la dictée,
désignant des objets ordinairement en fer. — Citez-en six qui
désignent des objets ordinairement en bois. — Lisez tous les noms
de la dictée, et dites de chacun s'il désigne un objet en bois ou
un objet en fer.

DICTÉE.

Le porte-manteau, *la serrure, la clef,* la croisée, l'imposte, le placard, le tiroir, la cabane, *les fermetures,* le
parquet, *la broche, le gril, la grille,* l'abat-jour, l'échelle,
le brancard, *le boulon,* l'écrou, *le cadenas,* le châssis, *le clou,*
l'enclume, la porte, *le loquet, la crémaillère,* le plancher,
la plaque, le ciseau, la tringle, le verrou, le volet, *la targette,*
le baquet, le baril, *le réchaud, la spatule, le tournebroche,*
la coulisse, *l'étau, la lime,* la banquette, *la girouette,* le
contrevent, le lambris, *le paratonnerre,* la persienne, *les*

gonds, l'escabeau, le guéridon [1], la lucarne, la poutre, la solive, le chambranle [2].

L'ouvrier a achevé de poser les plinthes [3].

DEVOIRS ÉCRITS.

1. Les élèves copieront tous les noms de la dictée, qui désignent des objets généralement en bois.

Modèle : Porte-manteau, croisée, imposte...

2. Ils copieront tous les noms désignant des objets généralement en fer.

Modèle : Serrure, clef, fermetures.....

3. Ils extrairont vingt noms du petit dictionnaire, en commençant à agilité.

Modèle : Agilité, agio, agiotage.....

10e LEÇON.

Récapitulation des quatre leçons précédentes.

EXERCICE ORAL.

Texte : La *jalousie* produit la *haine* et l'*envie*, et cause le *malheur* de l'*homme*.

Questionnaire. Quels mots appelle-t-on noms? — Quels mots de cette phrase sont des noms? Dites de chacun pourquoi c'est un nom. — Citez quatre noms désignant des arbres... des fruits... des vertus... des vices... des meubles... des parties d'habitation... des objets en fer.

COMPOSITION.

J'ai visité la cave, l'entresol, le salon, la mansarde et le grenier. — J'ai nettoyé la table, le lit, le berceau, le canapé, le fauteuil, le marchepied et tous les meubles de ma chambre. — J'ai acheté une clef pour la serrure de mon coffre-fort; des gonds, un verrou et un loquet pour la porte de l'écurie. — L'ouvrier a achevé le plancher, le châssis, le placard, les plinthes et le lambris. — La religion nous commande d'opposer la modestie à l'ambition, la douceur à la colère, la charité à l'égoïsme, la piété à l'irréligion, la tempérance à la gourmandise, la sincérité à l'hypocrisie. — Le vent a déraciné le pêcher, l'abricotier, le cerisier, le marronnier et le chêne. — J'ai cueilli un raisin, une prune, une figue, une poire et une pomme.

---

1 *Guéridon*, petite table ronde à un seul pied.

2 *Chambranle*, cadre servant d'ornement à une porte ou à une cheminée.

3 *Plinthe*, planche très-mince que l'on place au bas des murs dans un appartement.

DEVOIRS ÉCRITS.

1. *Les élèves copieront les phrases suivantes en remplaçant les points par s, c, ss, t, suivant l'usage.*

L'espérance, la douceur, la patience, la tempérance, la sobriété, la justice, la pénitence, la reconnaissance, la prudence, la compassion, la sincérité, la soumission, la vigilance sont des vertus. — L'avarice, l'égoïsme, l'ambition, la sensualité, la nonchalance, la médisance, le mensonge, sont des vices ou des défauts. — Vernissez la serrure, le châssis, la coulisse, la persienne et les solives. — Visitez le rez-de-chaussée, l'entresol, le salon, la mansarde, le cellier, la terrasse et même mon secrétaire. — L'instituteur a donné une explication de la leçon d'histoire aux élèves de la première classe; il promet des récompenses à ceux qui la réciteront. — On a taché mon syllabaire et mon transparent. — Le cyprès, le saule, le sureau, le sycomore, le citronnier, le cerisier sont des arbres.

2. *Les élèves extrairont quinze noms du petit dictionnaire, en commençant à* aiguisement.

Modèle : Aiguisement, ail, aile.....

11e LEÇON.

Noms communs et noms propres (Gr. n°s 16, 17 et 18).

EXERCICE ORAL.

Définitions. 1º Le nom commun est celui qui convient à tous les êtres de la même espèce.

2º Le nom propre est celui qui ne s'applique qu'à un être ou à une réunion d'êtres que l'on veut désigner en particulier.

Questionnaire. Qu'est-ce que le nom commun? — Les noms *homme, enfant...* sont-ils des noms communs? Pourquoi ? — Qu'est-ce que le nom propre? — Les noms *Fénelon, Paris...* sont-ils des noms propres? Pourquoi? — Combien y a-t-il donc d'espèces de noms? — Distinguez les noms propres et les noms communs compris dans la dictée. — Par quelle espèce de lettre commencent les noms propres?

DICTÉE.

Adrien, Alfred, André, Catherine, Agnès, Alexis, Charles, Cécile, Alexandre, Claude, Alphonse sont des prénoms ou noms de baptême.— Empereur, duc, comte, prince, baron, ministre, sénateur, préfet, maire, adjoint sont tous des noms de dignité. — Les mots suivants sont des noms de dignité ou de fonction, ou bien des prénoms : Impératrice, reine, archiduchesse, comtesse, baronne, dame, demoiselle, Charlotte, Alexandrine, Annette, Emilie, princesse,

Elisabeth, Geneviève, monarque, roi, souverain, archiduc, commissaire, juge, député, notaire, Denis, Ambroise, Dominique, Barthélemi, Edouard, marquis, Camille, Emile, Félix, percepteur, Ferdinand, Ernest, Georges, bourgeois, huissier, greffier, procureur, douanier, contrôleur.

Soyez saint comme celui dont vous avez reçu le nom dans le baptême.

DEVOIRS ÉCRITS.

1. *Les élèves copieront tous les noms communs compris dans la dictée, à partir du mot* Empereur.

MODÈLE : Empereur, duc, comte,....

2. *Ils copieront tous les noms propres.*

MODÈLE : Adrien, Alfred, André.....

3. *Ils extrairont quinze noms du petit dictionnaire, à partir de* allée.

MODÈLE : Allée, allées et venues, allégation.....

12ᵉ LEÇON.

Noms communs et noms propres (Gr. nᵒˢ 16, 17 et 18).

EXERCICE ORAL.

DÉFINITIONS. 1º Le nom commun est celui qui convient à tous les êtres semblables ou de même espèce.

2º Le nom propre est celui que l'on donne à un être afin de le désigner en particulier et de le distinguer de ceux de la même espèce.

QUESTIONNAIRE. Combien y a-t-il d'espèces de noms? — Définissez chaque espèce de noms. — De quelle espèce sont les noms de famille... les noms de baptème... les noms de villes, comme *Paris, Lyon...*? Pourquoi? — Citez dix noms propres pris dans la dictée. — Citez dix noms communs compris dans la dictée. — Pourquoi *Alexis, Albert...* sont-ils des noms propres? — Pourquoi *précepteur, professeur...* sont-ils des noms communs?

DICTÉE.

Le précepteur d'Alexis, le professeur d'Albert, le tableau de Raphaël, l'apprenti de Grégoire, le laboratoire du pharmacien, l'enseigne du traiteur, le dictionnaire de l'Académie, l'ordre du régent, le képi de Philippe, le foulard d'Auguste, — Luc le médecin, Léopold le dentiste, Léon le chirurgien, Jules le poète, Joseph l'artiste, Jérôme l'architecte, Anne la rentière, Casimir le dessinateur, Bertrand l'aubergiste, François le cabaretier, Gustave le restaurateur, Jacques le bûcheron, Jean-Baptiste le valet du fermier, Pierre le charretier, Henri le colporteur.

Il n'y a point de sot état, il n'y a que de sottes gens; aussi je respecte un chiffonnier tout comme s'il était rentier.

DEVOIRS ÉCRITS.

1. *Transcrire les noms propres employés dans la dictée.*
MODÈLE : Alexis, Albert, Raphaël..
2. *Transcrire les noms communs.*
MODÈLE : Précepteur, professeur, tableau.....
3. *Extraire quinze noms du petit dictionnaire, en commençant à amazone.*
MODÈLE : Amazone, ambassade, ambassadeur....

13ᵉ LEÇON..

Du genre des noms (Gr. nᵒˢ de 20 à 27).

EXERCICE ORAL.

PRINCIPES. 1º Il y a deux genres en français, le masculin et le féminin.

2º On connaît qu'un nom est du masculin quand l'usage permet de le faire précéder des mots *le* ou *un*.

3º On connaît qu'un nom est du féminin quand l'usage permet de le faire précéder des mots *la* ou *une*.

QUESTIONNAIRE. Combien y a-t-il de genres en français? — Comment reconnaît-on qu'un nom est du masculin? — Comment reconnaît-on qu'un nom est du féminin? — Dites le genre des six premiers noms de la dictée. — A quoi reconnaissez-vous que *parrain, beau-frère...* sont du masculin?

REMARQUE. Pour reconnaître le genre d'un nom commençant par une voyelle ou une *h* muette, il faut le faire précéder d'un qualificatif commençant par une consonne, et ensuite examiner si l'usage emploie *le* ou *la, un* ou *une*. EXEMPLE : « LE *profond* abîme, UN *profond* abîme. »

DICTÉE.

Parrain *m*, marraine *f*, beau-frère *m*, belle-sœur *f*, beaupère *m*, belle-mère *f*, bienfaiteur *m*, bienfaitrice *f*, compagne *f*, compagnon *m*, confrère *m*, époux *m*, étranger *m*, filleul, *m*, filleule *f*, gendre *m*, héritière *f*, neveu *m*, nièce *f*, nourrice *f*, nourrisson *m*, orpheline *f*, personne *f*, petit-fils *m*, tuteur *m*, tutrice *f*, maître *m*, vieillard *m*, maîtresse *f*, veuf *m*, veuve *f*, prochain *m*, concitoyen *m*, aïeul *m*, aïeule *f*, rival *m*, rivale *f*, ennemi *m*, ennemie *f*, abri *m*, asile *m*, arcade *f*, arceau *m*, badigeon *m*, baignoire *f*, bain *m* ; — noblesse *f*. ministère *m*, monsieur *m*, recteur *m*, dynastie *f*, associé *m*, associée *f*, arithmétique *f*, art *m*, auteur *m*.

Obéissez à votre sœur aînée. Craignez un adversaire qui ne craint pas Dieu. Soyez fidèle à votre allié.

DEVOIRS ÉCRITS.

1. *Copier tous les noms de la dictée qui sont du masculin.*

Modèle : Parrain, beau-frère, beau-père, bienfaiteur...
2. *Copier tous les noms qui sont du féminin.*
Modèle : Marraine, belle-sœur, belle-mère.....
3. *A partir de* amphithéâtre, *extraire quinze noms du petit dictionnaire, et en indiquer le genre par* m *ou* f.
Modèle : Amphithéâtre *m*, ampleur *f*, amplification *f*...

14ᵉ LEÇON.

Du genre des noms (Gr. nᵒˢ de 20 à 27).

EXERCICE ORAL.

QUESTIONNAIRE. Quel est le genre d'un nom devant lequel on peut employer *le* ou *un ?* — ... *la* ou *une ?* — Que faut-il faire pour reconnaître facilement le genre d'un nom commençant par une voyelle ou une *h* muette. — Dites le genre des vingt premiers noms de la dictée.

DICTÉE.

Monde *m*, univers *m*, région *f*, état *m*, climat *m*, empire *m*, royaume *m*, principauté *f*, duché *m*, comté *m*, marquisat *m*, colonie *f*, contrée *f*, province *f*, département *m*, arrondissement *m*, canton *m*, commune *f*, bourg *m*, bourgade *f*, hameau *m*, capitale *f*, chef-lieu *m*, cité *f*, préfecture *f*. — Eglise *f*, diocèse *m*, patriarchat *m*, archevêché *m*, évêché *m*, paroisse *f*, mairie *f*, hôtel de ville *m*, monument *m*, musée *m*, promenade *f*, trottoir *m*, ruelle *f*, impasse *f*, barrière *f*, octroi *m*, carrefour *m*, banlieue *f*, faubourg *m*, boucherie *f*, halle *f*, atelier *m*, ouvroir *m*, obélisque *m*, théâtre *m*, amphithéâtre *m*, sol *m*, pavé *m*. — Soie *f*, coton *m*, calicot *m*, laine *f*, étoffe *f*, satin *m*, serge *f*, taffetas *m*, drap *m*.
J'ai parcouru l'univers; je n'y ai rien trouvé qui puisse satisfaire mon cœur.

DEVOIRS ÉCRITS.

1. *Copier les noms masculins en employant* le *ou* l'.
Modèle : Le monde, l'univers, l'état, le climat...
2. *Copier les noms féminins en employant* la *ou* l'.
Modèle : La région, la principauté, la colonie...
3. *A partir de* angelus, *extraire du dictionnaire quinze noms masculins.*
Modèle : Angelus, angle, ânier...

15e LEÇON.

Récapitulation sur le nom.

EXERCICE ORAL.

TEXTE : Bossuet et Fénelon sont la gloire de leur siècle et de leur patrie.

QUESTIONNAIRE. Qu'appelle-t-on noms? — Quels mots de cette phrase sont des noms, et pourquoi? — Combien distingue-t-on d'espèces de noms? — Quels mots de cette phrase sont des noms communs, et pourquoi?... des noms propres, et pourquoi? — Désignez de chacun de ces noms la nature, l'espèce et le genre.

MODÈLE. *Bossuet,* nom propre du masculin... — *gloire,* nom commun du féminin.

COMPOSITION.

Obéissez à votre parrain, à votre marraine, à votre tutrice, à votre maître. Respectez le vieillard. Priez Dieu pour votre ennemi. — Charles, Claude, Catherine, Cécile, Édouard, Ferdinand, Georges, Élisabeth, sont des noms de baptême ou des prénoms. — Empereur, roi, prince, comte, archiduc, impératrice, reine, princesse, comtesse, archiduchesse, marquise, sont des noms de dignité. — Casimir sera dessinateur; Auguste, architecte; Joseph, peintre; Léon, chirurgien; Albert, professeur; Léopold, dentiste; Jules, poète; Jacques, bûcheron; Jean-Baptiste, valet de ferme. — J'ai parcouru la place, la halle, le faubourg, la banlieue et presque toute la commune.

DEVOIRS ÉCRITS.

1. *Les élèves compléteront les mots suivants par le son* in *orthographié suivant l'usage, soit* in, im, ein, ain, en.

Le cous*in,* l'orphel*in,* le parr*ain,* le vois*in,* la principauté, l'*im*passe, l'*im*poste, le p*ein*tre, la tr*in*gle, la prov*in*ce, le pr*in*ce, le souver*ain,* le méde*cin,* le chirurg*ien,* le sap*in,* le rais*in,* le dindon, le petit pouss*in.*

2. *Ils compléteront les mots suivants par le son* è, *orthographié suivant l'usage, soit* è, ë, et, ès, es, ai...

L'adversaire, le frère a*î*né, le bienfaiteur, la marraine, mademoiselle, la ni*è*ce, le ma*î*tre généreux, l'architecte, l'aubergiste, le préf*et,* le m*ai*re, la r*ei*ne, le not*ai*re, la noblesse, le po*è*te, le val*et,* l'*en*nemi, Alfred, Albert, Agnès, Élisabeth, Ernest, Geneviève, Hélène, Raphaël, Bossu*et,* l'hôtel de ville, la b*ai*gnoire, la barrière, la bibliothèque, le buff*et,* le cabin*et,* la ch*ai*se, la fen*ê*tre, les fermetures, la girouette, le loqu*et,* le parqu*et,* la persienne, le secrétaire, la serrure, le tabour*et,* le vol*et.*

3. *A partir de* angoisse, *ils extrairont du dictionnaire quinze noms féminins.*

Modèle : Angoisse, anguillade, anguille,...

16e LEÇON.

Du nombre dans les noms (Gr. nos 27 à 31).

EXERCICE ORAL.

Principes. 1° Il y a deux nombres en français, le singulier et le pluriel.

2° Un nom est au singulier quand il ne désigne qu'un seul être, il est au pluriel quand il en désigne plusieurs.

Questionnaire. Combien y a-t-il de nombres en français? — Quand est-ce que le nom est au singulier? — Quand est-il au pluriel? — Indiquez le nombre des vingt premiers noms de la dictée, et dites pourquoi ils sont au singulier ou au pluriel.

DICTÉE.

Les arcades, une arche, la balustrade, une barre, des barreaux, un carrelage, une plate-bande, les soubassements, les cloisons, un vasistas, les colonnes, les piliers, les socles, la rampe, les façades, le vitrage, le mobilier, les ménages, la basse-cour, un tuyau, des cachettes, les cases, un guichet, les compartiments, les cheminées, les chéneaux, la corniche, la coupole, le dôme, le fronton, les angles, un parapet, le perron, une tourelle, le ciment, le bitume, des gouttières, des citernes, la fosse, des entrées, une porte cochère, le seuil, les pièces, les coins, les recoins, les chatières, les emplacements, la maçonnerie, les supports, la voûte, les plafonds, la tapisserie, des statues, un trône, un tapis, des nattes, une couchette, la sonnette, des balais.

Le déblai est terminé; on a entièrement achevé d'enlever les décombres.

DEVOIRS ÉCRITS.

1. *Copier les noms qui sont au singulier dans la dictée précédente.*

Modèle : Arche, balustrade, barre, carrelage...

2. *Copier ceux qui sont au pluriel.*

Modèle : Arcades, barreaux, soubassements,...

3. *Copier, dans le petit dictionnaire, quinze noms masculins, en commençant à apôtre.*

Modèle : Apôtre, apparat, appareil...

17ᵉ LEÇON.

Du pluriel dans les noms (Gr. nᵒ 31).

EXERCICE ORAL.

PRINCIPE. Les lettres *s*, *x*, *z*, placées à la fin des mots, sont, en général, regardées comme signes de pluralité.

RÈGLE. La règle générale pour former le pluriel dans les noms, est d'ajouter une *s* à la terminaison qu'ils ont au singulier.

QUESTIONNAIRE. En général de quoi les lettres finales *s*. *x*, *z*, sont-elles le signe? — Que faut-il faire ordinairement pour écrire un nom au pluriel? — Comment écririez-vous au pluriel *le balancier, la montre, un parapluie, un parasol, un paillasson, une tenture...?*

MODÈLE. Les balanciers, les montres, des parapluies ¹...

DICTÉE ².

Des tuiles *f*, des ardoises *f*, des dalles *f*, des briques *f*, des pierres *f*, des vitres *f*, des traverses *f*, des charnières *f*, des fiches *f*, des ferrures *f*, des montants *m*, des chevrons *m*, des planches *f*, des lattes *f*, des chevilles *f*, des esseliers *m*, des poutres *f*, des solives *f*, des moellons *m*; — des baraques *f*, des bâtiments *m*, des bâtisses *f*, des cabanes *f*, des cahuttes *f*, des cavernes *f*, des chaumières *f*, des corps de logis *m*, des demeures *f*, des donjons *m*, des édifices *m*, des habitations *f*, des huttes *f*, des loges *f*, des masures *f*, des maisons *f*, des pavillons *m*, des résidences *f*, des tentes *f*, des abris *m*, des asiles *m*, des auberges *f*, des cabarets *m*, des tavernes *f*, des guinguettes *f*, des hôtels *m*, des hôtelleries *f*, des boutiques *f*.

Nous avons rencontré, le long du ruisseau, des moulins *m*, des buanderies *f* et des usines *f*.

DEVOIRS ÉCRITS.

1. *Les élèves copieront dans leur texte les noms masculins, mais en les mettant au pluriel.*

MODÈLE : Des montants, des chevrons, des esseliers,...

2. *Ils copieront de la même manière les noms féminins.*

MODÈLE : Des tuiles, des ardoises, des dalles,...

3. *A partir de apprêteur, ils extrairont quinze noms du petit dictionnaire, et en indiqueront le genre par* m *ou* f.

MODÈLE : Apprêteur *m*, approvisionnement *m*,...

---

¹ En traduisant au pluriel, les élèves emploient *les* au lieu de *le* ou *la*, et *des* au lieu de *un* ou *une*.

² Sur le livre de l'élève les noms de cette dictée et des deux suivantes sont au singulier.

18e LEÇON.

Pluriel des noms (Gr. n° 31).

EXERCICE ORAL.

QUESTIONNAIRE. Comment écrit-on un nom au pluriel ? — Dites le genre des noms employés dans la dictée. — Epelez au pluriel les vingt premiers de ces noms.

DICTÉE.

Des abrégés *m*, des analyses *f*, des connaissances *f*, des contes *m* ou des fables *f*, des définitions *f*, des enseignements *m*, des instructions *f*, des méthodes *f*, des narrations *f*, des notions *f*, des phrases *f*, des problèmes *m*, des récapitulations *f*, des récits *m*, des répétitions *f*, des sciences *f*, des thèmes *m*, des traductions *f*, des versions *f*, des affiches *f*, des brochures *f*, des bulletins *m*, des écrits *m*, des manuscrits *m*, des parchemins *m*, des programmes *m*, des questionnaires *m*, des grammaires *f*, des vocabulaires *m*, des volumes *m*, des accents *m*, des apostrophes *f*, des cédilles *f*, des majuscules *f*, des minuscules *f*, des paragraphes *m*, des parenthèses *f*, des versets *m*, des voyelles *f*, des ratures *f*, des cachets *m*, des canifs *m*, des carnets *m*, des catalogues *m*, des écritoires *f*, des enveloppes *f*, des grattoirs *m*, des pupitres *m*, des écrivains *m*, des émules *m*, des externes *m*, des internes *m*, des lecteurs *m*, des lectrices *f*, des colléges *m*, des gymnases *m*, des lycées *m*, des distractions *f*, des pensums *m*, des récréations *f*, les rangs *m*.

DEVOIRS ÉCRITS.

1. *Les élèves copieront dans leur texte les noms masculins, mais en les écrivant au pluriel.*
MODÈLE : Des abrégés, des contes, des enseignements....
2. *Ils copieront de la même manière les noms féminins.*
MODÈLE : Des analyses, des connaissances, des fables...
3. *A partir de* arithméticien, *ils extrairont du petit dictionnaire douze noms, qu'ils mettront au pluriel et dont ils désigneront le genre par* m *ou* f.
MODÈLE: Arithméticiens *m*, arithmétiques *f*....

19° LEÇON.

Pluriel des noms (Gr. n°˙ 31 et 32).

EXERCICE ORAL.

REMARQUE. Les noms terminés au singulier par *s*, *x* ou *z*, ne changent pas au pluriel, parce qu'ils en ont déjà la marque.

QuestionnAIRE. Comment s'écrivent au pluriel les noms terminés par *s*, *x* ou *z* au singulier? — Pourquoi ne changent-ils pas au pluriel? — Epelez au pluriel *une brebis*, *un crucifix*, *le gaz*....

DICTÉE.

Des parures *f*, des rubans *m*, des voiles *m*, des tissus *m*, des draperies *f*, des garnitures *f*, des ourlets *m*, des replis *m*, des rebords *m*, des bordures *f*, des poches *f*, des rognures *f*, des chiffons *m*, des accrocs *m*, des allonges *f*, des boutonnières *f*, des ganses *f*, des coupons *m*, des coutures *f*, des fourrures *f*, des linges *m*, des lessives *f*, des nappes *f*, les velours *m*, les tissus *m*, les coutils *m*, les cassis *m*, des papillotes *f*, les prospectus *m*, des canevas *m*, des compas *m*, des dessins *m*, les concours *m*, les cours *m*, les discours *m*, les rédactions *f*, les talus *m*, des enclos *m*, les puits *m*, les logis *m*, les palais *m*, les pilotis *m*, les débris *m*, les pays *m*, les taillis *m*, les buis *m*, les chènevis *m*, les cyprès *m*, les échalas *m*, les engrais *m*, des tamis *m*, des cabas *m*.

DEVOIRS ÉCRITS.

1. *Les élèves mettront au pluriel tous les noms employés dans leur texte, et en indiqueront le genre par* m *ou* f.

Modèle : Des parures *f*, des rubans *m*, des voiles *m*. ...

2. *Ils extrairont du dictionnaire, à partir du mot artisan, quinze noms, qu'ils écriront au pluriel et dont ils indiqueront le genre.*

Modèle : Artisans *m*, artisons *m*, artistes, *m*...

20ᵉ LEÇON.

Récapitulation sur le nombre des noms.

EXERCICE ORAL.

Texte : *Joseph*, *fils* de *Jacob*, se montra dès l'*enfance* plus sage et plus pieux que ses *frères*.

QuestionnAIRE. Définissez le nom. — Quels mots de cette phrase sont des noms? — Dites de chacun d'eux la nature, l'espèce, le genre et le nombre, et rendez raison de votre analyse.

Modèle. *Joseph*, nom parce qu'il désigne une personne, nom propre parce qu'il lui a été donné pour la désigner en particulier, du masculin parce que c'est le nom d'un homme, du singulier parce qu'il ne désigne qu'un seul être; — *fils*, nom parce qu'il désigne une personne, nom commun parce qu'il convient à tous les êtres de même espèce, du masculin parce que l'usage autorise de dire « *le* fils, un fils »; du singulier parce qu'il désigne un seul être...

— Faites encore une fois l'analyse de chacun de ces noms, mais sans la raisonner.

Modèle. *Joseph*, nom propre du masculin singulier; — *fils*, nom commun du masculin singulier; — *Jacob*, nom propre du masculin singulier...

COMPOSITION.

A. *Les élèves écrivent simplement comme on leur dicte.*

On a achevé les arcades, la balustrade, les carrelages, les piliers, la rampe, le vitrage, la voûte, les plafonds, les supports, la cheminée, la coupole, et toute la maçonnerie; on va enlever les décombres. — Achetez des tuiles, des ardoises, des briques, du bitume, des dalles et des moellons. — Nous avons rencontré des baraques, des tentes, des huttes, des chaumières et des cabanes, puis un pavillon et des maisons.

Copiez dans votre manuscrit, des contes, des fables, des narrations, des canevas; et, dans le dictionnaire, des mots et des définitions. — Achevez les ourlets, les rebords, les garnitures. — J'aime pour mon potage, des pois ou du riz, et, pour mon dessert, des radis ou des noix.

B. *Les élèves écrivent au pluriel les mots qui leur sont dictés.*

Le cyprès, le taillis, un problème, un paragraphe, un manuscrit, un accent.

Corrigé : Les cyprès, les taillis, des problèmes, des paragraphes, des manuscrits, des accents.

DEVOIRS ÉCRITS.

1. *Les élèves remplaceront le point par* m *devant les lettres* b, m, p, *et simplement par* n *dans les autres cas.*

Un bandage, le coton, une ceinture, la dentelle, l'empeigne, la frange, l'amphithéâtre, l'antichambre, le balcon, la banquette, le compartiment, le contrevent, les décombres, le donjon, l'emplacement, le fronton, le hangar, une impasse, les lambris, les moellons, le perron, le plafond, les plinthes, la rampe, le canton, l'empire, la surveillance, l'avancement, le crayon, la campagne, les compatriotes, des complices.

2. *Ils remplaceront les points par* a *ou par* e *suivant l'usage.*

L'appartement, le balancier, le bâtiment, la buanderie, le ciment, l'entrée, le hangar, la mansarde, le paravent, la pendule, le porte-manteau, la résidence, la tenture, des étrangers, le gendre, une parenthèse, le rang, la science, le silence, la surveillance, les vacances, l'avancement, une enveloppe, des étudiants.

3. *A partir de* assiette, *ils copieront dans le dictionnaire quinze noms, qu'ils mettront au pluriel et dont ils indiqueront le genre.*

Modèle : Assiettes *f*, assiettées *f*, assignats, *m*.....

21e LEÇON.

De l'article (Gr. n°s 37 et 38).

EXERCICE ORAL.

DÉFINITION. On appelle *articles* les mots *le*, *la*, *les*, employés devant les noms pour en désigner le genre et le nombre.

QUESTIONNAIRE. Qu'appelle-t-on articles? — Devant quels mots s'emploient les articles? — A quelle fin les emploie-t-on? — Lisez les noms qui composent la dictée, en employant devant chacun d'eux l'article convenable. — Citez dix noms de la dictée qui signifient des ustensiles. — Citez-en cinq qui désignent des actions ou des repas. — *Banquet, collation, déjeuner...*

DICTÉE.

Les assiettes, *le banquet*, les bassins, le bocal, le bol, la cafetière, la carafe, les casseroles, *la collation*, le couvert, la cuiller, les écuelles, *le déjeuner*, *le dîner*, l'écumoire, les gobelets, *le goûter*, la chaudière, les chaudrons, *les festins*, la marmite, *la noce*, la passoire, les pincettes, le pot, *la repas*, les robinets, la salière, le saladier, le seau, le sucrier, la tasse, la soucoupe, *le souper*, la soupière, les spatules, la terrine, les urnes, les vases, les verres.

L'accommodage, l'apprêt, la salaison, l'assaisonnement, le mélange, le découpage, le désossement, l'ébullition, le nettoiement, la réfection.

On a raccommodé la théière. J'ai achevé l'écurage : les bassins sont très-propres.

DEVOIRS ÉCRITS.

1. *Les élèves copieront, en employant l'article convenable, les noms de leur texte qui signifient des objets, des ustensiles.*
MODÈLE : Les assiettes, les bassins, le bocal.....

2. *Ils copieront de la même manière les autres noms ; ils signifient des actions ou des repas.*
MODÈLE : le banquet, la collation, le déjeuner...

3. *A partir de* baraque, *ils extrairont quinze noms du petit dictionnaire, en employant devant chacun d'eux l'article convenable.*
MODÈLE : La baraque, la baratte, le barbare, la barbarie...

22e LEÇON.

De l'article (Gr. n°s 37 et 38).

EXERCICE ORAL.

QUESTIONNAIRE. Définissez l'article. — Quelle est la fonction de l'article ? — Que désignent les articles dans : «*la* faïence, *le* cuivre, *la* tôle, *les* chaudières...? » — Lisez les noms de la dictée en employant l'article convenable, et indiquez de chacun s'il désigne une personne ou une chose.

DICTÉE.

Le cuisinier, les comestibles, les aliments, la nourriture, le ragoût, la sauce, le rôti, le bouilli, le café, les aliments, le bouillon, la daube, les flans, la friture, la grillade, l'omelette, le potage, la purée, la rouelle, la soupe, les farines, la marmelade. — *Le boulanger,* le levain, la pâte, le pain, les miches, la mie, la croûte. — *Le confiseur, le pâtissier,* les pâtés, les macarons, les beignets, les bonbons, les brioches, les caramels, la cassonade, le chocolat, les confitures, les dragées, les friandises, le caramel, le gâteau, les gaufres, les pastilles, les tourtes, les desserts. — *Le charcutier,* l'andouille, les boudins, le saindoux, le cervelas, les jambons, le lard, les saucisses, les saucissons. — *La laitière,* le lait, le beurre, la crème, le fromage, le petit-lait. — *Le boucher,* le gigot, l'épaule, la viande. — *Le jardinier,* le légume, la salade, le vinaigre.
Servez les côtelettes.

DEVOIRS ÉCRITS.

1. *Les élèves transcriront, en employant l'article convenable, les noms de la dictée qui désignent des personnes.*

2. *Ils transcriront ensuite de la même manière ceux qui désignent des choses.*

Modèle : Les comestibles, les aliments, la nourriture....

3. *A partir de* balance, *ils extrairont quinze noms du petit dictionnaire, toujours en employant l'article convenable.*

Modèle : La balance, le balancement.....

23ᵉ LEÇON.

Article simple (Gr. nᵒˢ 37 et 38).

EXERCICE ORAL.

Principe. L'article *le* indique que le nom qu'il précède est du masculin singulier; l'article *la,* qu'il est du féminin singulier; l'article *les,* qu'il est du pluriel.

Questionnaire. Que signifie l'article *le ?... la ?... les ?...* — Devant quels noms faut-il employer *le ?... la ?... les ?...* — Analysez les articles dans : *le* château, *la* maisonnette, *les* palais...

Modèle. *Le* article simple masculin singulier, détermine *château...*

— Lisez les noms de la dictée en employant l'article convenable, et dites si ce sont des noms de personnes ou des noms de choses.

Modèle. *Les cultivateurs*, nom de personnes... *le blé*, nom de chose....

DICTÉE.

Les cultivateurs, le blé ; *les liquoristes*, *les vignerons*, les liqueurs, l'absinthe, l'anisette, l'élixir, les boissons, le breuvage, le vin, le cidre, le poiré, la piquette ; *les brasseurs*, la bière ; *les limonadiers*, la limonade ; *les meuniers*, la farine ; *les tonneliers*, les tonnes, les barils, les barriques, les brocs, le seau, la feuillette, l'entonnoir, les douves, la cuve, le cuveau, les baquets ; *les quincailliers*, les fourchettes, les couverts, les poêles, le soufflet ; *les épiciers*, la mélasse, le miel, le sucre, les assaisonnements, les épices, la moutarde, le poivre, le sel, le fromage de gruyère, les pâtes de Gênes, la semoule, le vermicelle, les allumettes, l'éponge ; *les chaudronniers*, les chaudrons ; *les taillandiers*, le couperet, le couteau ; *les ferblantiers*, les gobelets, les huiliers ; *les faïenciers*, la faïence, la porcelaine, les cruchons, les écuelles, la vaisselle, les ustensiles ; *les verriers*, les verres, les bouteilles, la chopine, le flacon, le goulot.

J'ai besoin d'une foule de personnes pour me procurer ce qui m'est nécessaire ou utile.

DEVOIRS ÉCRITS.

1. Copier, en employant l'article convenable, les noms de personnes compris dans la dictée.

2. Copier de la même manière les noms de choses.

Modèle : Le blé, les liqueurs, l'absinthe, l'anisette,.....

3. Extraire du dictionnaire, à partir de beauté, *quinze noms, qui devront être précédés de l'article.*

Modèle : La beauté, le bec, la bécasse,.....

24ᵉ LEÇON.

Article contracté (Gr. nᵒˢ 39 et 40).

EXERCICE ORAL.

Règles : 1ᵒ *De le* se change en *du*, et *à le* en *au* devant un mot commençant par une consonne.

2ᵒ *De les* se change en *des* et *à les* en *aux* devant tous les noms pluriels.

3ᵉ Les mots *du, au, des, aux* formés d'un article et de l'un des mots *de* et *a* sont appelés *articles contractés*.

Questionnaire. Quand change-t-on *de le* en *du ?*... *à le* en *au ?*... *de les* en *des ?*... *à les* en *aux ?* — Qu'appelle-t-on articles contractés ? — Analysez les articles dans : « *le* courage *du* héros ; j'obéis *au* général ; *la* valeur *des* soldats ; parlez *aux* officiers. »

Modèle : *Le* article simple du masculin singulier, détermine *courage;* — *du* article composé du masculin singulier, mis pour *de le* et déterminant *héros...*

DICTÉE.

L'appétit *du* voyageur, le bouchon de la bouteille, le goulot *du* flacon, les épluchures de la cuisine, la chaleur *du* fourneau, l'étendue *du* saloir, la subsistance *du* pauvre, le suc *des* framboises, le jus *du* rôti, les tranches *du* melon, la cherté *des* denrées, la variété *des* mets et *des* entremets. — Jeter les miettes *aux* oiseaux, obéir *au* maître, être attentif *aux* leçons, donner de la craie *au* répétiteur, imposer silence *aux* babillards, enseigner le système métrique *aux* enfants. — Les carreaux *du* corridor, la chaux *du* bâtiment, les matériaux *des* édifices, la beauté *du* local, le logis *du* peintre, les colonnes *du* péristyle, les ornements *du* piédestal, le plumeau *de* la domestique, la lumière *du* soupirail.

La faim fait souvent estimer bons les mets insipides.

DEVOIRS ÉCRITS.

1. *Copier l'exercice en soulignant les articles contractés.*

2. *A partir de* axe*, extraire quinze noms du dictionnaire, et les faire précéder de l'article.*

Modèle · L'axe, l'axiome, l'azote,.....

25ᵉ LEÇON.

Récapitulation sur l'article.

EXERCICE ORAL.

Texte : *Le* monarque *du* plus grand empire *du* monde est sujet à *la* mort aussi bien que *le* dernier de ses sujets; comme lui, il devra rendre compte de ses actes *au* souverain juge *des* vivants et *des* morts.

Questionnaire. Définissez le nom. — Désignez les noms employés dans cette phrase. — Qu'appelle-t-on articles? — Qu'appelle-t-on articles composés? — Quels articles simples sont dans cette phrase? Quels articles composés y sont employés? — Analysez tous les articles et tous les noms de cette phrase.

Modèle : *Le* article simple masculin singulier, détermine *monarque; monarque...; du* article contracté masculin singulier mis pour *de le* et déterminant *empire...*

COMPOSITION.

A. *Les élèves écrivent simplement comme on leur dicte.*

On a raccommodé les écuelles, le chaudron, la marmite, les casseroles, l'écumoire et la passoire. — J'ai achevé le nettoiement de la terrine, des soupières et du seau ; j'ai encore achevé le désossement du mouton. — Servez le bouilli, le potage, le ragoût, le rôti, le flan, la rouelle ; puis, pour les desserts, des tranches de melon, une tourte, des beignets ou des gaufres, des caramels et des pastilles ; ne servez pas l'andouille, les boudins ni les jambons.

B. *Les élèves soulignent les articles.*

Pour me procurer ce qui m'est nécessaire ou utile, j'ai besoin *du* cultivateur, *du* meunier, *du* boulanger, *du* boucher, *du* cuisinier, *du* vigneron, *du* tonnelier, *du* quincaillier, *du* ferblantier, etc. — L'appétit fait estimer bons tous *les* mets. — En classe, il faut obéir *au* maître, être attentif *aux* leçons et *aux* répétitions. — *Le* pain que vous jetez pourrait être donné *aux* pauvres et servir à leur subsistance.

DEVOIRS ÉCRITS.

1. *Remplacer les points par le son* i, *orthographié suivant l'usage.*

Le Messie, le génie, un impie, un incendie, un parapluie [1], le petit-fils, le bisaïeul, le condisciple, la dynastie, un abri, le corps de logis, le péristyle, le pilotis, un tapis, un lit, la buanderie, la boucherie, l'écurie, la maçonnerie, la tapisserie, l'hôtellerie, l'appétit, un baril, la faïence, le bouilli, le cidre, le dîner, la mie de pain, la pâtisserie, le rôti, une rôtie, un radis, le bon riz, un sycomore, le taillis, un fruit, le buis, le chènevis, le cyprès ; un manuscrit, un récit, un syllabaire, le système métrique, une analyse, une copie, des écrits, des histoires, la draperie, les habits, un képi, un tamis, un apprenti, une apprentie, le marquis. — Une brebis, une fourmi, la nuit, la perdrix, la souris [2].

2. *Les élèves compléteront les mots suivants par le son* é, *orthographié suivant l'usage, soit :* é, e, er, hé, ed, ez.

L'amitié, la cité, la charité, la cupidité, la cruauté, la générosité, la piété, la pitié, la sincérité, la sobriété, la volupté [3], la cheminée, l'entrée, une livrée, le balancier, le rez-de-chaussée, l'escalier, le grenier, le loyer, un marchepied, le mobilier, un musée, le pavé, le péristyle, un

---

1 Le maître fera remarquer aux élèves que ces cinq premiers noms, bien que masculins, sont terminés par un e muet : ce sont, à peu près, les seuls parmi ceux qui sont très-usuels.

2 Le maître fera remarquer aux élèves que ces cinq derniers noms, quoique féminins, s'écrivent sans l'e muet final : ce sont à peu près les seuls parmi ceux qui sont très-usuels.

3 Il leur fera aussi remarquer qu'en général les noms en té ou en tié, bien que féminins, ne se terminent pas par un e muet.

pilier, le plancher, un *étranger*, un *héritier*, un huissier, un médecin, un quincaillier, un limonadier, le boulanger et le boucher, la crémaillère, le garde-manger, un huilier, un saladier, le sucrier, la théière, des beignets, du café, le déjeuner, le dîner, les denrées, une dragée, un abrégé, un cahier, un encrier, du papier, des souliers, un tablier, le lycée.

26ᵉ LEÇON.

De l'adjectif (Gr. nᵒˢ 41 à 45).

EXERCICE ORAL.

DÉFINITION. On appelle *adjectifs* les mots que l'on ajoute au nom pour le qualifier ou le déterminer; les premiers sont appelés qualificatifs, les seconds déterminatifs.

L'adjectif prend le genre et le nombre du nom auquel il se rapporte.

QUESTIONNAIRE. Qu'est-ce que l'adjectif? — Quelle est la fonction de l'adjectif? — Comment s'appelle l'adjectif qui qualifie le nom? — Comment s'appelle l'adjectif qui le détermine? — De quel genre et de quel nombre est l'adjectif? — Quels mots sont adjectifs dans: « ma *bonne* mère, Dieu *puissant*, le *dernier* jour...?» — Analysez autant qu'il vous sera possible les noms, articles et adjectifs des deux premières lignes de la dictée.

MODÈLE. *L'* mis pour *le*, article simple masculin singulier, détermine *hiver*; *hiver*, nom commun masculin singulier; *un*, adjectif dét. (ou article indéfini) masculin singulier, détermine *froid*; *froid*, nom commun masculin singulier; *piquant*, adjectif qual. du masculin singulier, qualifie *froid*...

DICTÉE.

L'hiver attriste la nature, *un* froid *piquant* engourdit *tous* les êtres, les animaux *sauvages* restent *blottis* dans *leurs* retraites *profondes*, les arbres sont *dépouillés* de *leurs* feuilles et paraissent *morts*; les *petits* oiseaux ont cessé *leur doux* ramage; tout est *monotone* et *triste*; *une* neige *abondante* a couvert les prairies. — *Mon* fils, toi qui es bien *vêtu* et qui peux te réchauffer auprès d'*un bon* feu, bénis la *divine* Providence; pense aussi aux enfants *pauvres*, qui ne peuvent se garantir contre les rigueurs de l'hiver, et prie pour eux en attendant le jour où tu pourras les secourir par *tes* aumônes *généreuses*.

DEVOIRS ÉCRITS.

1. *Copier la dictée en soulignant tous les adjectifs.*

2. *Unir à chaque nom celui des adjectifs donnés qui lui convient le mieux :*

a. Noms : Toile, sommier, agrafe, crêpe, chanvre. *Adjectifs :* argentée, peinte, élastique, récolté, noir.

b. Noms : Teint, portrait, nuance, cheval, pourpre. *Adjectifs :* Bleuâtre, roux, ressemblant, délicate, impériale.

c. Noms : Estampe, vernis, décor, peintre, palette. *Adjectifs :* Cassée, habile, somptueux, brillant, coloriée.

Modèle : *a.* Toile peinte, sommier élastique, agrafe argentée, crêpe noir, chanvre récolté. — *b.* Teint bleuâtre, portrait ressemblant, nuance délicate, cheval roux, pourpre impériale. — *c.* Estampe coloriée, vernis brillant, décor somptueux, peintre habile, palette cassée.

3. *A partir de* affectif, *extraire quinze adjectifs du dictionnaire.*

Modèle : Affectif, affectueux, affidé.....

27e LEÇON.

Classification des adjectifs (Gr. nos 41 à 45).

EXERCICE ORAL.

Définitions. 1° L'adjectif qualificatif est celui qui exprime une qualité de l'être nommé.

2° L'adjectif déterminatif est celui qui limite, qui précise la signification du nom auquel il est joint.

Questionnaire. Définissez l'adjectif qualificatif. — Qu'exprime l'adjectif qualificatif? — Comment s'appelle l'adjectif qui signifie une qualité de l'être nommé? — Qu'est-ce que l'adjectif déterminatif? — Quelle est la fonction de l'adjectif déterminatif? — *C'est de limiter, de préciser le sens du nom auquel il est joint.* — Comment s'appelle l'adjectif employé pour préciser le sens du nom? — Analysez autant que vous le pourrez les noms, les articles et les adjectifs employés dans cette phrase :

Texte d'analyse : Notre Père céleste aime à abaisser ses regards sur l'enfant pieux et obéissant.

Modèle. *Notre*, adjectif déterm. masc. sing. dét. *père; Père,* n. comm. masc. sing., employé ici pour désigner Dieu; *céleste,* adj. qualif. masc. sing. qual. *Père; ses,* adj. déterm. masc. pl. dét. *regards; regards,* n. comm. masc. pl.; *l'* ou *le,* art. simple masc. sing. dét. *enfant...*

DICTÉE.

Voyez ces plages *désertes,* ces *tristes* contrées *couvertes* d'une mousse *épaisse* ou *hérissées* de bois *pourri;* ces arbres *couverts* de plantes *parasites, chargés* de fruits gâtés et d'un goût *amer.* — Dans les parties *basses* de ces *tristes* régions se trouvent des eaux *croupissantes,* des torrents *fangeux,* des marécages *fétides.* — Des animaux *carnassiers,* des serpents *venimeux,* des reptiles *hideux* sont les *seuls* habitants de CES malheureux pays, où l'homme *intelligent* n'habita jamais.

MOTS DÉTACHÉS : Cliquetis *effrayant*, écho *prolongé*, explosion *inattendue*, fracas *épouvantable*, rugissement *sinistre*, sifflement *aigu*, ramage *incessant*, carillon *réjouissant*, murmure *approbateur*, odeur *suave*, parfum *recherché*, gazouillement *agréable*.

DEVOIRS ÉCRITS.

1. *Copier la dictée, puis souligner d'un trait les adjectifs qualificatifs et de deux les déterminatifs.*

2. *Unir à chaque nom celui des adjectifs donnés qui lui convient le mieux :*

a. Noms : Marine, pilote, herbe, voix, torrent, reptile, arbrisseau. *Adjectifs :* Impétueux, sonore, verte, verdoyant, venimeux, expérimenté, française.

b. Noms : Fer, cristal, brise, flotte, câble. *Adjectifs :* Transparent, aimanté, formidable, légère, détaché.

c. Noms : Navigateur, rivage, voile, piraterie, mât. *Adjectifs :* Réprimée, déployée, inhabité, courageux, pavoisé.

MODÈLE : *a.* Marine française, pilote expérimenté, herbe verte, voix sonore, torrent impétueux, reptile venimeux, arbrisseau verdoyant. — *b.* Fer aimanté, cristal transparent, brise légère, flotte formidable, câble détaché. — *c.* Navigateur courageux, rivage inhabité, voile déployée, piraterie réprimée, mât pavoisé.

3. *Extraire du dictionnaire quinze adjectifs, à partir de* acerbe.

MODÈLE : Acerbe, acide, acre,.....

28ᵉ LEÇON.

Classification des adjectifs déterminatifs (Gr. nᵒˢ 62 à 68).

EXERCICE ORAL.

DIVISION : On distingue quatre espèces d'adjectifs déterminatifs : le démonstratif, les possessifs, les numéraux et les indéfinis.

DÉFINITIONS : 1º L'adjectif *démonstratif* est celui qui détermine le nom en y ajoutant une idée de démonstration, c'est-à-dire en faisant connaître que ce nom signifie l'objet que l'on montre ou que l'on indique.

2º Les adjectifs *possessifs* sont ceux qui déterminent le nom en y ajoutant une idée de possession, c'est-à-dire en faisant connaître le possesseur de l'objet nommé.

QUESTIONNAIRE : Combien distingue-t-on d'espèces d'adjectifs déterminatifs? — Comment l'adjectif démonstratif détermine-t-il le nom? — Définissez l'adjectif démonstratif. — Comment les adjectifs possessifs déterminent-ils le nom? — Que font connaître les adjectifs possessifs? — *Le possesseur de l'objet nommé.* — Définissez les adjectifs possessifs. — Quelle est la fonction de ces deux sortes d'adjectifs? — *C'est de déterminer le nom.* — Pourquoi le premier est-il appelé démonstratif? — *Parce qu'il ajoute au nom une idée de démonstration.* — Pourquoi les seconds sont-ils appelés possessifs. — Analysez les noms, les articles et les adjectifs compris dans la phrase suivante :

Texte d'analyse : Enfants volages ou paresseux, pensez-vous que ces heures que vous employez à vos plaisirs et à vos jeux sont perdues pour jamais ?

Modèle : *Enfants,* n. comm. masc. pl.; *volages,* adj. qualif. masc. pl. qual. *enfants; paresseux,* adj. qualif. masc. pl. qual. *enfants; ces,* adj. démonstr. fém. pl. dét. *heures; heures,* n. comm. fém. pl.; *vos,* adj. possessif masc. pl. dét. *plaisirs; plaisirs,* n. comm. masc. pl.; ...; *perdues,* adj. qualif. fém. pl. qual. *heures.*

DICTÉE.

Tu ne peux comprendre, mon *cher* enfant, combien ton père et ta mère ont été *bons* et *généreux;* combien leur amour pour toi est *grand, constant* et *désintéressé.* — Vingt fois par jour ton image est *présente* à leur esprit; à chaque heure, à chaque instant ils pensent à toi; ils rêvent pour leur fils un avenir *heureux,* et ils le demandent au Ciel. — Aime-les bien, prie pour eux, écoute avec respect leurs *sages* avis, sois *obéissant* et *affectueux,* et grave bien dans ton cœur ce précepte divin : «Honore ton père et ta mère, et tu vivras longtemps sur cette terre. »

Phrases détachées : Ces bateliers sont *adroits.* Cette ancre est retenue par un *gros* câble. Nos escadres sont en *pleine* mer. Nos hamacs sont *suspendus.* Ces rames sont *solides.* Nos mousses aussi sont *armés.* Ces harpons sont trop *courts.* Cette embarcation est *amarrée.*

DEVOIRS ÉCRITS.

1. *Copier la dictée, en soulignant d'un trait les adjectifs qualificatifs, et de deux les démonstratifs et les possessifs.*

2. *Copier les noms suivants, en plaçant devant chacun d'eux l'adjectif démonstratif convenable.*

Cet abordage, *cet* amiral, *ces* brûlots, *cette* cargaison, *ces* coquillages, *ces* cordages, *cet* embarquement, *ce* mouillage, *ces* exercices de natation, *ces* perles, *cette* traille, *ce* plongeon, *cette* quille, *ce* limon, *cette* tempête.

3. *A partir du mot* aigre, *extraire du dictionnaire douze adjectifs.*

Modèle : Aigre, aigrelet, aigu, ailé.....

29ᵉ LEÇON.

Classification des adjectifs déterminatifs (Gr. nᵒˢ 69 et 75).

EXERCICE ORAL.

DÉFINITIONS : 3º Les adjectifs *numéraux* sont ceux qui déterminent le nom en y ajoutant une idée de nombre ou de rang.

4º Les adjectifs *indéfinis* sont ceux qui déterminent le nom en y ajoutant une idée vague de nombre ou de qualité.

QUESTIONNAIRE : Comment les adjectifs numéraux déterminent-ils le nom? — Définissez les adjectifs numéraux. — Pourquoi *vingt* est-il adjectif numéral dans « *vingt* soldats? » — Comment les adjectifs indéfinis déterminent-ils le nom? — Qu'est-ce que les adjectifs indéfinis? — Analysez les noms, les articles et les adjectifs compris dans la phrase suivante :

TEXTE D'ANALYSE : Que sont quatre-vingts ans comparés à l'éternité? Moins que quelques gouttes d'eau dans l'océan, moins que quelques grains de sable dans l'univers entier.

MODÈLE : *Quatre-vingts*, adj. num. masc. pl. dét. *ans*; *ans*, n. comm. masc. pl.; *comparés*, adj. qualif. masc. pl. qual. *ans*; *l'* mis pour *la* art. simple fém. sing. dét. *éternité*; *éternité*, n. comm. fém. sing.; *quelques*, adj. indéf. fém. pl. dét. *gouttes*; *gouttes*, n. comm. fém. pl.; *eau*, n. comm. fém. sing....

DICTÉE.

Si CHAQUE année nous nous corrigions d'UN SEUL vice, nous serions bientôt *parfaits*. — Reste *pur*, ô mon enfant, *pur* de TOUTE faute et de TOUT *mauvais* esprit, *pur* comme la colombe sur les rameaux, ou comme le lis entre les épines. — Consulte toujours avant de faire QUELQUE entreprise *importante*. — NUL homme n'est *puissant* contre Dieu. — AUCUN enfant n'est plus en danger que l'écolier *paresseux*. — Si CENT fois tu tombes, CENT fois relève-toi.

On n'entend que le bruit de CENT MILLE soldats,
Marchant comme UN *seul* homme au-devant du trépas.

MOTS DÉTACHÉS : CENT aiguilles, QUELQUES anneaux, PLUSIEURS boucles, DIX pendants d'oreilles, QUATRE mantelets en velours *noir*, DEUX *petites* jupes en mousseline, CINQ mètres de gaze, DEUX *jolies* robes en nankin, TROIS cachemires, HUIT *fortes* courroies, DEUX jarretières, UNE épingle, UN crochet, UN bouton, UN médaillon, les MÊMES bracelets, la MÊME chaîne.

DEVOIRS ÉCRITS.

1. Copier la dictée en soulignant d'un trait les adjectifs qualificatifs et de deux les numéraux et les indéfinis.

2. Ecrire en toutes lettres : 2 éventails, 1 tabatière débol-
tée, 1 rasoir ébréché, 3 brosses à poils courts, 4 mitaines
tricotées, 6 colliers dorés, 5 joyaux précieux, 7 châles en
mérinos, 9 képis galonnés, 100 casquettes plates, 10 visières
en cuir. — *Deux, une, un, trois, quatre, six,...*

3. Extraire du dictionnaire douze adjectifs à partir du mot
allouable.

Modèle : Allouable, alphabétique, alternatif,...

30ᵉ LEÇON.

Récapitulation sur la classification des adjectifs.

EXERCICE ORAL.

Texte : Si *une* étincelle de la *vraie* charité entrait dans
ton cœur, elle en bannirait *toutes* les *mauvaises* passions.

Questionnaire : Qu'est-ce que l'adjectif?— Quels mots de cette
phrase sont des adjectifs? —Pourquoi *une, ton, toutes* sont-ils
des adjectifs? — *Parce qu'ils sont joints à des noms pour les déterminer.* —Pourquoi *vraie* et *mauvaises* sont-ils des adjectifs? —
Parce qu'ils sont joints à des noms pour les qualifier. — Combien
y a-t-il d'espèces d'adjectifs? — Combien distingue-t-on d'espèces
d'adjectifs déterminatifs. —Analysez les noms, les articles et les
adjectifs employés dans le texte.

Modèle : *une* , adj. num. fém. sing. dét. *étincelle; étincelle,*
n. comm. fém. sing.; *la* art. simple fém. sing. dét. *charité; vraie,*
adj. qualif. fém. sing. qual. *charité; ton,* adj. possessif masc. sing.
dét. *cœur; cœur,* n. comm. masc. sing.; *toutes,* adj. indéf. fém.
pl. dét. *passions; les...; mauvaises,* adj. qualif. fém. pl. qual.
passions; passions, n. comm. fém. pl.

COMPOSITION.

A. *Les élèves devront souligner les adjectifs qualificatifs.*

L'hiver est rude cette année; la nature est *triste;* les
arbres, *dépouillés* de leurs feuilles, paraissent *morts;* une
neige *abondante* couvre les prairies. — Reste *pur* de toute
faute, ô mon *cher* enfant, *pur* comme le lis. — Voyez cette
plage *déserte,* cette *triste* contrée *couverte* d'une mousse
épaisse; elle est *habitée* par des serpents *venimeux,* par de
hideux reptiles. — Un sommier *élastique,* une explosion
inattendue, trois reptiles *dangereux,* deux torrents *impétueux.*

B. *Ils souligneront les adjectifs déterminatifs.*

Tu ne peux comprendre, Alphonse, combien *ton* père et
ta mère sont bons pour toi; à *chaque* instant ils pensent à
leur fils, ils rêvent pour lui *un* avenir heureux; sois donc
reconnaissant, et écoute toujours avec respect *leurs* sages
avis. — *Cette* agrafe est argentée, *ce* pilote est expérimenté,

ce mât est pavoisé. — *Notre* flotte était formidable. — *Nos* escadres sont en pleine mer. — *Ma* rame est solide. — *Nul* homme n'est puissant contre Dieu.

DEVOIRS ÉCRITS.

1. *Remplacer les points par le son a, bien orthographié.*

L'amphithéâtre, un bâtiment, une bâtisse, le château, un étage, le galetas, une masure, le théâtre, le gymnase, les pensionnats, une espagnolette, un cabas, du cervelas, du chocolat, un gâteau, la pâtisserie, un canevas, un compas, le taffetas, la halle, le hameau, les habits.

2. *Remplacer les points par le son è, bien orthographié.*

Une jarretière, la laine, un mantelet, un ourlet, un peigne, une tabatière, une veste, un vêtement, des boutonnières, des bracelets, des bretelles, des chaussettes, une collerette, des collets, un corset, des crochets, la dentelle, la ficelle, la flanelle, un gilet, le vestiaire, l'empeigne du soulier; — l'anisette, la bière, des caramels, des comestibles, de la crème, un entremets, des fraises, du gruyère, du lait, du miel, des miettes, une rouelle, du vermicelle, du vinaigre.

Les apprêts du banquet, l'assaisonnement du mets, une cafetière, un couperet, un couvercle, une crémaillère, une cuiller, le festin, des gobelets, des pincettes, la porcelaine, les robinets, une salière, un soufflet, des soupières, une terrine, une théière, la vaisselle, un verre, un baquet, le balai en joncs.

31e LEÇON.

Féminin dans les adjectifs (Gr. n° 45).

EXERCICE ORAL.

TEXTE D'INDUCTION. { Le vin excellent, le sol cultivé...
{ La bière excellente, la terre cultivée.

QUESTIONNAIRE : Quels mots de ces deux lignes sont des noms? — Quels mots sont des adjectifs? — Dites le genre des noms de la première ligne — ... de la deuxième. — L'adjectif n'est-il pas du même genre que le nom qu'il qualifie ou détermine? — Quel est donc le genre de chacun des adjectifs écrits au tableau? — Comment *excellent* a-t-il été écrit au féminin? — *excellente.* — Qu'a-t-il donc pris pour signe de féminin? — *l'e muet final.* — Comment est écrit *cultivé* au masculin? — Comment, au féminin? — Quelle lettre a-t-il donc pris pour signe de féminin?

Il en est ainsi des autres adjectifs en général.

Quelle est donc la règle générale pour former le féminin des adjectifs. — Épelez au féminin : *fort, puissant, hardi. adroit....*

DICTÉE.

Le chevet rembourré, la courte-pointe rembourr*ée*; le coussin décousu, la couverture décous*ue*; un couvre-pied déchiré, une écharpe déchir*ée*; le gousset cousu, la semelle cous*ue*; le drap numéroté, la serviette numérot*ée*; le duvet employé, l'ouate employ*ée*; le matelas rembourré de crin choisi, la paillasse rembourr*ée* de paille chois*ie*; le grabat nettoyé, l'alcôve nettoy*ée*; le blanchissage payé, la façon pay*ée*; un diadème orné, une couronne orn*ée*.

Un oreiller brod*é*, une garniture préparée, la besace vidée, un essuie-main ourl*é*, un rabat repassé, un pan d'habit coupé, un lambeau empor*té*, une savonnette achet*ée*, un serre-tête égaré, une lanière cassée, un traversin déchir*é*, le linceul préparé, le cercueil appor*té*, la fosse creus*ée*, la croix plan*tée*.

DEVOIRS ÉCRITS.

1. *Les élèves copieront la dictée en achevant les mots laissés incomplets.* (Dans la 2ᵉ partie c'est le son *é* qui a été supprimé).

2. *Ils copieront de nouveau tous les noms féminins en les accompagnant de leurs qualificatifs.*

Modèle : Courte-pointe rembourrée, couverture décousue, écharpe déchirée.... paillasse rembourrée, paille choisie....

3. *À partir du mot* apostat *ils copieront douze adjectifs dans le petit dictionnaire.*

Modèle : Apostat, apostolique......

32ᵉ LEÇON.

Féminin dans les adjectifs (Gr. nᵒˢ 45 et 46).

EXERCICE ORAL.

Règle générale : Pour écrire au féminin un adjectif on le termine par un *e* muet.

Remarque : Si l'adjectif est déjà terminé par un *e* muet au masculin, il ne change pas au féminin.

Questionnaire : Quelle est la règle générale pour former le féminin des adjectifs? — Epelez au féminin : *réjouissant, content, satisfait...* — Comment s'écrivent au féminin les adjectifs déjà terminés par un *e* muet au masculin? — Epelez le féminin des adjectifs : *poli, prudent, aimable, utile...* — Analysez les noms, les articles et les adjectifs compris dans la phrase suivante :

Texte d'analyse : Si votre conscience était pure, la mort vous paraîtrait peu redoutable.

Modèle : *Votre*, adj. poss. fém. sing. dét. *conscience*; *conscience*, n. comm. fém. sing.; *pure*, adj. qualif. fém. sing. qual.

conscience; la, art. simple fém. sing. dét. *mort; mort,* n. comm. fém. sing.; *redoutable,* adj. qualif. fém. sing. qualifie *mort.*

DICTÉE.

Un courage admirable, une activité *admirable;* un effort soutenu, une attention *soutenue;* un bonheur ineffable, une félicité *ineffable;* une conscience *délicate;* un dessein incroyable, une énergie *incroyable;* un entendement exercé, une faculté *exercée,* une imagination *inépuisable,* un génie rare, une intelligence *rare,* la mémoire *développée,* une raison *plausible,* une volonté *chancelante,* l'ange fidèle, l'âme *fidèle,* l'archange infidèle, la domestique *infidèle,* le chérubin prosterné, le brûlant séraphin, l'étoile *brillante,* la milice *sacrée,* un esprit infernal, une idée *infernale,* un désir blâmable, une fantaisie *blâmable,* un spectre décharné, une tête *décharnée,* un fantôme effrayant, une sentence *effrayante,* la déesse *renversée,* Satan enchaîné, la réprobation *prononcée.*

J'estime une élève que je vois *docile* et *pieuse.*

DEVOIRS ÉCRITS.

1. *Copier les noms masculins avec les mots qui s'y rapportent.*

MODÈLE : Un courage admirable, un effort soutenu,...

2. *Même travail pour les noms féminins.*

MODÈLE : Une activité admirable, une attention soutenue,... une élève docile et pieuse.

A partir du mot arabique, *copier dans le dictionnaire douze adjectifs et les écrire au féminin.*

MODÈLE : Arabique, arable, aratoire, arbitraire....

33ᵉ LEÇON.

Pluriel des adjectifs (Gr. nᵒ 55).

EXERCICE ORAL.

RÈGLE : Le pluriel dans les adjectifs se forme comme dans les noms.

QUESTIONNAIRE : Comment se forme le pluriel dans les adjectifs? — Quelle est la règle générale pour former le pluriel dans les noms? — Comment donc formeront leur pluriel la plupart des adjectifs? — Epelez le pluriel des adjectifs : *spirituel, divin, adorable...* — Analysez les noms, les articles et les adjectifs employés dans la phrase suivante :

TEXTE D'ANALYSE : Les hommes vraiment grands sont petits à leurs propres yeux.

MODÈLE : *Les,* art. simple masc. pl. dét. *hommes; hommes,*

n. comm. masc. pl.; *grands*, adj. qualif. masc. pl. qualifie *hommes*; *petits*; adj. qualif. masc. pl. qual. *hommes*; *leurs*, adj. poss. masc. pl. dét. *yeux*; *propres*, adj. qualif. masc. pl. qual. *yeux*; *yeux*, n. comm. masc. pl.

DICTÉE.

L'adoration commandée, un sentiment louable, des actes *défendus*, des affections *louables*, un caractère aimable, des déterminations *soudaines*, un doute criminel, des pensées *criminelles*, les enfers *courroucés*, les entretiens *commencés*, des idées *originales*, des intentions *hostiles*, le but atteint, l'enthousiasme excité, un funeste abandon, une réconciliation accomplie, les âmes *soulagées*, un purgatoire douloureux, la loi *divine*, les *divins* mystères, le paradis attendu, la rédemption abondante, les saints *canonisés*, l'abjuration signée, les actions *saintes*, les adversités *supportées*, l'allégresse durable, les approbations *multipliées*, un appui accordé, des arrangements *consentis*, l'arrivée imprévue, des applaudissements *prolongés*.

Je prierai, et mon cœur sera soulagé.

DEVOIRS ÉCRITS.

1. *Copier dans la dictée les noms qui sont au singulier et les accompagner des articles et des adjectifs qui s'y rapportent.*

Modèle : L'adoration commandée, un sentiment louable,... mon cœur soulagé.

2. *Même travail pour les noms du pluriel.*

Modèle : Des actes défendus, des affections louables,...

3. *A partir de* artificiel, *copier dix adjectifs dans le dictionnaire en les écrivant au pluriel.*

Modèle : Artificiels, artificieux, ascendants, ascétiques...

34e LEÇON.

Pluriel des adjectifs (Gr. n°s 55 et 56).

EXERCICE ORAL.

Règle : Le pluriel dans les adjectifs se forme comme dans les noms.

Questionnaire : Comment se forme le pluriel dans les adjectifs ? — Comment s'écrivent au pluriel les noms déjà terminés par *s*, ou par *x* au singulier? — Comment donc écrira-t-on au pluriel les adjectifs terminés par *s*, ou par *x* au singulier. — Épelez au pluriel les adjectifs : *blanc, pâle, gris, soyeux...* — Analysez les noms, les articles et les adjectifs employés dans la phrase suivante.

Texte d'analyse : Les élèves dociles et obéissants sont heureux et font le bonheur de leurs parents.

Modèle : *Les*, art. simple masc. pl. dét. *élèves* ; *élèves*, n. comm. masc. pl. ; *dociles*, adj. qualif. masc. pl. qual. *élèves*...

DICTÉE.

Les corps animés, les bras robustes, les nez aquilins, les doigts agiles, les épaules larges, les flancs découverts, les fronts soucieux, les jarrets vigoureux, des membres osseux, des muscles puissants et forts, les orteils ensanglantés, les sourcils ras, des estomacs paresseux, les physionomies trompeuses, les visages gracieux, des figures engageantes, des bouches fermées, des cous allongés, les coudes appuyés, les hanches serrées, les mains exercées, les membranes protectrices, les pieds empaquetés, les poignets attachés, les poings crispés, des poitrines fatiguées, les pouces liés, les talons écorchés, des bustes peints, des crânes hideux.

Des malades perclus, des os brisés, les joues pâles, les lèvres livides, les mâchoires fracassées, des molaires arrachées, les jambes amputées, les cuisses broyées, les poings coupés, des phalanges séparées.

Quel spectacle affreux, horrible, présente un champ de bataille ! ici des blessés sans nombre ; là des cadavres entassés ou amoncelés ; plus loin des ruisseaux de sang !...

DEVOIRS ÉCRITS.

1. *Les élèves copieront le texte de la dictée en mettant au pluriel les noms, les articles et les adjectifs des deux premiers alinéas.*

Modèle : Les corps animés, les bras robustes,...

2. *A partir du mot* astringent, *ils extrairont du dictionnaire douze adjectifs, qu'ils écriront au pluriel.*

Modèle : Astringents, astrologiques,...

35ᵉ LEÇON.

Récapitulation du pluriel et du féminin des adjectifs.

EXERCICE ORAL.

Texte : Les enfants bien élevés sont affables, complaisants, généreux ; leur piété est sincère, solide et éclairée.

Questionnaire : Analysez les noms et les adjectifs employés dans cette phrase. — Pourquoi a-t-on écrit avec *s* les trois premiers adjectifs ?—Pourquoi *généreux* n'a-t-il pas pris l'*s* finale ? — Comment s'écrivent au masculin *sincère, solide ?* — Pourquoi n'ont-ils pas changé au féminin ? — Pourquoi a-t-on écrit *éclairée* avec l'*e* muet final? — Faites l'analyse raisonnée des noms et des adjectifs employés dans le texte.

MODÈLE [1] : *Enfants*, nom, parce qu'il désigne des personnes ; nom commun, parce qu'il convient à tous les êtres semblables ; du masculin, parce que l'usage autorise de dire *un* enfant ; du pluriel, parce qu'il désigne plusieurs personnes ; *élevés*, adjectif qualificatif, parce qu'il est joint à *enfants* pour le qualifier ; du masculin pluriel, parce que le nom auquel il se rapporte est du masculin pluriel ; ... *leur*, adjectif parce qu'il est joint au nom *piété* pour le déterminer ; possessif parce qu'il le détermine en y ajoutant une idée de possession, du féminin singulier, parce que le nom auquel il se rapporte est du féminin singulier...

COMPOSITION.

A. *Les élèves écrivent simplement comme on leur dicte.*

J'estime un grand courage, une attention soutenue, une conscience délicate, une imagination réglée, une volonté énergique, un caractère égal. — Pauvre aveugle, tu ne vois point le ciel bleu, les étoiles brillantes, les arbres verdoyants, les fleurs épanouies. — Je prierai les saints anges ; la piété règnera parmi nous ; les enfers seront confondus, les saintes âmes du purgatoire soulagées, l'impie converti, les divins mystères enseignés et la religion pratiquée. — Quel spectacle horrible présente un champ de bataille : des membres sanglants, des corps mutilés, des jambes fracassées, des têtes coupées, des bras emportés, des poings crispés, des cadavres affreux, entassés, amoncelés !

B. *Les élèves écrivent au pluriel.*

Le doigt agile, le jarret vigoureux, le sourcil épais, le visage gracieux, le pied chaussé, la physionomie riante, l'abjuration signée, la réconciliation achevée, le drap déplié, l'alcôve nettoyée, le matelas garni, le rideau attaché, l'oreiller brodé, la cravate ourlée.

MODÈLE : Les doigts agiles, les jarrets vigoureux, les sourcils épais.....

DEVOIRS ÉCRITS.

1. *Les élèves compléteront les mots suivants par le son* è, *bien orthographié.*

Une baguette, un cachet, des carnets, des connaissances,

---

[1] Nous donnons seulement quelques modèles et non les analyses complètes : 1° parce que cela aurait été trop long ; 2° parce qu'on ne peut préciser tout ce qui doit se dire dans une analyse raisonnée.

L'essentiel dans cet exercice est que l'enfant se rende compte de la nature, des modifications et de la fonction des mots ; c'est au maître à prescrire ce qui doit être dit, et à demander plus ou moins, suivant la force des élèves et la nature des phrases étudiées.

de la *craie*, les élèves-externes, l'enseignement, les feuill*ets*, une gramm*aire*, des lettres, un ma*î*tre courageux, un modèle, un problème, un prospectus, un que*s*tionn*aire*, le règlement, un syllab*aire*, le système métrique, un thème, une version, un vers, un vocabul*aire*, les ancê*tres*, une cachette, une caverne, une chatière, une chaumière, une pièce, le chef-lieu, une citerne, les déblais, une gouttière, un guich*et*, l'hôtellerie, les paratonnerres du pal*ais*, le perron, la porte-cochère, la tourelle, l'affection, le caractère énergique, une fant*aisie*, l'intelligence, un mystère, la raison, les jarr*ets*, les lèvres, les dents mol*aires*, les poign*ets*, la tête, les spectres.

2. *Ils compléteront les mots suivants par* m *ou* n, *suivant l'usage.*

Les ancêtres, la ba*n*lieue, les moellons, les pavillons, le salo*n*, les bonbo*n*s, le bouillon, le jambon, une mem*-*brane, les hanches, la jambe, l'embonpoint, le tympan de l'oreille, le no*m*bril, les haillo*n*s.

3. *A partir de* audacieux *ils extrairont du dictionnaire quatorze adjectifs qu'ils écriront au pluriel.*

Modèle: Audacieux, augmentatifs,... avant-derniers,...

36e LEÇON.

Des pronoms (Gr. n°ˢ 76 à 79).

EXERCICE ORAL.

Définition : Le pronom est un mot que l'on emploie au lieu d'un nom.

Questionnaire : Définissez le pronom. — Au lieu de quoi emploie-t-on le pronom? — Comment s'appelle le mot dont on fait usage dans une phrase au lieu de se servir d'un nom? — Lisez la dictée, et indiquez quels mots sont des pronoms.

DICTÉE.

LA VIOLETTE.

Le petit Adolphe ne connaissait que les violettes bleues. Un jour *il en* trouva dans le jardin *quelques-unes qui* étaient blanches comme la neige, et *d'autres qui*, brillant aux rayons du soleil du matin, étaient rouges comme un feu. *Il en* cueillit une bleue, une blanche et une rouge, et *les* porta plein de joie à sa maman. *Celle-ci lui* dit : « Ces trois sortes de violettes ne sont pas si rares que *tu* penses; cependant *tu* auras fait une heureuse découverte, si *tu* n'oublies pas de *quoi elles* sont les emblèmes. La violette *dont* la couleur est d'un bleu tout simple, est une image de la modestie et de l'humilité; quant à la violette blanche, qu'*elle* soit

pour *toi* le symbole de l'innocence et de la douceur ; enfin,
la rouge *te* dit : Aie toujours dans le cœur un ardent amour
pour tout *ce qui* est bien, juste et bon. »

DEVOIRS ÉCRITS.

1. *Copier le texte de la dictée en soulignant les pronoms.*
2. *Extraire du dictionnaire quinze noms masculins à partir*
de balancement.

MODÈLE : Balancement, balancier, balayeur,...

37ᵉ LEÇON.

Pronoms personnels (Gr. nᵒˢ 79 à 83).

EXERCICE ORAL.

DÉFINITIONS : 1° On entend par personne grammaticale le rôle
qu'un être remplit dans l'acte de la parole.

2° Celui qui parle est la première personne ; celui à qui l'on
parle est la deuxième ; celui de qui l'on parle est la troisième.

3° Le pronom est du même genre, du même nombre, de la
même personne grammaticale que l'être qu'il signifie.

4° Les pronoms personnels sont ceux qui s'emploient principale-
ment pour faire connaître la personne grammaticale de l'être
qu'ils signifient.

QUESTIONNAIRE : Qu'entend-on par personne grammaticale ? —
Combien y a t-il de personnes grammaticales ? — Quel être remplit le rôle de première personne ? — ... de deuxième ? — ... de troisième ? — Quelle est la personne grammaticale de celui qui parle ?
— ... à qui l'on parle ? — ... dont on parle ? — Qu'appelle-t-on
pronoms personnels ? — Pourquoi ces pronoms s'appellent-ils
personnels ? — Désignez les pronoms personnels employés dans
la dictée.

DICTÉE.

LETTRE D'UN FILS A SA MÈRE LE JOUR DE SA FÊTE.

Ma chère Maman,

Dans quelques jours ce sera votre fête : mes sœurs, qui
sont près de *vous* 2, auront le bonheur de *vous* 2 dire de vive
voix ce que leur cœur ressent pour la meilleure des mères.
En ce moment *je* 1 serai au milieu d'*elles* 3 par la pensée, et
je 1 joindrai mes vœux aux leurs. Permettez-*moi* 1, chère
Maman, de *les* 3 devancer ; que *j'*aie 1 la satisfaction de
vous 2 rappeler ce jour si cher à vos enfants, puisqu'*il* 3
leur fournit l'occasion de témoigner à leur tendre mère
tous les sentiments dont *ils* 3 sont pénétrés. Acceptez pour
bouquet l'engagement que *je* 1 prends de *vous* 2 donner
toujours, par mon application à tous mes devoirs, la satisfaction et le contentement dont *vous* 2 êtes si digne. Daignez

en [3] agréer l'assurance, avec l'expression de la vive et respectueuse tendresse ,   De votre fils soumis.

DEVOIRS ÉCRITS.

1. *Copier la dictée, souligner les pronoms personnels et en
indiquer la personne par 1, 2 ou 3.*

2. *A partir de balance, extraire du dictionnaire quinze
noms féminins.*

MODÈLE : Balance, balayeuse, balayures,...

3. (*Si le maître le juge à propos*) *transcrire au propre et sur
une feuille à part le texte de la dictée, comme s'il s'agissait
réellement pour l'élève d'écrire une lettre à sa mère.*

38ᵉ LEÇON.

Pronoms démonstratifs et pronoms possessifs (Gr. nᵒˢ 83 et 86).

EXERCICE ORAL.

EXPLICATION : 1º Les pronoms démonstratifs signifient l'objet
que l'on montre ou que l'on indique.

Ils équivalent à un nom précédé d'un adjectif démonstratif.

2º Les pronoms possessifs font connaître le possesseur de l'objet
qu'ils signifient.

Ils équivalent à un nom déterminé par un adjectif possessif.

QUESTIONNAIRE : Définissez les pronoms démonstratifs. — A
quoi équivaut un pronom démonstratif? — Qu'appelle-t-on pronoms possessifs? — A quoi équivalent les pronoms possessifs?—
Indiquez la nature et l'espèce des pronoms employés dans la
dictée.

DICTÉE.

La vertu et le vice ont des fins bien différentes : *celui-
ci* mène à la mort, *celle-là* conduit à la vie. — Il vaut infiniment mieux être comme Lazare que comme le mauvais
riche : *celui-ci* n'a été heureux que dans cette vie passagère,
celui-là possède la félicité éternelle.

Claudius, vous vous glorifiez trop de *ce* que vous possédez ;
à chaque instant on vous entend dire : « *Ceci* est à moi, ce
pupitre est LE MIEN, cette règle est LA MIENNE, ces plumes
et ces cahiers sont LES MIENS. » Vraiment ne dirait-on pas
que vous êtes propriétaire de tout *ce* qui est dans la classe.

Vous parlez aussi trop souvent des biens de vos parents :
« Cette maison appartient à mon oncle, *celle-ci* est LA NÔTRE ;
ces champs-là sont LES SIENS, *ceux-ci* sont LES NÔTRES ; » ce
langage révèle en vous un sot orgueil qui ne peut que vous
attirer le mépris de vos condisciples.

Croyez-moi, parlez moins de vos propriétés que de *celles*
d'autrui, si vous voulez qu'on vous aime et qu'on vous
estime.

DEVOIRS ÉCRITS.

1. *Copier la dictée et souligner d'un trait les pronoms dé-*
monstratifs et de deux les possessifs.

2. *Copier dans la grammaire le tableau des pronoms dé-*
monstratifs et celui des pronoms possessifs.

3. *Extraire du dictionnaire à partir de bandeau quinze*
noms masculins.

Modèle : Bandeau, bandit, bannissement,...

39ᵉ LEÇON.

Pronoms conjonctifs et pronoms indéfinis (Gr. nᵒˢ 87 et 88).

EXERCICE ORAL.

Définitions : 1º Le pronom conjonctif est celui qui lie au nom
auquel il se rapporte quelques mots qui l'expliquent ou le déterminent.

2º Le pronom indéfini est celui qui ne signifie les êtres que
d'une manière vague.

Questionnaire : Qu'est-ce que le pronom conjonctif? — A quoi
sert le pronom conjonctif? — Définissez le pronom indéfini. —
Analysez les pronoms dans : « Personne ne peut dire, le matin :
Je verrai finir la journée que je commence. »

Modèle : *Personne*, pron. indéf. 3ᵉ pers. masc. sing.; *je*, pron.
pers. 1ʳᵉ p. masc. sing.; *que*, pron. conj. 3ᵉ p. fém. sing...

DICTÉE.

LES PLANTES BIEN SOIGNÉES.

Un beau jour de printemps, un père de famille visitait
son jardin; il était accompagné de son fils *qui* considérait
TOUT avec attention. « Pourquoi cet arbre, *qui* est devant
nous, est-il si beau et si droit? disait Alphonse, tandis que
cet AUTRE est tout déformé et penche vers la terre? — C'est,
répondit le père, qu'ON a dressé celui-ci dans le principe,
qu'ON l'a palissé et qu'ON l'a taillé, tandis que l'AUTRE a été
négligé. — Et pourquoi ces fleurs, *qui* sont à notre droite,
sont-elles déjà si belles, lorsque les autres fleurs *qui* sont de
la même espèce éclosent à peine? — Parce qu'ON les a mieux
cultivées. — TOUT, dans les plantes, dépend donc des soins
et de la culture? — Oui, mon enfant; et cela est également
vrai de ton intelligence et de ton cœur. Tu ressembles à
une fleur ou à un jeune arbre, et ton âme ne sera belle
qu'autant qu'elle sera soignée et cultivée. »

DEVOIRS ÉCRITS.

1. *Copier la dictée en soulignant d'un trait les pronoms*
conjonctifs et de deux les indéfinis.

2. *Copier dans la grammaire la liste des pronoms conjonctifs et celle des pronoms indéfinis.*

3. *Extraire du dictionnaire, à partir de* banquette, *quinze noms féminins.*

Modèle : Banquette, baraque, baratte,...

40e LEÇON.

Récapitulation sur le pronom.

EXERCICE ORAL.

Texte : Heureux celui qui peut dire : « Mes ennemis censurent en moi des vices que je n'ai plus. »

Questionnaire : Qu'appelle-t-on pronom? — Combien y a-t-il d'espèces de pronoms ? — Définissez les pronoms personnels, ... démonstratifs, ... possessifs, ... conjonctifs, ... indéfinis. — Analysez tous les pronoms employés dans le texte. — Analysez maintenant les noms, articles, adjectifs et pronoms qui y sont contenus.

Modèle : *Heureux*, adj. qualif. masc. sing. qual. *celui ; celui*, pr. démonstr. 3e pers. masc. sing. ; *qui*, pron. conj. 3e pers. masc. sing. ; *mes*, adj. poss. masc, pl. dét. *ennemis ; ennemis*, n. comm. masc. pl. ; *moi*, pron. pers. 1re pers. masc. sing. ; *des*, art. part. masc. pl. dét. *vices; vices*, n. comm. masc. pl. ; *que*, pron. conj. 3e pers. masc. pl. ; *je*, pron. pers. 1re pers. masc. sing.

COMPOSITION.

A. *Écrire simplement :*

La violette bleue est l'image de la modestie et de l'humilité; la blanche est le symbole de l'innocence et de la douceur; la rouge est celui de l'amour pour la justice et pour tout ce qui est bien.

Ma chère Maman, dans quelques jours se sera votre fête : mes sœurs qui sont près de vous auront le bonheur de vous dire de vive voix ce que leur cœur ressent pour la meilleure des mères ; je serai au milieu d'elles par la pensée et je joindrai mes vœux aux leurs.

Le vice et la vertu ont des fins bien différentes : celui-là mène à la mort, celle-ci conduit à la vie.

B. *Souligner les pronoms :*

Alphonse, *vous vous* glorifiez trop de *ce que vous* possédez ; sans cesse *on vous* entend dire : « *Ceci* est à *moi*, ce livre est *le mien*, ces plumes sont *les miennes*, ces biens appartiennent à mes parents, cette maison est *la nôtre*, ces champs sont *les nôtres*; » ce langage révèle un sot orgueil *qui* ne peut *vous* attirer que le mépris de vos condisciples.

L'enfant est semblable à une fleur ou à un jeune arbre; son âme ne peut devenir belle que si *elle* est soignée et cultivée.

DEVOIRS ÉCRITS.

1. Remplacer les points par r, rr, rt, rd, re, rg, *ou* rs, *suivant l'usage.*

Un adversaire, un camarade, le parrain, la marraine, la nourrice, un vieillard. — Un abattoir, une baignoire, une baraque, une barre, la barrière, la basse-cour, un bourg très-peuplé, le faubourg, un cabaret, le carrefour, le .carrelage, le corps-de-logis, le corridor, un couloir, le dortoir, le laboratoire, le lavoir, un miroir, le réfectoire, un tiroir, les trottoirs, une girouette, une gouttière, un hangar, un placard, le parapet, un parapluie, la paroi, un secrétaire, des supports, un tabouret, le vestiaire, le saloir.

Une narration, un paragraphe, un vocabulaire, un cours achevé, un discours, une écritoire.— Un baril, une barrique, une carafe, du beurre, de la bière, de l'élixir, la friture, le lard, les liqueurs, la nourriture, la purée;—des jarretières, un oreiller, la parure, les rebords, le velours, la bourre, le cachemire, le cirage, la courroie, la couronne, une ceinture, une couverture.

2. Extraire du dictionnaire, à partir de baril, *quinze noms masculins.*

MODÈLE : Baril, bariolage, baromètre,...

41e LEÇON.

Définition du verbe (Gr. n° 89).

EXERCICE ORAL.

DÉFINITION : Le verbe est un mot exprimant l'existence, l'action ou l'état d'une personne ou d'une chose.

QUESTIONNAIRE : Définissez le verbe. — A quoi sert le verbe? —. Quels mots de la dictée sont des verbes? — Pourquoi *bêlent, mugit,...* sont-ils des verbes?

DICTÉE.

CRIS DES ANIMAUX.

L'agneau et la brebis *bêlent*, le bœuf *mugit*, le cheval *hennit*, l'âne *brait*, le petit chien *jappe*, le dogue *aboie*, le chat *miaule*, le cochon *grogne*, le coq *chante*, la poule *glousse*, ou *caquette*, les poussins *piaulent*, la cane et l'oie *nasillent*, le dindon *glougloute*, le paon *criaille*, le pigeon *roucoule*, la tourterelle *gémit*, l'alouette *gazouille*, le perroquet et la pie *causent*, le rossignol *ramage*, le geai *cajole*, le loriot et le merle *sifflent*, les pinsons *frigottent*, la cigogne *claquette*, l'aigle *trompette*, le hibou *hue*, le lion *rugit*, le loup *hurle*, la biche et le cerf *bramment*, la grenouille *coasse*, la souris *crie*, le serpent *siffle*.

DEVOIRS ÉCRITS.

1. *Copier la dictée et souligner les verbes.*

2. *Copier d'abord tous les verbes, puis tous les noms de la liste suivante.*

Barbe, raser, chevelure, couper, crinière, tresser, moustache, friser, genou, fléchir, gosier, humecter, larmes, verser, lèvres, remuer, salive, cracher, sang, répandre, reins, serrer, sueur, essuyer, transpiration, arrêter, trépas, occasionner, cadavre, inhumer, enterrer, ossements, entasser.

MODÈLE { *verbes :* raser, couper, tresser,...
        { *noms :* barbe, chevelure, crinière,...

3. *A partir de* apaiser, *copier dans le dictionnaire quinze mots qui soient des verbes.*

MODÈLE : Apaiser, apercevoir, apetisser,...

42ᵉ LEÇON.

Définition du verbe (Gr. n° 89).

EXERCICE ORAL.

DÉFINITION : Le verbe est un mot qui exprime l'existence, l'action ou l'état attribué à un être.

On reconnaît mécaniquement qu'un mot est un verbe : 1° Lorsqu'il peut être modifié par *ne pas* : « ne *chantez* pas » ; 2° lorsqu'il peut être conjugué, c'est-à-dire lorsqu'il varie dans sa terminaison suivant le mode, le temps, la personne et le nombre.

QUESTIONNAIRE : Qu'est-ce que le verbe ? — Qu'exprime le verbe ? — Citez des mots qui soient verbes. — *Chanter, parler, jouer...* — Comment reconnaît-on qu'un mot est verbe ? — Quel mot est verbe dans *je travaille* ? — Pourquoi est-ce un verbe ? — *Parce qu'il exprime l'action de la personne qui parle.* — A quel signe reconnaissez-vous que ce mot est verbe ? — 1° *Parce que l'on peut dire* « je ne travaille pas » ; 2° *Parce que* travailler *est un mot qui se conjugue...* je travaille... nous travaillons... j'ai travaillé,.. je travaillerai... — Dites dans les exemples suivants : 1° quel mot est verbe ; 2° pourquoi c'est un verbe ; 3° à quel signe, ou par quel moyen mécanique, vous le reconnaissez.

TEXTE D'ANALYSE : L'ouvrier travaille, l'auteur écrit, le factionnaire veille, l'écolier étudie ; et ainsi, chacun accomplit sa tâche en monde.

DICTÉE.

1. Pour *obéir* à l'Evangile, pour nous *rendre* agréables à Dieu, nous *devons exercer* les œuvres de miséricorde corporelles et spirituelles ; c'est-à-dire : *corriger* ou *avertir* charitablement ceux qui *manquent* à leur devoir, *instruire* les ignorants, *ramener* à la vertu ceux qui s'en *écartent*, don-

ner de bons conseils à ceux qui en *ont* besoin, *consoler* les affligés, *pardonner* les offenses, *souffrir* les injures, *supporter* avec patience les défauts du prochain, *prier* pour ceux qui nous *aiment* et pour ceux qui nous *haissent*, *donner* à *manger* à ceux qui *ont* faim et à *boire* à ceux qui *ont* soif, *procurer* des vêtements à ceux qui en *manquent*, *visiter* les malades et les *soigner*, enfin, *prier* pour les vivants et pour les morts.

DEVOIRS ÉCRITS.

1. *Copier la dictée et souligner les verbes.*

2. *Copier d'abord tous les noms, puis tous les verbes de la liste suivante :*

Aboiement, aboyer, aspiration, aspirer, bâillement, bâiller, contorsion, tordre, putréfaction, pourriture, pourrir, corruption, corrompre, infection, infecter, démembrement, démembrer, développement, développer, éblouissement, éblouir, essor, voler, grincement, grincer, morsure, mordre, organisation, organiser, réveil, réveiller, secousse, secouer, service, servir, succession, succéder, suppression, supprimer, supplication, supplier.

Modèle { *noms :* aboiement, aspiration, bâillement,... { *verbes :* aboyer, aspirer, bâiller,...

3. *A partir de* appauvrir, *extraire du dictionnaire quinze mots qui soient des verbes.*

Modèle : Appauvrir, appeler, appesantir,...

43ᵉ LEÇON.

Sujet du verbe (Gr. nᵒˢ 117 et 118).

EXERCICE ORAL.

Définition : Le sujet du verbe est l'être dont on exprime l'existence, l'action ou l'état.

Le sujet vient en réponse aux questions *qui est-ce qui* pour les personnes, *qu'est-ce qui* pour les choses, placées avant le verbe ; ou encore à celle-ci : *De qui exprime-t-on une action ou une qualité ?*

Questionnaire : Qu'est-ce que le verbe ? — Qu'entend-on par le sujet d'un verbe ? — Quel est le sujet dans : « Dieu est bon », et pourquoi ? — *C'est* Dieu, *parce que c'est de lui que l'on exprime un état, une qualité.* — Quel est le sujet dans : « Le jardinier arrose » ? — *C'est* le jardinier, *parce que c'est de lui que l'on exprime une action.* — A quelles questions vient en réponse le sujet du verbe ? — Quels mots signifient le sujet, ou sont sujets, dans la dictée suivante :

DICTÉE.

L'artisan travaille, le bottier découpe, le braconnier chasse, le bourreau exécute, le commissionnaire expédie, le correcteur corrige, le douanier veille, l'ébéniste plaque, l'enlumineur colorie, le geôlier ferme, le greffier enregistre, le maréchal forge, le mécanicien ajuste, le menuisier rabote, le perruquier coiffe, le plâtrier badigeonne, le pourvoyeur achète, le ramoneur nettoie notre cheminée, le sabotier coupe du bois, le scieur de long trace des lignes, le sculpteur palpe, le serrurier lime, le statuaire ébauche, le terrassier brouette, le tisserand trame, le maçon crépit.

L'esclave est malheureux. Monsieur est tout maladif. Madame est triste et pleure souvent.

DEVOIRS ÉCRITS.

1. *Les élèves copieront dans le texte de la dictée tous les noms qui sont sujets.*
MODÈLE : L'artisan, le bottier, le braconnier,...

2. *Ils copieront les seize premiers verbes employés dans la dictée, mais en les terminant par* er.
MODÈLE : travailler, découper, chasser, exécuter, expédier,... coiffer, badigeonner.

3. *Ils copieront dans la 1ᵉ page du dictionnaire vingt mots qui soient des verbes en* er.
MODÈLE : Abaisser, abandonner, abdiquer,...

44ᵉ LEÇON.

Proposition.

EXERCICE ORAL.

DÉFINITION : L'ensemble des mots employés pour exprimer l'existence, l'action ou l'état d'un être, s'appelle proposition.

Au fond la proposition comprend le sujet et le verbe, ainsi que les mots qui s'y rapportent à titre de qualificatifs, de déterminatifs ou de compléments.

QUESTIONNAIRE : Quel nom donne-t-on à l'ensemble des mots employés pour exprimer l'existence, l'action ou l'état d'un être?
— Les deux mots : « Pierre écrit » forment-ils une proposition ?
— *Oui, puisqu'ils suffisent pour exprimer une action faite par une personne.* — Enoncez dix propositions de la dictée, et dites de chacune le sujet et le verbe.

DICTÉE.

L'acolyte aide le prêtre.	L'aumônier catéchise.
Le sacristain range les ornements.	Le capucin prêche.
	Le chanoine psalmodie.
L'abbé officie.	Le canonnier ajuste la pièce.
L'anachorète jeûne.	Le coadjuteur ordonne.
L'archer bande son arc.	Monsieur le curé visite les
L'archevêque confirme.	pauvres.

Le diacre lit.

L'adjudant - major commande plusieurs compagnies.

L'artilleur charge le canon.

Le brigadier place la sentinelle.

Le capitaine inspecte les soldats.

L'apôtre évangélise.

Le caporal préside à la corvée.

Le cavalier charge l'ennemi.

Le colonel parcourt les rangs.

Le chapelain chante.

Le conscrit s'exerce.

Le cuirassier s'avance.

Le dragon commence l'attaque.

DEVOIRS ÉCRITS.

1. Copier, dans la dictée, les propositions dont le sujet est un prêtre ou un homme d'église.

Modèle : L'acolyte aide le prêtre, le sacristain,... l'abbé,... l'anachorète,... l'archevêque,... l'aumônier,... le capucin,... le chanoine,... le coadjuteur,... Monsieur le curé,...

2. Copier celles dont le sujet est un militaire ou un homme d'armes.

Modèle : L'archer bande son arc, le canonnier,... l'adjudant-major commande,... l'artilleur,...

3. A partir de acclimater, extraire du dictionnaire quinze verbes terminés par er.

Modèle : Acclimater, accoler, accommoder.

45e LEÇON.

Récapitulation sur le verbe, le sujet et la proposition.

EXERCICE ORAL.

Texte : Le ciel est noir, tout à coup un éclair brille et la foudre éclate.

Questionnaire : Définissez le verbe. — Quels mots de cette phrase sont des verbes, et pourquoi ? — Définissez le sujet du verbe ? — A quelles questions le sujet vient-il en réponse ? — Trouvez le sujet de chacun des verbes de cette phrase. — Dites de chacun d'eux pourquoi il est sujet. — Énoncez séparément chaque proposition. — Analysez les noms, articles et adjectifs employés dans le texte.

Modèle : *Le*, art. simple masc. sing. dét. *ciel*; *ciel*, n. comm. masc. sing. sujet de *est noir*; *noir*, adj. qualif. masc. sing. attribut de *ciel* ou qualifie *ciel*; *un*, adj. num. masc. sing. dét. *éclair*; *éclair*, n. comm. masc. sing. sujet de *brille*; *la*, art. simple fém. sing. dét. *foudre*; *foudre*, n. comm. fém. sing. sujet de *éclate*.

COMPOSITION.

A. *Les élèves souligneront les verbes.*

Pour *obéir* à l'Évangile nous *devons* *exercer* des œuvres spirituelles et corporelles de miséricorde; *nous devons donner à manger* à ceux qui *ont* faim et à *boire* à ceux qui *ont* soif. — L'ane *brait*, le cheval *hennit*, le canard *nasille*, la poule *glousse*. — *Raser* les moustaches, *friser* les cheveux, *répandre* du sang, *verser* des larmes; — morsure, *mordre;* grincement, *grincer.*

B: *Ils souligneront les sujets.*

Le *scieur de long* travaille, le *menuisier* rabote, l'*ébéniste* plaque, l'*esclave* est malheureux : *il* pleure souvent. L'apôtre évangélise, l'*abbé* prêche, le *capucin* jeûne, l'évêque officie.

C. *Ils sépareront les propositions par un trait.*

L'aigle trompette, | le loup hurle, | le terrassier brouette, | le plâtrier badigeonne, | le brigadier place la sentinelle, | le caporal commande les soldats de corvée, | l'adjudant-major inspecte les conscrits.

DEVOIRS ÉCRITS.

1. *Compléter les mots suivants par le son* oi *bien orthographié.*

La jolie boîte en bois de chêne, l'octroi, la paroi du mur, le *toit* de la chaumière, le villageois, la poêle à frire, le poêlon, un poêle, une courroie, un fil de soie, les bonnes lois, mon petit doigt, la mâchoire, le poignet, le noiselier, une noix, les oiseaux, une plume d'oie.

La foi est une vertu.

2. *Remplacer les points par* f, ff *ou* ph *suivant l'usage.*

Alphonse, Alfred, le père Félix, Joseph, Philippe, Raphaël, l'orphelin, l'amphithéâtre, le buffet, le coffre, le plafond, une affiche, l'apostrophe, l'orthographe, un paragraphe, un soufflet, le café, les gaufres, une agrafe, des chiffons, une coiffe, de l'étoffe, des pantouffes, du taffetas, une offense, du bois d'if, un chiffonnier, un coiffeur; — une affection, un séraphin, la physionomie, le pharmacien, le cerf, l'éléphant.

3. *Ils copieront de la liste suivante d'abord tous les verbes signifiant des actions propres aux hommes, puis tous ceux qui signifient des actions faites surtout par les animaux.*

Parler, penser, galoper, hennir, voleter, *aimer*, rugir, caracoler, *réfléchir*, brouter, paître, *juger*, trotter, aboyer, *écrire*, lire, étudier, *prier*, voltiger, *imaginer*, calculer, bécqueter, huer, *comparer*, vouloir, planer,...

MODÈLE { *actions de l'homme* : parler, penser,...
{ *actions des animaux* : galoper, hennir.....

46ᵉ LEÇON.

**Des compléments en général (Gr. nᵒ 122), et en particulier
des compléments déterminatifs du nom.**

EXERCICE ORAL.

DÉFINITION : On appelle complément toute expression qui
s'ajoute à un mot pour achever l'idée qu'il exprime.

QUESTIONNAIRE : Qu'appelle-t-on complément? — Quel mot a
besoin d'un complément dans : « La bonté... est infinie »? — Par
quoi ce mot est-il complété dans : « La bonté *de Dieu* est infinie »?
— Ces deux mots *de Dieu* ne servent-ils pas à déterminer le nom
bonté ?

REMARQUE : Les expressions semblables, employées pour déterminer un nom, s'analysent *compléments déterminatifs.*

TEXTE D'ANALYSE : Je respecte les haillons du pauvre.
J'admire le zèle des Apôtres.

MODÈLE : *Je,* pron. pers. 1ʳᵉ pers. masc. sing. sujet de *respecte ;*
respecte, verbe ; *les,* art. simple masc. pl. dét. *haillons ; haillons,*
n. comm. masc. pl. compl. de *respecte ; du,* art. contracté, mis
pour *de le,* masc. sing. dét. *pauvre ; pauvre,* n. comm. masc.
sing. compl. déterminatif de *haillons...*

DICTÉE.

J'admire dans le corps de l'*homme* le nombre infini des
artères et des *veines ;* la circulation du *sang ;* la régularité
du *pouls ;* les sécrétions du *foie,* des *reins,* des *amygdales* et
des autres *glandes ;* la solidité du *crâne,* de la *colonne* verté-
brale, des *côtes* et des *hanches ;* les articulations des *doigts*
et des *orteils ;* le jeu des *poumons ;* la sensibilité des *nerfs* et
du *cerveau ;* la blancheur de l'*épiderme ;* l'arrangement des
dents dans les gencives ; l'expression du *visage ;* la mobilité
des *paupières ;* l'utilité des *cils,* des *sourcils* et des *cheveux ;*
la force des *tendons* et des *muscles,* la souplesse des *cartilages ;* la production de la *bile* et du *fiel ;* la disposition des
aisselles ; celle des *phalanges* de l'*index ;* et par-dessus tout,
j'admire la beauté de la *face* et la noblesse de la *physionomie.*

DEVOIRS ÉCRITS.

1. *Copier la dictée et souligner les noms qui sont complé-*
ments déterminatifs.

2. *Analyser :* « Je déplore les souffrances du pauvre orphelin. »

MODÈLE. *Je,* pron. pers. 1ʳᵉ pers. masc. sing. sujet de *déplore ;*
déplore, verbe ; *les,* art. simple fém. pl. dét. *souffrances ; souf-*
frances, n. comm. fém. pl. compl. de *déplore ; du,* art. con-

tracté, mis pour *de le*, masc. sing. dét. *orphelin; pauvre,*
adj. qualif. masc. sing. qual. *orphelin; orphelin*, n. comm.
masc. sing. compl. déterminatif de *souffrances.*

3. *A partir de* achever, *extraire du dictionnaire quinze
verbes en* er.   *il.*

Modèle : Achever, aciduler, acquiescer,....

47e LEÇON.

Des compléments du verbe (Gr. nos 122 à 126).

EXERCICE ORAL.

Division : On distingue deux espèces de compléments du verbe :
le direct et l'indirect.

Explications : Le complément direct signifie l'être qui reçoit
l'action faite par le sujet.

Il vient en réponse à la question *qui?* pour les personnes, et
quoi? pour les choses, faite avec le verbe.

Le complément indirect signifie le motif, le terme ou une
circonstance quelconque de l'action exprimée.

Généralement il vient en réponse à la question *qui?* ou *quoi?*
précédée d'une préposition, comme *pour, à, sur, de,...*

Il peut aussi venir en réponse aux questions *où? quand?
comment? pourquoi?*

Questionnaire : Combien distingue-t-on d'espèces de compléments du verbe? — Qu'est-ce que le complément direct? —
Que signifie le complément direct? — Quelle question faut-il faire
pour reconnaître le complément direct? — Définissez le complément indirect? — Que peut signifier le complément indirect?
— Quelles questions peuvent être faites pour reconnaître le complément indirect? — Indiquez les mots employés comme compléments dans le texte de la dictée.

DICTÉE.

Ecoutez ces *conseils* du *Sage* : Craignez *Dieu;* tenez inviolablement à votre *parole;* payez à l'*ouvrier* le *prix* de ses
travaux; honorez vos *parents;* rappelez rarement un *service*
rendu; prêtez avec *plaisir;* ne portez pas *envie* au *bonheur*
du *prochain;* aimez la *Religion* et respectez ses *enseignements;*
détestez l'*impie* et ses *dogmes* trompeurs, car ils séduisent
l'*esprit* et corrompent les *mœurs;* prenez *plaisir* à *faire* le
bien; soulagez le *pauvre;* ne trompez *personne;* pardonnez à
tous vos *ennemis;* gardez votre *secret;* surmontez les *chagrins;*
ne faites *rejaillir* vos *peines* sur *personne;* supportez les *défauts d'autrui;* reprenez sans *aigreur;* louez sans *flatterie;*
choisissez vos *amis;* sachez à votre *devoir immoler* vos *plaisirs,* et soyez ménager du *temps* et des *paroles.*

DEVOIRS ÉCRITS.

1. Copier le texte de la dictée et souligner les compléments.

2. Copier d'abord les compléments directs, puis les indirects compris dans la liste suivante :

Annoncer un décès, prier pour les *défunts*, partager des dépouilles, déplorer un trépas, souffrir dès sa *naissance*, couper les nerfs, compter les pulsations, arrêter ses regards sur une *gravure*, considérer un squelette avec *effroi*, sortir d'un long *sommeil*, entendre des soupirs, se blesser à la *tempe*, retenir son souffle ou sa respiration, réchauffer un petit oiseau, monter sur un *chêne*.

MODÈLE : { *directs :* décès, dépouilles, trépas,...
          { *indirects :* défunts, naissance, gravure,...

3. Extraire du dictionnaire, à partir du mot adorer, quinze verbes terminés par er.

MODÈLE : Adorer, adosser, adresser,...

48ᵉ LEÇON.

De l'attribut.

EXERCICE ORAL.

DÉFINITION : L'attribut est la qualité ou l'action que l'on exprime d'un sujet.

REMARQUE : Ce qui paraît le complément direct du verbe *être*, est en réalité l'attribut du sujet et doit s'analyser comme tel.

QUESTIONNAIRE : Qu'est-ce que l'attribut? — Le verbe être a-t-il un complément direct? — Comment doit-on analyser ce qui se présente comme complément direct du verbe *être?* — Analysez les mots de la phrase suivante qui ne sont pas en italique.

TEXTE D'ANALYSE : Tout est admirable *dans* les œuvres *de* Dieu.

MODÈLE · *Tout*, pron. indéf. 3ᵉ pers. masc. sing., sujet de *est admirable; est*, verbe; *admirable*, adj. qual. masc. sing. attribut de *tout; les*, art. simple fém. pl. dét. *œuvres; œuvres*, n. comm. fém. pl. compl. ind. de *est admirable; Dieu*, n. propre masc. sing. compl. déterminatif de *œuvres*.

DICTÉE.

Les griffes de l'ours sont *terribles*. La gueule de cette lionne est *sanglante*. Le menton du bouc est *orné* d'une longue barbe. Les naseaux de la panthère sont *larges*. La moelle des os est un *mets* excellent. Le groin et la queue du marcassin sont des *mets* recherchés, mais la digestion en est *laborieuse*. La hure, ou tête du sanglier, est *hideuse*. Les intestins grêles sont *nombreux* dans les animaux herbivores.

Les narines de ma jument étaient *fumantes*, son poitrail était *couvert* de boue. Mon chat est *blessé* à la patte. Les poils du rat sont *courts*. Les oreilles sont les *organes* du sens de l'ouïe. La peau est l'*enveloppe* du corps. La nuque est la *partie* du cou qui est *placée* sous l'occiput. Vos ongles sont trop *longs*, coupez-les. Le froid resserre les pores et arrête la transpiration. Léon est *agonisant*; son teint est *pâle*, ses yeux *languissants*, ses joues *amaigries* et *décharnées*; mon enfant, priez pour lui en ce moment suprême.

DEVOIRS ÉCRITS.

1. *Copier la dictée en soulignant les attributs.*

2. *Extraire des phrases suivantes tous les sujets, puis tous les attributs.*

L'agneau est *doux*. La chèvre est *capricieuse*. Le cerf est *timide*. La vue, l'ouïe, l'odorat, le goût et le tact ou toucher, sont nos cinq *sens*. Le cœur est un *viscère*. Les veines sont de petits *vaisseaux* destinés à ramener le sang au cœur. Les os composant l'épine du dos sont des *vertèbres*. La prunelle est une *partie* essentielle de l'œil. La couenne de lard est peu *utile*. L'haleine du bouc est *fétide*. Les entrailles de la génisse furent *brûlées*. Les cornes du taureau sont *puissantes*.

Modèle :
{
Sujets : Agneau, chèvre, cerf, vue, ouïe, odorat, goût, tact ou toucher, cœur,...
Attributs : doux, capricieuse, timide, sens, viscère,...
}

49ᵉ LEÇON.

Verbe, sujet et attribut.

EXERCICE ORAL D'INVENTION.

1° Les élèves donneront un sujet convenable à chacun des verbes ci-après :

Le *cheval* galope. — Le *poisson* nage. — Le *serpent* rampe. — L'*oiseau* vole. — L'*éclair* sillonne les nues. — Le *vaisseau* fend les ondes. — L'*aigle* plane au haut des airs. — L'*épervier* fond sur sa proie. — L'*hirondelle* rase la surface des eaux.

2° Ils inventeront un verbe pour chacun des sujets donnés.

Les arbres *refleurissent*. — Le jour *commence*. — Les prairies *reverdissent*. — La glace *fond*. — Le printemps *renaît*. — Le rossignol *ramage*. — Les troupeaux *paissent*. — Midi *sonne*.

3. Ils donneront un adjectif pour attribut à chacun des sujets suivants :

Dieu est *éternel*. — L'homme est *mortel*. — L'âme de l'homme est *immortelle*. — La vertu est *belle*. — Les méchants sont *malheureux*. — Le mensonge est *odieux*. — L'or est *précieux*. — Le plomb est *lourd*.

DICTÉE.

LES FRANÇAIS.

Les Français sont *gais, polis, spirituels, actifs, vaillants, généreux, magnanimes;* leur imagination est *vive, ardente,* parfois *frivole* et *enjouée.* Les étrangers riches viennent chez eux apprendre les belles manières et le bon ton. Dans la prospérité ils ne sont ni *fiers,* ni *présomptueux,* ni *arrogants;* il y a peu de peuples au monde qui sachent supporter d'aussi bonne grâce les grands revers et les adversités ordinaires. Ils sont *habiles* et *courageux* dans la guerre, *industrieux* dans la paix, et cultivent avec un succès remarquable les arts et les sciences. Enfin, on peut le dire, les Français sont encore aujourd'hui ce qu'ils étaient dans les siècles passés : *prompts* à se résoudre, *ardents* à combattre, *impétueux* dans l'attaque; c'est le peuple le plus civilisé de l'univers.

DEVOIRS ÉCRITS.

1. *Copier la dictée en soulignant les adjectifs qui sont attributs.*

2. *Copier tous les sujets, puis tous les attributs compris dans les propositions suivantes :*

Cette abbaye est monumentale. Le cloître était silencieux. La clôture était rigoureuse. L'ermitage fut abandonné. Le froc et le scapulaire sont des vêtements. Ces galeries sont vastes. La grille est fermée. Le monastère était désert. L'oratoire était orné. Le parloir est terminé. Le noviciat est meublé.

MODÈLE :
{
Sujets : Abbaye, cloître, clôture, ermitage, froc et scapulaire, galeries, grille, monastère, oratoire, parloir, noviciat.
Attributs : monumentale, silencieux, rigoureuse, abandonné, vêtements, vastes, fermée, désert, orné, terminé, meublé.
}

50ᵉ LEÇON.

Récapitulation sur le sujet, les compléments et l'attribut.

EXERCICE ORAL.

TEXTE : Nous serons heureux *si* nous observons *avec* une grande fidélité la loi du Seigneur.

QUESTIONNAIRE : Qu'est-ce que le sujet du verbe? — Quels mots de cette phrase sont sujets, et pourquoi? — Définissez le complément direct? — Quel mot est complément direct, et pourquoi? — Quel mot est le complément d'un nom? — Quelle est la fonction du mot *fidélité?* — Analysez autant que possible les mots du texte qui ne sont pas en italique.

Modèle : *Nous,* pron. pers. 1re pers. masc. pl. sujet de *serons heureux; serons,* verbe, liant *heureux* à *nous; heureux,* adj. qualif. masc. pl. attribut de *nous; nous,* pron. pers. 1re pers. masc. pl. sujet de *observons; observons,* verbe, exprimant l'action faite par *nous; la,* art. simple fém. sing. dét. *loi; loi,* n. comm. fém. sing. compl. direct de *observons; du,* art. contracté, mis pour *de le,* masc. sing. dét. *Seigneur; Seigneur,* n. propre, masc. sing. compl. déterminatif de *loi.*

COMPOSITION.

A. *Souligner les compléments déterminatifs du nom.*

On admire dans le corps humain le nombre infini des *veines* et des *artères,* la solidité du *crâne,* la beauté du *visage,* la mobilité des *paupières,* la circulation du *sang,* la régularité du *pouls,* le mouvement de la *respiration,* la sensibilité des *nerfs.* — Le cœur du *superbe* est comme l'haleine de *celui* qui a les entrailles gâtées.

B. *Souligner les compléments directs.*

Écoutez mes *conseils:* Craignez le *Seigneur,* tenez inviolablement à votre parole; payez à l'ouvrier le *prix* de ses travaux; ne portez pas *envie* au bonheur du prochain; détestez l'*impiété,* dont les enseignements séduisent l'*esprit* et corrompent les *mœurs.* — Nous avons visité tout le *monastère:* les *galeries,* le *cloître,* le *parloir,* l'*oratoire* même.

C. *Souligner l'attribut.*

Les griffes de l'ours sont *terribles.* La moelle des os est un *mets* excellent. Vos ongles sont trop *longs,* coupez-les. L'oreille est l'*organe* du sens de l'ouïe. Les yeux sont les *organes* de la vue. Mon chat est *blessé* à la patte. Le froid resserre les pores; il est parfois *dangereux.* — Les Français sont *prompts* à se résoudre, *ardents* à combattre, *impétueux* dans l'attaque; ils sont *civils* et *gais,* mais un peu *insouciants.*

DEVOIRS ÉCRITS.

1. *Remplacer les points par* m *ou* mm.

La commode, le raccommodage, une allumette, les comestibles, une omelette, une camisole, un sommier, la commune, le hameau, un pommier, l'imagination, les amygdales, l'estomac, la physionomie, le sommeil, la pusillanimité, un commissaire, le commissionnaire.

2. *Remplacer les points par* n *ou* nn.

Le canapé, la colonne, la maçonnerie, un paratonnerre, une sonnette, l'analyse, l'assaisonnement, un robinet, une tonne, la cassonade, la limonade, une tartine, mon bonnet, la boutonnière, une couronne, la tunique d'uniforme, une membrane, les narines, la poitrine, l'anachorète, le missionnaire, un canonnier, un colonel, l'innocence, la pusillanimité, la colline, une colonie, le marronnier, le platane, une cane plumée, un ramoneur, un braconnier, un commissionnaire, un douanier, un tonnelier.

3. *Analyser :* Le sort des impies est affreux.

Le, art. simple masc. sing. dét. *sort ; sort* n. comm. masc. sing. sujet de *est affreux ; des,* art. contr., mis pour *de les,* masc. pl. dét. *impies ; impies,* n. comm. masc. pl. compl. déterminatif de *sort ; est,* verbe, faisant rapporter l'attribut *affreux* au sujet *sort ; affreux,* adj. qualif. masc. sing. attribut de *sort.*

51e LEÇON.

Étude du verbe *avoir.*

EXERCICE ORAL DE CONJUGAISON.

(Les élèves ont le livre en main.)
Lisez toute la conjugaison du verbe *avoir.*
Vous remarquez que ce mot avoir *prend un grand nombre de formes différentes suivant les modes, les temps , les nombres et les personnes grammaticales.*
Lisez le mode infinitif... conditionnel... subjonctif... impératif... indicatif.
Lisez le présent de l'indicatif... de l'impératif... du conditionnel... du subjonctif.
Lisez le pluriel de tous les temps de l'indicatif.
Lisez la 1re pers. du singulier de tous les temps du subjonctif....

DICTÉE.

J'ai faim ; vous qui passez, *ayez* pitié de moi. Que peut *avoir* à craindre celui qui *a* Dieu pour soutien. Tu *as* un puissant protecteur dans l'ange qui veille sur tes pas. J'*ai* peur qu'après *avoir eu* de grands biens tu ne tombes dans l'indigence, car tu n'*as* point d'économie ni de prévoyance. Les premiers chrétiens *avaient* un grand respect pour les restes des martyrs. L'argent est comme le temps, n'en perdez pas, vous en *aurez* assez. Le Très-Haut vous bénira parce que vous *aurez eu* soin de votre père. Nous *eûmes* raison de nous méfier d'un inconnu ; nous *avions* des précautions à prendre.

DEVOIRS ÉCRITS.

1. *Copier la dictée et souligner le verbe* avoir, *chaque fois qu'il y est employé.*

2. *Copier le mode infinitif et le mode indicatif du verbe avoir.*

3. *A partir de affaisser, extraire du dictionnaire quinze verbes en er.*

Modèle : Affaisser, affamer, affecter,...

Leçon de mémoire : Les élèves auront à apprendre par cœur les deux premiers modes du verbe *avoir.*

52ᵉ LEÇON.

Verbe *avoir.*

EXERCICE ORAL DE CONJUGAISON.

Récitez le mode infinitif du verbe *avoir*, épelez chaque forme verbale.

Récitez de même le mode indicatif.

Conjuguez au présent de l'indicatif *avoir appétit.*

(Dans ces exercices le maître exigera que les enfants prononcent bien, et fassent toutes les liaisons.)

Conjuguez-le à l'imparfait... au futur... au passé déterminé... au participe présent... à l'infinitif...

Conjuguez *avoir peur* au passé indéfini... au futur antérieur... au plus-que-parfait... au passé antérieur... au passé de l'infinitif.

Dites à quel temps appartiennent les verbes ci-après :

Texte d'analyse : J'eus, tu as eu, il avait, nous avions eu, vous avez, avoir, ayant.

(Le maître a dû faire écrire ces formes au tableau noir.)

Modèle : *J'eus*, présent de l'indicatif; *tu as eu*, passé indéterminé; *il avait*, imparfait; *nous avions eu*, plus-que-parfait.

DICTÉE.

Mode infinitif : Avoir, avoir eu, ayant eu, ayant, eu. Mode indicatif, *présent* : Maintenant j'ai, tu as,... *passé indét.:* Jusqu'à présent j'ai eu, tu as eu,... *imparfait* : Autrefois j'avais, tu avais,... *plus-que-parfait* : Jusqu'à l'année dernière j'avais eu, tu avais eu,... *passé déterminé* : Hier j'eus, tu eus,... *futur:* demain j'aurai, tu auras,... *futur antérieur:* Après demain, à midi, j'aurai eu, tu auras eu,... (Le maître dicte ainsi des formes quelconques du verbe *avoir.*)

DEVOIRS ÉCRITS.

1. *Les élèves copieront le mode infinitif du verbe avoir en lui donnant toujours pour complément le nom appétit.*

Modèle : Avoir appétit, ayant ,...

2. *Ils copieront le présent de l'indicatif, l'imparfait, le passé déterminé et le futur simple du verbe avoir en employant les compléments ci-après :*

Un chapelet, une croix, un crucifix, une chapelle, un temple, des encensoirs, — un scapulaire, une médaille, un reliquaire, un autel, un bréviaire, un dais, — un rosaire, un rochet, une soutane, des paroissiens, un missel, des livres d'office, — les prophéties d'Isaïe, les psaumes de David, les Proverbes de Salomon, le cantique de Moïse, les lamentations de Jérémie, le poème de Job.

Modèle : *Présent :* J'ai un chapelet, tu as une croix, il a un crucifix, nous avons une chapelle, vous avez un temple, ils ont des encensoirs. — *Imparfait :* J'avais un scapulaire, tu avais une médaille, il avait un reliquaire... — *Passé dét.,* J'eus un rosaire, tu eus un rochet... — *Futur :* J'aurai les prophéties d'Isaïe, tu auras les psaumes de David... vous aurez les lamentations de Jérémie...

Leçon de mémoire : Les élèves devront apprendre par cœur tout le verbe *avoir*.

53e LEÇON.

Verbe *avoir*.

EXERCICE ORAL DE CONJUGAISON.

Récitez tout le verbe *avoir*.

Récitez l'impératif du verbe *avoir*... le conditionnel... le subjonctif... le mode infinitif... l'indicatif.

Récitez le 1er passé du conditionnel... le 2me... le passé du subjonctif... le plus-que-parfait du subjonctif.

Récitez le présent, puis l'imparfait du subjonctif.

Conjuguez *avoir attention* au présent du conditionnel, au présent de l'impératif, au présent du subjonctif, à l'imparfait du subjonctif..

Conjuguez *avoir soif* au 1er passé du conditionnel, au 2me, au passé du subjonctif, au plus-que-parfait de l'indicatif, au plus-que-parfait du subjonctif.

DICTÉE.

Conditionnel, *présent :* Si c'était possible j'aurais, tu aurais,.... cette position. — 1er *passé :* Si le maître l'eût voulu j'aurais eu, tu aurais eu.... cette place. — 2e *passé :* Avec le secours du ciel j'eusse eu, tu eusses eu.... du courage. — Impératif, *futur :* A l'avenir aie, ayons, ayez soin des malheureux. — Subjonctif, *futur :* Il faut que j'aie, que tu aies, qu'il ait.... des délassements. — *passé :* Il a fallu que j'aie eu, que tu aies eu.... des ressources abondantes. — *imparfait :* Il faudrait que j'eusse, que tu eusses.... une grande patience. — *plus-que-parfait :* On aurait désiré que j'eusse eu, que tu eusses eu.... plus de prudence.

DEVOIRS ÉCRITS.

1. *Copier du verbe* avoir *le présent du conditionnel, celui de l'impératif, celui du subjonctif, enfin l'imparfait du subjonctif, en employant pour compléments :*

Des amusements, des jeux, des jouets, un ballon, un billard, des quilles, — un bilboquet, des boules, des cerfs-volants, — une balle, des billes, une toupie, des dominos, des échasses, un jeu d'échecs, — des palets, des pantins, une raquette, des lotos, des joujoux, des cerceaux.

MODÈLE : *Présent du conditionnel :* J'aurais des amusements, tu aurais des jeux, il aurait des jouets, nous aurions un ballon, vous auriez un billard, ils auraient des quilles. — *Pr. de l'impératif :* Aie un bilboquet, ayons des boules, ayez des cerfs-volants. — *Pr. du subjonctif :* Que j'aie une balle, que tu aies des billes.... — *Imparfait :* Que j'eusse des palets, que tu eusses des pantins....

2. *Copier tout le verbe* avoir.

3. *Extraire du dictionnaire, à partir de* agacer, *quinze verbes en* er.

MODÈLE : Agacer, agencer, s'agenouiller,...

54ᵉ LEÇON.

Verbe *avoir.*

EXERCICE ORAL DE CONJUGAISON.

Récitez le présent de l'infinitif, le participe présent, le participe passé du verbe *avoir.*

Chacune de ces formes est-elle simple ou est-elle composée de plusieurs mots ? — *Chacune d'elles est simple ,* AVOIR, AYANT, EU.

Récitez le passé de l'infinitif du verbe *avoir.*

Ces deux formes ont-elles un seul mot ou plusieurs ? — *Elles ont deux mots,* AVOIR EU, AYANT EU.

Vous remarquez donc que dans le mode infinitif il y a trois formes, ou trois temps simples, et deux formes composées.

Récitez les temps simples du mode indicatif.

Récitez les temps composés compris dans le mode indicatif.

Récitez les temps simples des trois autres modes.

Récitez les temps composés compris dans les trois derniers modes.

Récitez le présent de l'indicatif et le passé indéterminé, en disant une personne de l'un et la même personne de l'autre.

MODÈLE : J'ai, j'ai eu ; tu as, tu as eu, il a, il a eu...

Le maître fera réciter de la même manière les autres temps de l'indicatif, du conditionnel et du subjonctif.

Lisez la dictée et analysez chacune des formes du verbe avoir.

DICTÉE.

Nous *aurons* demain une promenade. — Hier nous *avons*

eu une petite réjouissance; nous jouions à Colin-Maillard; Boniface *avait* le bandeau; mais pendant une demi-heure il ne put prendre personne. — Après *avoir eu* quelques succès à la joûte et au jeu de paume, je me suis retiré; j'*avais eu* affaire à des adversaires trop faibles pour moi; désirant *avoir* un passe-temps plus honorable, je suis allé visiter les prisonniers. — Une lutte doit *avoir* lieu; l'enjeu est un diamant incrusté dans une bague en or.

J'aurais, j'aurais eu ; ils eurent, ils eurent eu ; elle avait, elle avait eu; qu'elle ait, qu'elle ait eu; qu'elles eussent, qu'elles eussent eu,...

DEVOIRS ÉCRITS.

1. *Copier les temps simples de l'indicatif et le présent du subjonctif du verbe* avoir *en ajoutant successivement les compléments ci-après:*

Pour le présent de l'indicatif: De l'attachement, de l'assiduité, de la candeur, de la civilité, du respect, de la complaisance.

Pour l'imparfait de l'indicatif: De l'expérience, une grande confiance, de la constance, de la déférence, de la délicatesse, de l'économie.

Pour le passé dét.: De l'exactitude, de la condescendance, de la franchise, de l'honnêteté, de l'indulgence, de la naïveté.

Pour le futur: Du patriotisme, de la persévérance, de la politesse, de la prévenance, un amer.repentir, de la clémence.

Pour le présent du subj.: De la vigueur, de la sollicitude, de l'honneur, de l'impartialité, du talent, du génie.

Modèle: J'ai de l'attachement, tu as de l'assiduité, il a de la candeur, nous avons de la civilité..... — J'avais de l'expérience, tu avais une grande confiance, il avait de la constance,... — J'eus de l'exactitude, tu eus de la condescendance,... — J'aurai du patriotisme,... — Que j'aie de la vigueur,...

2. *Conjuguer le verbe* avoir *en n'écrivant que les personnes du singulier.*

Modèle: *Présent de l'ind.* J'ai, tu as, il a ; *Imparfait.* j'avais, tu avais, il avait;...

3. *Extraire du dictionnaire, à partir de* aiguiser, *quinze verbes en er.*

Modèle: Aiguiser, aimanter, aimer,...

55e LEÇON.

Récapitulation sur le verbe *avoir*.

EXERCICE ORAL DE CONJUGAISON.

Conjuguez *avoir un ami* au présent de l'indicatif... du conditionnel .. du subjonctif.

Conjuguez *avoir un témoin* à la 2me personne du singulier de chaque temps. — Tu as un témoin, tu avais...

Conjuguez *avoir du courage* au pluriel de tous les temps composés. — Nous avons eu du courage, vous avez eu...

Récitez le mode infinitif du verbe *avoir*... le mode subjonctif... l'impératif...

Conjuguez *avoir un protecteur* aux temps qui seront indiqués, mais en disant une personne de l'un, puis la même personne de l'autre :

1° A l'imparfait de l'indicatif et à l'imparfait du subjonctif.

MODÈLE : J'avais un protecteur, j'eusse un protecteur ; tu avais un protecteur, tu eusses un protecteur...

2° Au présent de l'indicatif et au présent du subjonctif.

MODÈLE : J'ai un protecteur, que j'aie un protecteur ; tu as un protecteur, que tu aies...

3° Au futur simple de l'indicatif et au présent du conditionnel.

MODÈLE : J'aurai un protecteur, j'aurais un protecteur ; tu auras... tu aurais... ; il aura... il aurait...

Analysez autant que possible : « Ayez une attention spéciale à la leçon. »

COMPOSITION.

A. *Les élèves souligneront le verbe* avoir.

Ayez un peu de condescendance, moi, j'*aurai* de la franchise, et même de la naïveté. J'*avais* de la vigueur autrefois, je n'en *ai* plus aujourd'hui, parce que je suis vieux et infirme. J'*ai eu* à ma disposition un jeu d'échecs, des lotos, des dominos, des billes, une toupie... — Avec le secours du ciel nous *eussions eu* de la persévérance.

Nous *avons* maintenant une chapelle bien ornée ; nous *aurons* bientôt un missel et des livres d'office. — Un bon chrétien doit *avoir* sur soi un chapelet, et, auprès de son lit, un crucifix et l'image de Marie. — J'*ai* faim, vous qui passez, *ayez* pitié de moi.

B. *Écrire le verbe* avoir ; 1. *au pluriel du futur de l'indicatf.*

2. *Au singulier du présent de l'indicatif.*

3. *A toutes les personnes du présent de l'impératif.*

4. *A la 2e pers. sing. des quatre temps du subjonctif.*

MODÈLE : Nous aurons, vous aurez, ils auront. — J'ai, tu as, il a. — Aie, ayons, ayez. — Que tu aies, que tu eusses, que tu aies eu, que tu eusses eu.

DEVOIRS ÉCRITS.

1. *Remplacer les points par le son, ou l'articulation k bien orthographiée; on l'écrit* qu, c, cc, k, que *ou* ch.

Une alcôve, un balcon, la bibliothèque, de bonnes briques, un escabeau, des escaliers, la lucarne, un obélisque, l'octroi, le parquet, un recoin, un socle, des accents, de la craie, une distraction, l'accommodage à la crème, un bocal, le couvercle, les écuelles, un flacon, une plaque, une soucoupe, le sucrier, du chocolat, la liqueur, les macarons, le carrefour, la piquette, le suc, le sucre.

2. *Remplacer les points par le son, ou l'articulation* l *bien orthographiée; on l'écrit* l, ll, le, les, lle *ou* lles.

Un allié, ma bisaïeule, mon collègue; ma filleule, le balai, une balustrade, le cellier, des cellules, la colonne, la coupole, la dalle, l'espagnolette, le galetas, la halle, une malle, le mobilier, le moulin, le palier de l'escalier, un parasol, la pendule, le péristyle, la salle, le salon, le seuil de la porte, les solives, les volets, le vestibule, le village, la ville capitale, un bulletin, le collége, mon émule, des allumettes, un bol, une casserole, le goulot de la bouteille, le gril, la grille, la salière, le saladier, les ustensiles, les aliments, la collation, l'huile, la semoule.

3. *Analyser les mots de la phrase suivante qui ne sont pas en italique.*

Vous avez de la patience : vous aurez *des* succès.

Modèle : *Vous,* pron. pers. 2e pers. masc. pl. sujet de *avez; avez,* verbe au présent de l'indicatif 2e pers. du pl. ; *la,* art. simple fém. sing. dét. *patience; patience,* n. comm. fém. sing. compl. direct de *avez; vous,* pron. pers. 2e pers. masc. pl. sujet de *aurez, aurez,* verbe au futur simple 2e pers. du pl.; *succès,* n. comm. masc. pl. compl. direct de *aurez.*

56e LEÇON.

Verbe *être.*

EXERCICE ORAL DE CONJUGAISON.

Lisez dans la conjugaison du verbe *être* le mode infinitif... le mode impératif... conditionnel... subjonctif... indicatif...

Lisez le présent de chaque mode... l'imparfait de l'indicatif... l'imparfait du subjonctif... le 1er passé du conditionnel.

Lisez toutes les personnes du singulier comprises dans le mode indicatif...

Lisez de chaque temps la 1re personne du sing... la 1re du pluriel.

(Le maître pourra multiplier ces exercices suivant les besoins des enfants.)

Analysez les formes du verbe *être* employées dans la dictée.

DICTÉE.

Pour *être* vertueux, il faut le vouloir. — Tout *est* en la main de Dieu. — Combien vous *serez* heureux, si vous *êtes* sages, pieux et instruits ! — Si Dieu *est* pour nous, qui *sera* contre nous ? — Dis-moi qui tu fréquentes, et je te dirai qui tu *es.* — *Soyez* le moins curieux, et vous *serez* le plus discret. — Parmi les enfants, les uns *sont* vertueux, les autres ne le *sont* pas ; ceux-là *seront* toujours plus heureux que ceux-ci. — Le papier, dont l'usage *est* à présent si commun et si répandu, *a été* inventé il y a environ sept cents ans. — Tu *seras* vrai et sincère, afin d'*être* cru en tout et partout. — Si tu *étais* docile, tu *serais* aimé. — Il *est* impossible qu'une chose *soit* et ne *soit* pas.

DEVOIRS ÉCRITS.

1. *Copier la dictée en soulignant le verbe* être *chaque fois qu'il y est employé.*

2. *Copier les quatre premiers temps de l'indicatif du verbe* être *en employant pour attributs les mots ci-après :*

Berger, bouvier, cultivateur, fermiers, jardiniers, des moissonneurs diligents, — pasteur, pâtre, vacher, vendangeurs, vignerons, faucheurs, — blanchisseur, buandier, chapelier, caissiers, carreleurs, charrons, — académicien, artiste, consul, intendants, percepteurs, syndics.

MODÈLE : *pr. de l'ind.* : je suis berger, tu es bouvier, il est cultivateur, nous sommes fermiers, vous êtes jardiniers, ils sont des moissonneurs diligents,... *imparfait* : j'étais pasteur, tu étais pâtre, il était vacher... *passé déf.* : je fus blanchisseur... *passé indéf.* : j'ai été académicien.....

3. *Ils conjugueront le verbe* être *aux deux premiers temps de l'indicatif en employant les attributs ci-après et en se servant des mots* ne pas.

Un comédien, un charlatan, un bouffon, des bateleurs, des escamoteurs, des saltimbanques, — un aventurier, un contrebandier, un émissaire, des exécuteurs, des mendiants, des porte-faix.

MODÈLE : *présent* : je ne suis pas un comédien, tu n'es pas un charlatan, il n'est pas un bouffon, nous ne sommes pas des bateleurs, vous n'êtes pas des escamoteurs, ils ne sont pas des saltimbanques. — *Imparfait* : je n'étais pas un aventurier, tu n'étais....

LEÇON DE MÉMOIRE : Les élèves apprendront par cœur la conjugaison du verbe *être.*

57ᵉ LEÇON.

Verbe *être*.

EXERCICE ORAL DE CONJUGAISON.

Récitez du verbe *être* le mode conditionnel... infinitif... indicatif... subjonctif... impératif.

Récitez, toujours du même verbe, le plus-que-parfait de l'indicatif... le présent de l'impératif ..

Récitez le mode indicatif, mais seulement aux personnes du pluriel.

Conjuguez *être attentif* au présent de l'indicatif... du conditionnel... du subjonctif...

A quel temps appartient je *serais*, tu *aurais été*, *sois*, que tu *sois*, que je *fusse*, tu *seras*...?

(Le maître tirera un grand parti de ces exercices, pourvu que les enfants sachent bien par cœur le verbe qui en est l'objet.)

DICTÉE.

Maintenant je suis, tu es, il est attentif; nous sommes, vous êtes, ils sont attentifs; — Autrefois j'étais, tu étais, il était riche; nous étions, vous étiez, ils étaient glorieux. Hier je fus, tu fus, il fut souffrant; nous fûmes, vous fûtes, ils furent malades; — Ce matin j'ai été, tu as été, il a été ennuyé; nous avons été, vous avez été, ils ont été inquiets...

Il importe peu qu'un homme *soit* bien ou mal vêtu, l'essentiel c'est qu'il *soit* honnête. — Tu ne *seras* content le soir que lorsque tu *auras été* fidèle au devoir pendant le jour. — Paraître bon et ne l'*être* pas, c'est de l'hypocrisie; *être* bon et en rougir, c'est du respect humain.— *Soyez* homme de bien, et montrez-vous ce que vous *êtes*. — Personne n'*est* bon juge dans sa propre cause. — Nous *sommes* tous fragiles et inconstants.

DEVOIRS ÉCRITS.

1. *Conjuguer sept temps du verbe* être *en commençant au passé antérieur, et employer les attributs suivants :*

Examiné, interrogé, questionné, classés, rangés, récompensés, — palefrenier, laquais, écuyer, cochers, corroyeurs, cordonniers, — commis, concierge, portier, droguistes, horlogers, matelassiers, — exercé, encouragé, installé, emmenés, appelés, surpris, — coutelier, drapier, empailleur, facteurs, imprimeurs, manufacturiers, — maçon, manœuvre, charretier, muletiers, voituriers, courriers, — pêcheur, pilote, marin, contrôleurs, entrepreneurs, clercs d'avoué.

MODÈLE: *passé antérieur :* j'eus été examiné, tu eus été interrogé, il eut été questionné,... *plus-que-parfait* : j'avais été palefrenier, tu avais été laquais,... *futur s.*: je serai commis,... *futur antérieur* : j'aurai été exercé,... *prés. du cond.*: je serais coutelier,... 1er *passé* : j'aurais été maçon,... 2e *passé* : j'eusse été pêcheur.....

2. *Copier en entier le verbe être.*

58e LEÇON.

Verbe *être.*

EXERCICE ORAL DE CONJUGAISON.

Récitez tout le verbe *être.*
Récitez du verbe *être* les temps simples de l'indicatif... du conditionnel... de l'infinitif... du subjonctif. . de l'impératif.
Récitez les temps composés appartenant au mode conditionnel...
Analysez les formes du verbe *être* qui entrent dans la dictée.

DICTÉE.

Je ne *suis* que cendre et poussière, et pourtant celui qui *est* infiniment grand veut bien *être* attentif à ma prière. — O superbes qui dites en vous-mêmes : Nous *sommes* grands, qu'*êtes* vous donc sinon néant et pourriture? Qu'*étiez*-vous il y a un siècle? que *serez*-vous dans cinquante ans? que *seriez*-vous à cette heure même si Dieu n'*était* là pour vous soutenir? *Soyez* donc moins insensés, reconnaissez que de vous-mêmes vous n'*êtes* rien, absolument rien. — Qu'importe que je *sois* savetier, ramoneur ou goujat, pourvu que je *sois* honnête.

Lors même que vos ancêtres *auraient été* chevaliers, gentilshommes, barons ou ducs ; quand vous-même vous *seriez* député, sénateur, prince, régent ou souverain, qu'*est*-ce que cela considéré au point du vue du ciel et de l'éternité?

DEVOIRS ÉCRITS.

1. *Copier la dictée et y souligner chaque forme du verbe être.*

2. *Ecrire le mode subjonctif du verbe être en employant pour attributs :*
Infirmier, oculiste, chirurgien, vanniers, verriers, teinturiers, — un bon propriétaire, un colon laborieux, un riche financier, d'adroits chasseurs, des oiseleurs ingénieux, des débitants consciencieux, — sellier, tanneur, dégraisseur, orfèvres, pompiers, parfumeurs, — recteur, interprète, précepteur, poètes, architectes, musiciens.
MODÈLE : *présent:* que je sois infirmier, que tu sois oculiste,

qu'il soit chirurgien, que nous soyons vanniers, que vous soyez verriers, qu'ils soient teinturiers, — *imparfait :* que je fusse un bon propriétaire, que tu fusses un colon laborieux, qu'il fût un riche financier, que nous fussions d'adroits chasseurs, que vous fussiez des oiseleurs ingénieux, qu'ils fussent des débitants consciencieux, — *passé :* que j'aie été sellier,... *plus-que-parfait :* que j'eusse été recteur,...

3. *A partir de* alléger, *extraire du dictionnaire quinze verbes terminés par* er.

Modèle : Alléger, alléguer, aller,...

59ᵉ LEÇON.

Verbe *être* et verbe *avoir*.

EXERCICE ORAL DE CONJUGAISON.

Conjuguez aux temps simples *être habile, être adroit, être assidu, être entreprenant.*

Conjuguez aux temps composés *être joyeux, être content, être satisfait.*

Conjuguez en alternant, c'est-à-dire en disant une personne d'un temps puis la même personne de l'autre.

a l'imparfait de l'indicatif et le présent du conditionnel de *être agréable.*

Modèle : J'étais agréable, je serais agréable; tu étais agréable, tu serais...

b le passé déterminé et l'imparfait du subjonctif de *être encouragé.*

Modèle : Je fus encouragé, que je fusse encouragé; tu fus encouragé, que tu fusses encouragé...

c le passé indéterminé et le passé du subjonctif de *être constant.*

Modèle : J'ai été constant, que j'aie été constant; tu as été constant, que tu aies été...

Analysez le verbe dans : « TU *es, sois,* QUE JE *sois,* QU'IL *fût,* J'*ai,* J'*ai été,* TU *avais,* TU *avais été...* »

Remarquez que dans les temps composés le verbe ÊTRE *a toujours pour premier élément une forme du verbe* avoir : « Il *aurait été,* il *eût* été, *avoir* été... »

DICTÉE.

Mon fils, *aie* constamment en horreur le respect humain et l'hypocrisie; *sois* jusqu'au trépas sincère, pieux et courageux; ne crains rien, le Seigneur *est* ton appui; si tu *es* faible, il *sera* ta force; si tu *es* sans expérience, il *sera* ta sagesse; *aie* confiance en lui, il *aura* soin de toi. — Si tous les catholiques *étaient* dignes de leur vocation, bientôt la terre *serait* une image du ciel; nous n'*aurions* plus rien à appréhender des méchants, car ils *seraient* convertis; il n'y *aurait* point parmi nous de devins, de magiciens, d'enchanteurs, de fourbes, de traîtres, de voleurs : ces états infâmes et ces vices, au lieu de n'*être* que flétris et punis, *seraient* tout à fait inconnus. — Qui *suis*-je? Que *serai*-je un jour? Un saint ou un réprouvé : questions importantes, qui *seront* toujours présentes à ma pensée.... — Insensés que nous *sommes*, nous *avons* du temps pour tout, excepté pour la seule chose pour laquelle le temps nous *a été* donné!

DEVOIRS ÉCRITS.

1. *Copier la dictée et y souligner chaque forme des verbes* avoir *et* être.

2. *Conjuguer en alternant:*

1° Le présent du verbe *avoir* et le passé indéterminé du verbe *être*.

2° L'imparfait du verbe *avoir*, et le plus-que-parfait du verbe *être*.

3° Le passé déter. du verbe *avoir*.   passé ant. du v. *être*.
4ᵉ Le futur simple   *id.* . . futur antérieur. *id.*
5° Le prés. du subj.   *id.* . . passé du subj.   *id.*
6° L'imparfait.   *id.* . . plus-que-parfait.*id.*
7°   *Id.*   *id.* . . 2ᵐᵉpass.du cond.*id.*

Modèle: 1° J'ai, j'ai été; tu as, tu as été; il a, il a été... 2° J'avais, j'avais été; tu avais, tu avais été... 3° J'eus, j'eus été; tu eus, tu eus été... 4° J'aurai, j'aurai été... 5° Que j'aie, que j'aie été... 6° Que j'eusse, que j'eusse été... 7° Que j'eusse, j'eusse été...

3. *A partir de* amasser *copier quinze verbes dans le dictionnaire.*

Modèle : Amasser, ambitionner, améliorer,.....

60ᵉ LEÇON.

Récapitulation du verbe *avoir* et du verbe *être*.

EXERCICE ORAL DE CONJUGAISON.

Conjuguez à tous les temps simples *avoir un soutien,...* — *Pr. de l'ind.* : J'ai un soutien, tu as un soutien, il a...

Conjuguez à tous les temps composés *être protégé,...* — *Passé ind.* : J'ai été protégé, tu as été protégé, il a été...

Conjuguez au pluriel de tous les temps composés *avoir un protecteur,...* — *Passé ind.* : Nous avons eu un protecteur, vous avez eu un protecteur, ils ont eu...

Conjuguez *être actif* au singulier de tous les temps simples.— *Prés. de l'ind.* : Je suis actif, tu es actif, il est actif. *Imparfait* : j'étais actif, tu...

Conjuguez *avoir un ami* à la 1ʳᵉ personne du sing. de chaque temps de l'indicatif et du subjonctif. — J'ai un ami, j'avais un ami; j'eus un ami, j'ai eu... — que j'aie un ami, que j'eusse...

Conjuguez *avoir un défenseur* à la 2ᵉ personne du sing. de chaque temps de l'indicatif et du subjonctif. — Tu as un défenseur, tu avais... — que tu aies un défenseur, que tu eusses...

Analysez autant que possible la phrase suivante :

TEXTE D'ANALYSE: Sois le protecteur *de ton* frère; il est jeune, les soins lui sont nécessaires.

MODÈLE : *Sois,* verbe être, au pr. de l'impér. 2ᵉ pers. du sing.; *le,* art. simple masc. sing. dét. *protecteur; protecteur,* n. comm. masc. sing. attribut de la personne à qui l'on parle; *ton*, adj. poss. masc. sing. dét. *frère; frère,* n. comm. masc. sing. compl. déterminatif de *protecteur; il,* pron. pers. 3ᵉ pers. masc. sing. sujet de *est jeune; est,* verbe au prés. de l'ind. 3ᵉ pers. du sing.; *jeune,* adj. qualif. masc. sing. attribut de *il; tes,* adj. poss. masc. pl. dét. *soins; soins,* n. comm. masc. pl. sujet de *sont nécessaires; lui,* pron. pers. 3ᵉ pers. masc. sing. compl. indirect de *sont nécessaires; sont,* verbe au prés. de l'ind. 3ᵉ pers. du pl.; *nécessaires,* adj. qualif. masc. pl. attribut de *soins.*

COMPOSITION.

A. *Souligner le verbe* avoir.

Nous *avons* des fermiers et des vendangeurs qui sont très-diligents. — Soyez humbles; reconnaissez que de vous-mêmes vous n'êtes rien et que vous n'*avez* rien. — Insensés que nous sommes, nous *avons* du temps pour tout, excepté pour la seule chose pour laquelle le temps nous est donné. *Ayez* pitié des malheureux. — J'*ai* un laquais, tu *as* un écuyer, il *a* un cocher.

B. *Souligner le verbe* être.

Tout *est* en la main de Dieu; s'il *est* pour nous, qui *sera* contre nous? — Je *suis* horloger, tu *es* corroyeur, il *est* concierge. Le syndic *aurait été* nommé intendant. Vous *étiez* un riche financier; vous n'*êtes* maintenant qu'un pauvre colon obligé de mener une vie pénible et laborieuse. Tous les gentilshommes n'*étaient* pas des barons, plusieurs n'*étaient* que de pauvres chevaliers, à la porte de qui la misère venait souvent frapper.

C. *Écrire le verbe*

Avoir *au mode conditionnel et au mode impératif;*

Être *au mode impératif et au mode subjonctif.*

MODÈLE: J'aurais, tu aurais, il aurait,... J'aurais eu, tu aurais eu,... J'eusse eu, tu... — Aie, ayons, ayez; aie eu, ayons eu, ayez eu.

Sois, soyons, soyez; aie été.... Que je sois... que je fusse... que j'aie été... que j'eusse été...

DEVOIRS ÉCRITS.

1. *Remplacer les points par le son ou l'articulation* p *bien orthographiée.*

Les appartements, un canapé, la coupole, un parapluie, une soupente, un support, un tapis, l'application, une enveloppe, une récapitulation, l'appétit, les apprêts, une chopine, une coupe, la nappe, la soupière, une capote, une jupe.

2. *Remplacer les points par le son ou l'articulation* t *bien orthographié.*

Un compatriote, l'héritière, le patron, la tutrice, — l'amphithéâtre, la bibliothèque, une cahutte, la chatière, des gouttières, une hutte, le laboratoire, une natte, le pilotis, la plate-bande, une plinthe fendue, une statue, le théâtre, le trottoir, un grattoir, l'attention, l'instituteur, la méthode, l'orthographe, la parenthèse, une rature, le récitateur, un thème, — la bouteille, une spatule, une théière, l'absinthe, les confitures, la moutarde, la nourriture, le potage, une rôtie, des papillottes, des attaches, un bouton, du coutil, un matelas, du satin, une tabatière, — le doute, l'enthousiasme.

Analyser : L'ami vertueux est un présent du ciel.

Modèle: *L'* mis pour *le*, art. simpl. masc. sing. dét. *ami; ami*, n. comm. masc. sing., sujet de *est un présent; vertueux*, adj. qualif. masc. sing., qualifie *ami; est*, verbe au prés. de l'indicatif, 3ᵉ pers. du sing.; *un*, adj. num. masc. sing. dét. *présent; présent*, n. comm. masc. sing., attribut de *ami; du*, art. contracté mis pour *de le*, masc. sing. dét. *ciel; ciel*, n. comm. masc. sing., complément déterminatif de *présent.*

Leçon de mémoire : La conjugaison entière du verbe *aimer.*

61ᵉ LEÇON.
Verbe *aimer.*

EXERCICE ORAL DE CONJUGAISON.

Récitez le verbe *aimer.*

Récitez du même verbe les temps simples de l'infinitif... de l'indicatif... — Aimer, aimant, aimé; — j'aime, tu aimes...

Epelez les terminaisons des temps simples de l'infinitif... — Aimer *er*, aimant *ant*, aimé *é.*

Epelez les terminaisons des temps simples de l'indicatif... — J'aime *e*, tu aimes *es*, il aime *e...*

Quelle forme dans l'indicatif est terminée par *es?*

Laquelle est terminée par *ions ?* — laquelle par *ent ?* — laquelle par *ates ?...*

Je vais indiquer des terminaisons du verbe *aimer*, vous direz à quel temps et à quelle personne chacune appartient. (Le maître écrit ou fait écrire au tableau noir la liste ci-dessous, puis il exerce les enfants à remonter d'une terminaison quelconque, à la forme verbale dont elle est le signe).

aient.	as.	ait.	âtes.	èrent.	erons.
ai.	era.	a.	âmes.	erai.	erez.
eras.	ât.	er.	é.	ant.	erout.

Modèle: *Aient,* terminaison de l'imparfait de l'indicatif à la 3e pers. du pl.; *ai,* terminaison du passé dét. à la 1re pers. du sing.; *eras,* terminaison du futur simple à la 2e pers. du sing...

DICTÉE.

Les fleurs que j'*aime* le plus sont la rose, le lis, la violette, la pensée, l'œillet, la tulipe et le lilas. — Comment vous n'*aimez* pas la balsamine, le basilic, le jasmin, l'anémone, la giroflée, le dalhia? ou encore la belle-de-nuit, la jacinthe, la renoncule, la jonquille? Quant à moi, je ne sais laquelle de ces fleurs je dois préférer; je les *aime* toutes également. — J'*aimerais* une couronne d'immortelles. N'*aimeriez*-vous pas une guirlande faite avec des bluets, des marguerites, des pavots ou coquelicots, des soucis et des muguets? — Non, nous ne l'*aimerions* pas, à moins que vous n'en ôtiez le souci, qui est le symbole de l'inquiétude.

DEVOIRS ÉCRITS.

1. *Copier la dictée et souligner le verbe* aimer.

2. *Conjuguer le présent et l'imparfait de l'indicatif du verbe* aimer, *puis le présent du conditionnel, en employant pour compléments les noms ci-après :*

L'hysope, l'odeur du baume, le parfum du serpolet, le jet d'eau du parterre, les bordures de menthe, ces touffes de buis, — le cerfeuil, la chicorée, l'oseille, le persil, les salsifis, les doucettes, — l'état de pépiniériste, l'absinthe, les fleurs de guimauve, des allées régulières, des serres bien chauffées, des bosquets bien taillés.

Modèle: J'aime l'hysope, tu aimes l'odeur du baume, il aime le parfum du serpolet, nous aimons le jet d'eau du parterre, vous aimez les bordures de menthe, ils aiment ces touffes de buis. — J'aimais le cerfeuil, tu aimais la chicorée, il aimait l'oseille, nous aimions.... — J'aimerais l'état de pépiniériste, tu aimerais l'absinthe, il aimerait les fleurs de guimauve, nous aimerions des allées régulières, vous aimeriez des serres bien chauffées, ils aimeraient des bosquets bien taillés.

3. *Extraire du dictionnaire, à partir de* animer, *quinze verbes en* er.

Modèle: Animer, anneler, annexer,...

62ᵉ LEÇON.

Verbe *aimer.*

EXERCICE ORAL DE CONJUGAISON.

Récitez du verbe *aimer* le conditionnel... l'impératif... le subjonctif.

Récitez les temps simples de ces trois derniers modes, et à mesure épelez les terminaisons. — J'aimerais *erais*, tu aimerais *erais...*

Epelez chacune des terminaisons que je montrerai, puis indiquez de quelle forme verbale elle est le signe. (Le maître a fait écrire au tableau noir les terminaisons qu'il doit montrer.)

erait.	erions.	eriez.	eraient.	assions.
asse.	asses.	assent.	ât.	é.
assiez.	ant.	ait.	âmes.	âtes.

DICTÉE.

(Les élèves écriront le verbe *aimer* aux temps que le maître désignera.)

Le maître désigne un temps quelconque, soit l'imparfait de l'indicatif; les élèves l'écrivent et l'épellent; puis il en désigne un autre, et ainsi de suite.

DEVOIRS ÉCRITS.

1. *Copier tout le verbe* aimer.

2. *Copier les temps simples de l'impératif et du subjonctif du verbe* aimer, *en employant pour compléments :*

Dieu, Jésus, Marie, — mon père, ta mère, ses sœurs, nos frères, vos protecteurs, leurs professeurs, — la musique, la peinture, la sculpture, le dessin, la poésie, l'étude des sciences.

Modèle : Aime Dieu, aimons Jésus, aimez Marie, — que j'aime mon père, que tu aimes ta mère, qu'il aime ses sœurs, que... — que j'aimasse la musique, que tu aimasses....

3. *Extraire quinze verbes du dictionnaire, à partir de* argenter.

Modèle : Argenter, argoter, arguer, argumenter,...

63ᵉ LEÇON.

Distinction des conjugaisons (Gr. nᵒˢ 105 à 109).

EXERCICE ORAL.

Principes : On divise les verbes en quatre conjugaisons que l'on distingue par la terminaison de l'infinitif.

Les verbes de la première conjugaison ont l'infinitif terminé en *er*; ceux de la deuxième, en *ir*; ceux de la troisième, en *oir*; ceux de la quatrième, en *re.*

QUESTIONNAIRE : Combien y a-t-il de conjugaisons?—Quels verbes sont de la première?... de la deuxième?... de la troisième?... de la quatrième ? *

A quelle conjugaison appartiennent *aimer, parler, jouer...?* Pourquoi ?

A quelle conjugaison appartiennent *finir, applaudir, recevoir, voir, rendre, prétendre... ?*

Lisez la dictée, et dites de chaque verbe à quelle conjugaison il appartient.

DICTÉE.

Mes condisciples *travaillent*[1], *prient*[1] avec piété et *contentent*[1] nos maîtres; moi je *joue*[1], je *néglige*[1] mes devoirs et m'*attire*[1] des punitions : je *pourrais*[3] bien comme eux *travailler*[1], *prier*[1] avec piété et *contenter*[1] mes professeurs; j'*ai*[3] tort de tant *jouer*[1] et de *négliger*[1] mes devoirs. — Nous *devons*[3] *aimer*[1] Dieu, *écouter*[1] sa parole, *observer*[1] ses commandements et *éviter*[1] avec soin tout ce qui l'*offense*[1]. — *Chercher*[1] à s'*élever*[1] au-dessus des autres, *critiquer*[1] leur conduite, *condamner*[1] leurs intentions, c'*est*[4] le fait d'un très-méchant homme. — Il *faut*[3] nous *appliquer*[1] à surmonter[1] les obstacles qui s'*opposent*[1] à notre salut, nous *résigner*[1] à la volonté du Ciel, et nous *consoler*[1] dans nos peines. — Celui qui ne *déteste*[1] point assez le vice n'*aime*[1] point assez la vertu.

DEVOIRS ÉCRITS.

1. *Copier la dictée et placer au-dessus de chaque verbe le numéro de la conjugaison à laquelle il appartient.*

2. *Copier toutes les terminaisons des temps simples du verbe* aimer.

MODÈLE : *Mode infinitif* er, ant, é. *Pr. de l'indicatif* e, es, e, ons, ez, ent. *Imparfait*, ais, ais.....

3. *Employer les terminaisons du présent de l'indicatif pour compléter le verbe dans les propositions suivantes.*

Je plante un rosier, tu plant*es* des céleris, il plant*e* des poireaux, nous plant*ons* des oignons, vous plant*ez* des laitues, ils plant*ent* des aubergines, tu plant*es* des noisetiers, ils plant*ent* des groseilliers, je plant*e* des acacias, nous plant*ons* des bouleaux, il plant*e* des mélèses, vous plant*ez* des ceps, elles plant*ent* des artichauts.

64e LEÇON.

Verbes de première conjugaison.

EXERCICE ORAL DE CONJUGAISON.

Épelez les terminaisons du verbe *aimer* au présent de l'indicatif.

Employez ces terminaisons en conjuguant *planter un rosier.—*
Je plante un rosier, tu plantes un rosier, il plante un rosier...

REMARQUE : *Il en est ainsi des autres verbes en* er, *ils prennent
suivant les modes, les temps, les nombres et les personnes, les
terminaisons que nous avons étudiées dans le verbe* aimer.

Conjuguez à tous les temps simples *arracher une épine.* —
Arracher une épine, arrachant une épine, arraché une épine.
— J'arrache une épine... j'arrachais une épine... j'arrachai une
épine. — J'arracherai une épine, tu arracheras...

Conjuguez à tous les temps composés *tailler des arbres.* —
Avoir taillé des arbres, ayant... — J'ai taillé....

Conjuguez en entier le verbe *cultiver.*

DICTÉE.

(Les élèves écriront les verbes qui leur seront indiqués,
et au temps que le maître désignera.)

Le maître indique un verbe de la 1re conjugaison, soit
planter, ou *cultiver,* ou *labourer ;...* il nomme ensuite un
temps, soit le passé déterminé ; les élèves l'écrivent et l'é-
pellent ; puis il en nomme un autre, et ainsi de suite.

DEVOIRS ÉCRITS.

1. *Conjuguer tout le verbe* arracher.

2. *Compléter tous les verbes ci-dessous par les terminaisons
convenables du présent ou de l'imparfait de l'indicatif.*

Maintenant je tai**l**le un arbuste, nous tai**llons** l'aubépine,
tu tai**lles** la charmille, ils tai**llent** les espaliers, nous tai**llons**
le treillage, il tai**lle** la haie, tu tai**lles** les framboisiers. — Autrefois je culti**vais** mes champs, tu culti**vais** ton parterre,
il culti**vait** sa vigne, nous culti**vions** notre jardin, vous culti**viez** votre pépinière, ils culti**vaient** leur verger. — Maintenant j'arrache des ails, ils arrach**ent** des betteraves, tu arrach**es** des blettes, vous arrach**ez** des broussailles, il arrach**e**
des bruyères, nous arrach**ons** des buissons. — Hier nous
arrach**ions** des carottes, vous arrach**iez** du cerfeuil, elle
arracha**it** du cresson, elles arrach**aient** des chardons, j'arrach**ais** des champignons, tu arrach**ais** des choux-cabus.

3. *Analyser :* Arrachez les mauvaises plantes, jetez-les au
feu.

MODÈLE : *Arrachez,* verbe de 1re conj. au pr. de l'impératif
2e pers. du pl. ; *les,* art. simpl. fémin. pl. dét. *plantes ;*
mauvaises, adj. qualif. fémin. pl. qualif. *plantes ; plantes,* n.
comm. fém. pl. compl. direct. de *arrachez ; jetez,* verbe de
1re conj. au prés. de l'imp. 2e pers. du pl. ; *les,* pron. pers.
3e pers. fém. pl. compl. direct. de *jetez ; au,* art. contracté,
mis pour *à le,* masc. sing. dét. *feu ; feu,* n. comm. masc.
sing. compl. indirect de *jetez.*

65ᵉ LEÇON.

Première conjugaison.

EXERCICE ORAL DE CONJUGAISON.

Texte : Avoir un projet, être innocent, greffer un arbre, arracher un arbuste, planter un rosier.

Conjuguez *avoir un projet* à tous les temps du conditionnel et du subjonctif. — J'aurais un projet, tu aurais un projet, il... — Que j'aie un projet...

Conjuguez *être innocent* au présent de chaque mode. — Être innocent. Je suis innocent... Je serais innocent... Sois innocent... Que je sois innocent...

Conjuguez *greffer un arbre* aux temps appelés *imparfait* et *plus-que-parfait*. — Je greffais un arbre... j'avais greffé un arbre... que je greffasse un arbre... que j'eusse greffé...

Conjuguez *arracher un arbuste* à tous les temps du mode indicatif, mais seulement au singulier. — J'arrache un arbuste... j'arrachais...

Conjuguez *planter un rosier* à la 2ᵉ pers. du singulier et du pluriel de tous les temps. — Tu plantes un rosier, vous plantez un rosier ; tu plantais un rosier, vous plantiez...

COMPOSITION.

A. *Ecrire simplement :*

Nous cultivons dans notre jardin les plus belles fleurs : la rose, la tulipe, le lis, la pensée, l'œillet, le dalhia.— Tu as raison de ne pas aimer l'absinthe, car elle a un goût amer, elle est même le symbole de l'amertume. — Aimons Jésus et Marie, et nous aimerons aussi beaucoup nos parents et nos protecteurs. — La musique et la poésie sont sœurs ; la peinture et la sculpture ont toujours été inséparables. — Prie, et tu surmonteras les obstacles qui s'opposent à ton retour au bien. — Heureux l'homme des champs, il cultive en paix sa vigne ou son verger, il ignore les inquiétudes qui dévorent les habitants des cités.

B. *Ecrire le verbe*

Planter *au présent de l'indicatif.*

Cultiver *à l'imparfait.*

Arracher *au passé déterminé.*

Aimer *aux temps simples du subjonctif.*

Modèle : Je plante, tu plantes... Je cultivais, tu cultivais... J'arrachai, tu arrachas... Que j'aime, que tu aimes...

DEVOIRS ÉCRITS.

1. Compléter les mots suivants par le son ou l'articulation k orthographiée suivant l'usage.

Un accroc, des brodequins, du calicot, des crins, du cuir, du nankin, une toque de velours, un froc, un tricot, une tunique, un képi, — les archanges, les chrétiens, un scapulaire, un acolyte, un anachorète, l'archevêque, le sacristain, les muscles, la nuque, un squelette, les articulations, la queue du chat.

2. *Remplacer les points par le son ou l'articulation* 1 *bien orthographiée.*

Une allonge, un caleçon, une culotte, une camisole, un châle, un col, un collet, un collier, un gilet, un linceul, un pantalon, un paletot, des sandales, des souliers, les orteils, une phalange, la salive, le talon, les amygdales, les cartilages, les cils, l'épaule, le fiel, l'haleine, les mollets, un vol, la civilité, la mollesse, des sollicitudes, un acolyte.

3. *Analyser:*

Le cultivateur est heureux: il ignore les inquiétudes qui dévorent les habitants des villes.

MODÈLE: *Le*, art. simple masc. sing., dét. *cultivateur; cultivateur*, n. comm. masc. sing., sujet de *est heureux; est*, verbe de la 4ᵉ conjug. au pr. de l'ind. 3ᵉ pers. du sing.; *heureux*, adj. qualif. masc. sing., attribut de *cultivateur; il*, pron. pers. 3ᵉ pers. masc. sing., sujet de *ignore...*

66ᵉ LEÇON.

Première conjugaison.

EXERCICE ORAL.

I. M. [1]. Pendant cette semaine les enfants seront exercés à épeler les terminaisons suivantes et à dire de quelle forme verbale chacune est le signe. — Le maître les fera écrire au tableau noir.

Tableau des terminaisons pour les verbes en ER.

Terminaisons communes à plusieurs formes.

e [5]	ons [2]	ent [2]	ions [2]	erais [2]
es [2]	ez [2]	ais [2]	iez [2]	

Terminaisons propres à une seule forme.

ait.	âmes.	er.	erions.	eriez.
aient.	âtes.	erait.	asse.	asses.
ai.	èrent.	eraient.	assent.	ant.
as.	assions.	assiez.	era.	
ât.	erai.	eras.	erons.	
a.	eront.	erez.	é.	

---

1 Ces deux lettres I. M. signifient *indications méthodologiques;* elles affectent les exercices oraux de cette première partie, dans lesquels on donne au maître des conseils, des indications, au lieu de lui donner les questions mêmes qu'il doit adresser aux élèves.

Modèle : *e* est employé, comme terminaison, au présent de l'indicatif à la première et à la troisième pers. du sing. ; à l'impératif à la deuxième pers. du sing. ; au présent du subjonctif à la première et à la troisième pers. du sing. ; en tout cinq fois. — *es* est employé comme terminaison au présent de l'indicatif et du subjonctif à la deuxième pers. du sing....

DICTÉE.

(Les élèves écrivent les temps et les personnes qui leur sont indiqués.)

Le maître désigne un des verbes, moissonner, faucher, vendanger,... *et nomme un temps ; les élèves l'écrivent et l'épellent ; on opère de même sur un autre, et ainsi jusqu'à la fin de la leçon.*

DEVOIRS ÉCRITS.

1. *Conjuguer les temps simples du verbe* vendanger.
2. *Conjuguer le présent de l'indicatif du verbe* moissonner, *en employant pour complément* le blé, le froment, le seigle, l'avoine, l'orge, le riz et le sarrasin.

Modèle : Je moissonne le blé, tu moissonnes le froment...

3. *Conjuguer le présent du conditionnel et de l'impératif du verbe* faucher, *en employant comme complément* l'herbe, le foin, le fourrage, le trèfle, la luzerne, le regain, — le sainfoin, la prairie, le gazon.

Modèle : Je faucherais l'herbe, tu faucherais... Fauche le sainfoin, fauchons la prairie, fauchez le gazon.

4. *Analyser :* La nature est belle.

67ᵉ LEÇON.

Première conjugaison.

EXERCICE ORAL.

I. M. Le maître fera répéter l'exercice oral de la leçon précédente, afin de bien exercer les élèves à remonter d'une terminaison donnée à la forme verbale dont elle est le signe ; il fera ensuite analyser les verbes compris dans la dictée.

DICTÉE.

L'année dernière nous *avons récolté* en abondance des artichauts, des asperges, des betteraves, des tomates, des blettes, des carottes, des citrouilles, des potirons, des melons, des concombres et des épinards. Cette année nous *récoltons* suffisamment des navets, des raiforts, des raves et des pommes de terre ; nous *trouvons* aussi des champignons sains et quelques truffes. Nous *espérons* que l'année prochaine nous *récolterons* dans notre nouvelle métairie des céréales en abondance, des fèves, des haricots, des lentilles, et que nous *récolterons* aussi du chanvre, du maïs, du sénevé et de l'œillette. Peut-être n'*aurons*-nous que peu de tubercules, parce que le terrain n'*a* *été* remué qu'à la superficie.

Je laboure, vous labourâtes, ils ont labouré, labourons, qu'ils eussent labouré. Tu ensemençais, il ensemença, il eut ensemencé, qu'il eût ensemencé, qu'ils ensemençassent. Elles récoltèrent, elle récoltait, elles récoltaient, je récoltai, je récoltais, je récolterai, je récolterais ; elle récolta, qu'elle récoltât, elle eut récolté, qu'elle eût récolté. Nous avons peu récolté de fraises, mais beaucoup de cassis.

DEVOIRS ÉCRITS.

1. *Copier la dictée en soulignant dans la* 1ʳᵉ *partie tous les verbes, et dans la seconde tous les sujets.*

Modèle : L'année dernière nous *avons* *récolté*..... *Je* laboure, *vous* labourâtes, *ils* ont labouré, labourons, qu'*ils* eussent.....

2. *Ecrire en entier le verbe* ensemencer.

3. *Extraire quinze verbes du dictionnaire à partir de* articuler.

Modèle : Articuler, asperger, aspirer....

68ᵉ LEÇON.

Première conjugaison.

EXERCICE ORAL.

I. M. Le maître fera répéter l'exercice oral de la 66ᵉ leçon, puis analyser les verbes employés dans la dictée.

DICTÉE.

Nous avons à peu près nettoy*é* toutes les parties de la ferme, la bergerie, l'étable, la crèche, les auges, le râtelier, le pigeonnier, le poulailler, la laiterie, le cellier, le pressoir, la remise, le bûcher, les greniers, la grange, l'aire, la basse-cour. Le chien garde le bercail pendant la nuit, il garde le parc pendant le jour. Les oiseaux s'agit*ent* dans leur cage ou dans leur volière. La paix habite sous le toit de chaume. Les pigeons rent*raient* dans le colombier. Les abeilles tournoy*aient* autour de la ruche. Nous avons dîn*é* sur la pelouse. Bientôt on fauch*era* ce pré. Tracez des sillons. Entez les poiriers. Elevez un mur en pisé entre cette palissade et cette haie d'aubépine, et ainsi vous aurez à peu de frais un très-bel enclos. Le houx et le buis sont des plantes toujours vertes. Les bestiaux sont dans le pâturage. Nous avons baissé la trappe du fenil.

J'émonde, tu greffes, il effeuille, nous glanons, vous sarclez, ils arrosent; elles effeuillaient, tu émonderas, il entera, nous grefferions, vous glandâtes, elles sarclaient, elle arrosait, que j'effeuille, que nous émondions, que tu aies enté, qu'il eût greffé, qu'elles glanassent, qu'il glandât, il glana, ils sarclèrent.

DEVOIRS ÉCRITS.

1. *Copier la dictée et souligner les terminaisons des verbes de 1ʳᵉ conjugaison.*

2. *Conjuguer :*

1° *Le verbe* effeuiller *aux temps simples.*

2° *Le verbe* greffer, *au mode indicatif, mais seulement aux temps composés.*

3° *Le verbe* enter *aux trois derniers modes, mais seulement au nombre singulier.*

Modèle : 1° Effeuiller, effeuillant, effeuillé. J'effeuille, tu...; j'effeuillais, tu...; j'effeuillai, tu effeuillas, il...; j'effeuillerai, tu...; j'effeuillerais, tu...; effeuille, effeuillons...; que j'effeuille, que tu...; que j'effeuillasse.....

2° J'ai greffé, tu as...; j'eus greffé, tu eus...; j'avais greffé, tu avais...; j'aurai greffé, tu auras...

3° J'enterais, tu enterais, il enterait; j'aurais enté...; j'eusse enté...; ente...; aie enté...; que j'ente, que tu entes, qu'il ente; que j'entasse, que tu entasses, qu'il entât; que j'aie enté...; que j'eusse enté...

69ᵉ LEÇON.

Première conjugaison.

EXERCICE ORAL.

Le maître fera répéter l'exercice oral de la 66ᵉ leçon, et analyser les verbes employés dans la dictée.

DICTÉE.

Pour *apprécier* un vigneron, *visitez* à diverses époques le vignoble qu'il *cultive*, *examinez* s'il *essarte* et s'il *bine* dans toutes les lignes; s'il *taille* avec art les ceps et les treilles; s'il *ramasse* bien tous les sarments; s'il *arrache* la vieille vigne, alors qu'elle *commencerait* à donner du verjus; si ensuite il *mine* profondément le sol; s'il se *procure*, pour les nouvelles plantations, des chapons des meilleurs plants de la contrée; s'il *est* soigneux de bien *attacher* les pampres aux échalas, afin que les grappes ne *touchent* pas la terre; si, lorsque les raisins *sont* mûrs, tout *est* prêt pour la vendange ; s'il *a* par avance *échaudé* les cuves et les foudres, *lavé* le pressoir, *cerclé* les bennes et les tonneaux ; si même il *a rassemblé* les paniers, *aiguisé* les serpettes, et *loué* un nombre suffisant de vendangeurs.

Nous vendangerons, vous grappillerez, je grappille, vous vendangeriez, j'ai pressuré, nous aurons soutiré, tu grappillais, tu avais pressuré, vous auriez soutiré, que je vendangeasse, qu'il pressurât, il grappilla, qu'ils vendangent, il eut pressuré, ils auraient soutiré, il vendangea.

DEVOIRS ÉCRITS.

1. Copier les verbes employés dans la première partie de la dictée, mais en les écrivant tous au présent de l'infinitif.

Modèle : Apprécier, visiter, cultiver, examiner....

2. Copier tous les noms compris dans la dictée.

Modèle : Vigneron, époques, vignoble, lignes, art, ceps, treilles, sarments, vigne, verjus, sol, plantations, chapons, plants, contrée, pampres, échalas, grappes, terre, raisins, vendange, cuves, tonneaux, bennes, pressoir, paniers, serpettes, nombre, vendangeurs.

3. Conjuguer les temps simples du verbe pressurer.

4. Écrire le verbe soutirer à tous les temps composés, mais seulement à la 2ᵉ personne du singulier.

Modèle : Tu as soutiré, tu eus soutiré, tu avais soutiré...

70ᵉ LEÇON.

Récapitulation sur les verbes de la première conjugaison.

EXERCICE ORAL DE CONJUGAISON.

Conjuguez au mode infinitif le verbe *encaver.*

Conjuguez *encaver une feuillette* dans tous les temps, mais seulement à la 2ᵉ pers. du sing. — Tu encaves une feuillette, tu encavais une feuillette...

Conjuguez de même, mais à la 3ᵉ pers. du sing., *arranger une palissade.* — Il arrange une palissade, il arrangeait...

Conjuguez à la 3ᵉ pers. du pl. *cultiver avec soin.* — Ils cultivent avec soin, ils cultivaient avec soin...

Analysez les formes verbales suivantes : « *glanez*, nous *moissonnons* ; *grapille*, je *vendange* ; vous *avez fauché*, tu *récolteras* ; qu'il *glanât*, que tu *moissonnes...* »

COMPOSITION.

A. *Écrire simplement :*

Dans certaines contrées on fauche le blé, l'avoine et l'orge, comme si c'était de la luzerne ou du sainfoin ; dans d'autres on les moissonne, ainsi chaque pays a ses usages.

— Il faut habituer les enfants à manger de toute espèce de

légumes : des raves, des betteraves, des épinards, des carottes, des raiforts et même des oignons et des poireaux. Ils ne doivent point écouter les exigences d'un goût trop délicat. — Nous avons visité la remise, la grange, le fenil, le cellier, le bûcher, la laiterie, le pressoir, le poulailler, le pigeonnier, tous les greniers, toutes les parties de la ferme : chaque chose était à sa place ; il y avait partout ordre et propreté. — Les vendanges commenceront bientôt ; déjà les vignerons aiguisent les serpettes, échaudent les tonneaux, cerclent les bennes et louent des vendangeuses.

Ensemençons, labourez, je laboure, laboure, tu grefferas, tu grefferais, il entera le poirier, il récolterait, j'effeuillerai le treillage.

B. *Ecrire le verbe* moissonner *dans tous les temps du mode indicatif, mais seulement à la 2e pers. du sing.*

Modèle : Tu moissonnes, tu moissonnais, tu moissonnas, tu as moissonné.....

DEVOIRS ÉCRITS.

1. *Remplacer les points par le son* an *bien orthographié.*

Un monument, une plate-bande, un soubassement, une soupente, un angle, un entonnoir, la faïence, les ustensiles, des aliments, de l'andouille, les denrées, un flan fait d'œufs frais, des friandises, des framboises, de la viande ; le chanvre, la dentelle, un éventail, des franges, des lambeaux, des langes, des manchettes, des rubans, un mantelet, un pan d'habit, l'empeigne du soulier ; l'attention, la conscience, l'entendement, l'enthousiasme, Satan roi des enfers, un entretien, une fantaisie, des fantômes, une intention, les intelligences, la pensée, la rédemption, les archanges. Je couche sous une tente, j'ai pour toute subsistance du pain et quelques tranches de jambon.

2. *Remplacer les points par le son* in *bien orthographié.*

Un bain chaud, le moulin, un bassin, un cintre, une plinthe, un bulletin, un dessin colorié, un écrivain, les examens, une instruction, du parchemin, des pensums ; le festin, l'absinthe, le vin, le pain servi sur la table, le levain, le saindoux, les boudins, un brimborion, une épingle, des brodequins, une ceinture, un coussin, un traversin de crin, le linge, le nankin, le satin, la redingote. La Providence favorise notre dessein. Les chérubins et les séraphins louent le Seigneur.

3. *Analyser :* Je contenterai mes maîtres.

Modèle : *Je,* pron. pers. 1re p. masc. sing. sujet de *contenterai ; contenterai,* verbe de la 1re conjug. au futur s. de l'indicatif 1re pers. du sing. ; *mes,* adj. possessif masc. pl.

dét. *maîtres*; *maîtres*, n. comm. masc. pl. compl. direct de *contenterai*.

Leçon de mémoire : Les élèves étudieront en entier le verbe *finir*.

71e LEÇON.

Verbe *finir*.

EXERCICE ORAL DE CONJUGAISON.

Récitez le verbe *finir* au mode infinitif... indicatif... impératif... subjonctif... conditionnel...

Conjuguez à tous les temps simples *finir un devoir.* — Finir un devoir, finissant un devoir, fini un devoir. Je finis un devoir, tu...

Conjuguez à tous les temps composés *finir son cahier.* — Avoir fini son cahier, ayant fini son cahier. J'ai fini mon cahier, tu as fini ton cahier, il a fini son cahier...

I. M. Le maître pourrait utilement faire faire les deux exercices ci-après :

1° Un élève désigné lit un temps quelconque du verbe *finir* soit « j'avais fini, tu avais fini...» un autre en indique le titre *plus-que-parfait.*

2° Le lecteur énonce une ou deux formes d'un temps, soit « je finissais, » l'élève en tour de répondre en indique le temps, la personne et le nombre : *imparfait de l'indicatif*, 1re pers. du sing.

DICTÉE.

Maintenant je fin*is*, tu fin*is*, il fin*it* de réciter l'évangile; nous fin*issons*, vous fin*issez*, ils fin*issent* de réciter l'épître. Hier j'ai fin*i*, tu as fin*i*, il a fin*i*, l'ornementation du reposoir; nous avons fin*i*, vous avez fin*i*, ils ont fin*i* les préparatifs pour la consécration. On fin*it* les cérémonies du sacre. On fin*issait* vêpres. On a fin*i* l'ordination. On avait fin*i* le prône et le sermon. La sonnerie fin*ira* bientôt. Fin*issons* la prière. Je désire que l'on fin*isse* les stalles. Je désirerais que l'on fin*ît* le catafalque. Je ne pense pas que l'on ait déjà fin*i* les tombeaux, ainsi que les deux épitaphes qu'on a ordonné d'y graver. Le menuisier aurait fin*i* la châsse si on lui en eût donné toutes les dimensions; je fin*irais* de la dorer si vous me l'aviez apportée avant-hier.

Dans une demi-heure Monseigneur le Cardinal aura fin*i* de donner la confirmation.

DEVOIRS ÉCRITS.

1. *Copier la dictée et souligner les terminaisons du verbe* finir.

2. *Copier en entier le verbe* finir.

3. *Analyser :* Nos vertus sont les seuls biens que nous *ne* quitterons *pas* à la mort.

MODÈLE : *Nos*, adj. poss. fém. pl. dét. *vertus*; *vertus*, n. comm. fém. pl. sujet de *sont*; *sont*, verbe de la 4e conj. au prés. de l'ind. 3e pers. du pluriel ; *les*, art. simple masc. pl. dét. *biens*; *seuls*, adj. qualif. masc. pl. qualif. *biens*; *biens*, n. comm. masc. pl. attribut de *vertus*; *que*, pron. conj. 3e pers. masc. pl. compl. direct de *quitterons*; *nous*, pron. pers. 1re pers. masc. pl. sujet de *quitterons*; *quitterons*, verbe de la 1re conjug. au futur s. de l'ind. 1re pers. du pluriel; *la*, art. s. fémin. sing. dét. *mort*; *mort*, n. comm. fém. sing. compl. ind. de *quitterons*.

72e LEÇON.

Deuxième conjugaison.

EXERCICE ORAL.

I. M. Dans cette leçon le maître exercera les élèves à aller des terminaisons des verbes en *ir*, aux formes dont elles sont le signe, procédant comme dans la 66e leçon.

Tableau des terminaisons pour les verbes en IR.

Terminaisons communes à plusieurs formes.

is. 5 it. 2	issent. 3	isses. 2	issions. 3	irais. 2
issez. 2	isse. 3	issais. 2	issiez. 3	issons. 2

Terminaisons propres à une seule forme.

issant.	îmes.	issait.	irez.	irait.
i.	îtes.	issaient.	irai.	irions.
iraient.	iront.	irent.	iras.	iriez.
issions.	ir.	irons.	ira.	ît.

Après avoir fait écrire ces terminaisons au tableau noir, le maître en montre une avec la baguette ; l'enfant en tour de répondre l'épelle, puis indique les formes, ou la forme verbale dont elle est le signe.

MODÈLE : *is* est employé comme terminaison dans les verbes en *ir*, au présent de l'indicatif à la première et à la deuxième pers. du sing.; au passé déterminé, aussi à la première et à la deuxième pers. du sing. au présent de l'impératif à la 2e pers. du sing.

DICTÉE.

L'évêque a béni l'autel, le chœur, le lutrin, les stalles, les nefs, le parvis, la chaire, les confessionnaux, les fonts baptismaux, la sacristie, les chapelles latérales et les tribunes ; il bénit maintenant le portique et la colonnade extérieure; tout à l'heure il bénira le clocher, le beffroi, les cloches, le calvaire et le cimetière. Monsieur le Comte a fait offrir à l'église de Sainte-Croix des oriflammes, des bannières, des chapes, des chasubles, des dalmatiques, des étoles, un calice, un ostensoir, des ciboires, une patène, des burettes, en un mot tous les ornements et les vases sacrés nécessaires pour offr*ir* le saint sacrifice, ou pour embell*ir* les cérémonies du culte.

Lorsque Pie VII bén*issait* à Paris une foule nombreuse et agenouillée, un jeune incrédule affectait de se ten*ir* debout et le chapeau sur la tête; le peuple indigné de tant d'insolence allait le maltraiter ou au moins le chasser honteusement; mais le pontife s'avance vers lui : « A genoux, mon enfant, lui dit-il, à genoux, que je vous bén*isse*; la bénédiction d'un vieillard n'a jamais nui à personne. » Il n'avait pas achevé que déjà le jeune homme était à ses pieds, les yeux baignés de larmes, priant Dieu de lui pardonner ses erreurs et de vouloir bien, lui aussi, le bén*ir* du haut du ciel.

Je me réjou*issais*. J'ai consenti. Je me réjou*irais*. Il part*it*. Qu'il sort*ît*. Nous consent*îmes*...

DEVOIRS ÉCRITS.

1. *Copier la dictée et souligner les terminaisons des verbes en* ir.

2. *Ecrire les temps simples du verbe* bénir.

3. *Ecrire les temps composés du verbe* bénir, *mais seulement à la* 3e *pers. du pluriel.*

MODÈLE : Ils ont béni, ils eurent béni;.. ils eussent béni, qu'ils aient béni, qu'ils eussent béni.

73e LEÇON.

Deuxième conjugaison.

EXERCICE ORAL.

I. M. Le maître fera répéter l'exercice de la leçon précédente, afin de bien habituer les élèves à remonter d'une terminaison quelconque à la forme verbale dont elle est le signe.

Il fera conjuguer *noircir un cadre*, *raccourcir un montant* ou *franchir un fossé*... en indiquant aux élèves tantôt tel mode, tantôt tel temps, tantôt tel nombre de tel temps.

DICTÉE.

Nous rebât*irons* la basilique que les Vandales ont démol*ie*. — Nous bât*irons* un presbytère. — Achevons de démol*ir* les murs de cette vieille cathédrale, et rebât*issons*-la en entier. — Elarg*issez* cette enceinte. — Agrand*issons* le portail et la cour du séminaire. — Le menuisier a bien pol*i* les panneaux de mon agenouilloir et le dessus de votre prie-Dieu. — Le marbrier pol*it* le bénitier. — Le ferblantier pol*ira* l'aspersoir ou goupillon. — Les fabriciens ont fait garn*ir* de pierreries le petit reliquaire. — On avait garn*i* de diamants la tiare du Saint-Père. — Le cardinal légat offciera le jour de la dédicace. — Sous peu le carême

4*

finira. — Il faut, sous peine d'excommunication, obéir aux
décisions du concile. — Je ferai la génuflexion, puis j'of-
frirai de l'encens. — Je désire m'offrir en holocauste,
comme une victime, comme une hostie vivante. — Faites
blanchir et repasser les aubes, les rochets et les surplis. —
Réunissons-nous pour les funérailles, ou obsèques de notre
ami; assistons à l'enterrement. Le corbillard s'arrêtera à
l'entrée du cimetière; alors six d'entre nous prendront le
cercueil et le porteront jusqu'au lieu de la sépulture. —
Pourquoi embellir un mausolée, puisque ce n'est qu'un
témoignage de notre néant. ?

DEVOIRS ÉCRITS.

1. *Copier la dictée et souligner les terminaisons des verbes
en* ir.

2. *Ecrire les temps simples du verbe* obéir.

3. *Ecrire les temps composés du verbe* bâtir, *mais seulement
à la 2ᵉ pers. du singulier.*

Modèle : Tu as bâti, tu eus bâti, tu avais bâti,...

74ᵉ LEÇON.

Deuxième conjugaison.

EXERCICE ORAL.

1. M. Le maître fera répéter l'exercice de la 72ᵉ leçon.
Il fera analyser les verbes de première et de deuxième conjugaison employés dans la dictée.

DICTÉE.

Le joyeux alleluia a retenti sous les voûtes de l'église
métropolitaine. — La cloche tinte l'angelus. — Dans une
heure on finira la solennité de la canonisation. — Monsieur
le curé porte le camail depuis quelques jours. — Le christianisme unit les esprits et les cœurs; la communion chrétienne a pour principe la foi et la charité. — L'épiscopat
exige de grandes vertus; il faut plus que du talent pour
administrer un diocèse. — Jésus a établi les prêtres seuls
ministres des sacrements de l'eucharistie, de la pénitence,
de l'extrême-onction et du mariage. — Les insignes des
pontifes sont la crosse et la mitre, et pour quelques-uns
aussi le pallium. — Vous m'ensevelirez dans un pauvre
suaire, et vous me donnerez une modeste sépulture. —
Ecoutez ces tintements sinistres; la cloche du tocsin jette
l'alarme; les cris au feu! au feu! retentissent dans toutes
les rues. Que Dieu daigne secourir les malheureuses victimes
de l'incendie ! Volons à leur secours.

Le maître indique ensuite quelques temps du verbe embellir, *et les enfants les écrivent à mesure.*

DEVOIRS ÉCRITS.

1. *Copier tous les noms employés dans la dictée.*
Modèle : Alleluia, voûte, église, cloche, angelus, heure, solennité, canonisation, monsieur, curé, camail, jours, christianisme, esprits, cœurs, communion, principe, foi, charité, épiscopat, vertus, talent, diocèse, Jésus, prêtres, ministres, sacrements, eucharistie, pénitence.....

2. *Extraire les verbes compris dans la dictée, mais en les écrivant au présent de l'infinitif.*
Modèle : Retentir, tinter, finir, porter, unir, avoir, exiger, falloir, administrer, établir, être, ensevelir, donner, écouter, jeter, retentir, daigner, secourir.

3. *Conjuguer le verbe* embellir *à la 2ᵃ personne du singulier, et à la 2ᵉ du pluriel de chaque temps.*
Modèle : Tu embellis, vous embellissez ; tu embellissais, vous embellissiez ; tu embellis, vous embellîtes,...

4. *Analyser :* L'usage excessif du vin abrutit l'esprit.
Modèle : L', mis pour *le*, art. simple masc. sing. dét. *usage* ; *usage*, n. comm. masc. sing. sujet de *abrutit* ; *excessif*, adj. qualif. masc. sing. qualif. *usage* ; *du*, art. contracté, mis pour *de le*, masc. sing. dét. *vin* ; *vin*, n. comm. masc. sing. compl. déterminatif de *usage* ; *abrutit*, verbe de 2ᵉ conj. au pr. de l'ind. 3ᵉ pers. du sing. ; *l'*, mis pour *le*, art. simple masc. sing. dét. *esprit* ; *esprit*, n. comm. masc. sing. compl. direct de *abrutit*.

75ᵉ LEÇON.

Récapitulation sur les verbes de la deuxième conjugaison.

EXERCICE ORAL.

I. M. Le maître fera conjuguer en indiquant tantôt un temps, tantôt un autre, *polir une glace, finir un devoir, bénir Dieu,...*
Il fera répéter l'exercice oral de la 72ᵉ leçon.
Il fera analyser : « Nous bâtissons, nous bâtîmes, bâtissons, qu'il bâtisse, qu'il bâtît, qu'elle eût bâti, elle eut bâti, vous bâtissez, vous bâtissiez, que vous bâtissiez, bâtissez, etc... »

COMPOSITION.

A. *Souligner les verbes de la deuxième conjugaison.*
On *finissait* vêpres lorsque nous entrâmes dans l'église.—
A genoux ! dit Pie VII à un jeune incrédule, à genoux ! que je vous *bénisse*; la bénédiction d'un vieillard n'a jamais nui à personne. — Monseigneur l'Archevêque *bénit* le chœur,

l'autel, le tabernacle ; bientôt il *bénira* la nef, les tribunes et les chapelles latérales. — Sans une permission on ne peut toucher les linges sacrés, même pour les *blanchir*. — Nous allons faire *agrandir* cette enceinte ; nous *rebâtirons* la cathédrale et le séminaire. — Pourquoi *embellir* un mausolée, puisque ce n'est qu'un témoignage de notre néant ? — Vous m'*ensevelirez* dans un pauvre linceul et vous me donnerez une modeste sépulture. — La cloche du tocsin jette l'alarme ; écoutez ces tintements sinistres ; des cris *retentissent* dans toutes les rues ; *courons* vite pour *secourir* les incendiés.

B. *Ecrire le verbe*

Finir *à la 3e pers. du sing. de chaque temps du conditionnel.*

Bénir *à toutes les formes du mode infinitif.*

Embellir *à l'imparfait de l'indicatif et à l'imparfait du subjonctif.*

Modèle: Il finirait, il aurait fini, il eût fini ; — Bénir, avoir béni, ayant béni, bénissant, béni, bénie ; — J'embellissais, tu embellissais,... que j'embellisse, que tu embellisses, qu'il embellît...

·DEVOIRS ÉCRITS.

Remplacer les points par le son ou l'articulation s *bien orthographiée.*

Les ancêtres, l'associé, l'adversaire, l'antagoniste, un complice, un concitoyen, un condisciple, une dynastie, les fiançailles, la noce, le garçon, la nièce, la nourrice, le nourrisson, les ouvriers maçons, un observatoire, une impasse, la chaussée, un cintre, un socle, les arceaux, la balance, le berceau, un paillasson, le parasol, une pièce, la résidence, la basse-cour, la bâtisse, une cellule, le ciment, une citerne, un édifice, l'emplacement, la façade, une fosse, le seuil, les soubassements, la tapisserie, les vasistas ; un récit, la récréation, une rédaction, une répétition, une réponse, le style, la science, un verset, une version, l'avancement, le silence, les connaissances, la dissipation, les distractions, l'éducation, l'émulation, une surveillance, une cédille, l'ignorance, l'inapplication, les pensums, l'inattention, le lycée, le pensionnat, l'université, les vacances.

2. *Même travail pour le son* è.

Le collègue, l'héritière, un décès, la naissance, un squelette, les vertèbres, les viscères, les nerfs, les aisselles, les artères, les veines, la chair, l'haleine, la prunelle, l'index, l'intestin grêle, le mollet, l'observatoire, le piédestal de la déesse, un diadème ; le système métrique, le duvet, un chevet, un crépe, des mitaines, une semelle, une crinière.

3. *Analyser :* La vie oisive amollit le courage.

Modèle : *La,* art. simple fém. sing. dét. *vie; vie,* n. comm. fém. sing. sujet de *amollit; oisive,* adj. qualif. fém. sing. qualifie *vie; amollit,* verbe de 2ᵉ conj. au pr. de l'ind. 3ᵉ pers. du sing. ; *le,* art. simple masc. sing. dét. *courage; courage,* n. comm. masc. sing. compl. direct de *amollit.*

Leçon de mémoire : Les élèves étudieront tout le verbe *recevoir.*

76ᵉ LEÇON.

Verbe *recevoir.*

EXERCICE ORAL DE CONJUGAISON.

I. M. Le maître fait réciter le verbe *recevoir,* 1º en entier, 2º en désignant les modes, 3º en désignant les temps, 4º en indiquant le mode, la personne et le nombre : soit le mode indicatif à toutes les personnes du pluriel, ou le conditionnel à toutes les personnes du singulier...

Il fait lire par un élève les formes d'un temps, l'élève en tour de répondre en désigne le titre.

Il fait analyser les formes du verbe *recevoir,* qui sont employées dans la dictée.

DICTÉE.

Hier je reçus, tu reçus, il reçut, nous reçûmes, vous reçûtes, ils reçurent des marchandises. — Demain je recevrai, tu recevras, il .... des paquets. — Si la mer eût été calme, j'aurais reçu, tu aurais reçu.... des ballots. — Reçois, recevons, recevez la livraison. — Il faut que je reçoive, que tu reçoives.... cet envoi. — Il faudrait que j'eusse reçu, que tu eusses reçu,.... des épiceries. — Je ne pense pas que j'aie reçu, que tu aies reçu.... des à-compte. — Si l'on ne l'eût défendu, je recevrais, tu recevrais,.... des présents. — Il y a plaisir à recevoir, mais bien plus à donner. — Reçois à ta table ton ami indigent. — Saint Louis recevait des pauvres à sa table.

Le maître indique ensuite quelques temps du verbe recevoir, *et les élèves les écrivent à mesure.*

DEVOIRS ÉCRITS.

Conjuguer le verbe recevoir *aux temps indiqués en employant les compléments directs donnés pour chacun d'eux.*

Pr. de l'indicatif. Je *reçois* de l'amidon, tu *reçois* de la céruse, il *reçoit* de la cire, nous *recevons* de l'encaustique, vous *recevez* des drogues aromatiques, ils *reçoivent* de la cannelle.

Futur simple. Je *recevrai* un échantillon, tu *recevras* un kilogramme d'empois, il *recevra* du salpêtre et de l'arsenic, nous *recevrons* de la soude, vous *recevrez* de l'acide sulfurique ou huile de vitriol, ils *recevront* des ballots.

Impératif pr. Reçois mon tribut, *recevons* nos appointemens, *recevez* vos rentes.

Pr. du conditionnel. Je *recevrais* une indemnité, tu *recevrais* le capital et les intérêts, il *recevrait* sa quittance, nous *recevrions* une somme de cent francs, vous *recevriez* une traite, ils *recevraient* des revenus considérables.

Imparfait du subj. Que je *reçusse* quelques sous, que tu *reçusses* quelques pièces de monnaie, qu'il *reçût* des mandats, que nous *reçussions* du numéraire en argent, que vous *reçussiez* des billets de banque, qu'ils *reçussent* le montant de leurs factures.

Plus-que-parfait de l'ind. J'avais *reçu* des étiquettes, tu *avais reçu* des mètres poinçonnés, il *avait reçu* un envoi important, nous *avions reçu* votre cotisation, vous *aviez reçu* des poids en fonte, ils *avaient reçu* des décalitres,

2. *Copier le verbe* recevoir, *mais seulement à la troisième personne du singulier.*

MODÈLE : Il reçoit, il recevait, il reçut, il a reçu....

3. *Analyser :* Dieu bénit celui qui reçoit l'indigent.

MODÈLE : *Dieu,* n. propre masc. sing. sujet de *bénit; bénit,* verbe de la 2e conj. pr. de l'ind. 3e pers. du sing.; *celui,* pron. dém. 3e pers. masc. sing. compl. direct de *bénit; qui,* pron. conj. 3e pers. masc. sing. sujet de *reçoit; reçoit,* verbe de la 3e conj. pr. de l'ind. 3e pers du sing.; *l'* ou *le,* art. simple masc. sing. dét. *indigent; indigent,* n. comm. masc. sing. compl. direct. de *reçoit.*

77e LEÇON.

Troisième conjugaison.

EXERCICE ORAL.

I. M. Le maître fera répéter le verbe *recevoir.*
Il fera conjuguer et étudier le verbe *voir.*

CONJUGAISON DU VERBE *Voir.*

INFINITIF *présent* voir, *passé* avoir vu, ayant vu, *participe présent* voyant, *participe passé* vu, vue.

INDICATIF *présent :* Je vois, tu vois, il voit, nous voyons, vous voyez, ils voient; *imparfait :* Je voyais, tu voyais, il voyait, nous voyions, vous voyiez, ils voyaient; *passé déterminé :* Je vis, tu vis, il vit, nous vîmes, vous vîtes, ils virent; *passé ind. :* J'ai vu, tu as vu,...; *passé antérieur* : J'eus vu, tu eus vu,...; *plus-que-parfait* : J'avais vu, tu avais vu,...; *futur s.* : Je verrai, tu verras, il verra, nous verrons, vous verrez, ils verront; *futur antérieur* : J'aurai vu, tu auras vu...

Conditionnel *présent* ou *futur* : Je verrais, tu verrais, il verrait, nous verrions, vous verriez, ils verraient..; 1ᵉʳ *passé* : J'aurais vu, tu aurais vu,...; 2ᵉ *passé* : J'eusse vu, tu eusses vu,... Impératif *présent* ou *futur* : Vois, voyons, voyez; *futur antérieur* : Aie vu, ayons vu, ayez vu.... Subjonctif *présent* ou *futur* : Que je voie, que tu voies, qu'il voie, que nous voyions, que vous voyiez, qu'ils voient; *imparfait* : Que je visse, que tu visses, qu'il vît, que nous vissions, que vous vissiez, qu'ils vissent; *passé* : Que j'aie vu, que tu aies vu...; *plus-que-parfait* : Que j'eusse vu, que tu eusses vu, qu'il eût vu...

Le maître pourra aussi faire analyser les verbes de la 3ᵉ conjugaison employés dans la dictée.

DICTÉE.

Quand on veut *recevoir* une grâce, on *doit* s'efforcer de la mériter. — Le chrétien fervent *recevra* le ciel pour prix de sa constance. — La religion *veut* qu'on aide son prochain. — On *voit* souvent ce qu'on désire, au lieu de ce qui est. — Tout se *sait* à la longue. — *Prévoir,* c'est juger par avance qu'une chose *doit* arriver. — Nous *pouvons* beaucoup avec l'aide de Dieu. — Au déluge, Dieu fit *pleuvoir* pendant quarante jours et quarante nuits. — *Pourvoir* une citadelle, c'est l'approvisionner de vivres ou de munitions. — Beaucoup *devront* leur bonheur à leur instruction. — Tous les êtres vivants *doivent* mourir. — Soyons vertueux, et nous *aurons* part à la gloire des élus. — La première fois que les sauvages de l'Amérique *virent* des figures peintes, ils les prirent pour des hommes vivants, les interrogèrent, et furent très-surpris de n'en *recevoir* aucune réponse.

DEVOIRS ÉCRITS.

1. *Copier la dictée et souligner les verbes de la 3ᵉ conjugaison.*

2. *Écrire les temps simples du verbe* voir.

Modèle : *Infinitif.* Voir, voyant, vu. *Indicatif pr.* Je vois... *Imparfait.* Je voyais... *Passé dét.* Je vis... *Futur.* Je verrai... *Condit. pr.* Je verrais... *Impératif.* Vois... *Subj. pr.* Que je voie... *Imparfait.* Que je visse, que tu visses, qu'il...

3. *Écrire les temps composés de ce même verbe.*

Modèle : *Infinitif passé.* Avoir vu, ayant vu; *Passé indét.* J'ai vu,... *Passé ant.* J'eus vu... *Plus-que-parfait.* J'avais vu... *Futur antérieur,* j'aurai vu...

78ᵉ LEÇON.

Troisième conjugaison.

EXERCICE ORAL.

I. M. Le maître exercera les enfants à aller des terminaisons suivantes aux formes verbales dont elles sont le signe, dans les verbes de la 3ᵉ conjugaison.

oives.	ussiez.	oivent.	ûmes.	ussions.
usses.	oit.	urent.	ûtes.	oive.[2]
ût.	ussent.	ut.	usse.	oivent.[2]

MODÈLE : *oives* prés. du subj. 2ᵉ pers. du sing.; *usses* imparfait du subj. 2ᵉ pers. du sing.; *ût* imparfait du subj. 3ᵉ pers. du sing...

Il fera conjuguer *concevoir un dessein, apercevoir une clarté, voir un clocher...* ou toute autre expression semblable :

1° au mode indicatif, mais seulement aux formes du sing.

MODÈLE : Je conçois un dessein, tu conçois un dessein, il conçoit un dessein; je concevais...

2° au mode conditionnel, mais seulement à la 1ʳᵉ pers. de chaque nombre.

MODÈLE : Je concevrais un dessein, nous concevrions un dessein, j'aurais conçu un dessein, nous aurions...

3° au mode impératif, mais seulement à la 2ᵉ pers. de chaque nombre. — Conçois un dessein, concevez un dessein...

4° au mode subjonctif, mais seulement à la 3ᵉ pers. de chaque nombre. — Qu'il conçoive un dessein, qu'ils conçoivent...

Il fera analyser les verbes employés dans la dictée.

DICTÉE.

J'ai *vu*[3] Rome la métropole du monde; j'*ai* surtout *admiré*[1] le dôme de la basilique. — Monsieur le doyen *a* très-bien *reçu*[3] les laïques qui *sont allés*[1] le *visiter*[1].— Nous *avons vu*[3] des ermites, des moines et des reclus, heureux dans leurs solitudes ou dans leurs cellules. — Nous *avons reçu*[3] le mandement qui *ordonne*[1] des prières publiques, des processions pour *supplier*[1] le Seigneur de *bénir*[2] les fruits de la terre; Monseigneur *accorde*[1] des indulgences à ceux qui y *assisteront*[1] pieusement. — Monsieur le vicaire *a reçu*[3] ma rénovation. — Nous *devons*[3] *respecter*[1] tous les ecclésiastiques, non-seulement les prêtres, les diacres, les sous-diacres, mais encore les minorés, les tonsurés, même les simples séminaristes. — Lorsque vous *êtes*[4] au chœur soit comme servant ou acolyte, soit comme thuriféraire, vous *devez*[3] *avoir*[3] un maintien modeste et recueilli. — N. S. P. le Pape *est*[4] le chef suprême de l'Église, il *occupe*[1] le premier rang dans la hiérarchie sacerdotale; tous les prélats qui *ont reçu*[3] la plénitude du sacerdoce, les évêques, les archevêques ou métropolitains, les patriarches, les cardinaux, lui *doivent*[3] obéissance et soumission. — Nous *recevrons*[3] sous peu l'arrêté qui *érige*[1] en paroisse notre église, qui jusqu'ici n'*avait été*[4] qu'une succursale.

DEVOIRS ÉCRITS.

1. *Copier la dictée, souligner les verbes, et placer au-dessus de chacun un chiffre qui en indique la conjugaison.*
2. *Conjuguer en entier le verbe* percevoir.

79ᵉ LEÇON.

Troisième conjugaison.

EXERCICE ORAL.

I. M. Le maître fera conjuguer les verbes de la 3ᵉ conjugaison en leur donnant un complément amené par un adjectif possessif; soit *recevoir son ami, revoir son père, avoir sa feuille de route.*

Modèle : Je reçois mon ami, tu reçois ton ami, il reçoit son ami, nous recevons notre ami, vous recevez votre ami, ils reçoivent leur ami...

Il fera comme dans la leçon précédente écrire au tableau, puis épeler et analyser quelques terminaisons des verbes en *oir.*

Il fera analyser les verbes de la dictée.

DICTÉE.

Je n'*ai* jamais *pu*[3] *concevoir*[3] le courage des martyrs; plusieurs n'*étaient*[4] que des néophytes ou nouveaux prosélytes, des catéchumènes qui ne *pouvaient*[3] encore *assister*[1] au saint sacrifice de la messe; quelques-uns n'*étaient*[4] que des adolescents ou même des enfants; et pourtant, leur constance *a été*[4] à l'épreuve des tourments les plus insupportables et les plus cruels. Ah ! c'*est*[4] qu'ils *avaient reçu*[3] du Rédempteur, pour qui ils *mouraient*[2], une force surnaturelle et miraculeuse ! — J'*ai vu*[3] des jeunes gens flétris par le vice; leurs joues *étaient*[4] pâles, leurs yeux languissants; il me *semblait*[1] *entrevoir*[3] à leur côté la mort prête à les *saisir*[2], et plus loin le fossoyeur *creusant*[1] déjà leur sépulcre. — J'*ai vu*[3] l'archidiacre *officier*[1]. Tu *as vu*[3] le nonce apostolique à la cour. Nous *verrions*[3] encore des prophètes, s'il le *fallait*[3] pour le bien de l'Eglise. — Les députés du clergé *comptaient*[1] dans leurs rangs d'illustres orateurs. — On *appelle*[1] clercs réguliers des prêtres *vivant*[4] en communauté et *formant*[1] une congrégation. — Les novices *ont reçu*[3] l'habit; les profès *recevront*[3] la croix. — Les plus savants théologiens *recevaient*[3] autrefois le bonnet de docteur. — Le marguillier *a reçu*[3] les clefs de l'église. — Tout à l'heure nous *voyions*[3] à peine le navire qu'on a *signalé*, maintenant nous le *voyons*[3] très-bien.

DEVOIRS ÉCRITS.

1. Copier la dictée, souligner les verbes, et placer au-dessus de chacun le chiffre qui en indique la conjugaison.
2. Conjuguer en entier le verbe entrevoir.

80ᵉ LEÇON.

Troisième conjugaison.

EXERCICE ORAL DE CONJUGAISON.

Conjuguez le verbe *recevoir* aux temps composés.
Épelez les terminaisons de ce verbe au passé déterminé et à l'imparfait du subjonctif. — us, us, ut,... — usse, usses, ût...
Conjuguez aux temps simples *percevoir un tribut.*
Conjuguez *revoir un ami,* au présent de l'indicatif et au présent du subjonctif.
Analysez : Je *reçus,* je *vis,* nous *verrions,* vous *aperçûtes,* ils *eurent vu,* il *aurait reçu,* ils *ont entrevu....*

COMPOSITION.

A. *Souligner les verbes de la 3ᵉ conjugaison.*
J'*ai vu* des jeunes gens flétris par le vice ; je croyais *voir* la mort marcher à leur côté, et plus loin *entrevoir* le fossoyeur creusant leur sépulcre. — Respectez comme Jésus-Christ même ceux qui *ont reçu* l'onction sacerdotale : ils sont ses prêtres, ses ministres, ses représentants sur la terre. — On *voit* de pauvres moines contents et heureux, pendant que de riches financiers, qui ont réalisé des capitaux considérables, sont rongés par l'inquiétude et le chagrin. — Quand on *veut recevoir* une grâce, on *doit* s'efforcer de la mériter. — Les martyrs *ont eu* une constance à l'épreuve des tourments les plus insupportables.
B. *Souligner les noms compléments directs.*
Nous reçûmes des *échantillons,* vous recevrez des *ballots,* je recevrai ce matin deux *billets,* vous reçûtes hier une *facture,* j'aurai reçu mon *paiement.*
C. *Écrire le verbe*
Voir, *au présent du subjonctif.*
Percevoir, *au mode indicatif, mais seulement à la 2ᵉ pers. du sing..*
Entrevoir, *au mode infinitif.*
MODÈLE : Que je voie, que tu voies, qu'il voie, que nous voyions, que vous voyiez, qu'ils voient. — Tu perçois, tu percevais, tu perçus, tu as perçu, tu eus perçu, tu avais

perçu, tu percevras, tu auras perçu. — Entrevoir, avoir entrevu, ayant entrevu, entrevoyant, entrevu, entrevue.

DEVOIRS ÉCRITS.

1. *Remplacer les points par le son ou l'articulation* s, *bien orthographiée.*

Les assiettes, un bassin, une casserole, un époussetoir, la faïence, une passoire, les pincettes, la porcelaine, un seau vide, les ustensiles, la vaisselle; les boissons, une tasse, l'absinthe, le cidre, le suc; la cassonade, la mélasse, la bonne sauce, le sel, du cervelas, de la conserve, une fricassée, les saucisses, la collation, la pâtisserie, la semoule, une besace, une bourse, un bracelet, des brosses, une ceinture, des chaussettes, le cirage, des ficelles, une gance, le gousset, les sabots, une sandale; un caleçon, un corset, le coussin, un linceul, le mérinos, la mousseline, une paillasse, un tissu, un traversin; le blanchissage, la façon, la lessive, le trousseau.

2. *Remplacer les points par le son* é *bien orthographié :*

Un collier, une *aiguille,* un couvre-pied, un oreiller, un sommier; l'activité, les facultés, les contes des fées, une idée, une pensée, l'assiduité, la sensibilité, l'agilité, le gosier, le nez, l'imbécillité, une malhonnêteté, une méchanceté, l'obscurité (1).

3. *Analyser :* Reçois ce chapelet; ce sera un précieux souvenir *de* ta mère.

MODÈLE: *Reçois,* verbe de la 3ᵉ conj. au présent de l'impératif 2ᵉ pers. du sing.; *ce,* adj. démonstratif masc. sing. dét. *chapelet; chapelet,* n. comm. masc. sing. compl. direct de *reçois; ce,* pron. démonstratif 3ᵉ pers. masc. sing. sujet de *sera; sera,* verbe de 4ᵉ conj., au futur de l'indicatif 3ᵉ pers. du sing.; *un,* adj. numéral masc. sing. dét. *souvenir; précieux,* adj. qualif. masc. sing. qual. *souvenir; souvenir,* n. comm. masc. sing. attribut de *ce; ta,* adj. posses. fém. sing. dét. *mère; mère,* n. comm. fém. sing. compl. déterminatif de *souvenir.*

LEÇON DE MÉMOIRE : Les élèves apprendront en entier le verbe *rendre.*

---

1 Rappelez que généralement les noms en *té* et en *ié,* quoique féminins, ne prennent pas l'*e* muet final.

81ᵉ LEÇON.

Verbe *rendre.*

EXERCICE ORAL DE CONJUGAISON.

Récitez en entier le verbe *rendre.*
Récitez-le au mode infinitif... conditionnel... subjonctif...
Récitez-le au présent de l'indicatif... au futur antérieur de l'impératif... au futur simple de l'indicatif...
Récitez tout le mode indicatif, mais seulement au nombre singulier. — Je rends, tu rends, il rend; je rendais, tu...
Récitez le mode subjonctif, mais seulement à la 1ʳᵉ pers du pluriel. — Que nous rendions, que nous rendissions, que nous ayons rendu, que nous eussions rendu.
Récitez la 1ʳᵉ pers. du pluriel des temps simples de l'indicatif. — Nous rendons, nous rendions, nous rendîmes, nous rendrons.

DICTÉE.

Maintenant je rends, tu rends, il rend, nous rendons.... l'objet emprunté. — Hier je rendis, tu rendis, il rendit.... la montre trouvée. — Ce matin j'ai rendu, tu as rendu, il a rendu.... le fût du tonnelier et la benne du vigneron. — Il convient que je rende, que tu rendes.... service au prochain.

Le maître indique ensuite quelques temps du verbe rendre, *et les élèves les écrivent à mesure.*

DEVOIRS ÉCRITS.

1. *Conjuguer le verbe* rendre *aux temps indiqués, en employant successivement les compléments donnés pour chacun d'eux.*

Pr. de l'ind. Votre chaîne, ma chaînette, les jalons, vos moules, nos filières, nos burins.

Futur simple. Votre aiguillon, son alène, ma canne et mon bâton, vos poinçons, nos sondes, nos tubes.

Pr. de l'impératif. Cette gibecière, ces hameçons, cette glu.

Pr. du subj. Ces bobines, cet écheveau, ces étoupes, ces fuseaux, ces sachets, ces rouets.

Futur ant. de l'imp. Ma quenouille, leurs navettes, les sacs du meunier.

Pr. du cond. Votre truelle, nos siphons, les flacons, la manivelle de votre ventilateur, nos fléaux, notre herse.

MODÈLE : Je rends votre chaîne, tu rends ma chaînette.... — Je rendrai votre aiguillon, tu rendras son alène, il rendra ma canne et mon bâton.... — Rends cette gibecière.... — Que je rende ces bobines.... — Aie rendu ma quenouille.... — Je rendrais votre truelle.... ils rendraient notre herse.

2. *Conjuguer le verbe* rendre *dans tous ses temps composés.*

3. *Analyser :* Rendez gloire au Roi du ciel.

MODÈLE : *Rendez,* verbe de la 4ᵉ conj., au pr. de l'impératif, 2ᵉ pers. du pl.; *gloire,* n. comm. fém. sing. compl. direct de *rendez; au,* art. contracté mis pour *à le* masc. sing. dét. *Roi; Roi,* n. comm. (employé pour désigner Dieu) masc. sing. compl. ind. de *rendez; du,* art. contracté mis pour *de le* masc. sing. dét. *ciel; ciel,* n. comm. masc. sing. compl. déterminatif de *Roi.*

82ᵉ LEÇON.

Quatrième conjugaison.

EXERCICE ORAL.

I. M. Le maître exercera les enfants à épeler les terminaisons suivantes, et à indiquer de quelle forme verbale chacune est le signe dans les verbes en *endre.*

Tableau des terminaisons pour les verbes en ENDRE.

Terminaisons employées plusieurs fois.

s³.	ons².	ais².	iez².	e².
ez².	rais².	ions².	is².	

Terminaisons employées une seule fois.

ent.	it.	riez.	irent.	issent.
aient.	îmes.	raient.	rai.	ra,—re.
îtes.	rons.	es.	ras.	rez,—ant.
ait.	ront.	ent.	isse.	isses.
rait.	rions.	issions.	issiez..	ît,—u.

MODÈLE : *s* est employé comme terminaison au prés. de l'ind. à la 1ʳᵉ et à la 2ᵉ pers. du sing.; à l'imp. à la 2ᵉ pers. du sing....

Le maître fera aussi analyser les verbes employés dans la dictée.

DICTÉE.

Il *faut*³ *rendre*⁴ à chacun ce qui lui *est*⁴ *dû*³. — Les connaissances *rendent*⁴ les hommes doux et polis. — *Rendez*⁴-vous toujours à l'avis du plus sage. — L'or s'*étend*⁴ d'une manière si prodigieuse, qu'une pièce de vingt francs *suffit*⁴ pour *dorer*¹ une statue de grandeur naturelle. — « Vous *détruirez*⁴ vos premiers bienfaits, *dit*⁴ Pline, si vous ne *prenez*⁴ soin de les *soutenir*² par d'autres. » — « Je te *battrais*⁴, si je n'*étais*⁴ en colère, » *disait*⁴ un jour Platon à son esclave. — Il y *a*³ de la grandeur d'âme à ne se point *méconnaître*⁴ dans une haute élévation de fortune. — Nos

bonnes et nos mauvaises habitudes nous *suivent*[4] partout.
— Qui n'*entend*[4] qu'une cloche n'*entend*[4] qu'un son. — On
reconnaît[4] toujours le vrai mérite, quoique la vertu *soit*[4]
souvent *méconnue*[4]. — La vigne se *plaît*[4] auprès de l'ormeau.
— Il *faut*[3] toujours *mettre*[4] de la bonne foi dans la manière
de se *conduire*[4].

DEVOIRS ÉCRITS.

1. *Copier la dictée, souligner les verbes et en indiquer la
conjugaison par un chiffre.*
2. *Conjuguer en entier le verbe* attendre.
3. *Analyser* : Les connaissances rendent les hommes
polis.

Modèle: *Les*, art. s. fém. pl. dét. *connaissances; connaissances*, n. comm. fém. pl. sujet de *rendent; rendent*, verbe
de la 4ᵉ conj., prés. de l'ind. 3ᵉ pers. du pl.; *les*, art. s. masc.
pl. dét. *hommes; hommes*, n. comm. masc. pl. compl. direct
de *rendent ; polis*, adj. qualif. masc. plur. attribut de
hommes.

83ᵉ LEÇON.

Quatrième conjugaison.

EXERCICE ORAL.

I. M. Le maître fera conjuguer une des expressions *suspendre
un tableau, entendre un discours, refendre une planche...*
1º A certains temps désignés, soit au passé déterminé, au passé
antérieur, au futur simple, au présent du conditionnel...
2º A toutes les premières personnes d'un mode désigné,... à
toutes les deuxièmes,... à toutes les troisièmes.
3º Aux deux imparfaits, aux deux plus-que-parfait... au présent
de chaque mode.
4º Aux temps simples, puis aux temps composés.
Il fera répéter l'exercice oral de la 82ᵉ leçon, sur les terminaisons des verbes en *endre*.

DICTÉE.

Autrefois je vendais, tu vendais, il.... des allumettes. —
A cette époque j'aurais vendu, tu aurais vendu.... des cure-
dents. — Il faudrait que je vendisse, que tu vendisses....
de l'amadou. — Vends, vendons, vendez des cigares. — Sous
peu je vendrai, tu vendras.... des lunettes. — Aie vendu,
ayons vendu, ayez vendu le magasin.

Le maître désigne ensuite quelques temps d'un des verbes
vendre, entendre, refendre,... *et les élèves les écrivent à
mesure.*

DEVOIRS ÉCRITS.

1. *Conjuguer le verbe* vendre *aux temps indiqués, en employant pour chacun les compléments donnés.*

Ind. présent. Des candélabres, des chandeliers, des souches, des lampes et des lampions, des lanternes, des réverbères.

Imparfait. Des lustres, des quinquets, des veilleuses, des mèches, des mouchettes, des éteignoirs.

Passé indét. Des flambeaux, des torches, des cierges, de la cire, des bougies, des chandelles.

Passé dét. De la braise, des bûches, du charbon, du bois de chauffage, des combustibles, des fagots.

Futur simple. De la houille, du soufre, de la suie, du suif, de la poix, de l'onguent.

Impératif. Ces fusées, votre chaufferette, vos lunettes.

MODÈLE : Je vends des candélabres, tu vends des chandeliers, il.... — Je vendais des lustres, tu vendais des quinquets.... — J'ai vendu des flambeaux.... — Je vendis de la braise.... — Je vendrai de la houille.... — Vends ces fusées, vendez votre chaufferette, vendez vos lunettes.

2. *Conjuguer le verbe* revendre *à la* 3e *pers. du sing. de tous les temps simples.*—Il revend, il revendait, il revendit...

3. *Le conjuguer ensuite à la* 3e *pers. du pluriel de tous les temps composés.* — Ils ont revendu, ils eurent revendu...

84e LEÇON.

Quatrième conjugaison.

EXERCICE ORAL.

I. M. Le maître fera conjuguer *attendre son camarade, attendre son compagnon...*

1° A tel mode, puis à tel autre; 2° à tel temps, puis à tel autre; 3° à toutes les formes plurielles des temps simples; 4° à toutes les formes du sing. des temps composés.

Il fera conjuguer *entendre une voix* aux deux imparfaits, aux deux plus-que-parfait, au passé indéterminé, au passé déterminé...

Il fera analyser les verbes de la dictée.

DICTÉE.

Marie est appelée aurore du Soleil de justice, parce qu'elle annonçait Celui qui venait dissiper les ombres de la mort ou les ténèbres du péché. On la représente debout, la tête entourée d'une auréole, et écrasant du talon le serpent infernal. Le dragon furieux s'agite sous le pied qui le presse; des flammes s'échappent de sa gueule béante, comme d'un brasier ardent, des étincelles paraissent jaillir de ses yeux ; mais on voit que sa rage est impuissante et ses efforts sans succès. — Marie, elle est le phare qui nous dirige dans notre navigation vers le port du salut. — Quand le Fils de l'homme paraîtra, il réduira en cendres l'univers. — N'attendez pas pour éteindre le feu que l'embrasement soit général ; étouffez le foyer dès le principe, jetez de l'eau jusqu'à extinction, jusqu'à ce qu'il ne s'échappe plus de fumée. — Le calorique agit sur certains métaux jusqu'à ce que la calcination soit complète. — La lueur de l'incendie produisait dans nos cours une sinistre réverbération.

DEVOIRS ÉCRITS.

1. *Ecrire au présent de l'infinitif les verbes employés dans la dictée* (¹).

MODÈLE : Etre, appeler, annoncer, venir, dissiper, représenter, entourer, écraser, s'agiter, presser, s'échapper, paraître, jaillir, diriger, réduire, attendre, éteindre, étouffer, jeter, agir, produire.

2. *Extraire les noms compris dans la dictée.*

MODÈLE : Marie, aurore, soleil, justice, ombres, mort, ténèbres, péché, tête, auréole, talon, serpent, dragon, pied, flammes, gueule, brasier, étincelles, yeux, rage, efforts, succès, phare, navigation, port, salut...

3. *Conjuguer en entier le verbe* entendre.

85ᵉ LEÇON.

Quatrième conjugaison.

EXERCICE ORAL DE CONJUGAISON.

Conjuguez en entier le verbe *rendre* et le verbe *être.*
Conjuguez *attendre son ami...* à tous les temps simples.
Conjuguez *vendre un cheval...* à tous les temps composés.
Analysez les formes verbales suivantes : « Je prétends, j'ai attendu, ils ont suspendu, attends, vendez, vous attendez, rendons, que je prétende, que vous rendissiez, sois, que nous soyons, vous êtes... »

COMPOSITION.

A. *Ecrire simplement:*
M'avez-vous rendu ma canne, mon bâton et ma gibecière ? — Rendez-moi ma quenouille et mon fuseau, et reprenez vos colliers d'or et vos bracelets. — Tout objet

---

1 Dans ces sortes d'exercices on ne copie qu'une fois un même mot. Ainsi *être* ne sera écrit qu'au début du devoir, bien que ce verbe soit employé quatre ou cinq fois dans la dictée.

emprunté doit être rendu. — Qui n'entend qu'une cloche n'entend qu'un son. — La vigne se plaît auprès de l'ormeau. — Les connaissances rendent les hommes doux et polis. — Autrefois je vendais des allumettes et de l'amadou ; plus tard j'ai vendu des bougies et des chandelles ; maintenant je vends des lampes et des quinquets ; sous peu je vendrai des candélabres et des lustres.

B. *Souligner les verbes de la 4e conjugaison.*

Le Soleil de justice s'est levé sur le monde ; sa lumière a dissipé les ombres de la mort et les ténèbres du péché. — Ne *craignez* point le dragon infernal ; une femme écrase sous son pied sa tête orgueilleuse. — On n'*attend* pas, pour *éteindre* le feu, que l'embrasement *soit* général : étouffez donc dès le principe toute flamme impure qui *serait* dans votre cœur. — Tu *parais* inquiet, *craindrais*-tu, *appréhenderais*-tu quelque malheur ?

C. *Écrire le verbe*

Attendre, *au présent de l'indicatif.*

Être, *au présent du subjonctif.*

Vendre, *au futur simple de l'indicatif.*

Modèle : J'attends, tu attends... — Que je sois, que tu sois... — Je vendrai, tu vendras...

DEVOIRS ÉCRITS.

1. *Remplacer les points par le son eu, bien orthographié.*

La banlieue, le chef-lieu, le déjeuner, l'huile d'œillette, la *gueue* de la panthère, la *queue* du chat, les cornes du bœuf, le feuillage, les enfants de chœur, la su*eur*, le bon*heur*, le mal*heur*, les bonnes mœurs, une bonne œuvre, un vœu accompli.

2. *Remplacer les points par le son oi, bien orthographié.*

Le foie, la moelle, une no*ix*, les abo*iements*, le nettoiement, les *oignons*, des *pois* trop cuits ; le beffro*i*, le cloître, la cro*ix*, un emplo*i*, la foi chrétienne, la jo*ie*.

3. *Même travail pour le son ou.*

La voûte, le saindo*ux*, le croûton, la croûte, le ragoût, une ro*uelle*, un o*urlet*, le geno*u* et le co*u* ensanglantés, la jo*ue*, la feuille de ho*ux*, l'enthousiasme, le bon goût, l'épo*ux* de Marie, l'ouïe, le po*uls* accéléré du malade.

4. *Même travail pour le son u.*

Un mûrier, une h*utte*, une cah*utte*, la r*ue*, une stat*ue*, le talus, un f*ût* rempli de bière, une h*uche*, un h*uilier*, des urnes, le chou-cab*us*, la lait*ue*, des épluch*ures*, des bûches, le bûcher, une mûre, un mur, une h*ure* de sanglier, un ti[illegible] noble, la v*ue*, une chas*uble*, un recl*us*, un [illegible] les h*umains*, une entrev*ue*, l'inh*umation* ou

5

enterrèment, un salut, la tenue, le bonheur des élus dans le ciel.

86e LEÇON.

Distinction des participes (Gr. nos 141 et 142).

EXERCICE ORAL.

DÉFINITIONS : 1° Le participe est un mot qui tient du verbe et de l'adjectif : il tient du verbe en ce qu'il en a la signification et les compléments ; il tient de l'adjectif en ce qu'il peut être employé comme qualificatif d'un nom.

2° Le participe terminé en *ant* est appelé participe *présent* ; l'autre, participe *passé*.

QUESTIONNAIRE : Définissez le participe. — En quoi ce mot tient-il du verbe? — En quoi tient-il de l'adjectif? — Combien y a-t-il de participes? — Quelle est la terminaison du participe présent?... — Trouvez les participes employés dans la dictée.

DICTÉE.

En RESTANT fidèles et soumis à leur Créateur, Adam et Ève auraient *vécu* heureux et immortels. — Le sang d'Abel est *monté* jusqu'à moi, dit le Seigneur à Caïn : il a *crié* vengeance. — Sous le commandement de Simon, les Juifs rentrèrent dans Jérusalem AYANT des branches de palmier à la main, LOUANT Dieu au son des cymbales et CHANTANT des cantiques, parce qu'Israël avait *abattu* un ennemi redoutable, et s'en était *vu* entièrement *délivré*. — On a souvent *abusé* des meilleures choses ; on a *changé* les vertus même en vices, en les OUTRANT et en VOULANT les pousser trop loin. — On a *reconnu* que la passion dominante des habitants de la Nouvelle-Hollande est la vengeance. — Toujours *armé* d'une pointe pénétrante qui déchire, le plaisir en s'ENFUYANT nous perce le cœur, et le laisse sanglant et désespéré.

DEVOIRS ÉCRITS.

1. *Copier la dictée et souligner d'un trait le participe passé et de deux le participe présent.*

2. *Conjuguer à tous les temps de l'indicatif, du conditionnel et du subjonctif, les verbes* rendre, vendre, revendre, *mais en changeant à chaque personne.*

MODÈLE : *Ind. pr.* Je rends, tu vends, il revend ; nous rendons, vous vendez, ils revendent. — *Imparfait* Je rendais, tu vendais, il revendait ; nous rendions, vous vendiez, ils revendaient. — *Passé dét.* Je rendis, tu vendis, il revendit....

3. *Analyser :* Voulant demeurer sage, j'ai fui la compagnie des méchants.

MODÈLE : *Voulant*, verbe de la 3e conj., au part. prés., attribut de *je*; *demeurer*, verbe de la 1re conj., au prés. de l'infinitif, compl. direct de *voulant*; *sage*, adj. qual. masc. sing., attribut de *je*; *j'* ou *je*, pron. pers. 1re pers. masc. sing. sujet de *ai fui*, *ai fui*, verbe de la 2e conj. au passé ind. 1re pers. du sing.; *la*, art. s. fém. sing. dét. *compagnie*; *compagnie*, n. comm. fém. sing., compl. direct de *ai fui*; *des*, art. contracté mis pour *de les*, masc. pl. dét. *méchants*; *méchants*, n. comm. masc. pl. compl. déterminatif de *compagnie*.

87e LEÇON.

Participe présent (Gr. nos 141 et 142).

EXERCICE ORAL.

RÈGLE : Le participe présent employé comme verbe est toujours invariable, employé comme adjectif il s'accorde en genre et en nombre avec le nom qu'il qualifie.

REMARQUE. Quand le participe présent n'est plus qu'un simple adjectif, on l'appelle *adjectif verbal* ou tout simplement *adjectif*.

QUESTIONNAIRE : Dans quel cas le participe présent est-il invariable? — Quand le participe présent varie-t-il? — En quoi s'accorde-t-il avec le nom qu'il qualifie, lorsqu'il est employé comme adjectif? — Quand ce mot est adjectif, conserve-t-il encore son nom de participe présent? — *Non, on ne l'appelle plus qu'adjectif verbal, ou simplement adjectif.*

DICTÉE.

Les serins ont tellement été créés pour l'homme, qu'ils ne paraissent nullement désirer leur liberté; aussi sont-ils dans leur cage aussi remuants et aussi joyeux que s'ils étaient dans les champs. Voyez-les *courant*, *sautillant*, *voltigeant*, et *voletant* sans cesse; écoutez-les *préludant*, *sifflant*, *gazouillant*, *ramageant* ou *chantant* sans presque s'arrêter, *imitant* le rossignol et la fauvette, ou bien *redisant* les airs que nous leur avons appris. Charmants petits musiciens, que j'aime à vous entendre; combien vos chansons sont intéressantes et vos refrains attrayants; avec quel plaisir je prête l'oreille à cette mélodie parfois si touchante et toujours si variée! Oh! je veux vous apprendre les chants que m'apprenait ma mère, et en vous *entendant* je penserai à celle qui fut pour moi si prévoyante, si bonne et si généreuse!

DEVOIRS ÉCRITS.

1. *Copier la dictée en ne soulignant que les participes présents proprement dits.*

2. *Conjuguer tous les temps de l'indicatif, du conditionnel*

et du subjonctif des verbes emballer, seller, *et* desseller, *mais en changeant à chaque personne.*

Modèle : *Indicatif pr.* J'emballe, tu selles, il desselle ; nous emballons, vous sellez, ils dessellent....

3. *Analyser les mots non en italiques, employés dans la phrase suivante :*

On compare les caractères inconstants *à des* girouettes, tournant *au gré de tous les vents.*

Modèle : *On,* pron. indéf. 3ᵉ pers. masc. sing., sujet de *compare ; compare,* verbe de la 1ʳᵉ conj., au pr. de l'indicatif 3ᵉ pers. du sing. ; *les,* art. s. masc. pl., dét. *caractères ; caractères,* n. comm. masc. pl., compl. direct de *compare ; inconstants,* adj. qual. masc. pl. qual. *caractères ;...tournant,* verbe de la 1ʳᵉ conj. au participe présent, attribut de *girouettes.*

88ᵉ LEÇON.

Participe passé employé sans auxiliaire (Gr. nº 143).

EXERCICE ORAL.

Règle : Le participe passé employé sans auxiliaire n'est qu'un simple adjectif ; il s'accorde en genre et en nombre avec le nom qu'il qualifie.

Remarque : Le participe passé employé comme adjectif prend ordinairement le nom de *participe adjectif.*

Questionnaire : Le participe passé employé sans auxiliaire est-il verbe ou adjectif ? — Est-il variable ou invariable ? — Avec quoi s'accorde-t-il ? — Comment s'appelle le participe passé employé comme adjectif ?

DICTÉE.

Un jour on verra le brigandage *puni,* la fraude et le larcin *reconnus,* l'audace *confondue,* la vanité *humiliée,* les ambitieux *foulés* aux pieds, la bassesse *honnie,* les courtisans *méprisés,* les intrigants *flétris,* les blasphémateurs et les sacriléges *contraints* de glorifier Dieu, les cabales *mises* au jour, la feinte, l'hypocrisie et la trahison *découvertes,* les homicides *placés* en regard de leur victime et tous leurs forfaits *punis,* la scélératesse et la lâcheté *dévoilées,* les libertins et les licencieux souffrant d'indicibles douleurs ; mais on verra aussi l'innocence *reconnue,* la pureté *récompensée,* l'humilité *glorifiée,* la persévérance *couronnée,* ceux que les mondains méprisaient *placés* à la droite du souverain Juge, et s'élevant à la vue de tout l'univers pour aller jouir au ciel du fruit de leurs sacrifices.

DEVOIRS ÉCRITS.

1. *Copier la dictée et souligner les participes adjectifs.*

2. *Conjuguer le verbe* exceller, *au mode infinitif et au présent de l'impératif.*

Modèle : Exceller, avoir excellé,... — Excelle, excellons, excellez.

3. *Conjuguer à l'indicatif, au conditionnel et au subjonctif, mais en changeant à chaque personne,* mêler, démêler, entremêler.

Modèle : Je mêle, tu démêles, il entremêle, nous mêlons, vous démêlez, ils entremêlent... — Je mêlais, tu démêlais, il entremêlait....

4. *Analyser:* Vous verrez les impies confondus *et* leurs projets anéantis.

Modèle: .... *impies,* n. comm. masc. pl., compl. direct de *verrez; confondus,* part. adj. masc. pl., attribut de *impies* (*ou* qualifiant *impies*)....

89e LEÇON.

Participe passé employé sans auxiliaire (Gr. n°. 143).

EXERCICE ORAL.

I. M. Le maître fera répéter l'exercice oral de la leçon précédente.

DICTÉE.

Quel tableau que celui des persécutions de l'Église! Ici nous voyons des prêtres *arrêtés* par des scélérats et indignement *garrottés,* des pontifes augustes *enchaînés* et *jetés* dans des cachots ténébreux ou *traduits* devant des juges iniques ; là des familles entières fugitives *poursuivies* et *traquées* comme des bêtes fauves, des femmes *éplorées* cherchant, au milieu des tigres et des ours, un asile ou un refuge contre la fureur des hommes ; ici encore des jeunes gens *placés* en présence d'un tribunal de sang, *frappés, flagellés, déchirés,* mais toujours confessant leur foi, et pressant sur leurs lèvres mourantes l'image du crucifix ; là des vierges et des enfants *transportés* d'un saint enthousiasme, venant d'eux-mêmes se présenter aux persécuteurs, et, *parés* de leurs plus beaux habits, courant à la mort comme à une fête ! — Et ces faits *attestés* par des milliers de témoins, *reproduits* des millions de fois, démontrent invinciblement que si les enfers sont puissants pour attaquer l'Église, Jésus l'est bien plus pour la soutenir, et qu'il sait dans l'occasion donner à ses élus une force surhumaine et un courage invincible.

DEVOIRS ÉCRITS.

1. *Copier la dictée et souligner les participes adjectifs.*

2. *Conjuguer au mode infinitif et à l'impératif le verbe* flageller. — Flageller, avoir flagellé... — Flagelle,...

3. *Conjuguer aux trois autres modes, mais en changeant de verbe à chaque personne*, manœuvrer, fixer, taxer.

Modèle : Je manœuvre, tu fixes, il taxe, nous manœuvrons, vous fixez....

4. *Analyser :* La nature cultivée est belle *et pompeusement parée.*

90ᵉ LEÇON.

Récapitulation sur les participes. (Gr. nᵒˢ 141 et 144).

EXERCICE ORAL.

Texte : Voyez ces jeunes chrétiens parés de leurs plus beaux habits et courant à la mort comme à une fête.

Questionnaire. — Définissez l'adjectif,... le verbe,... le participe? — Combien y a-t-il d'espèces de participes? — Quelle est l'orthographe du participe présent? — Qu'appelle-t-on adjectif verbal? — Avec quoi s'accorde le participe passé employé sans auxiliaire? — Analysez autant que possible le texte de cet exercice.

COMPOSITION.

A. *Ecrire simplement :*

Quel courage dans les martyrs! Voyez ces jeunes gens interrogés par des juges sanguinaires, frappés, flagellés, torturés, mais toujours demeurant fermes dans leur foi, et pressant sur leurs lèvres mourantes l'image de Jésus-Christ! — Un jour on verra l'innocence reconnue, l'humilité glorifiée, la pureté couronnée; tandis qu'on verra aussi l'hypocrisie et la trahison découvertes, la vanité humiliée, l'intrigue flétrie et la volupté souffrant d'indicibles tortures. — J'aime ces petits oiseaux courant, sautant, voltigeant sans cesse, ou bien gazouillant, ramageant, chantant, sifflant ou fredonnant des airs que je leur ai appris. — Les Juifs, tenant des branches de palmier à la main, rentrèrent dans Jérusalem en louant Dieu au son des cymbales et le bénissant de ce qu'il avait délivré Israël.

B. *Ecrire le verbe*
Etre, *au mode infinitif.*
Seller, *au futur simple.*
Taxer, *à l'imparfait de l'ind. et au présent du subjonctif.*

DEVOIRS ÉCRITS.

1. *Remplacer les points par le son o, bien orthographié.*

L'*hô*tesse, le frère jum*eau*, une *au*berge, un br*o*c de vin, une ch*au*dière, le goul*ot* de la chopine, un p*o*t à eau, un rseau en bois, un *gaudet*, l'horloge de l'*hôtel-de-ville*, un trône, un accroc, du *calicot*, des chaussettes, des *sabots*, des tricots; — la théologie, un fantôme, un *hôtel* (habitation), une clôture, la colonnade, un froc, l'*autel* de l'holocauste, une hostie, un mausolée, les offices de la métropole, le prône, les apôtres, l'aumônier, le coadjuteur, un néophyte, le sacerdoce; — un *faubourg*, un fauteuil, une alcôve, les arceaux, un carreau, le château, un chéneau, le dôme, les matériaux, un obélisque, un tuyau, un fourneau, un réchaud, la daube, des gaufres, du gigot, le rôti, la sauce, un boyau, le côté, le dos, les épaules, les orteils, les paupières.

2. *Copier les noms donnés en accompagnant chacun d'eux du verbe dont il dérive.*

Abdication *abdiquer*, abolition *abolir*, abrutissement *abrutir*, accélération *accélérer*, acceptation *accepter*, accompagnement *accompagner*, accueil *accueillir*, accusation *accuser*, achèvement *achever*, acquit *acquitter*, administration *administrer*, admiration *admirer*, affirmation *affirmer*, affranchissement *affranchir*, agitation *agiter*, alignement *aligner*, agrandissement *agrandir*.

3. *Analyser les mots non en italiques.*

Jamais vous *n'*avez rencontré *des* ambitieux satisfaits *et ne* désirant *plus rien?*

Modèle : *Vous*, pron. [pers. 2ᵉ pers. masc. pl. sujet de *avez rencontré; avez rencontré*, verbe de la 1ʳᵉ conj. au passé indét. 2ᵉ pers. du pl.; *ambitieux*, n. comm. masc. pl. compl. direct de *avez rencontré; satisfaits*, adj. qualif. masc. plur. attribut de *ambitieux; désirant*, verbe de la 1ʳᵉ conjug. au part. prés. attribut de *ambitieux.*

91ᵉ LEÇON.

Participe passé accompagnant le verbe *être* (Gr. nº 144).

EXERCICE ORAL.

Règle : Le participe passé conjugué avec *être* (non employé pour *avoir*) s'accorde avec le sujet du verbe.

Questionnaire : Avec quoi s'accorde le participe passé conjugué avec *être?* — Dans quel cas le participe passé s'accorde-t-il avec le sujet? — Rendez raison de l'orthographe des participes employés dans la dictée.

DICTÉE.

Les Épîtres de saint Paul ne sont pas assez *lues*, surtout pas assez *méditées*. Que de beautés y sont *répandues!*

Écoutez l'Apôtre parlant des saints de l'ancienne loi.

Après avoir rappelé en passant Gédéon, Samson, Jephté, David, Samuel et les prophètes, il ajoute : D'autres ont été *tirés* sur le chevalet, refusant d'être *délivrés*, afin de trouver une résurrection plus avantageuse; d'autres ont éprouvé les moqueries et les coups de fouet, et outre cela les fers et les prisons. Ils ont été *lapidés*, ils ont été *sciés*, ils ont été *mis* à de rudes épreuves, ils sont *morts* par l'épée; ils ont mené une vie errante; ils étaient *vêtus* de peaux de brebis et de peaux de chèvres, souffrant l'indigence, l'oppression, la misère, eux dont tout le monde n'était pas digne, vivant çà et là dans des déserts, dans des montagnes, dans des antres et dans des creux souterrains.

Ensuite l'Apôtre nous dit de nous défaire du péché dont nous sommes *environnés* de tous côtés, et, à l'exemple de ces courageux martyrs de la foi, de courir par la patience aux combats qui nous ont été *proposés.*

DEVOIRS ÉCRITS.

1. *Copier la dictée et souligner les participes passés conjugués avec* être.

2. *Conjuguer le verbe* jouer *aux modes infinitif et impératif.*

3. *Conjuguer aux trois autres modes, et en changeant constamment de verbe,* clouer, déclouer, enclouer, jouer, rejouer, déjouer.

Modèle: *Ind. pr.* Je cloue, tu décloues, il encloue, nous jouons, vous rejouez, ils déjouent. *Imparfait* Je clouais, tu déclouais....

4. *Analyser :* Vous serez récompensés des bonnes actions que vous aurez faites.

Modèle : *Vous,* pr. pers. 2ᵉ pers. masc. pl., sujet de *serez récompensés; serez,* verbe 4ᵉ conj. futur de l'ind. 2ᵉ pers. du pluriel; *récompensés,* adj. verbal masc. pl., attribut de *vous; des,* art. contracté mis pour *de les,* fém. pl., dét. *actions; bonnes,* adj. qualif. fém. pl., qualifie *actions; actions,* n. comm. fém. pl., compl. ind. de *serez récompensés; que,* pron. conjonctif, 3ᵉ pers. fém. pl., compl. direct de *aurez faites ; vous,* pron. pers. 2ᵉ pers. masc. pl., sujet de *aurez faites; aurez faites,* verbe de la 4ᵉ conjug. au futur ant. de l'ind. 2ᵉ pers. du pl.

92ᵉ LEÇON.

Participe passé conjugué avec *être* (Gr. nᵒ 144).

EXERCICE ORAL.

I. M. Le maître fera conjuguer aux temps composés *être en-*

couragé à bien faire, être reçu en ami; il exigera que les élèves fassent bien les liaisons.

Les élèves liront sur la grammaire la conjugaison du verbe *tomber*, et le maître leur fera remarquer l'emploi de l'auxiliaire *être* dans les temps composés, et l'accord du participe passé avec le sujet.

Il les interrogera sur l'orthographe du participe dans ces temps composés, en supposant que les sujets soient du féminin.

Il leur donnera pour objet de leçon de mémoire la conjugaison du verbe *tomber*.

DICTÉE.

Que la nature *cultivée* est belle et pompeusement *parée!* L'homme en fait le principal ornement; par son art il met au jour les trésors *ignorés* et *cachés* dans le sein de la terre. Par les soins *assidus* et *empressés* de cet être intelligent, les fleurs sont *propagées*, les fruits *multipliés*, et les plantes *perfectionnées* à l'infini; par son intelligence, les animaux utiles ont été *apprivoisés*, *subjugués*, *domptés* et *réduits*; par ses travaux, les marais ont été *desséchés*; les fleuves *dirigés*, *resserrés* et *utilisés*; les torrents *contenus*; les forêts *percées*, et les landes *cultivées*; par son art, *émané* de la science, les mers sont *traversées*, les montagnes *franchies*, les distances *parcourues* avec une étonnante rapidité, les peuples *rapprochés*, un nouveau monde *découvert*; mille terres inconnues sont *devenues* son domaine; enfin, la face entière de la terre porte la marque de la puissance de l'homme *policé*.

DEVOIRS ÉCRITS.

1. *Copier la dictée et souligner tous les participes passés.*

2. *Conjuguer à l'infinitif et à l'impératif le verbe* veiller.

3. *Conjuguer aux trois autres modes, et en changeant de verbe à chaque personne,* saper, amincir, refendre.

MODÈLE : Je sape, tu amincis, il refend, nous sapons, vous amincissez, ils refendent. — Je sapais....

4. *Copier les temps composés du verbe* tomber, *en supposant que les sujets soient tous du féminin.*

MODÈLE : Etre tombée, étant tombée; — je suis tombée, tu es tombée, elle est tombée, nous sommes tombées....

93e LEÇON.

Participe passé conjugué avec *avoir* (Gr. n° 145).

EXERCICE ORAL.

TEXTE D'INDUCTION : J'ai *rencontré* mes professeurs, j'ai *salué* mes professeurs. — Mes professeurs, je les ai *rencontrés*, je les ai *salués*.

QUESTIONNAIRE : Combien de fois le participe *rencontré* est-il

employé dans le texte? — Avec quel auxiliaire est-il conjugué?
— Quel est le complément direct du verbe *rencontrer* dans la
1ʳᵉ phrase? — Ce complément précède-t-il le participe, ou le
suit-il? — Quel est le complément direct de *rencontrer*, dans la
2ᵉ phrase? — Ce complément est-il placé avant ou après le
participe? — Dans la 1ʳᵉ phrase, où le complément direct est
après le verbe, le participe a-t-il varié? — En est-il de même
dans la 2ᵉ phrase, où le complément direct est avant le verbe?
— Dans quel cas donc le participe passé doit-il s'accorder avec le
complément direct?

I. M. Le maître fera sur le participe *salué* des questions
analogues à celles-là.

Règle : Le participe passé conjugué avec *avoir* ne varie que
lorsqu'il est précédé de son complément direct ; alors il en prend le
genre et le nombre.

DICTÉE.

Je vous remercie de l'obligeance que vous avez *eue* de
m'instruire de mes devoirs, je suivrai la voie que vous
m'avez *indiquée*, je pratiquerai fidèlement les conseils que
vous m'avez *donnés*, je me corrigerai de ce babil, de cette
insouciance et de cette apathie qu'on m'a *reprochés* si
souvent et qui m'ont *attiré* tant de réprimandes, de ces
bizarreries de caractère, de ces dédains et de ces prétentions
qu'on a *remarqués* en moi et qui m'ont *aliéné* tous les
cœurs ; je me séparerai des enfants négligents, babillards
ou indociles, que j'ai *fréquentés* jusqu'ici ; mes condisciples
que j'ai *scandalisés* seront édifiés de ma conduite ; ma mère
que j'ai *contristée* se réjouira de ma conversion ; mon âme
que j'avais *souillée*, purifiée par la pénitence, redeviendra
pure aux yeux de Dieu. Quels précieux avantages j'aurai
retirés de vos leçons ! Mais j'ai besoin que vous priiez pour
moi, afin que je ne m'écarte jamais de la route que vous
m'avez *tracée*, et dont je désire ne m'écarter jamais.

DEVOIRS ÉCRITS.

1. *Copier la dictée et souligner les participes conjugués*
avec avoir.

2. *Copier les temps composés du verbe* se repentir.

3. *Conjuguer aux temps simples de l'indicatif le verbe* se
repentir, *en employant successivement pour compléments*
indirects: de ma curiosité, de tes débauches, de ses déré-
glements, de notre désobéissance, de vos discordes, de leurs
disputes et de leurs dissensions. — De ma dissimulation,
de tes emportements, de son enfantillage, de nos étour-
deries, de vos excès, de leurs griefs. — De mon impatience,
de ton impertinence, de son impolitesse, de notre imprudence, de vos insultes, de leur intempérance. — De mon

immodestie, de ton entêtement, de sa fraude, de nos manquements, de votre gloutonnerie, de leur opiniâtreté.

MODÈLE : *Ind. pr.* Je me repens de ma curiosité, tu te repens de tes débauches.... — Je me repentais de ma dissimulation... — Je me repentis de mon impatience... — Je me repentirai de mon immodestie... ils se repentiront de leur opiniâtreté.

LEÇON DE MÉMOIRE : Les élèves étudieront la conjugaison du verbe *se repentir*.

94ᵉ LEÇON.

Participe passé des verbes réfléchis (Gr. nᵒ 146).

EXERCICE ORAL.

DÉFINITION : On appelle verbe réfléchi celui dont le sujet et le régime signifient une même personne ou une même chose.

RÈGLE : Le participe passé des verbes réfléchis s'accorde avec son complément direct lorsqu'il en est précédé.

Il suit la même loi que s'il était conjugué avec *avoir*, parce que dans les verbes réfléchis l'auxiliaire *être* est employé pour l'auxiliaire *avoir*.

QUESTIONNAIRE : Définissez le verbe réfléchi. — Avec quoi s'accorde le participe passé des verbes réfléchis? — Dans quel cas s'accorde-t-il avec le complément direct? — Varierait-il s'il n'y avait pas de complément direct? — Varierait-il si le complément direct précédait le verbe? — Pourquoi ce participe suit-il la même loi que s'il était conjugué avec *avoir?*

DICTÉE.

REPROCHES D'UNE MÈRE.

J'ai appris, mes enfants, que dans la soirée d'hier vous vous êtes *nui* dans l'estime des personnes qui nous avaient invités à cette fête de famille. Vous vous êtes *placés* au premier rang; vous vous êtes *montrés* étourdis, légers, causant et badinant sans cesse; votre indiscrétion a été remarquée de tous; on m'a assuré que vous vous êtes *loués* et *applaudis* de vos talents, que vous vous êtes *enorgueillis* de votre fortune. Vous étiez-vous donc *imaginé* qu'on vous estimerait d'après vos paroles. Oh! vous vous êtes bien *trompés!* L'on n'a vu en vous, j'en suis presque assurée, que des ignorants et des sots. Aussi je me suis bien *repentie* de vous avoir laissés aller à cette fête.

Heureusement que vos sœurs s'y sont *montrées* plus honnêtes et plus réservées, qu'elles ont choisi les dernières places, et n'ont consenti à s'avancer que lorsqu'on les en a priées! Elles se sont ainsi *attiré* l'affection générale, et ont fait ma gloire autant que vous ma honte. N'oubliez donc pas qu'il n'est jamais permis, mais surtout dans une société où l'on a été invité, de s'affranchir des règles de la politesse et du bon ton.

DEVOIRS ÉCRITS.

1. Copier la dictée et souligner les participes des verbes réfléchis.

2. Conjuguer au présent du conditionnel, de l'impératif et du subjonctif le verbe se repentir, *en employant pour compléments indirects:* de ma susceptibilité, de tes turpitudes, de ses transgressions, de nos taquineries, de votre tyrannie, de leur suffisance. — De tes sottises, de notre sévérité, de vos scandales. — De ma prodigalité, de ta parcimonie, de ses négligences, de notre querelle, de vos railleries, de leur rancune.

MODÈLE : Je me repentirais de ma susceptibilité, tu te repentirais de tes turpitudes... — Repens-toi de tes sottises... — Que je me repente de ma prodigalité...

3. Conjuguer se repentir *aux temps composés, en supposant que le sujet soit toujours du féminin.*

MODÈLE : S'être repentie, s'étant repentie. — Je me suis repentie... nous nous sommes repenties... — elles se sont repenties; — je me fus repentie,...

95ᵉ LEÇON.

Récapitulation sur les participes.

EXERCICE ORAL.

I. M. Le maître interrogera sur tout le chapitre du participe.

Il fera conjuguer le verbe *se repentir*, 1° aux temps simples; 2° aux temps composés, en supposant que les sujets soient du masculin; 3° aux mêmes temps, en supposant qu'ils soient du féminin: les élèves rendront compte de l'orthographe des participes.

Il fera analyser autant que possible la phrase suivante :

TEXTE D'ANALYSE: Les louanges que les orgueilleux se sont données *ne* leur ont attiré *que* des mépris.

MODÈLE:... *louanges*, n. comm. fém. pl. sujet de *ont attiré; que*, pron. conj. 3ᵉ pers. fém. pl. compl. direct de *se sont données;... se* pron. pers. 3ᵉ pers. masc. pl. compl. indirect de *sont données; sont données*, verbe réfléchi 1ʳᵉ conj. au passé indét. 3ᵉ pers. du pl.

COMPOSITION.

A. *Ecrire simplement :*

Les martyrs ont souffert toutes sortes de supplices; ils ont été tirés sur des chevalets, ils ont été lapidés, ils ont été sciés, ils ont été brûlés, étranglés, déchirés; mais les tortures ni la vue de la mort n'ont pu abattre leur courage, et ils ont préféré sacrifier leur vie que de perdre leur âme.

— Par les soins assidus et empressés du cultivateur les fleurs
sont propagées, les fruits multipliés, les animaux utiles apprivoisés et subjugués, la terre rendue féconde et assez productive pour le récompenser généreusement de ses fatigues et de
ses labeurs. — Je vous remercie de l'obligeance que vous avez
eue de m'instruire de mes devoirs ; je suivrai la voie que vous
m'avez indiquée, je pratiquerai fidèlement les conseils que
vous m'avez donnés ; heureux si ma bonne conduite fait
oublier les scandales que j'ai donnés ou occasionnés !

Ces orgueilleux se sont imaginé qu'ils seraient estimés
d'après leurs vanteries, ils se sont trompés ; elles ne leur
ont attiré que le mépris de tous. — Corrigez-vous de votre
suffisance, de vos susceptibilités, comme aussi de vos taquineries et de vos querelles. — Vos sœurs se sont montrées
très-honnêtes et très-réservées.

B. *Changer le genre, supposer que les sujets des verbes
soient du féminin.*

Il s'est repenti, ils se sont repentis, je me suis flatté,
vous vous êtes loués, nous nous sommes étonnés, ils se
seraient consolés, ils se seront glorifiés.

Modèle : Elle s'est repentie, elles se sont repenties, je
me suis flattée,... elles se seraient consolées...

C. *Ecrire le verbe*

Amincir, *au présent du subjonctif.*

Saper, *au sing. du futur simple de l'indicatif.*

Modèle : Que j'amincisse, que tu amincisses, qu'il amincisse... — Je saperai, tu saperas, il sapera..

DEVOIRS ÉCRITS.

1. *Remplacer les points par le son i bien orthogra-
phie.*

La breb*is*, la fourm*i*, la n*uit*, la perdr*ix*, la sour*is*, (1)
un essu*ie*-main ; du cout*il* déchiré ; les am*yg*dales, les
organes de l'ou*ïe*, la physionom*ie*, les sourc*ils* et les c*ils* ; —
le s*ty*le de l'h*is*torien, un long mart*yre*, la na*ïv*eté, les
cérémon*ies*, le crucif*ix*, une épitaphe, une épî*tre*, la
sainte euchar*is*t*ie*, la m*itre*, l'énerg*ie*, un espr*it*, une
fantais*ie*, les mystères, le parad*is*, une prophét*ie*, le parv*is*,
le presbytère, le r*it* romain, la sacrist*ie*, la sonner*ie*, le
surpl*is*, un acol*yte*, la h*ié*rarch*ie*, les la*ïq*ues, les néophytes, les prosélytes, une apostas*ie*, l'apath*ie*, la calomn*ie*,
les causer*ies*, l'égoïsme, la flatter*ie*, une friponner*ie*, l'hy-
pocr*is*ie, la jalous*ie*, le mépr*is*, la parcimon*ie*, une trah*is*on,

---

1 Rappeler aux élèves que parmi les noms en *i*, il n'y a guère que ces
cinq qui, quoique du féminin, ne prennent pas l'*e* muet final.

une vilen*ie*, la *tyrannie*. — Le gén*ie*, l'imp*ie*, l'incend*ie*, le Mess*ie*, le paraplu*ie* [1].

2. *Écrire les noms suivants, et à côté de chacun d'eux, le verbe qui lui correspond:*

Alliance, amélioration, annonce, aplanissement, appréciation, apprentissage, assistance, association, assoupissement, assujettissement, augmentation, balancement, battement, bégaiement, bourdonnement, caresse, choix, combinaison, comparaison, conclusion, conservation, considération, consolation, construction, conversion.

MODÈLE : Alliance, *allier*; amélioration, *améliorer*;... comparaison, *comparer*; conclusion, *conclure*;... *convertir*

3. *Conjuguer aux temps composés de l'indicatif le verbe* se réjouir, *en supposant que les sujets soient du féminin.*

MODÈLE : Je me suis réjouie, tu t'es réjouie, elle s'est réjouie... Je me fus réjouie... Je m'étais réjouie... Je me serai réjouie...

96ᵉ LEÇON.

De l'adverbe (Gr. nᵒˢ 147 à 150).

EXERCICE ORAL.

DÉFINITION : L'adverbe est un mot invariable servant d'explicatif ou de modicatif à un verbe, à un adjectif ou à un autre adverbe.

QUESTIONNAIRE : Définissez l'adverbe. — Pourquoi l'appelez-vous mot invariable? — A quoi sert-il d'explicatif ou de modificatif? — Analysez les adverbes compris dans la dictée.

I. M. Le maître dictera lentement la lettre ci-après; il pourra exiger que les élèves s'appliquent bien et l'écrivent en forme, comme s'ils devaient réellement l'envoyer à leurs parents.

Cette note est également pour les trois leçons suivantes.

DICTÉE.

UN JEUNE ENFANT A SON PÈRE ET A SA MÈRE,
LE JOUR DE L'AN.

Cher Papa et chère Maman,

Il me tarde de savoir *bien* lire et *bien* écrire pour vous faire un joli compliment, comme le font en ce jour les enfants instruits. Moi, *trop* jeune encore, je vous dirai *seulement* que je vous aime *beaucoup*, et que je veux vous prouver mon amour par ma sagesse, par ma bonne conduite, et par mon exactitude à faire *promptement* et *fidè-*

---

[1] Rappeler que parmi les noms en *ie*, il n'y a guère que ces cinq derniers qui, quoique au masculin, se terminent par un *e* muet.

lement tout ce que Papa, Maman et mon maître me commanderont.

DEVOIRS ÉCRITS.

1. *Copier la dictée et souligner les adverbes.*

2. *Conjuguer le verbe* marcher *aux temps simples de l'indicatif, en employant successivement les adverbes ci-après :* droit, bien, élégamment, en avant, à reculons, à tâtons.— Vite, rapidement, à grands pas, résolument, courageusement, constamment. — Mal, à petits pas, lentement, de travers, longtemps, par côté. — D'abord, aussi, ensuite, bientôt, auparavant, à notre suite.

MODÈLE : Je marche droit, tu marches bien, il marche élégamment, nous marchons en avant, vous marchez à reculons, ils marchent à tâtons. — Je marchais vite... — Je marchai mal... — Je marcherai d'abord, tu marcheras aussi... ils marcheront à notre suite.

3. *Conjuguer à tous les temps du conditionnel et du subjonctif, et en changeant constamment de verbe,* placer, déplacer, replacer, remplacer, tracer, retracer.

MODÈLE : Je placerais, tu déplacerais, il replacerait, nous remplacerions, vous traceriez, ils retraceraient. — J'aurais placé... — J'eusse placé... — Que je place... — Que je plaçasse... — Que j'aie placé... — Que j'eusse placé...

4. *Analyser :* J'aimerai toujours beaucoup mon père *et* ma mère ; souvent je prierai *pour* eux.

MODÈLE :... *toujours*, adverbe qui modifie *aimerai*; *beaucoup*, adverbe modifiant *aimerai*;... *souvent*, adverbe qui modifie *prierai*;... *eux*, pron. pers. 3e pers. masc. pl., compl. ind. de *prierai*.

97e LEÇON.

De la préposition (Gr. nos 150 à 153).

EXERCICE ORAL.

DÉFINITION : La préposition est un mot invariable faisant rapporter un mot complément au mot qu'il complète.

QUESTIONNAIRE : Qu'est-ce que la préposition ? — Quelle est la fonction de la préposition ? — Pourquoi *de* est-il préposition dans : « la bonté *de* Dieu, l'amour *d'*une mère ?... » — Analysez les prépositions employées dans la dictée.

DICTÉE.

AUTRE LETTRE DE BONNE ANNÉE.

Cher Papa et chère Maman,

Les enfants instruits font aujourd'hui de jolis compliments *à* leur père et *à* leur mère, mais moi, je n'en sais point, je ne puis vous dire qu'une chose, c'est que je vous aime. Oui, cher Papa et chère Maman, je vous aime, et je me plais *à* vous le dire.

Pour vous prouver mon amour, je m'efforcerai, *par* mon obéissance et mon application, *à* prévenir vos désirs ; je prierai aussi afin que Dieu vous accorde *sans* mesure ce bonheur que lui seul peut donner, et que lui demande chaque jour *pour* vous le plus dévoué *de* vos enfants.

DEVOIRS ÉCRITS.

1. *Copier la dictée et souligner les prépositions.*

2. *Conjuguer aux temps simples de l'indicatif le verbe* voyager, *en employant successivement les compléments indirects ci-après* : en Espagne, en Algérie, en Russie, en Angleterre, en Italie, en Allemagne; — en voiture, en calèche, en chemin de fer, à pied, par mer, en bateau; — durant quarante jours, pendant la nuit, avec moi, dans les déserts, jusqu'aux confins du Sahel, jusqu'au confluent du Missouri et du Mississipi; — en Orient, dans le Midi, dans le Nord, avec précaution, en armes, en caravane.

Modèle : Je voyage en Espagne, tu voyages en Algérie...
— Je voyageais en voiture... — Je voyageai durant quarante jours... — Je voyagerai en Orient...

3. *Conjuguer à tous les temps de l'indicatif, du conditionnel et du subjonctif,* engager, envisager, fourrager, ménager, partager, propager, *en changeant constamment de verbe.*

Modèle : J'engage, tu envisages, il fourrage, nous ménageons, vous partagez, ils propagent. J'engageais,...—J'engagerais... —Que j'engage... Que j'engageasse... Que j'aie engagé... Que j'eusse engagé....

4. *Analyser* : Travaillons pour Dieu, il aura soin de nous.

Modèle : ... *pour*, préposition qui fait rapporter *Dieu* à *travaillons*;... *soin*, n. comm. masc. singl. compl. direct de *aura*; *de*, préposition qui fait rapporter *nous* à *aura soin*.

98ᵉ LEÇON.

De la conjonction (Gr. nᵒˢ 153 et 154).

EXERCICE ORAL.

Définition : La conjonction est un mot invariable employé pour lier les parties semblables d'une phrase, ou bien pour exprimer les rapports que les propositions ont entre elles.

Questionnaire : Qu'est-ce que la conjonction? — Quelle est la fonction de la conjonction? — Quels mots des phrases suivantes sont des conjonctions?

Texte d'analyse : Le ciel et la terre passeront, *mais* les paroles de Jésus-Christ ne passeront point. — Dieu est patient *parce qu*'il est éternel.

DICTÉE.

LETTRE A UN PÈRE POUR LE JOUR DE SA FÊTE.

Mon cher papa,

Le bouquet le plus beau que je puisse vous offrir le jour de votre fête, n'est-ce pas l'hommage de mes progrès? Aussi, pour vous prouver *que* je profite bien des sacrifices que vous vous imposez pour mon instruction, je tiens à honneur d'écrire cette lettre le mieux *qu*'il me sera possible. Oh! n'est-ce pas *qu*'elle vous sera aussi agréable *qu*'un bouquet? Les fleurs que je vous présenterais aujourd'hui seraient flétries demain, *mais* la lettre que j'écris se conservera toujours, *et* ainsi elle sera *comme* mes sentiments de respect *et* d'amour, qui, soyez en certains, dureront autant *que* la vie de votre dévoué fils.

DEVOIRS ÉCRITS.

1. *Copier la dictée et souligner les conjonctions.*

2. *Remplacer les traits par celle des conjonctions données qui est appelée par le sens :*

J'aime Marie *parce qu*'elle est ma mère : je l'invoquerai souvent *afin qu*'elle m'obtienne beaucoup de grâces; *quand* je passerai devant son image, je me découvrirai *et* je réciterai une petite prière. *Si* j'étais riche, je ferais construire une chapelle en son honneur.

Conjonctions: Si, parce que, quand, et, afin que.

3. *Conjuguer aux modes infinitif et impératif le verbe* ménager.

4. *Conjuguer* gager, parier, jouer, *aux modes indicatif et subjonctif, en changeant de verbe à chaque personne.*

Modèle : Je gage, tu paries, il joue, nous gageons, vous pariez, ils jouent. Je gageais... — Que je gage...

99e LEÇON.

De l'interjection (Gr. nos 155 à 158).

EXERCICE ORAL.

Définition : L'interjection est un mot invariable que l'on jette subitement dans le discours pour exprimer avec énergie une pensée ou un sentiment.

Questionnaire : Qu'est-ce que l'interjection? — Quelles interjections ont été employées dans la dictée?

DICTÉE.

UN FILS A SA MÈRE, POUR LE JOUR DE SA FÊTE.

Ma chère Mère,

Tous les jours de l'année je demande à Dieu pour vous toutes sortes de biens, mais aujourd'hui je vais prier avec plus de ferveur que jamais. *Hélas!* que j'ai de douleur de ne pouvoir faire davantage! *Oh!* que je voudrais avoir à ma disposition tout le bonheur possible! Je m'empresserais de vous en faire don, ma très-chère Mère, et encore je ne croirais pas avoir acquitté ma dette de reconnaissance et d'amour; mais le bon Dieu m'exaucera, lui qui sait combien je vous aime, et il vous rendra heureuse, *oh oui!* toujours heureuse.

C'est là ce qu'espère et ce que lui demandera sans cesse

Votre dévoué fils.

DEVOIRS ÉCRITS.

1. *Remplacer les points par le son a bien orthographié.*

Un ch*â*le, du dr*ap*, du dam*as*, un grab*at*, des *habille-ments*, des *haillons*, des *hardes*, un matel*as*, l'avant-br*as*, le cr*â*ne, l'estom*ac*, l'*haleine*, les m*â*choires, le r*â*le, le trép*as*, l'*â*me, l'alleluia, une hann*i*ère, le *baptême*, la cathédrale, la ch*â*sse de saint Crescent, l'épiscopat, un novici*at*, une solennité, la tiare, l'archidiacre, le légat, le prélat.

2. *Accompagner chaque nom du verbe qui lui correspond.*

Certificat, continuation, création, croyance, crucifiement, déchirure, début, décision, déclaration, déchéance, défense, déclin, dégénération, décret, délibération, délivrance, démêlé, démission, dépense, déposition, dérangement, destruction, diminution, dispersion, distinction, don, ébranlement, gageure, pari.

MODÈLE : Certificat, *certifier*; continuation, *continuer*; ...croyance, *croire*;... décision, *décider*;...déchéance, *déchoir*, ...démission, *démettre*;... distinction, *distinguer*;... gageure, *gager*; pari, *parier*.

3. *Accompagner chaque nom de l'adjectif qui lui correspond ou dont il dérive.*

Adresse, aisance, antiquité, aridité, brièveté, capacité, célébrité, certitude, colosse, danger, dépendance, désœuvrement, différence, élégance, épaisseur, facilité, fraîcheur, gaîté ou gaieté, humidité, impétuosité, indécision, irrégularité, jeunesse.

MODÈLE : Adresse, *adroit*; aisance, *aisé*;... brièveté,

brief; capacité, *capable;...* certitude, *certain;* colosse, *colossal;...* fraîcheur, *frais...*

4. *Analyser :* Hélas ! que mon exil est long !

Modèle : *Hélas*, interjection ; *que*, adverbe modif. *est long; mon*, adj. déterm. masc. sing. dét. *exil; exil*, n. comm. masc. sing. sujet de *est long; est*, verbe de la 4e conj. pr. de l'ind. 3e pers. du sing. ; *long*, adj. qualif. masc. sing. attribut de *exil*.

100e LEÇON.

Récapitulation sur les invariables.

EXERCICE ORAL.

I. M. Le maître fera répéter les définitions des mots invariables. Il fera faire l'analyse de la phrase suivante :

Texte d'analyse : Ne cherchez pas à vous reposer dans le temps, puisque vous avez l'éternité pour cela.

Modèle : *Ne pas*, adv. modif. *cherchez; cherchez*, verbe de la 1re conj. prés. de l'impératif, 2e pers. du pl.; *à*, préposition liant *reposer* à *cherchez; vous*, pron. pers. 2e pers. masc. pl., compl. direct de *reposer; reposer*, verbe réfléchi, 1re conj. au prés. de l'inf., compl. direct de *cherchez; puisque*, conjonction faisant rapporter la 2e proposition à la 1re...

COMPOSITION.

A. *Ecrire simplement.*

Mon cher Oncle,

Le renouvellement de l'année me fournit une précieuse occasion de vous remercier de vos bontés envers moi; je vous assure que j'en conserverai toujours la plus vive reconnaissance. Oh! croyez-le bien, mon cher Oncle, vos conseils et votre sollicitude à mon égard porteront leurs fruits; je pratiquerai avec fidélité les enseignements qui me viennent de vous; et mes efforts tendront constamment à me rendre digne d'une affection dont je sens tout le prix.

Agréez donc, mon cher Oncle, avec mes souhaits de bonne année, l'hommage bien sincère

De votre affectionné neveu.

B. *Accompagner chaque nom du verbe qui lui correspond:* Continuation, dégénération, dégradation, démission, destruction, gageure, pari.

Modèle : Continuation, *continuer*, dégénération, *dégénérer....*

C. *Ecrire le verbe*

Ménager *à l'imparfait du subjonctif.*

Parier *à l'imparfait de l'indicatif.*
Jouer *au présent du subjonctif.*
Gager *au présent de l'impératif.*
Modèle : Que je ménageasse... — Je pariais.... — Que je joue... — Gage, gageons, gagez.

DEVOIRS ÉCRITS.

1. *Remplacer chaque verbe par le nom qui lui correspond.*
Echauffer, entraîner, envahir, essayer, excepter, exercer, exister, exposer, extraire, frémir, hésiter, menacer, mouvoir, nommer, occuper, opérer, opposer, opprimer, pardonner, parier, participer, persécuter, posséder, précipiter, prédire, préférer, présider, produire, profaner, projeter, prononcer, propager, punir, racheter, rapprocher, réclamer, réconcilier, reconstruire, recourir, recueillir, refuser, régner, remercier, rencontrer, renoncer, renseigner, résister, ressembler, restituer, réussir, révéler, séparer, solliciter.
Modèle : Echauffement, entraînement.... essai... hésitation, menace, mouvement, nomination... oppression, pardon,... possession... prédiction, préférence,... propagation, punition, rachat... recours,... refus... réussite, révélation, séparation, sollicitation.

2. *Copier chaque nom en l'accompagnant du verbe qui lui correspond ou dont il dérive :*
Bénédiction, effort, éclat, élan, embrassement, empressement, harangue, hasard, influence, invention, isolement, malédiction, obligation, offrande, ordonnance, penchant, percée, perdition, permission, plaisanterie, pli, préoccupation, prévision, prospérité, qualification, quête, ramonage, souhait.
Modèle : Bénédiction, *bénir;* effort, *s'efforcer;*... élan, *élancer;* embrassement, *embrasser;* empressement, *s'empresser;*... malédiction, *maudire;*... prévision, *prévoir...*

3. *Conjuguer aux modes indicatif, conditionnel et subjonctif, et en changeant constamment de verbe:* Piocher, faucher, sarcler, défricher, bêcher, greffer.
Modèle : Je pioche, tu fauches, il sarcle, nous défrichons, vous bêchez, ils greffent. — Je piochais, tu fauchais... — Je piochai, tu fauchas...

DEUXIÈME PARTIE

INDICATIONS MÉTHODOLOGIQUES.

Dans cette seconde partie le texte de la dictée n'est pas reproduit sur le livre de l'élève ; les travaux à faire sur chaque leçon sont à peu près les mêmes que ceux que nous avons indiqués page 1re ; cependant la dictée proprement dite doit précéder désormais la préparation des devoirs écrits.

La préparation de la dictée peut se faire de la manière suivante :

1° Le maître fait écrire au tableau noir les mots du texte que les élèves n'auraient pas encore vus, il les fait épeler quatre ou cinq fois, puis les efface.

2° Il lit lui-même ou fait lire par un enfant le texte de la dictée, et, s'il y a lieu, donne quelques explications tant sur le sens que sur l'orthographe des mots.

101ᵉ LEÇON.

Notions préliminaires et définition du nom (Gr. nᵒˢ 1 à 9 et 15).

EXERCICE ORAL.

1. Le maître fait lire la première moitié des notions préliminaires de la grammaire, explique les numéros les plus importants, et s'assure par des questions et des sous-questions que les élèves les comprennent.

2. Il fait réciter la définition du nom, et s'assure également par des sous-questions que les élèves la comprennent.

3. Il fait conjuguer en entier les verbes *appeler* et *applaudir*.

DICTÉE.

Non content d'excuser ses défauts à ses propres yeux, l'impie parvient au funeste excès de s'en applaudir : il appelle l'avarice économie, la prodigalité générosité, la médisance zèle, la paresse tranquillité d'âme, la colère noblesse de sentiment, le relâchement indulgence, la rigueur exactitude, l'orgueil dignité, la témérité courage. Comment alors peuvent être contenus les intrigues de l'ambition, les usures de l'avarice, les violences de la colère, les vengeances du ressentiment, les menées de la jalousie, les perfidies de la malice, les excès de l'intempérance, en un mot les vices de l'humanité abandonnée à elle-même?

DEVOIRS ÉCRITS.

1. *Les élèves copieront 1° tous les noms de personnes compris dans la liste suivante, 2° tous les noms de choses.*

Maréchal, général, centurion, *ambulance, arsenal, bastion, fort, forteresse, fortification, rempart, brèche, camp,* chevalier, *caserne,* lieutenant, adjudant-major, *corps de garde, guérite,* factionnaire, sergent-fourrier, *embuscade,* officier, *étape,* militaire, vétéran, *poudrière, bayage, giberne, havre-sac,* voltigeur, grenadier, sapeur, *drapeau, étendard,* lancier, gendarme, zouave, fantassin, *cantinière, cantine,* épaulette, *galon, panache, aigrette, plumet, pompon, visière,* casque, *shako, képi, baudrier, bouclier, carquois, cocarde, cuirasse, équipage, fourreau, gamelle.*

MODÈLE : { *Noms de personnes :* Maréchal, général, centurion, chevalier, lieutenant...
{ *Noms de choses :* Ambulance, arsenal, bastion,...

2. *Ils conjugueront le verbe* être *au mode infinitif et au mode impératif.*

3. *Ils conjugueront aux trois autres modes (1), et en changeant constamment de verbe,* discipliner, escorter, enrôler, enrégimenter, escalader, capituler.

MODÈLE : Je discipline, tu escortes, il enrôle, nous enrégimentons, vous escaladez, ils capitulent. — Je disciplinais...

4. *A partir du nom* tabac *ils copieront dans le dictionnaire quinze noms masculins.*

102ᵉ LEÇON.

Notions préliminaires et définition du nom (Gr. n. 9 à 15).

EXERCICE ORAL.

1. Le maître fait réciter la définition du nom et la seconde moitié des notions préliminaires de la grammaire. •

2. Il fait analyser : « Les vagabonds inspirent une juste défiance. »

3. Il fait conjuguer en entier les verbes *plier, expédier,* faisant remarquer les formes où ces verbes prennent deux *i :* « Nous pliions, que nous expédiions.... »

---

1 Désormais nous désignerons les modes par leur numéro d'ordre : 1 pour l'infinitif; 2 pour l'indicatif; 3 pour le conditionnel; 4 pour l'impératif; 5 pour le subjonctif.

DICTÉE.

HIÉRARCHIE MILITAIRE.

Celui qui aurait parcouru tous les degrés de la hiérarchie militaire aurait été successivement : simple soldat ou fusilier, caporal, sergent, fourrier, sergent-major, adjudant sous-officier, sous-lieutenant, lieutenant, capitaine, adjudant-major, gros-major, commandant ou chef de bataillon, lieutenant-colonel, colonel, général de brigade, général de division, maréchal de France.

S'il eût servi dans la cavalerie, il aurait été, avant de passer officier : simple cavalier, brigadier, maréchal des logis, fourrier, maréchal des logis chef.

Les sous-officiers ont pour marque distinctive des galons en fils d'or ou d'argent ; les officiers, des épaulettes aussi en fils d'or ou d'argent ; les officiers supérieurs et les généraux portent des épaulettes à gros grains. Le maréchal a un bâton de commandement pour insigne de sa dignité.

DEVOIRS ÉCRITS.

1. *Copier dans la liste suivante 1° les noms de choses, 2° les noms de personnes.*

Métier, *potier*, *tailleur*, *teinturier*, *tourneur*, imprimerie, lithographie, *lithographe*, *enlumineur*, bazar, chapellerie, emplette, enseigne, entrepôt, *manufacturier*, usine, batiste, gaze, percale, *marchand*, *négociant*, devanture, *commerçant*, magasin, comptoir, *fabricant*, industrie, recette, prix, hausse, profit, *usurier*, déchet, déduction, *créancier*, crédit, *débiteur*, prêt, dette, emprunt, rabais, tarif, taux, taxe, rétribution, valise, calcul, échéance, trafic, achat, vente, pesée, balance, bascule, détail, gain, marchandises, pacotilles, concurrence, *concurrent*, *correspondant*, décalitre, décamètre, décigramme, décistère, *vérificateur*.

Modèle : { *Noms de choses* : Métier, imprimerie, lithographie... / *Noms de personnes* : Potier, tailleur, teinturier,...

2. *Conjuguer aux modes 2, 3 et 5, et en changeant constamment de verbe*, commercer, vendre, peser, plier, expédier, escompter.

Modèle : ² Je commerce, tu vends, il pèse, nous plions... — ³ Je commercerais... — ⁵ Que je commerce...

3. *Analyser* : Le cœur de l'ambitieux ignore le repos.

Modèle. ...*ambitieux*, n. comm. masc. sing., compl. déterm. de *cœur*;... *repos*, n. comm. masc. sing., compl. direct de *ignore*.

4. *A partir de tabatière, extraire du dictionnaire quinze noms féminins.*

Modèle : Tabatière, tablature, table, tablette, tache, tâche...,

103ᵉ LEÇON.

Notions préliminaires et définition du nom (Gr. n. 1 à 15).

EXERCICE ORAL.

1. Le maître interroge les élèves sur les notions préliminaires de la grammaire.

2. Il fait conjuguer aux temps simples : *avoir une fonction, être intéressé, relier un livre.*

DICTÉE.

Les principales branches du commerce sont :

Les objets alimentaires : le froment, le seigle, l'orge, l'avoine, les légumes, les fruits, le vin, la bière, l'eau-de-vie, l'huile, le sucre, le miel, le bétail ;

Les objets d'habillement : drap, soierie, velours, toile, batiste, gaze, percale, rubans, chapeaux, bonnets, etc.

La bâtisse, qui occupe différents ouvriers, tels que terrassiers, mineurs, maçons, plâtriers, charpentiers, menuisiers, serruriers, plombiers, peintres, doreurs, vitriers, tapissiers, fumistes, architectes, entrepreneurs, etc. ;

La presse, comprenant l'imprimerie ordinaire, l'imprimerie en taille-douce, la lithographie ; ce qui occupe les compositeurs, les pressiers, les assembleurs, les relieurs, les graveurs, les enlumineurs ;

Les diverses fabriques de papiers, de toiles peintes, etc.

DEVOIRS ÉCRITS.

1. *Extraire des listes suivantes* 1° *les noms signifiant des êtres réels,* 2° *ceux qui désignent des actions, des faits.*

Encan, vente à l'enchère, estimation, grains, *exportation,* haricots, *réduction,* eau-de-vie, artichauts, céleris.

Conscription, obusier, mortier, affût de canon, *bataille, escarmouche,* baïonnette, carabine, fusil, *assaut, massacre, pillage, contre-marche, halte,* balle, biscaïen, bombe, boulet, obus, *blocus, ravitaillement, canonnade, bordée, fusillade,* projectile, cartouche, pistolet, pommeau d'épée, poignée de sabre, poignard, *expédition, exploit, irruption,* arbalète, *guerre, hostilité, trève, victoire, déroute, retraite,* flèche, gantelet, *rappel,* hallebarde, pique, *mêlée, mousqueterie,* javelot, dard, massue, mousquet, *tournoi,* champion, *défit, duel,* héros, héroïne, *lutte, salve d'artillerie, exercice au tir,* vainqueur, conquérant, *mouvement.*

MODÈLE :
{ *Noms d'actions :* Encan, vente à l'enchère, ... Conscription, bataille, ... halte, ... guerre, ... rappel, ... mousqueterie, ... tournoi, ... salve d'artillerie, ...
{ *Noms d'êtres réels :* Grains, haricots, ... Obusier, mortier, affût de canon, ... pommeau d'épée....

2. *Conjuguer le verbe* commander *au singulier de tous les*

temps de l'indicatif et du conditionnel en prenant successive-
ment pour compléments directs les mots ci-après :

Une compagnie, une escouade, un peloton, — un bataillon, un régiment, un escadron, — l'infanterie, l'artillerie,
la cavalerie, — le génie, la gendarmerie, la garde impériale, — l'avant-garde, l'arrière-garde, l'aile droite, — le
centre, l'aile gauche, les tirailleurs, — une armée, une
batterie, une patrouille, — une division, une brigade, la
garnison, — la milice, la garde nationale, les volontaires,
— les recrues, les conscrits, les vétérans, — une cohorte,
une légion, les assiégés.

Modèle : Je commande une compagnie, tu commandes une
escouade, il commande un peloton. — Je commandais un bataillon... — Je commandai l'infanterie... — J'ai commandé le
génie... — J'eus commandé l'avant-garde... — J'avais commandé
le centre... — Je commanderai une armée... — J'aurai commandé
une division... — Je commanderais la milice... — J'aurais commandé les recrues... — J'eusse commandé une cohorte...

3. *A partir de* tacher, *extraire quinze verbes du diction-*
naire.

Modèle : Tacher, tâcher, tacheter....

104ᵉ LEÇON.

Notions préliminaires et définition du nom (Gr. nᵒˢ 1 à 16).

EXERCICE ORAL.

1. Les élèves seront questionnés sur les notions préliminaires.
2. Ils analyseront la phrase suivante, que le maître aura fait
écrire au tableau noir.

Texte d'analyse : Dieu a donné aux fleurs leur doux
parfum.

3. Ils conjugueront le verbe *avoir :* 1ᵒ au présent de l'indicatif
et au passé indéterminé; 2ᵒ à l'imparfait et au plus-que-parfait;
3ᵒ au passé déterminé et au passé antérieur....; mais en disant
une personne d'un temps, puis la même personne de l'autre.

Modèle. J'ai, j'ai eu; tu as, tu as eu...; j'avais, j'avais eu;
tu avais, tu avais eu...

DICTÉE.

BEAUTÉS DU PRINTEMPS.

Comment pourrais-je voir toutes les beautés du printemps, et
n'être pas saisi d'admiration pour cet Être adorable dont la puissance infinie se manifeste avec tant de gloire! Pourrais-je respirer
cet air pur sans me livrer à de délicieuses méditations! Jamais
je ne devrais contempler un arbre couronné de feuillage, un
champ couvert d'épis, une forêt majestueuse, des prés émaillés
de fleurs; jamais, dans ces jardins où se trouvent réunies toutes

les beautés de la nature, je ne devrais cueillir la violette ou la rose, sans penser avec attendrissement que c'est Dieu qui, au moyen des arbres, me couvre d'un ombrage frais; que c'est lui qui rend les fleurs si belles, et m'en envoie le doux parfum ; qui revêt les prairies et les bois de leur aimable verdure, qui rend à chaque animal le sentiment de son existence; que c'est lui par qui j'existe aussi moi-même, et par qui je jouis du spectacle de la plus agréable des saisons.   (*Leçons de la Nature.*)

DEVOIRS ÉCRITS.

1. *Copier d'abord tous les noms de villes, de fleuves ou de pays compris dans la liste suivante, ensuite tous les noms de personnes.*

Clovis, Louis le Grand, Turenne, Lyon, *Duquesne, Forbin, Tourville,* Bordeaux, Limoux, Pézenas, *Colbert, Louvois, Molé, Daguesseau,* Soissons, Bayonne, *Vauban, Riquet, Mansard,* Alençon, Orléans, Reims, Narbonne, *Boileau, Bossuet,* Annonay, *Fénelon,* les Gaules, la Franche-Comté, la Savoie, *Fleury,* la Provence, *Massillon,* la Beauce, l'Alsace, Abbeville, les Pyrénées, Rouen, *Bourdaloue,* les *Visigoths,* le Rhin, le Rhône, le Jourdain, Verdun, Laon, *Fléchier,* Troyes, Elbeuf, Langres, Marseille, le Languedoc, le Lyonnais, le Dauphiné, *Tibère,* Judée, *Caïphe, Zacharie.*

MODÈLE : *Noms de choses :* Lyon, Bordeaux, Limoux, Pézenas, Soissons, Bayonne, Alençon,...
Noms de personnes : Clovis, Louis le Grand, Turenne, Duquesne, Forbin, Tourville,... Fleury...

2. *Conjuguer le verbe* avoir *aux modes* 1 *et* 4, *c'est-à-dire à l'infinitif et à l'impératif.*

3. *Conjuguer aux modes* 2, 3 *et* 5, *et en changeant constamment de verbe,* avoir, être, contempler, jouir, voir, entendre.

MODÈLE. 2 J'ai, tu es, il contemple, nous jouissons, vous voyez, ils entendent. — J'avais... 3 J'aurais... 5 Que j'aie, que tu sois, qu'il contemple, que nous jouissions, que vous voyiez, qu'ils entendent. — Que j'eusse, que tu fusses, qu'il contemplât, que nous jouissions, que vous vissiez, qu'ils entendissent...

4. *Extraire du dictionnaire quinze noms masculins à partir de* talus.

MODÈLE: Talus, tamarin, tambour, tamis, tampon,...

105ᵉ LEÇON.

Notions préliminaires et définition du nom.

EXERCICE ORAL.

1. Le maître fait réciter en entier les Notions préliminaires et la définition du nom.

2. Il interroge les élèves sur ce qu'ils ont récité.

3. Il fait réciter en entier les verbes *appeler, applaudir, avoir, être*.

COMPOSITION.

A. *Écrire simplement :*

L'impie s'applaudit de ses défauts; il appelle l'orgueil dignité, et la colère noblesse de sentiment. — J'ai été successivement simple soldat ou fusilier, caporal, sergent, fourrier et sous-lieutenant. — La presse embrasse l'imprimerie ordinaire, l'imprimerie en taille douce et la lithographie. — La bâtisse occupe les terrassiers, les maçons, les charpentiers...

B. *Souligner tous les noms :*

Les *officiers* supérieurs portent des *épaulettes* à gros *grains*. — C'est *Dieu* qui donne aux *fleurs* leur *beauté* et leur *parfum*; c'est lui qui revêt les *prairies* et les *bois* de leur aimable *verdure*.

C. *Souligner seulement les noms de personnes :*

Un *héros*, une halte, un biscaïen, un *factionnaire*, un *zouave*, l'étendard, le corps de garde, le *vainqueur*, un fusil, une lance, le *négociant*, le négoce, le *commerçant*, le commerce, le *fabricant*, une bascule, une vente à l'enchère, la Provence, *Massillon*, le Rhin, les Pyrénées, *Fénelon*.

D. *Écrire le verbe*

Enrôler, *au sing. du présent de l'indicatif;*

Plier, *au pluriel de l'imparfait de l'indicatif;*

Etre, *au présent de l'impératif;*

Avoir, *au singulier du présent du subjonctif.*

MODÈLE : J'enrôle, tu enrôles, il enrôle; — nous pliions, vous pliiez, ils pliaient; — sois, soyons, soyez; — que j'aie, que tu aies, qu'il ait.

DEVOIRS ÉCRITS.

1. *Remplacer les points par le son ou l'articulation* r *bien orthographiée.*

L'adoration, la mémoire, le paradis, le purgatoire, la chaire évangélique, la mort, un regard, un agenouilloir, un aspersoir, un bréviaire, les burettes, un ciboire, un encensoir, l'offertoire, l'oratoire, l'ostensoir, une paroisse, un purificatoire, un reliquaire, un reposoir, le rosaire, le sanctuaire, une clôture, une oriflamme, la tiare, le jeune martyr, un martyre insupportable, les missionnaires, les thuriféraires, monsieur le vicaire, le séminaire, la sépulture, le mariage, la chair du sanglier, la hure du marcassin, la jointure, les jarrets, les narines, les oreilles, les pores de la peau, la sueur, la transpiration, un téméraire, la tyrannie, l'arrogance, un babillard, un barbare, une bizarrerie, le courroux.

2. *Conjuguer aux modes 2, 3 et 5, et en changeant constamment de verbe*, être, avoir, entendre, voir, jouir, contempler.

MODÈLE : 2 Je suis, tu as, il entend, nous voyons, vous jouissez, ils contemplent; — j'étais, tu avais... 3 Je serais... 5 Que je sois, que tu aies, qu'il entende, que nous voyions, que vous jouissiez, qu'ils contemplent. — Que je fusse, que tu eusses, qu'il entendît, que nous vissions, que vous jouissiez, qu'ils contemplassent. — Que j'aie été, que tu aies eu, qu'il ait entendu,...

3. *Analyser :* L'univers découvre dans toutes ses parties l'art suprême de l'ouvrier qui l'a formé. (Fénelon.)

MODÈLE : ... *découvre*, verbe 1re conj. pr. de l'ind. 3e pers. du sing.; *dans*, prép. faisant rapporter *parties à découvre* ;... *art.*, n. comm. masc. sing. compl. direct de *découvre* ;... *ouvrier*, n. comm. masc. sing. compl. déterminatif de *art; qui*, pron. conj. 3e pers. masc. sing. sujet de *a formé; l'* ou *le*, pron. pers. 3e pers. masc. sing. compl. direct de *a formé; a formé*, verbe 1re conj. mode indicat. passé indét. 3e pers. du sing.

<h3 style="text-align:center">106e LEÇON.</h3>

Noms propres et noms communs (Gr. n°s 16 à 19).

<h4 style="text-align:center">EXERCICE ORAL.</h4>

1. Les élèves énonceront quelques noms propres désignant : 1° des saints, soit : Etienne, Ambroise, Augustin, Jérôme, Basile...; 2° de grands guerriers, soit : Napoléon, Alexandre, César, Charlemagne, Judas Machabée...; 3° des fleuves ou des rivières, soit : Saône, Seine, Marne, Loire, Var, Rhône, Rhin....

2. Ils conjugueront à tous les temps simples : *Voyager en Italie, admirer un héros, entreprendre une conquête.*

3. Ils analyseront la phrase suivante :

TEXTE D'ANALYSE : Corneille et La Fontaine amusaient les loisirs de Louis XIV.

MODÈLE : *Corneille*, n. propre masc. sing. sujet de *amusaient; et*, conjonction qui lie les deux sujets de *amusaient; La Fontaine*, n. propre masc. sing. sujet de *amusaient;... Louis XIV*, n. propre masc. sing. compl. déterminatif. de *loisirs.*

<h4 style="text-align:center">DICTÉE.</h4>

Louis le Grand sut récompenser les grands hommes par la confiance qu'il leur accordait : Turenne et Condé commandaient ses armées; Duquesne, Forbin et Tourville conduisaient ses escadres ; Colbert administrait ses finances; Louvois, Molé, Daguesseau, étaient de son conseil; Vauban fortifiait ses citadelles; Riquet creusait ses canaux; Mansard construisait ses palais; Le Poussin et Le Brun les embellissaient; Corneille et La Fontaine amusaient ses loisirs; Racine et Boileau écrivaient son histoire; Bossuet, Fénelon et Fleury instruisaient ses enfants; Bourdaloue, Massillon et Fléchier lui prêchaient ses devoirs.

DEVOIRS ÉCRITS.

1. *Les élèves copieront tous les noms communs, ensuite tous les noms propres compris dans la liste suivante.*

Cannelle, girofle, potasse, tabac, impôt, Vienne, Versailles, Venise, gomme, indigo, vanille, Tunis, Toulouse, cochenille, Strasbourg, Rennes, Rouen, Naples, Nantes, Montpellier, quinquina, rhubarbe, musc, Milan, manne, Malte, laiton, Malaga, safran, lin, houblon, Grenoble, cuir, fourrure, Saint-Pétersbourg, Perpignan, goudron, Gênes, foire, inventaire, répertoire, Madrid, Lisbonne, monceau, cristal, chaos, Londres, Bruxelles, Turin, interruption, Berlin, Varsovie, volcan, gouffre, Constantinople, Modène, marais, précipice, Lille, géographie, Rive-de-Gier, pelleteries, mât, Toulon, Poitiers.

MODÈLE : { *N. comm.:* Cannelle, girofle, potasse, tabac,... { *N. propres :* Vienne, Versailles, Venise, Tunis,...

2. *Ils conjugueront aux modes 2, 3 et 5, et en changeant constamment de verbe,* ranger, déranger, arranger, annoncer, copier, prononcer.

MODÈLE : 2 Je range, tu déranges, il arrange, nous annonçons, vous copiez, ils prononcent. — Je rangeais... 3 Je rangerais... 5 Que je range, que tu déranges, qu'il arrange, que nous annoncions, que vous copiiez, qu'ils prononcent. — Que je rangeasse, que tu dérangeasses, qu'il arrangeât...

3. *Ils conjugueront aux modes infinitif et impératif le verbe* arranger.

4. *Ils analyseront :* J'admire la foi d'Abraham, le zèle d'Elie, le courage de Judas Machabée.

MODÈLE : *J'* ou *je,* pron. pers. 1re pers. masc. sing. sujet de *admire;* ...*d'* ou *de,* prép. faisant rapporter *Abraham* à *foi; Abraham,* n. propre masc. sing. compl. déterminatif de *foi; le,* art. simple masc. sing. déter. *zèle; zèle,* n. comm. masc. sing. compl. direct de *admire...*

107e LEÇON.

Noms propres et noms communs (Gr. nos 16 à 19).

EXERCICE ORAL.

1. Le maître fait réciter les numéros de la grammaire qui sont indiqués, et s'assure par des sous-questions que les élèves les comprennent.

2. Il fait énoncer aux élèves quelques noms communs signifiant des choses actuellement sous leurs yeux, puis quelques noms propres désignant des élèves ou des villes, ou des grands hommes.

3. Il fait analyser au tableau noir la phrase suivante, et fait rendre raison des dénominations de noms propres et de nom commun :

TEXTE D'ANALYSE: Condé et Turenne commandaient les armées de Louis XIV.

MODÈLE: *Condé*, n. propre parce qu'il ne s'applique qu'à un être que l'on désigne en particulier, du masc. sing., sujet de *commandaient*; *et*, conjonction liant les deux sujets de *commandaient*; *Turenne*, n. propre parce qu'il ne....; *armées*, n. comm. parce qu'il convient à tous les êtres de la même espèce, du fém. pl., compl. direct de *commandaient*.

DICTÉE.

PRODUITS ESTIMÉS.

On estime les blés de la Beauce, les vins rouges de Bordeaux, les vins blancs de Limoux, les eaux-de-vie de Pézenas, les vinaigres d'Orléans, les biscuits de Reims, les dragées de Verdun, le miel de Narbonne, la bière d'Alsace, les artichauts de Laon, les haricots de Soissons, le beurre de Bretagne, les marrons de Lyon, les jambons de Bayonne, les armes d'Abbeville, les fusils de Saint-Étienne, la houille de Rive-de-Gier, les toiles de Troyes, les indiennes de Rouen, les papiers d'Annonay, la dentelle d'Alençon, les draps d'Elbeuf, les couteaux de Langres, les soieries de Lyon, les savons de Marseille, les fruits du Languedoc.

DEVOIRS ÉCRITS.

1. *Accompagner chaque nom de pays du nom de peuple qui lui correspond.*

Noms de pays: Afrique, Alger, Allemagne, Amérique, Assyrie, Belgique, Bourgogne, Bretagne, Espagne, Europe, France, Hollande, Hongrie, Italie, Irlande, Japon, Judée, Laponie, Macédoine, Mexique, Navarre, Norwége, Piémont, Pologne, Portugal, Prusse, Russie, Sardaigne, Saxe, Suède, Suisse, Syrie, Turquie.

Noms de peuples: Africains, Italiens, Algériens, Allemands, Hongrois, Hollandais, Espagnols, Européens, Français, Américains, Anglais, Assyriens, Belges, Bretons, Bourguignons, Irlandais, Japonais, Juifs, Lapons, Mexicains, Macédoniens, Norwégiens, Navarrois, Piémontais, Prussiens, Portugais, Polonais, Russes, Sardes, Syriens, Saxons, Suédois, Suisses, Turcs.

MODÈLE. Afrique, Africains; Alger, Algériens; Allemagne, Allemands; Amérique, Américains; Assyrie, Assyriens; Belgique, Belges; Bourgogne, Bourguignons; Bretagne, Bretons; Espagne, Espagnols; Europe, Européens; France, Français; Hollande, Hollandais; Hongrie, Hongrois; Italie, Italiens; Irlande, Irlandais; Japon, Japonais; Judée, Juifs; Laponie, Lapons; Macédoine, Macédoniens; Mexique, Mexicains; Navarre, Navarrois; Norwége, Norwégiens; Piémont, Piémontais; Pologne, Polonais; Portugal, Portugais; Prusse, Prussiens; Russie, Russes; Sardaigne, Sardes; Saxe, Saxons; Suède, Suédois; Suisse, Suisses; Syrie, Syriens; Turquie, Turcs.

2. *Conjuguer le verbe* voyager *à l'imparfait et au plus-que-parfait de l'indicatif et du subjonctif, en employant pour compléments indirects :*

Albanie, Autriche, Arménie, Grèce, Judée, Macédoine, — Irlande, Ecosse, Navarre, Toscane, Gascogne, Andalousie, — Europe, Asie, Océanie, Egypte, Sénégambie, Ethiopie, — Palestine, Sibérie, Tartarie, Chine, Perse, Circassie.

MODÈLE : Je voyageais en Albanie, tu voyageais en Autriche... — J'avais voyagé en Irlande, tu avais voyagé en Ecosse... — Que je voyageasse en Europe, que tu voyageasses en Asie... — Que j'eusse voyagé en Palestine, que tu eusses voyagé en Sibérie...

3. *Analyser :* Bossuet, Fénelon et Massillon ont été *des* évêques illustres et *des* orateurs distingués.

MODÈLE. ...*et,* conjonction liant deux sujets de *ont été; Massillon,* n. propre masc. sing., sujet de *ont été; ont été,* verbe, 4ᵉ conj., mode indicatif, passé ind., 3ᵉ pers. du pl.; *évêques,* n. comm. masc. pl., attribut de *Bossuet, Fénelon* et *Massillon; illustres,* adjectif qualif. masc. pl. qual. *évêques.*

108ᵉ LEÇON.

Emploi des majuscules (Gr. nᵒ 166).

EXERCICE ORAL.

1. Les élèves réciteront le nᵒ 166 de la grammaire.
2. Ils analyseront au tableau noir la phrase suivante :

TEXTE D'ANALYSE: Je suis français, je m'en glorifie : les Français ont toujours marché à la tête des nations de l'Europe.

3. Ils rendront compte de l'emploi des majuscules dans les mots : « Je, Français, Europe. »
4. Ils diront aussi pourquoi le nom *français* est écrit avec une minuscule dans la première proposition.— *Parce qu'il est adjectif.*
5. Ils conjugueront *obéir à Dieu* aux temps simples des modes 2, 4 et 5.

DICTÉE.

LES GAULES A L'AVÉNEMENT DE CLOVIS.

Lorsque Clovis monta sur le trône, les Gaules étaient partagées entre les Bourguignons, les Visigoths et les Romains. Les Bourguignons occupaient ce qu'on appela depuis le duché de Bourgogne, la Franche-Comté, la Provence, le Lyonnais, le Dauphiné et la Savoie; les Visigoths possédaient tout le midi des Gaules, depuis la Loire jusqu'aux Pyrénées; enfin le domaine des Romains s'étendait depuis le Rhin jusqu'à la Loire et l'Océan.

Ce prince triompha de Syagrius général romain, de Théodoric roi des Visigoths, de Gondebaud roi des Bourguignons; il établit solidement son empire par ses victoires et son administration ; aussi est-il considéré comme le vrai fondateur de la monarchie française.

DEVOIRS ÉCRITS.

1. *Les élèves compléteront les mots donnés, en leur donnant pour initiale la lettre indiquée en tête de l'alinéa ; ils la feront majuscule pour les noms propres et minuscule pour les noms communs.*

A. Abraham, affection, angoisse, Aaron, Antiochus, athée, attentat, affront, Adélaïde, Anne, agonie, anxiété, abondance, Ardèche, accès, accident, Alsace, Auvergne, absence, abstinence, absolution.

B. Balthasar, Barthélemy, bienséance, Basile, Babylone, Boniface, bravade, Bruno, Bourdaloue, Bonaparte, blessure, balafre, Besançon, bandit.

C. Caïn, condamnation, Caïphe, Cambyse, la Corse, caprice, chicane, complot, conjuration, conspiration, Camille, Célestin, contestation, Charles, Christophe Colomb, contravention, contrebande, Cicéron, cicatrice, Cyrille, Cyrus, captivité, consternation.

2. *Ils conjugueront* unir, désunir, réunir, embellir, aplanir, assainir, *aux modes 2, 3 et 5, en changeant constamment de verbe.*

MODÈLE : ² J'unis, tu désunis, il réunit, nous embellissons, vous aplanissez, ils assainissent. — J'unissais... ³ J'unirais... ⁵ Que j'unisse, que tu désunisses, qu'il réunisse...

3. *Ils conjugueront le verbe* aplanir *aux deux autres modes.*

MODÈLE : ¹ Aplanir, avoir aplani... ⁴ Aplanis, aplanissons...

4. *Ils analyseront :* Lisez les écrits de saint François de Sales.

MODÈLE : *Lisez*, verbe 4ᵉ conj. pr. de l'impératif 2ᵉ pers. du pl. ; *les...; François de Sales*, n. propre masc. sing., complément déterminatif de *écrits*.

109ᵉ LEÇON.

Du genre dans les noms (Gr. n°s 20 à 27).

EXERCICE ORAL.

1. Les élèves réciteront la grammaire du n° 20 au n° 27.
2. Ils désigneront huit ou dix noms de chaque genre.
3. Ils analyseront la phrase suivante, et diront à quel signe ils reconnaissent le genre des noms qui y sont employés.

TEXTE D'ANALYSE : Le malheur découvre à la jeunesse le néant de la vie.

MODÈLE : *Le*, art. simple masc. sing., dét. *malheur; malheur*, n. comm. masc. sing., sujet de *découvre*; (on connaît que *malheur* est du masc. parce qu'on peut dire « *le* malheur, *un* malheur)...»

4. Le maître les exercera à conjuguer le verbe *arriver*, en leur faisant remarquer, par avance, qu'il prend *être* pour auxiliaire.

DICTÉE.

Sous le règne de Tibère, lorsque Pilate gouvernait la Judée et que Caïphe était grand-prêtre, Dieu fit entendre sa parole à Jean, fils de Zacharie, et il alla dans tout le pays qui est sur le bord du Jourdain, prêchant le baptême de la pénitence pour la rémission des péchés. Il disait au peuple : « Produisez de dignes fruits de pénitence; tout arbre qui ne porte pas de bons fruits sera coupé et jeté au feu... le blé sera mis dans un grenier, et la paille sera brûlée dans un feu qui ne s'éteint point. »

I. M. Le maître dictera ensuite quelques noms propres pris dans les devoirs écrits des leçons précédentes.

DEVOIRS ÉCRITS.

1. *Copier les noms suivants en indiquant par* m *ou* f *le genre de chacun d'eux:*

Défiance *f*, dégât *m*, dégradation *f*, délit *m*, dépravation *f*, division *f*, désespoir *m*, déshonneur *m*, émeute *f*, enivrement *m*, exagération *f*, exaspération *f*, exigence *f*, extravagance *f*, faction *f*, fainéantise *f*, falsificateur *m*, fat *m*, grimacier *m*, illusion *f*, impénitence *f*, importun *m*, excellence *f*, édification *f*, hardiesse *f*, inconstance *f*, indifférence *f*, ineptie *f*, inexpérience *f*, insuffisance *f*, insurrection *f*, intolérance *f*, ivresse *f*, larron *m*, libertin *m*, luxe *m*, malfaiteur *m*, malveillant *m*, menteur *m*, Lorraine *f*, Limousin *m*, Beaujolais *m*, Bresse *f*, Forez *m*, Gascogne *f*, Flandre *f*, comté de Foix *m*, Bearn *m*, Berry *m*, Angoumois *m*, Vivarais *m*, Vendée *f*, Normandie *f*, Artois *m*, Guienne *f*, Saintonge *f*.

2. *Conjuguer* recevoir, revoir, avoir, *aux modes indicatif, conditionnel et subjonctif en changeant de verbe à chaque personne.*

MODÈLE : [2] Je reçois, tu revois, il a, nous recevons, vous revoyez, ils ont — Je recevais.... [3] Je recevrais, tu reverrais, il aurait, nous recevrions... [6] Que je reçoive, que tu revoies, qu'il ait, que nous recevions, que vous revoyiez, qu'ils aient; — Que je reçusse, que tu revisses, qu'il eût....

3. *Conjuguer le verbe* voir *aux deux autres modes.*

MODÈLE : [1] Voir, avoir vu, ayant vu, voyant, vu. — 4. Vois, voyons, voyez. — Aie vu, ayons vu, ayez vu.

4. *A partir de* tanche, *extraire du dictionnaire quinze noms du féminin.*

MODÈLE : Tanche, tangente, tanière, tannerie...

G*

110ᵉ LEÇON.

Récapitulation sur le nom.

EXERCICE ORAL.

1. Les élèves réciteront du nº 14 au nº 27 de la grammaire.

2. Ils feront l'analyse de la phrase suivante et rendront raison de l'espèce et du genre de chaque nom :

TEXTE D'ANALYSE : Fançois-Xavier a évangélisé les peuples de l'Inde et du Japon.

MODÈLE : *François-Xavier*, n. propre composé masc. sing., sujet de *a évangélisé* : Ce mot est un nom parce qu'il désigne une personne ; c'est un nom propre parce qu'il s'applique à une certaine personne que l'on désigne en particulier, il est du masc. parce qu'il signifie un *homme... Inde*, est un nom parce qu'il désigne une chose ; c'est un nom propre parce qu'il désigne en particulier un certain pays ; il est du fém. parce qu'on peut dire : *une* des deux Indes, *la* plus riche des deux Indes....

3. Ils conjugueront aux temps simples *aplanir un chemin, revoir un condisciple, être attentif.*

4. Ils conjugueront aux temps composés *arriver* et *décharger.*

COMPOSITION.

A. *Ecrire simplement* :

Duquesne, Forbin et Tourville conduisaient les escadres de Louis XIV ; Turenne et Condé commandaient ses armées ; Racine et Boileau écrivaient son histoire. — On estime les marrons de Lyon, les fusils de Saint-Étienne, les papiers d'Annonay, la dentelle d'Alençon. — Clovis est considéré comme le fondateur de la monarchie française ; il vainquit les Romains, les Visigoths, les Bourguignons. — Jean-Baptiste alla dans le pays qui est sur le bord du Jourdain, prêchant aux Juifs le baptème de la pénitence pour la rémission des péchés.

B. *Souligner les noms du féminin :*

Répertoire, inventaire, cristal, *fourrure, gomme, cannelle.* — Piémont, *Pologne, Suède,* Japon, Mexique, Portugal, *Macédoine.* — *Babylone, Amérique,* Christophe Colomb, Caïn, Caïphe, *blessure, balafre, cicatrice, Vendée, Normandie, Guienne, Saintonge, illusion,* délit, déshonneur, *grimace.*

C. *Ecrire le verbe*

Ranger *au présent de l'impératif.*

Voyager *au singulier de l'imparfait du subjonctif.*

Aplanir *au pluriel du passé déterminé.*

Voir *au mode infinitif.*

MODÈLE : Range, rangeons, rangez. — Que je voyageasse, que tu voyageasses, qu'il voyageât. — Nous aplanîmes, vous aplanîtes, ils aplanirent. — Voir, avoir vu, ayant vu, voyant, vu.

DEVOIRS ÉCRITS.

1. *Remplacer les points par le son ou l'articulation* s *bien orthographiée.*

La conscience, un dessein, une détermina*t*ion, le mystère de la rédemp*t*ion, la sanc*t*ifica*t*ion, un décès, la naissan*c*e, le cercueil, le *c*imetière, les obsèques, le fossoyeur, la *sé*pulture ; — les aisselles, le *c*erveau, les sourcils et les *c*ils, la *f*ace, les gen*c*ives, le pou*c*e, les pulsa*t*ions, le sein, les cinq sens ; la transpira*t*ion, — le *séminaire*, une succursale, un ecclésiastique, le fabricien, le missionnaire, le nonce apostolique, un novi*c*e, le sacerdoce, la tonsure, l'aspersoir, le cali*c*e, une *cérémonie*, la châsse, le *c*iboire, une *c*rosse, le missel, l'ostensoir, — le catholicisme, le christianisme, le concile, une conféren*c*e, la confirma*t*ion, la consécra*t*ion, la dédica*c*e, le diocèse, l'extrême-onc*t*ion, l'indulgence, l'office, la préface, la procession, la sonnerie, le tocsin.

2. *Conjuguer* descendre, condescendre, *et* redescendre, *aux modes 2, 3 et 5, en changeant de verbe à chaque personne.*

MODÈLE : 2 Je descends, tu condescends, il redescend, nous descendons, vous condescendez, ils redescendent. — Je descendais... 3 Je descendrais... 5 Que je descende...

3. *Analyser :* Saint Vincent de Paul est le héros de la charité chrétienne.

MODÈLE : *Saint,* adj. qualif. masc. sing. qual. *Vincent de Paul* ; *Vincent de Paul,* n. propre composé masc. sing., sujet de *est* ; *est,* verbe 4e conj. prés. de l'ind. 3e pers. du sing. ; *le,* art. simple masc. sing. dét. *héros* ; *héros,* n. comm. masc. sing., attribut de *Vincent de Paul...*

111e LEÇON.

Pluriel des noms (Gr. n°s 27 à 33).

EXERCICE ORAL.

1. Les élèves réciteront du n° 27 au n° 33 de la grammaire.
2. Ils analyseront au tableau noir : « J'assisterai les pauvres, ils sont les amis de mon Dieu,» et rendront compte de l'orthographe des mots *pauvres* et *amis.*
3. Ils épelleront au pluriel *maison, habit, vêtement...*
4. Ils épelleront au pluriel *palais, succès, croix, noix, gaz...* et diront pourquoi ces mots s'écrivent de la même manière aux deux nombres.

DICTÉE.

Les Européens commercent entre eux et avec les habitants des quatre autres parties du monde.

Les Français exportent vin, vinaigre, eaux-de-vie, huile, soie, étoffes, tapisserie, dentelle, broderies d'or et d'argent, papier, parfumerie, caractères d'imprimerie, livres, drogues ; ils importent argent, lin, soie, laine, fourrures ; denrées de l'Inde et de l'Amérique, comme sucre, café, gomme, cannelle, girofle, aromates, baume, musc, parfums, encens, coton, indigo, corail, vanille, tabac, cochenille, quinquina, cacao, etc.

Les Russes exportent pelleteries, cuirs, fourrures, toile, fil, goudron, cire, miel, blé, suif, colle de poisson, huile de lin, potasse, savon, plumes, soies de porc, musc, rhubarbe, bois de charpente, etc. Leurs importations sont presques nulles : aussi leur bénéfice est-il considérable.

DEVOIRS ÉCRITS.

1. *Ecrire au pluriel les mots donnés.*

Rebelles, meurtriers, pécheurs, pécheresses, pervers, prodigues, gueux, récalcitrants, régicides, renégats, scélérats, séditieux, suicides, traîtres, taciturnes, vagabonds, voleurs; — blâmes, châtiments, confiscations, échafauds, emprisonnements, renvois, expulsions, expiations, ignominies, infamies, opprobres, supplices, tortures, ruses, sobriquets, tentations, violences, vols, — abcès, ampoules, cancers, loupes, panaris, plaies, ulcères, varices, verrues, tracas, revers, remords, ennuis, chagrins, inquiétudes, accidents, catastrophes, contrariétés, désastres, désavantages, exilés, déportés, forçats, galériens.

2. *Conjuguer* avancer, s'approcher, s'éloigner (1), *aux temps simples de l'indicatif, du conditionnel et du subjonctif,* en changeant de verbe à chaque personne.

Modèle : ² J'avance, tu t'approches, il s'éloigne, nous avançons, vous vous approchez, ils s'éloignent; — J'avançais...; J'avançai...; J'avancerai... ³ J'avancerais... ⁵ Que j'avance... Que j'avancasse...

3. *Ils conjugueront* avancer *aux modes infinitif et impératif.*

Modèle : ¹ Avancer, avoir avancé, ayant avancé, avançant, avancé. — ⁴ Avance, avançons, avancez. — Aie avancé...

4. *Ils extrairont du dictionnaire, à partir de* foulon, *dix substantifs qu'ils écriront au pluriel.*

Modèle : Foulons, foulures, fours, fourbes, fourberies, fourches, fourchettes, fourgons, fourmis, fourmilières.

112e LEÇON.

Pluriel des noms (Gr. n°s 33 à 37).

EXERCICE ORAL.

1. Les élèves répondront sur les règles particulières relatives au pluriel des noms.

2. Ils épelleront le pluriel de *verrou, chou, clou, arsenal, caporal, portail, éventail, soupirail....*

---

1 Si les élèves étaient trop faibles, le maître pourrait substituer à ces verbes pronominaux d'autres verbes plus faciles à conjuguer.

3. Ils analyseront les noms employés dans la phrase suivante et motiveront leur analyse.

Texte d'analyse : Le portail de la cathédrale de Reims est un des plus beaux portails anciens.

Modèle : *Portail*, nom parce qu'il désigne une chose ; n. comm. parce qu'il convient à tous les êtres de la même espèce ; du masc. parce qu'on peut dire : « *le* portail, *un* portail, » du sing. parce qu'il ne désigne qu'un seul être ; sujet de *est* parce qu'il désigne l'être dont on exprime l'état ; *cathédrale*, nom parce que...

4. Ils conjugueront en entier les verbes *s'affliger* et *se réjouir*.

DICTÉE.

Les Anglais font un commerce immense avec toutes les parties du monde.

Les Prussiens envoient mâts, goudron, potasse, cuirs, pelleteries, soies, laines, miel, morue, et reçoivent vins, sel, épiceries, draps, denrées coloniales, etc.

Les Allemands envoient blé, chanvre, houblon, lin, tabac, safran, chevaux, beurre, fromage, miel, cire, vin, métaux, canons, boulets, bombes, poêles, laitons, fer, etc.

Les Espagnols tiraient autrefois une immense quantité d'or et d'argent de l'Amérique, et le répandaient dans l'Europe, en échange de toutes sortes de marchandises.

Les Italiens exportent marbre, glaces, soies, laines, manne, riz, olives, oranges, etc.

DEVOIRS ÉCRITS.

1. *Ecrire au pluriel les noms donnés :*
Bambous, hiboux, cous, coups, coucous, licous, choux, caoutchoucs, clous, écrous, fous, bijoux, joujoux, cocos, échos, sirops, trios, duos, solos, sauts, lourdauds, badauds, pianos ; — (bail) baux, camails, (émail) émaux, gouvernails, rails, attirails, (corail) coraux, sérails, (soupirail) soupiraux, détails, épouvantails, éventails, portails ; — fléaux, préaux, fabliaux, sarraux, étaux, gluaux, gruaux, aloyaux, boyaux, hoyaux, joyaux, noyaux, tuyaux [1], — eaux, lambeaux, tombeaux, sceaux, seaux, arceaux, faisceaux, lionceaux, monceaux, pourceaux, souriceaux, cadeaux, cordeaux, fardeaux ; — hébreux, feux, adieux, essieux, milieux, pieux, jeux ; — bals, (bocal) bocaux, chacals, (local) locaux, (radical) radicaux, (Provençal) Provençaux, (maréchal) maréchaux, (sénéchal) sénéchaux.

2. *Conjuguer* se rapprocher *aux temps composés, en supposant que les sujets soient toujours du féminin.*

---

[1] Le maître fera remarquer aux élèves que ces treize noms se terminent au singulier par *au*, tandis que les autres noms de même désinence au singulier se terminent par *eau*.

Modèle : S'être rapprochée, s'étant rapprochée. — Je me suis rapprochée, tu t'es rapprochée, elle s'est rapprochée, nous nous sommes rapprochées... Je me fus rapprochée.... Je m'étais rapprochée... Je me serai rapprochée...

3. *Ils conjugueront s'affliger et se réjouir aux temps simples des modes 3, 4 et 5, en changeant de verbe à chaque nombre.*

Modèle : 3. Je m'affligerais, tu t'affligerais, il s'affligerait, nous nous réjouirions, vous vous réjouiriez, ils se réjouiraient. — 4. Afflige-toi, réjouissons-nous, réjouissez-vous. — 5. Que je m'afflige, que tu t'affliges.. que nous nous réjouissions...

4. *Ils extrairont du dictionnaire, à partir de marais, quinze noms qu'ils devront mettre au pluriel.*

Modèle : Marais, marâtres, marauds, marbres, marbriers, marbrures, marcs, marcassins, marchands, marchandises, marches, marchés, marchepieds, marcheurs, mardis, mares.

113e LEÇON.

Pluriel des noms (Gr. n°s 31 à 37).

EXERCICE ORAL.

1. Les élèves réciteront tout le paragraphe qui traite du pluriel dans les noms.

2. Ils désigneront les treize noms de l'exercice 1er de la leçon 112, qui se terminent au singulier par *au* et non par *eau*. — Fléau, préau, fabliau, sarrau, étau, gluau, gruau, aloyau, boyau, hoyau, joyau, noyau, tuyau.

3. Ils analyseront la phrase suivante, en omettant les mots en italique.

Texte d'analyse : *Parmi* les animaux, les chevaux, les bœufs et les chameaux sont *les plus* utiles.

Modèle : *Les*, art. simple masc. pl. dét. *animaux; animaux*, n. comm. masc. pl. compl. ind. de *sont utiles...; chevaux*, n. com... masc. pl. sujet de *sont utiles...*

4. Ils conjugueront en entier les verbes *s'exercer* et *s'avancer.*

DICTÉE.

La géographie divise le globe en cinq parties, savoir : l'Europe, l'Asie, l'Afrique, l'Amérique et l'Océanie; elle subdivise ces grandes régions en empires, en royaumes, en républiques, en provinces, etc.; elle examine les produits, les richesses et les propriétés de ces contrées; elle parle du caractère des peuples qui les habitent, de leurs mœurs, de leurs usages, des diverses branches de leur commerce, etc. La connaissance de la géographie est utile aux voyageurs, aux commerçants, aux historiens et à presque tous les hommes.

DEVOIRS ÉCRITS.

1. *Mettre au pluriel les noms donnés :*

Filous, bercails, rideau*x*, jumeau*x*, enjeu*x*, vœu*x*, régals, (signal) signaux, (cardinal) cardinaux, (confessionnal) confessionaux, caillou*x*, (ventail) ventaux, perdreau*x*, gluau*x*, aveu*x*, cheveu*x*, (mal) maux, (fanal) fanaux, (végétal) végétaux, genou*x*, (vantail) vantaux, rouleau*x*, plumeau*x*, désaveu*x*, (arsenal) arsenaux, (journal) journaux, (rival) rivaux, cals, pou*x*, (travail) travaux, ormeau*x*, rameau*x*, neveu*x*, (canal) canaux, (tribunal) tribunaux, (amiral) amiraux, verrous, poitrails, hameau*x*, créneau*x*, moyeu*x*, (vassal) vassaux, (hôpital) hôpitaux, sous, anneau*x*, panneaux, (capital) capitaux, (cristal) cristaux, (piédestal) piédestaux, (total) totaux, carnavals, matous, étourneau*x*, paonneau*x*, pigeonneau*x*, trous, chêneau*x*, traîneau*x*, tonneau*x*, chéneau*x*.

2. *Conjuguer* s'exercer, s'avancer, se placer, *aux modes 2, 3 et 5, en changeant de verbe à chaque personne.*

MODÈLE: 2. Je m'exerce, tu t'avances, il se place, nous nous exerçons, vous vous avancez, ils se placent. — Je m'exerçais... 3. Je m'exercerais... 5. Que je m'exerce...; — Que je m'exerçasse, que tu t'avançasses, qu'il se plaçât, que nous nous exerçassions, que...

3. *Remplacer les points par le son* o *bien orthographié.*

Une frau*de*, des complo*ts*, des défau*ts*, les coco*s*, les échos de la forê*t*, les fléau*x*, des préau*x*, un folio, le galo*p* du cheval, le siro*p* de groseille, un joli trio, des brocs de vin, des accrocs, les dépô*ts*, les entrepô*ts*, des réchau*ds*, des fabliau*x*, des sarrau*x*, un solo, les impô*ts*, des artichau*ts*, des étau*x*, des gluau*x*, des dominos, le chao*s*, des suppô*ts*, des soubresau*ts*, des lourdau*ds*, des badau*ds*, des joyau*x*, des pianos, des clos, des enclos, les gruau*x*, les noyau*x*, un propos, des aloyau*x*, des tuyau*x*, les boyau*x*, des crapau*ds*, des hoyau*x*.

114ᵉ LEÇON.

Pluriel des noms.

EXERCICE ORAL.

REMARQUE : Les noms *aïeul*, *ciel*, *œil* ont deux formes différentes pour le pluriel.

RÈGLES : 1° *Aïeul* s'écrit au pluriel *aïeux* lorsqu'il désigne les ancêtres en général : « Enfants, soyez dignes de vos *aïeux*. » — S'il désigne des particuliers, il rentre dans la règle générale : « Mes *aïeuls* paternels sont morts très-âgés. »

2° *Ciel* s'écrit au pluriel *cieux* : « Jésus est monté au plus haut des *cieux*; » mais il rentre dans la règle générale lorsqu'il désigne des climats, des dessus de lit, des hauts de tableaux : « des *ciels* de lit, des *ciels* de tableau. »

3° *Œil* s'écrit *yeux* au pluriel : «Ayez les *yeux* fermés; » mais il est soumis à la règle générale lorsqu'il est partie d'un nom composé : « des *œils*-de-bœuf (fenêtres rondes), des *œils*-de-perdrix (pierres précieuses).

1. Les élèves rendront compte de l'orthographe des mots *aïeul, ciel, œil,*... au pluriel.

2. Ils rediront les treize noms, qui se terminent par *au* au singulier. — Fléau, préau, fabliau, sarrau, étau...

3. Ils analyseront la phrase suivante :

Texte d'analyse : On trouve dans le sein de la terre des métaux précieux.

4. Ils conjugueront en entier les verbes *enrichir* et *s'enrichir*.

DICTÉE.

Le globe ou la terre offre à sa surface des hauteurs, des profondeurs, des trous, des précipices, des champs, des mers, des marais, des fleuves, des gouffres, des volcans; à la première inspection, nous ne découvrons en tout cela aucune régularité, aucun ordre. Si nous pénétrons dans son intérieur, nous y trouverons des métaux, des pierres, des cailloux, des cristaux, des sels, des terres, des eaux, placés aussi sans ordre. Tout y est dans une confusion qui nous présente un amas de débris et un monceau de ruines. Cependant nous habitons ces ruines; et les hommes, les animaux, les végétaux, se succèdent sans interruption sur cette terre qui semble un chaos, mais où tout marche avec un ordre et une régularité qui nous font voir la puissance et la sagesse du Maître de l'univers.

DEVOIRS ÉCRITS.

1. *Mettre au pluriel les noms donnés :*
Caporal *aux*, général *aux*, drapeaux, barreaux, trousseaux, liteaux, zéros, narvals, bigarreaux, vermisseaux, numéros, cheval *aux*, haras, embarras, tréteaux, carreaux, ciseaux, repos, métal *aux*, national *aux*, compas, ananas, coutelas, râteaux, lapereaux, fuseaux, boyaux, original *aux*, galimatias, cabas, caveaux, passereaux, réseaux, taux, faux tranchantes, niveaux, poireaux, coteaux, minéral *aux*, vers alexandrins, travers, tiers, entremets, chevreaux, sureaux, écriteaux, creux, religieux, chartreux, preux, lépreux, cautères, loochs, pourpoints, tourtereaux, municipal *aux*, châssis, vernis, colis, gâchis, rosiers, alouettes, zéphyrs, rennes, ciels de tableau, œils-de-chat (sorte d'agate), œils-de-bœuf, l'œil du bœuf *les yeux du bœuf*, l'œil de la perdrix *les yeux de la perdrix*.

2. *Conjuguer* s'appauvrir, s'enrichir, s'enorgueillir, *au*

singulier des modes 2, 3 et 5, en changeant de verbe à chaque personne.

Modèle : 2. Je m'appauvris, tu t'enrichis, il s'enorgueillit. — Je m'appauvrissais, tu t'enrichissais,... 3. Je m'appauvrirais... Je me serais appauvri... 5. Que je m'appauvrisse...

3. *Conjuguer* s'appauvrir *aux modes 1 et 4.*

Modèle : 1. S'appauvrir, s'être appauvri, s'étant appauvri, s'appauvrissant, appauvri.—4. Appauvris-toi, appauvrissons-nous, appauvrissez-vous.

4. *Analyser :* L'aumône n'appauvrit jamais.

Modèle : *L'* ou *la*, art. s. fém. sing. dét. *aumône; aumône*, n. comm. fém. sing. sujet de *appauvrit*; *ne jamais,* adverbe qui modifie *appauvrit*; *appauvrit*, verbe 2e conjug. prés. de l'ind. 3e pers. du sing.

115e LEÇON.

Récapitulation sur le pluriel des noms (Gr. n°s 31 à 37).

EXERCICE ORAL.

1. Les élèves réciteront la règle générale et les règles particulières relatives au pluriel des noms.

2. Ils épelleront au pluriel *vantail; camail, étau, tuyau, amiral, écho, général...*

3. Ils énuméreront les noms qui se terminent par *au* au sing. — Fléau, préau, fabliau, sarrau, étau, gluau...

4. Ils conjugueront en entier les verbes *étonner* et *s'étonner.*

COMPOSITION.

A. *Souligner les noms du pluriel.*

Les *Européens* commercent entre eux et avec les *habitants* des quatre autres *parties* du monde. — Les *Espagnols* tiraient autrefois de l'Amérique une immense quantité d'or et d'argent qu'ils répandaient dans l'Europe en échange de toutes *sortes* de *marchandises.* — La connaissance de la géographie est utile surtout aux *voyageurs*, aux *commerçants* et aux *historiens.* — Les *hommes*, les *animaux*, les *végétaux* se succèdent sans interruption sur cette terre qui semble un chaos, et où cependant tout marche avec un ordre admirable. — Parmi vos *aïeux* un grand nombre ont été illustres.

B. *Ecrire au pluriel :*

Prodigue*s*, gueu*x*, traître*s*, voleur*s*, accident*s*, catastrophe*s*, désavantage*s*, bambou*s*, hibou*x*, licou*s*, écrou*s*, écho*s*, sirop*s*, fléau*x*, tuyau*x*, boyau*x*, joyau*x*, gouvernail*s*, éventail*s*, soupirail *aux*, émail *aux*, rail*s*, seau*x* vides, sceau*x* apposés, essieu*x*, pieu*x*, jeu*x*, minéral *aux*, canal *aux*, tribunal *aux*, confessionnal *aux*, hôpital *aux*, bals, carnavals, régals, pigeonneau*x*, traîneau*x*, tonneau*x*, faux tranchante*s*, lépreu*x* guéri*s*, trousseau*x*, marqués, œils-de-bœuf (fenêtres), œil *yeux*, mon aïeul (grand-père) *mes aïeuls*.

C. *Écrire le verbe*

S'avancer *au présent de l'impératif.*

Se réjouir *au passé indéterminé en supposant les sujets féminins.*

Supplier *au pluriel du présent et de l'imparfait de l'indicatif.*

S'enorgueillir *au singulier du plus-que-parfait de l'indicatif.*

MODÈLE : Avance-toi, avançons-nous, avancez-vous. — Je me suis réjouie, tu t'es réjouie, elle s'est réjouie, nous nous sommes réjouies... — Nous supplions, vous suppliez, ils supplient; nous suppliions, vous suppliiez, ils suppliaient. — Je m'étais enorgueilli....

DEVOIRS ÉCRITS.

1. *Remplacer les points par le son* o *bien orthographié* (les noms sont tous au singulier).

Symbole, *honneur*, aumône, *hôpital*, hospice, *autorité*, homicide, hypocrisie, malhonnêteté, cruauté, débauche, déshonneur, égoïsme, *horreur*, causerie, cachot, sanglot, symptôme, échauffement, hémorragie, *hoquet*, jaunisse, moribond, myopie, nausée, vomissement, cauchemar, rougeole, variole, idiot, manchot, myope, la mauve, une dose, un looch, un cautère, la guimauve, l'essor de l'oiseau, le saut du lièvre, un lot gagné, un rôle paraphé, un vote favorable, une pose (attitude), une pause (repos en lisant), un bloc de marbre, une grotte, la hauteur, l'horizon, un jet d'eau, un royaume, une faux, un bois de haute futaie, un saule, un bouleau, le laurier, l'aubépine, un baudet, un bigarreau (cerise), le chaume, le fauchage, une hotte (panier), le pavot, le coquelicot.

2. *Conjuguer* rôder, enrôler, côtoyer (¹), *aux temps simples des modes* 2, 3 *et* 5, *en changeant de verbe à chaque personne.*

MODÈLE : 2. Je rôde, tu enrôles, il côtoie, nous rôdons, vous enrôlez, ils côtoient.— Je rôdais... Je rôdai... Je rôderai...— 3. Je rôderais...— 5. Que je rôde... Que je rôdasse...

3. *Conjuguer* s'enrôler *aux modes* 1 *et* 4.

MODÈLE : 1. S'enrôler, s'être enrôlé... 4. Enrôle-toi..,

4. *Analyser* : Vos travaux dureront peu, et la récompense en sera éternelle.

MODÈLE : *Vos,* adj. possess. masc. pl. dét. *travaux;... peu,* adverbe modif. *dureront; et,* conjonction liant deux propositions; *...en,* pron. pers. 3ᵉ pers. masc. pl. complément déterminatif de *récompense...*

---

1 Vous changerez l'*y* en *i* devant un *e* muet.

116e LEÇON.

Des déterminatifs du nom.

EXERCICE ORAL.

1. Le maître fera écrire au tableau des phrases semblables à celles-ci : « La bonté.. est infinie.— L'homme.. est heureux même en ce monde. — Le premier jour... arrivera bientôt. »

Il fera remarquer que le nom suivi des points de suspension appelle un déterminatif; il exercera les élèves à trouver ce déterminatif, qui ordinairement est un nom précédé d'une préposition : « bonté *de Dieu*, homme *de bien*, premier jour *de l'année*. »

2. Les élèves analyseront la phrase suivante :

TEXTE D'ANALYSE : Le lit d'un malade est pour lui l'autel du sacrifice.

(Les mots *malade* et *sacrifice* seront appelés compléments déterminatifs des noms auxquels ils se rapportent.)

3. Ils analyseront encore : « Le prince Albert, les rois Richard et Jean-sans-Terre, l'empereur Charlemagne, la reine Christine, le général Drouot, les maréchaux Lannes et Soult.., » et appelleront le dernier nom compl. déterminatif du premier (1).

MODÈLE : *Albert*, n. propre masc. sing. compl. déterminatif de *prince*; ...*Richard*, n. propre masc. sing. 1er compl. déterminatif de *rois*; ...*Jean-sans-Terre*, n. pr. masc. sing. 2e compl. déterminatif de *rois*...

DICTÉE.

LE RENNE.

Le renne, une des espèces de cerfs qui se distinguent par le peu d'élévation des jambes, la longueur du poil et des oreilles, l'épaisseur des sabots, n'existe que dans les contrées où le froid est excessif. Les lapons seuls paraissaient avoir tiré tout le profit possible des rennes, qui leur tiennent lieu tout à la fois de vaches, de brebis, de chèvres et de chevaux. Le lait du renne, suivant sa préparation, fournit du fromage, du beurre ou du suif; la chair de cet animal est succulente; la peau se taille en vêtements; les tendons servent de fils et de cordes lorsqu'ils sont réunis; les os sont travaillés en cuillers, en marteaux, etc. Les lapons, montés sur des traîneaux que tirent les rennes, peuvent parcourir jusqu'à cent cinquante kilomètres par jour; ces pauvres animaux, sobres et laborieux, se nourrissent de mousse, qu'ils prennent le plus souvent sous la neige; ils dévorent aussi des bourgeons, des grenouilles, de petites couleuvres, des rats de montagne. (*Magasin pittoresque*.)

DEVOIRS ÉCRITS.

1. *Ramener au singulier les noms donnés au pluriel.*

Les châssis des croisées, les coutelas des bandits, les œils-

---

1 On pourrait également voir le mot principal dans le nom propre, et considérer le nom commun comme en étant un explicatif.

de-bœuf, des œils-de-chat, les premiers vers de la page, des ciels de tableaux, les zéphyrs du printemps, — les agitations des fiévreux, les opérations des chirurgiens, des symptômes du choléra, les effets des contre-poisons, les premiers jours de convalescence, les dernières convulsions des cholériques, les dégoûts de l'hydropique, les délires du somnambule, les démangeaisons de la tête, les désolations des détenus, des cris de détresse, des actes de démence, des jours de diète, des cataplasmes de farine de lin, des compresses d'eau-de-vie camphrée, des décoctions de fleurs de tilleul, des douches d'eau froide, les contraintes des prisonniers, les dépits des vaniteux, des habits de deuil, les coliques, des crispations, des crampes, les diarrhées, les dyssenteries, des dartres, des défaillances, des déplaisirs, les dévastations, des échardes, des égratignures, des difformités.

Modèle : Le châssis de la croisée, le coutelas du bandit, l'œil-de-bœuf, un œil-de-chat, le premier vers de la page, un ciel de tableau, le zéphyr du printemps, l'agitation du fiévreux, l'opération du chirurgien, un symptôme du choléra, l'effet du contre-poison, le premier jour de convalescence, la dernière convulsion du cholérique, le dégoût de l'hydropique...

2. *Conjuguer* nettoyer *et* essuyer, *aux temps simples des modes* 2, 4 *et* 5, *en changeant de verbe à chaque nombre.*

Modèle : 2. Je nettoie, tu nettoies, il nettoie, nous essuyons, vous essuyez, ils essuient. — Je nettoyais... Je nettoyai... Je nettoierai...— 4. Nettoie, essuyons, essuyez...— 5. Que je nettoie...

3. *Conjuguer* s'assujettir *au singulier des temps composés en supposant le sujet féminin.*

Modèle : Je me suis assujettie, tu t'es assujettie...

4. *Analyser :* Les gens à gueule de lion ont un cœur de lièvre.

Modèle : ...*à,* prép. faisant rapporter *gueule* à *gens ; gueule,* n. comm. fém. sing. compl. déterminatif de *gens ; de,* prép. faisant rapporter *lion* à *gueule ; lion,* n. comm. masc. sing. compl. déterminatif de *gueule...*

117e LEÇON.

De l'analyse du nom.

EXERCICE ORAL.

Principes : 1. Dans l'analyse du nom on doit dire la nature, l'espèce, le genre, le nombre et la fonction.

2. Les fonctions ordinaires du nom sont d'être sujet, ou attribut, ou complément.

Quelquefois le nom n'est employé que pour nommer la personne à qui l'on parle; on dit alors qu'il est mis en apostrophe.

1. Les élèves liront ou réciteront les principes précédents, et le maître s'assurera qu'ils les comprennent.

2. Ils analyseront les noms compris dans les phrases suivantes, ou dans d'autres analogues, que le maître aura fait écrire sur le tableau noir.

Texte d'analyse : Le juste est l'image de Dieu sur la terre. — Mes enfants, sacrifiez toujours le plaisir au devoir.

3. Ils conjugueront en entier *consoler* et *se consoler*.

DICTÉE.

LA NATURE A L'AURORE.

L'aurore nous découvre, pour ainsi dire, une nouvelle et superbe création. Elle met sous nos yeux la terre dans tout l'appareil de sa magnificence : les montagnes avec les grands bois qui les couronnent, les coteaux avec les vignes qui les tapissent, les campagnes avec les moissons qui les couvrent, les prairies avec les rivières qui les arrosent. Leur verdure n'eut jamais plus de fraîcheur; les rayons du jour naissant brillent agréablement à travers les feuilles de ces rosiers sauvages; ils dorent le plumage de l'alouette, qui, soutenue par les zéphyrs, fait retentir les airs de ses chants variés. Mille oiseaux sur le sommet des arbres, les bergers dans les vallons, et toutes les autres créatures, à leur manière, célèbrent de concert les attraits de la nature, qui paraît s'éveiller d'un paisible sommeil. Au bienfait de la renaissance du monde l'aurore en ajoute un second qui n'est pas moins précieux : elle fait aussi revivre l'homme en le tirant du sommeil, et l'avertit du moment où il doit se remettre au travail, source pour lui du vrai bonheur.   (*Leçons de la Nature*).

DEVOIRS ÉCRITS.

1. *Achever ou compléter les phrases données.*

L'année comprend douze *mois*, ou cinquante-deux *semaines*, ou trois cent soixante-cinq *jours*. Voici les noms des douze mois : *janvier, février, mars, avril, mai, juin, juillet, août, septembre, octobre, novembre, décembre.* Les jours de la semaine ont été appelés *dimanche, lundi, mardi, mercredi, jeudi, vendredi, samedi.* Les quatre saisons de l'année sont le *printemps*, l'*été*, l'*automne* et l'*hiver*.

Les quatre fêtes d'obligation qui peuvent tomber un jour de semaine sont *Noël, l'Ascension, l'Assomption, la Toussaint.* La fête de *Pentecôte* se célèbre cinquante jours après Pâques. L'*Avent* est le temps qui précède Noël, le *carême* est celui qui précède Pâques.

Les quatre âges de la vie sont l'*enfance*, l'*adolescence* ou la *jeunesse*, la virilité et la *vieillesse*.

Les astres que nous observons au firmament sont le *soleil*, la *lune*, les *étoiles*, les planètes et les comètes.

On appelle sexagénaire celui qui a soixante ans, *septuagénaire* celui qui en a soixante-dix, *octogénaire* celui qui en a quatre-vingts, nonagénaire celui qui en a quatre-vingt-dix, et *centenaire* celui qui en a cent.

2. *Conjuguer* céder, accéder, concéder, solfier, psalmodier, célébrer, *aux modes 2, 3 et 5, en changeant constamment de verbe.*

3. *Analyser :* Le grand-prêtre Aaron était frère de Moïse. — Crois-moi, Hippolyte, aie toujours pour ton père la plus grande déférence.

Modèle : ...*grand-prêtre,* n. comm. composé masc. sing. sujet de *était frère; Aaron,* n. propre masc. sing. compl. déterminatif de *grand-prêtre...*

Crois, verbe 4ᵉ conj. présent de l'impératif 2ᵉ pers. du sing.; *moi,* pron. pers. 1ʳᵉ pers. masc. sing. compl. direct de *crois; Hippolyte,* n. propre masc. sing. mis en apostrophe; *aie,* verbe 3ᵉ conj. prés. de l'impératif 2ᵉ pers. du sing...

118ᵉ LEÇON.

Analyse du nom.

EXERCICE ORAL.

1. Les élèves analyseront la phrase suivante :

Texte d'analyse : Mon enfant, réprime la colère dès son principe.

Modèle : ...*enfant,* n. comm. masc. sing. mis en apostrophe; ...*colère,* n. comm. fém. sing. compl. direct de *réprime; dès,* prép. faisant rapporter *principe* à *réprime;... principe,* n. comm. masc. sing. compl. indirect de *réprime.*

2. Ils conjugueront en entier le verbe *souffrir,* afin de préparer le 2ᵉ des *devoirs écrits.*

DICTÉE.

SIMPLICITÉ DANS LES HABITS.

Charlemagne portait en hiver un simple pourpoint fait de peau de loutre et une tunique de laine; il mettait sur ses épaules un manteau bleu, et n'avait, pour chaussure, que des bottines ou des sandales retenues par des bandes de diverses couleurs. Quand quelques jeunes seigneurs se présentaient devant lui vêtus de fourrures précieuses et d'étoffes de soie, il les menait avec lui à la chasse, et leur faisait traverser les broussailles et les marécages. On peut penser en quel état tous ces beaux habits étaient au retour : « Vous voilà bien transformés, disait-il en riant; vos belles fourrures sont perdues, tandis que mon gros manteau n'est ni moins beau, ni moins bon. »

DEVOIRS ÉCRITS.

1. *Extraire du texte ci-après*, 1° *tous les noms sujets*, 2° *tous les noms compléments déterminatifs d'autres noms*, 3° *tous les noms compléments de verbes.*

Le médecin *sj* (1) a reconnu les symptômes *c* d'un anévrisme *cd*, — Gabriel *sj* souffre beaucoup d'un catarrhe *c*, sa toux *sj* est violente; déjà dans son enfance *c* il avait eu la coqueluche *c*, — l'infirmier *sj* a mis du cérat *c* sur mes engelures *c.*, — L'émétique *sj* provoque des nausées *c*. — Nous avons effilé du linge *c* pour faire de la charpie *c*. — On m'a placé un emplâtre *c* sur le dos *c* et un vésicatoire *c* au bras gauche *c*. — Charles V *sj* mourut des suites *c* d'un empoisonnement *cd* — Ma sœur *sj* est paralytique. — L'enflure *sj* de votre pied *cd* a diminué. — J'éprouve un malaise *c*, un engourdissement *c* et une faiblesse *c* extrême. — Ma maladie *sj* a commencé par un enrouement *c*, un léger rhume *c* que j'ai négligé, et elle est devenue maintenant une fluxion *c* de poitrine *cd* assez grave. — Sans le repos *c* on ne guérit pas d'une entorse *c*. — Les victimes *sj* de l'épidémie *cd* furent nombreuses. — Les épileptiques *sj* éprouvent des crises *c* nerveuses effrayantes.

Modèle :
{ *Sujets :* médecin, Gabriel, toux,...
{ *Compl. de noms :* anévrisme, empoisonnement...
{ *Compl. de verbes:* symptômes, catarrhe, enfance...

2. *Conjuguer le verbe* souffrir *aux temps simples de l'indicatif, en employant pour compléments indirects les noms ci-après.*

Un épuisement, un érysipèle, une fracture, la gale, une gerçure, une hernie, — une hydropisie, une indigestion, une inflammation, une irritation, la lèpre, une meurtrissure, — la migraine, une palpitation, une piqûre, une pleurésie, une pustule, une pulmonie, — un rhumatisme, le scorbut, la surdité, la rougeole, le torticolis, la cécité.

Modèle: Je souffre d'un épuisement, tu souffres d'un érysipèle... — Je souffrais d'une hydropisie... — Je souffris de la migraine... Je souffrirai d'un rhumatisme, tu souffriras du scorbut...

3. *Conjuguer le verbe* céder *aux modes 1 et 4.*

4. *Analyser :* Les misères de cette vie sont innombrables.

---

1 Nous indiquons les sujets par *sj*, les compléments déterminatifs des noms par *cd*, les autres compléments simplement par *c*.

119ᵉ LEÇON.

Analyse du nom.

EXERCICE ORAL.

1. Les élèves réciteront tout le chapitre du nom.

2. Ils feront l'analyse de la phrase suivante :

Texte d'analyse : Jésus, fils de David, ayez pitié de moi.

(Le nom *fils* s'appellera complément explicatif, parce qu'il n'est pas employé pour préciser le sens du nom *Jésus*, mais seulement pour l'expliquer.)

Modèle : *Jésus*, n. pr. masc. sing. mis en apostrophe; *fils*, n. comm. masc. sing. complément explicatif de *Jésus*; *de*, prépos. qui fait rapporter *David* à *fils*; *David*, n. prop. masc. sing. compl. déterminatif de *fils*; *ayez*, verbe 3ᵉ conj. prés. de l'imp. 2ᵉ pers. du pl. employé pour la 2ᵉ du sing.; *pitié*, n. comm. fém. sing. compl. direct de *ayez*; *de*, prép. qui fait rapporter *moi* à *ayez*; *moi*, pron. pers. 1ʳᵉ pers. masc. sing. compl. indirect de *ayez*.

3. Ils conjugueront aux temps simples *soigner un malade*, et aux temps composés *s'enrhumer aisément*.

DICTÉE.

JOSEPH.

Joseph, fils de Jacob, se distingua dès son enfance par sa sagesse et sa piété; l'amour que son père lui portait, et divers songes annonçant sa grandeur future, excitèrent la jalousie de ses frères, qui le vendirent à des marchands ismaélites; ceux-ci le menèrent en Égypte, où il devint l'esclave d'un officier nommé Putiphar.

Quelques années après, Joseph, inspiré du Ciel, expliqua un songe mystérieux qu'avait eu le roi Pharaon; ce prince l'appela alors auprès de sa personne, l'établit son ministre, et ordonna à tous ses sujets de lui obéir.

Bientôt les enfants de Jacob furent contraints par une famine de venir chercher du blé en Égypte. Joseph, s'étant assuré qu'ils se repentaient de leur crime, se fit connaître à eux, et leur ordonna d'aller chercher leur père.

Jacob vint en effet s'établir en Égypte avec toute sa famille, composée alors de soixante-dix personnes; il vécut encore dix-sept ans.

Après la mort de ce saint patriarche, Joseph fit transporter son corps au pays de Chanaan, dans le tombeau d'Abraham. Il mourut lui-même à l'âge de cent dix ans, en annonçant à ses frères que Dieu les visiterait, et les ferait passer dans la terre qu'il leur avait promise.

DEVOIRS ÉCRITS.

1. *Les élèves copieront les noms suivants, en indiquant par* m *ou* f *le genre de chacun d'eux.*

Esculape *m*, Galien *m*, saignée *f*, sangsue *f*, frisson *m*, picotement *m*, gangrène *f*, goître *m*, léthargie *f*, mortalité *f*, pâleur *f*, pus *m*, teigne *f*, tumeur *f*, typhus *m*, venin *m*, remède *m*, potion *f*, pommade *f*, pilule *f*, pharmacien *m*, pansement *m*, onguent *m*, médicament *m*, infusion *f*, millepertuis *m*, infirmerie *f*, guérison *f*, tisane *f*, thé *m*, vaccin *m*, virus *m*, vermifuge *m*, vomitif *m*, folie *f*, fou *m*, forcené *m*, forcenée *f*, animosité *f*, frénésie *f*, rage *f*, insomnie *f*, niaiserie *f*, niais *m*, vertige *m*, péril *m*, épouvante *f*, effroi *m*, stupeur *f*, frayeur *f*, perplexité *f*, terreur *f*, entrave *f*, gémissement *m*, gêne *f*, jeûne *m*, langueur *f*, mélancolie *f*, nostalgie *f*, plainte *f*, pleurs *m*, suffocation *f*, évanouissement *m*, syncope *f*, tribulation *f*, tristesse *f*, scrupule *m*, répréhension *f*, répression *f*, mendicité *f*, mendiant *m*, perclus *m*, contusion *f*, malaise *m*.

2. *Conjuguer le verbe* panser *au singulier des temps simples du conditionnel et du subjonctif, en employant pour compléments directs :*

Ton vésicatoire, son cautère, ma brûlure, — mes engelures, tes gerçures, ses plaies, — cet ulcère, ton furoncle, sa foulure.

Modèle : 3. Je panserais ton vésicatoire, tu panserais son cautère, il panserait ma brûlure. — 5. Que je panse mes engelures, que tu panses tes gerçures, qu'il panse ses plaies. — Que je pansasse cet ulcère, que tu pansasses ton furoncle, qu'il pansât sa foulure.

3. *Conjuguer le verbe* penser *aux temps simples de l'indicatif, en employant pour compléments indirects les noms suivants :*

Dieu, la destinée, son avenir, notre éducation, votre perfection, leur progrès, — ces aventures, ces événements, l'avénement de la dynastie carlovingienne, notre excursion, mon expédient, vos détours, — cette circonstance, notre gageure, notre projet, l'enfer, la mort, l'éternité, — vous, moi, nous, toi, eux, lui.

Modèle : Je pense à Dieu, tu penses à ta destinée, il pense à son avenir, nous pensons à notre éducation...—Je pensais à ces aventures, tu... — Je pensai à cette circonstance, tu... — Je penserai à vous, tu penseras à moi....

Analyser : Visitez les malades et les prisonniers.

Modèle : *Visitez*, verbe 1re conj. prés. de l'imp. 2e pers. du pl...; *malades*, n. comm. masc. pl. compl. direct de *visitez ; et*, conjonction qui lie deux compléments directs de *visitez ; les* art. s. masc. pl. dét. *prisonniers ; prisonniers* n. comm. masc. pl. compl. direct de *visitez.*

120ᵉ LEÇON.

Récapitulation sur le nom.

EXERCICE ORAL.

1. Les élèves seront interrogés sur tout le chapitre du nom.

2. Ils conjugueront en entier le verbe *célébrer*, et le maître leur fera remarquer que l'*é* fermé de l'avant-dernière syllabe se change en *e* ouvert chaque fois qu'il est suivi d'une syllabe muette.

3. Ils conjugueront les temps simples du verbe *solfier* et diront à quel temps et à quelles personnes il se rencontre deux *i* consécutifs — *A l'imparfait de l'indicatif :* « nous solfiions, vous solfiiez » *et au présent du subjonctif :* « que nous solfiions, que vous solfiiez. »

COMPOSITION.

A. *Souligner les noms sujets.*

Le *renne* n'existe que dans des contrées où le *froid* est excessif ; la *chair* de cet animal est très - succulente. — Les *rayons* du jour naissant dorent le plumage de l'alouette ; tous les *oiseaux* célèbrent les attraits de la nature. — *Joseph* fit transporter au pays de Chanaan le corps de son père,— L'*infirmier* panse le blessé. — *Jules* pense à réaliser son projet.

B. *Souligner les noms compléments déterminatifs ou explicatifs d'autres noms.*

Les symptômes du *choléra*, les délires des *fiévreux*, les dégoûts des *hydropiques*, la pâleur du *moribond*. — Charlemagne, le grand *empereur* d'*Occident*, portait en hiver un simple pourpoint de *peau* de *loutre*. — Solennisons Pâques, la grande *fête* des *chrétiens*. — Je préfère le mois d'*août* au mois de *septembre*.

C. *Souligner les noms compléments directs.*

Les rennes dévorent des *bourgeons*, des *grenouilles* et de petites *couleuvres*. — Nous avons effilé du *linge* pour faire de la *charpie*. — Nous éprouvâmes une grande *frayeur*. — Allez à l'infirmerie, on mettra de l'*onguent* sur votre brûlure.

D. *Souligner les noms compléments indirects.*

Je souffre d'un *rhume*. — On m'a mis un vésicatoire au *bras* gauche. — J'ai bien souffert d'une *piqûre* au *doigt*.— Joseph se distingua dès son *enfance* par sa *sagesse* et sa *piété*.

E. *Ecrire le verbe*

Nettoyer *au présent du conditionnel.*

Psalmodier *au pluriel du présent du subjonctif.*

Céder *au singulier du futur simple de l'indicatif.*

MODÈLE : Je nettoierais, tu nettoierais... — Que nous psalmodiions, que vous psalmodiiez, qu'ils psalmodient.—Je céderai, tu céderas, il cédera.

DEVOIRS ÉCRITS.

1. *Remplacer les points par le son an bien orthographié.*

Adam, Samson, Ambroise, Antiochus, Bertrand, Bonaventure, Besançon, Ferdin*and*, Laur*ent*; — l'embonpoint, les *entr*ailles, le flanc (côté), le v*entr*e, les gencives, la h*anch*e, les m*embres*, le menton, une phal*ange*, la tempe, le tempér*am*ent, le tympan; — l'enceinte du couvent, l'en-censoir, un *enter*rement, l'évangile, un m*and*ement, l'ostensoir, le sanctuaire, le Rédempteur, un suffrag*ant*.

Ambition, arrog*ance*, attentat, bandit, contravention, contreb*ande*, dissension, emportement, intempér*ance*, li-cence, malveill*ance*, m*ensonge*, nonchal*ance*, indolence, offense, rancune, tentation, enfantillage, *enivrement*, exi-gence, inconst*ance*, insolence, violence, court*isan*; — clémence, complais*ance*, condescend*ance*, défér*ence*, ex-cellence, expér*ience*, persévér*ance*, préven*ance*, prud*ence*, repentir, vigil*ance*; — ampoule, accid*ent*, crampe, déman-geaison, dyssenterie, engelure, *enflure*, *enrouement*, en-torse, ongu*ent*, pansement, s*angsue*; — angoisse, an-xiété, démence, ennui, épouv*ante*, mélancolie, mendi-cité, somnambulisme.

2. *Conjuguer* emmancher, trancher, ranger, assembler, empiler, *emmener*, *aux temps simples des modes* 2, 3 *et* 5, *et en changeant constamment de verbe.*

Modèle : 2. J'emmanche, tu tranches, il range, nous as-semblons, vous empilez, ils emmènent. — J'emmanchais, tu... — J'emmanchai... — J'emmancherai... — 3. J'emmancherais... — 5. Que j'emmanche... — Que j'emmanchasse...

3. *Conjuguer* s'enrhumer *aux temps composés de l'indica-tif, en supposant les sujets du féminin.*

Modèle : Je me suis enrhumée, tu t'es enrhumée, elle s'est en-rhumée, nous nous sommes enrhumées... — Je me fus en-rhumée... — Je m'étais enrhumée... — Je me serai enrhumée..

4. *Analyser* : La crèche de Bethléem est *une* chaire sublime.

Modèle : ...*crèche,* n. comm. fém. sing. sujet de *est; de*, prép. qui fait rapporter *Bethléem* à *crèche; Bethléem,* n. propre fém. sing. compl. déterminatif de *crèche;... chaire*, n. comm. fém. sing. attribut de *crèche;... sublime* adj. q. masc. sing. qual. *chaire.*

121ᵉ LEÇON.

De l'article partitif et de l'article indéfini.

EXERCICE ORAL.

Remarques : 1° Lorsque *du, des* sont mis pour *une partie du, quelques, plusieurs,* ils sont appelés articles partitifs et ont la même fonction qu'un adjectif indéfini : « J'ai rencontré *des* militaires. Achetez *du* pain et *des* noix. »

2° Le mot *un* est un article indéfini lorsque évidemment il

n'est pas employé pour indiquer le nombre de l'objet nommé :
« Je suis *un* orphelin. — *Un* ton poli ne nuit jamais. »

QUESTIONNAIRE : Définissez l'article. — Qu'appelle-t-on article contracté? — Les mots *du*, *des* sont-ils toujours articles contractés? — Le mot *un* est-il toujours adjectif numéral? — Analysez les phrases suivantes :

TEXTE D'ANALYSE : Des enfants *même* ont gagné la couronne du martyre. — Un bon cœur est aimé de tous.

MODÈLE : *Des*, art. partitif masc. pl. dét. *enfants*; *enfants*, n. comm. masc. pl. sujet de *ont gagné*; (*même*, adverbe qui modifie *ont gagné*); *ont gagné*, verbe 1re conj. passé ind. 3e pers. du pl.; *la*, art. s. fém. sing. dét. *couronne*; *couronne*, n. comm. fém. sing. compl. direct de *ont gagné*; *du*, art. contracté mis pour *de le* masc. sing. dét. *martyre* et le fait rapporter à *couronne*; *martyre*, n. comm. masc. sing. compl. déterminatif de *couronne*. — *Un* art. indéfini masc. sing. dét. *cœur*....

Les élèves conjugueront en entier *être honnête, espérer un secours.*

DICTÉE.

NOËL.

La fête de Noël est établie pour honorer la naissance de Notre-Seigneur Jésus-Christ. C'est un grand jour, mon cher enfant, que celui où, pour nous sauver, Dieu lui-même est venu sur la terre. Afin de nous apprendre à souffrir, il se fit pauvre, lui qui est le maître de l'univers : l'étable de Bethléem fut son palais, et la crèche son berceau; Marie et Joseph n'avaient pour l'envelopper que de pauvres langes... Mais pendant que Jésus paraissait ainsi pauvre et humilié, les anges chantaient. « Gloire à Dieu au plus haut des cieux, et paix sur la terre aux hommes de bonne volonté. »

DEVOIRS ÉCRITS.

1. *Les élèves emploieront devant le premier nom l'article simple convenable, et devant le second l'article contracté, ou bien l'article simple précédé de la préposition* de.

La voix sonore *du* coq, l'azur *du* ciel, le climat *de la* zone torride, le centre *de la* circonférence, les périls *de la* navigation, la blancheur *de* l'étain, la pesanteur *du* platine, les bonds *du* faon, la structure *du* corps humain, la rareté *du* gibier, les déprédations *des* moineaux, les bords *du* Rhin, l'envergure *des* ailes *du* vautour, les serres *de* l'épervier, l'aire (ou nid) *de* l'aigle, les raccordements *de* l'ovale, les quais *de la* Saône, les cèdres *du* Liban, la punition *du* déicide, la beauté *de* l'or d'Ophir, la méfiance *des* singes, la netteté *de* l'impression, la petitesse *du* nain, le choc *des* deux convois, l'attitude *de la* sentinelle, la débâcle *de la* Seine, l'élite *des* troupes, les empreintes *des* boulets, l'équilibre *des* bassins *de la* balance, la force *des* porte-faix (pluriel), *le* geste *du* colonel, *les* magnificences *du* château, *le* maximum *des* bonnes notes.

2. *Ils conjugueront* seller, desseller, remmener, *aux temps simples des modes* 2, 3 *et* 5, *et en changeant de verbe à chaque personne.*

Modèle : 2. Je selle, tu desselles, il remmène, nous sellons, vous dessellez, ils remmènent. — Je sellais... — Je sellai... — Je sellerai... — 3. Je sellerais... — 5. Que je selle... — Que je sellasse.

3. *Ils conjugueront* desseller, *aux modes infinitif et impératif.*

Modèle : 1. Desseller, avoir dessellé... 4. Desselle... Aie dessellé...

4. *Analyser :* Les flatteurs sont des traîtres.

Modèle : ... *des*, art. partitif masc. pl. dét. *traîtres* ; *traîtres*, n. comm. masc. pl. attribut de *flatteurs*.

122ᵉ LEÇON.

Classification de l'adjectif (Gr. nᵒˢ 41 à 45).

EXERCICE ORAL.

1. Les élèves réciteront les nᵒˢ 41, 42, 43, 44 de la grammaire et répondront aux sous-questions qui leur sont adressées.

2. Ils feront autant que possible l'analyse raisonnée des noms et des adjectifs employés dans la phrase suivante :

Texte d'analyse : Employons tous les jours de notre vie à nous préparer une place dans l'heureux séjour de la paix.

3. Ils conjugueront aux temps que le maître indiquera *être inconnu, être étranger, être habile, être inconstant...*

4. Ils désigneront pour chacun des noms suivants quatre ou cinq adjectifs qui puissent lui convenir : *soldat, ouvrier, écolier, terrain, ciel...*

Modèle : *Soldat* intrépide, vaillant, courageux, vigilant, équipé, exercé,... *Ouvrier* laborieux, consciencieux, paisible, diligent, actif,... *Écolier* studieux, travailleur, obéissant, docile, silencieux...

5. Ils désigneront pour chacun des adjectifs suivants quatre ou cinq noms auxquels il puisse se rapporter : *fort, beau, compatissant, pieux...*

Modèle : L'adjectif *fort* peut qualifier *lion, cheval, chameau, éléphant...* — *Beau* peut qualifier *ciel, soleil, site, point de vue, rivage... Compatissant* peut qualifier *cœur, bienfaiteur, riche, infirmier...*

DICTÉE.

LE COQ ET LE RENARD.

On raconte qu'*un* coq était à s'ébattre *éloigné* de la ferme; près de lui vint *un* renard, qui le surprit par de *douces* paroles : « *Sire,* lui dit-il, que vous êtes *grand !* Vous avez surtout la voix sonore; jamais oiseau ne chanta mieux, si ce n'est *votre* père, que je connus autrefois. — Oh! ainsi je puis faire, » dit le coq, qui bat des ailes et ferme les yeux pour rendre *son* chant plus *mélodieux*. A l'instant, le renard s'élance, le saisit et va droit vers la forêt; il passe par *un* champ, où des chiens de berger se mettent à *sa* poursuite : « Va, dit le coq, crie-leur : *Ce coq est à moi, vous n'en aurez rien.* » Le renard veut parler; mais il lâche le coq, qui s'envole sur le haut d'*un* arbre. Le renard, *stupéfait* et *confus*, s'écrie : « *Maudite* soit la bouche qui parle quand elle devrait se taire! — *Maudit* soit, répondit le coq, l'œil qui se ferme quand il devrait veiller! »   (*Mag. pittor.*)

DEVOIRS ÉCRITS.

1. *Les élèves accompagneront chaque nom de l'adjectif qui lui convient :*

a. Noms : Nomenclature, niaiseries, opinion, oracle, orifice, otages, ouverture, paire de souliers, parts, population, polygone, précis, notions. — *Adjectifs:* Ridicules, contestée, obstrué, interminable, vérifié, fermée, ressemelée, rendus, inégales, circonscrit, historique, nombreuse, préliminaires.

b. Noms : Origine, un parallèle, parcelles, phénomènes, plan, prééminence, prérogatives, prétextes, procédé, prodige, profil. — *Adjectifs:* Récente, imperceptibles, injurieux, horizontal, incontestée, étonnants, vains ou futiles, glorieuses, dessiné, honnête, inouï.

MODÈLE : *a.* Nomenclature interminable, niaiseries ridicules, opinion contestée, oracle vérifié, orifice obstrué, otages rendus, ouverture fermée, paire de souliers ressemelée, parts inégales, population nombreuse, polygone circonscrit, précis historique, notions préliminaires.

b. — Origine récente, un parallèle injurieux, parcelles imperceptibles, phénomèmes étonnants, plan horizontal, prééminence incontestée, prérogatives glorieuses, prétextes vains ou futiles, procédé honnête, prodige inouï, profil dessiné.

2. *Ils conjugueront les temps simples de l'indicatif du verbe* être, *en employant successivement les attributs ci-après:*

Prompt, agile, adroit, prévenus, avertis, armés;—rebelle, résolu, rêveur, assermentés, suppliés, souillés; — vénéré, vacillant, tutoyé, triomphants, transformés, trempés; — tenace, sûr, stable, forts, impassibles, inébranlables.

MODÈLE : Je suis prompt, tu es agile, il est adroit, nous sommes prévenus, vous êtes avertis, ils sont armés. — J'étais rebelle... — Je fus vénéré... — Je serai tenace...

3. *Ils conjugueront à tous les temps des modes 3, 4 et 5, le verbe* s'inquiéter, *en supposant les sujets féminins.*

MODÈLE : 3. Je m'inquiéterais, tu t'inquiéterais, elle s'inquiète-

raît...—Je me serais inquiétée... nous nous serions inquiétées...
elles se seraient inquiétées.— Je me fusse inquiétée... — 4. In-
quiète-toi, inquiétons-nous, inquiétez-vous. — 5. Que je m'inquiète...—Que je m'inquiétasse...—Que je me sois inquiétée...
— Que je me fusse inquiétée...

4. *Ils analyseront* : Soyez meilleurs, vous serez plus
heureux.

Modèle : *Soyez*, verbe 4ᵉ conj. pr. de l'impératif 2ᵉ pers. du
pl.; *meilleurs*, adj. qualif. masc. pl. attribut se rapportant aux
personnes à qui l'on parle; *vous*, pron. pers. 2ᵉ pers. masc. pl.
sujet de *serez heureux*; *serez*, verbe 4ᵉ conj. futur de l'ind. 2ᵉ
pers. du pl.; *plus*, adverbe qui modifie *heureux*; *heureux*, adj.
qualif. masc. pl. attribut de *vous*.

123ᵉ LEÇON.

Analyse de l'adjectif.

EXERCICE ORAL.

1. Les élèves feront autant que possible l'analyse raisonnée
des noms, articles et adjectifs, compris dans la phrase suivante :

Texte d'analyse : Mon cher enfant, n'oublie] pas ce
proverbe : « Les épis de blé sont l'image des hommes;
ceux qui lèvent le plus la tête sont précisément les moins
chargés. »

Modèle : *Mon*, adj. parce qu'il est joint au nom *enfant* pour
le déterminer; possessif parce qu'il le détermine en y ajoutant
une idée de possession; du masc. sing. parce que *enfant* qu'il
détermine est du masc. sing.; *cher*, adj. qualif. parce qu'il est
joint au nom *enfant* pour le qualifier; du masc. sing. parce que
enfant qu'il qualifie est du masc. sing.; *enfant*, nom parce qu'il
désigne une personne; nom commun parce que ce nom convient à tous les êtres de même espèce; du masculin parce qu'on
dit : « *un* enfant, *le* petit enfant »; du sing. parce qu'il ne désigne qu'un être; mis en apostrophe parce qu'il n'est employé
que pour nommer la personne à qui l'on parle; *ce...*

2. Ils conjugueront aux temps que le maître indiquera :
*s'appliquer à ses devoirs, obéir à sa mère, travailler à son
instruction...*

DICTÉE.

LE DÉLUGE.

Les hommes étaient devenus si *méchants*, que Dieu résolut de
les exterminer. Cependant Noé, homme *juste*, ayant trouvé grâce
devant le Seigneur, reçut de lui l'ordre de bâtir l'arche : c'était
un grand vaisseau en forme de coffre; Noé y entra avec *sa*
famille. Il mit aussi dans l'arche des animaux de *toutes* les
bonnes espèces. Lorsque le temps prescrit par l'Eternel fut venu,

il plut horriblement pendant *quarante* jours et *quarante* nuits : la mer se déborda ; l'eau s'éleva d'environ *huit* mètres au-dessus des plus *hautes* montagnes ; elle fit périr les hommes, les animaux de la terre et les oiseaux du ciel. La terre ayant été *submergée* pendant *cinquante* jours, Dieu se souvint de Noé ; il envoya *un grand* vent qui sécha les eaux. *Sept* mois après le commencement du déluge, l'arche s'arrêta sur *une* montagne d'Arménie. Au bout d'*un* an, Noé en sortit ; alors il offrit *un* sacrifice à Dieu, en reconnaissance de la protection qu'il avait reçue.   (FLEURY.)

DEVOIRS ÉCRITS.

1. Les élèves, dans la lettre suivante, remplaceront les tirets par les adjectifs convenables :

UN ENFANT A SON PÈRE ET A SA MÈRE LE JOUR DE L'AN.

Mon *cher* Papa et ma *chère* Maman,

Le *premier* jour de l'an est un beau jour pour les enfants sensibles et *reconnaissants ;* mais moi, je le trouverais bien plus *beau*, si j'étais auprès de vous, si je pouvais vous donner des marques de *ma* tendresse par mes paroles et par les expressions ardentes de *mon* cœur. Je vous assure, mon *cher* Papa et *ma chère* Maman, que ce n'est pas seulement aujourd'hui que je ressens *cette* vive affection, mais que c'est tous les jours et à *tous* les instants. Oui je vous aime, et je veux vous le prouver par *ma* sagesse et mon application à l'étude ; heureux si par mes efforts je puis reconnaître comme ils le méritent tous les sacrifices que vous vous imposez afin de me procurer une *bonne* éducation !

Je prie Dieu, *tous* les jours, de récompenser *mon* cher Papa et *ma chère* Maman des soins qu'ils me prodiguent, et de vouloir bien acquitter la dette de reconnaissance de *leur* affectionné fils.

2. Conjuguer le verbe être*, aux temps simples des modes 3, 4 et 5, en employant successivement pour attributs :*
Fâché, inquiet, ennuyé, satisfaits, contents, joyeux ; — prêt, associés, réunis ; — interpellé, accusé, condamné, graciés, absous, libérés ; — immobile, agenouillé, couché, découverts, arrêtés, garrottés.

MODÈLE : 3. Je serais fâché, tu serais inquiet... — 4. Sois prêt, soyons associés, soyez réunis. — 5. Que je sois interpellé... — Que je fusse immobile...

3. Conjuguer au mode indicatif *le verbe* s'inquiéter, *en supposant les sujets féminins.*

MODÈLE : Je m'inquiète, tu t'inquiètes, elle s'inquiète... — Je m'inquiétais... — Je m'inquiétai... — Je me suis inquiétée... —

Je me fus inquiétée... — Je m'étais inquiétée... — Je m'inquiéterai... — Je me serai inquiétée...

4. *Analyser:* Un ton poli rend les bonnes raisons meilleures et souvent fait passer les mauvaises.

MODÈLE : *Un*, article indéfini masc. sing. dét. *ton; ton,* n. comm. masc. sing. sujet de *rend; poli,* adj. qualif. masc. sing. qual. *ton; rend,* verbe 4e conj. pr. de l'ind. 3e pers. du sing.; *les,* art. s. fém. pl. dét. *raisons; bonnes,* adj. qualif. fém. pl. qual. *raisons; raisons,* n. comm. fém. pl. compl. direct de *rend; meilleures,* adj. qualif. fém. pl. attribut de *raisons...*

124e LEÇON.

Féminin dans les adjectifs. — Règle générale (Gr. nᵒˢ 45 et 46).

EXERCICE ORAL.

1. Les élèves réciteront les nᵒˢ 45 et 46 de la grammaire.

2. Ils analyseront les noms et les adjectifs de cette phrase : «Mon fils, soyez d'humeur égale, affable et complaisant; que votre piété soit solide, sincère et éclairée;» ensuite ils rendront compte de l'orthographe des adjectifs féminins.

3. Ils conjugueront en entier le verbe *s'approcher.*

4. Ils désigneront pour chacun des noms suivants trois ou quatre adjectifs qui puissent s'y rapporter : *plaine, nuage, fleur, tête...*

MODÈLE : *Plaine* vaste, aride, sablonneuse, rocailleuse, immense,... *Nuage* sombre, noir, lointain, épais, impénétrable,... *Fleur* éclose, épanouie, fanée, flétrie, effeuillée,... *Tête* blanche, chauve, vénérable, découverte, couronnée...

DICTÉE.

LE NUAGE ET LA FLEUR.

La plaine est aride, l'atmosphère *embrasée*, le ciel brûlant et calme, un seul nuage, fier de ses légers flots d'argent et d'or, vogue nonchalamment dans les airs, comme *une grande voile égarée* sur l'azur de l'océan. *Pâle* et *fanée,* se mourant de soif, une fleur, dressant au ciel avec effort sa tête *suppliante,* semble adresser au nuage ces paroles : « Grand nuage, laisse tomber un peu d'eau dans mon calice. De cette pluie dont tes flancs sont chargés, Dieu m'a réservé quelques gouttes; répands-les sur moi. Grand nuage, un peu d'eau! je me meurs, et ma famille aussi.» Mais le nuage orgueilleux, méprisant l'*humble* fleur et ses trésors, s'éloigne et s'empresse de passer outre, lui refusant jusqu'à son ombre. De longtemps il ne vint pas d'autre nuage, et la fleur mourut *desséchée.* Enfants, n'imitez pas ce nuage, ayez pitié du malheureux qui vous prie, et Dieu vous bénira. *(Mag. pitt.)*

DEVOIRS ÉCRITS.

1. *Les élèves traduiront par le féminin les noms, adjectifs et pronoms ci-après:*

Berger paisible, jardinier économe, paysan robuste, cantinier prudent, fermier vigilant, héros triomphant, apprenti docile, aventurier emprisonné, baron charitable, bourgeois respecté, coiffeur habile, concurrent présenté, usurier impitoyable, comédien sifflé ; — mouton tondu, âne chargé, cerf blessé, chat caressé, chien fidèle, canard engraissé, dindon truffé, cheval indompté, lion courroucé, loup affamé, ours irrité, tigre sanguinaire, pigeon apprivoisé, jars effarouché, coq matinal, linot encagé, paon plumé, perroquet babillard (perruche).

Je serai exact, tu seras constant, il sera occupé, sois reconnaissant. Que j'aie été récompensé, que tu aies été applaudi.

Modèle : Bergère paisible, jardinière économe, paysanne robuste, cantinière prudente, fermière vigilante, héroïne triomphante, apprentie docile, aventurière emprisonnée, baronne charitable, bourgeoise respectée,.. — brebis tondue, ânesse chargée, biche blessée,... dinde truffée,... ourse irritée.... colombe apprivoisée, oie effarouchée, poule matinale, linotte encagée, paonne plumée, perruche babillarde.

Je serai exacte, tu seras constante, elle sera occupée...

2. *Ils conjugueront le verbe* s'éloigner *à toutes les formes du singulier en supposant les sujets du féminin.*

Modèle : 2. Je m'éloigne, tu t'éloignes, elle s'éloigne. — Je m'éloignais.. — Je m'éloignai... — Je me suis éloignée... — Je me fus éloignée... — Je m'étais éloignée... — Je m'éloignerai.. etc.

3. *Ils conjugueront à toutes les formes plurielles le verbe* sceller [1].

Modèle : 2. Nous scellons, vous scellez, ils scellent. — Nous scellions... — Nous scellâmes... — Nous avons scellé... — Nous eûmes scellé... — Nous avions scellé... etc...

4. *Ils analyseront :* La charité est ingénieuse.

125ᵉ LEÇON.

Récapitulation sur l'article et l'adjectif.

EXERCICE ORAL.

1. Les élèves réciteront la grammaire du n° 37 au n° 47.

2. Ils feront l'analyse raisonnée des noms, articles et adjectifs employés dans la phrase suivante :

Texte d'analyse : Nos actions sont toujours plus sincères que nos paroles (ne sont sincères).

3. Ils conjugueront en entier le verbe *s'éloigner*.

---

1 *Sceller* signifie apposer les sceaux, et encore consolider ; *seller* signifie mettre une selle.

COMPOSITION.

A. *Souligner l'article partitif.*

On entendit *des* anges qui chantaient gloire à Dieu au plus haut des cieux. *Des* bergers adorèrent Jésus dans la crèche. Voici *des* lignes qui vont du centre à la circonférence. Donnez-moi *du* pain. J'ai *des* notions précises. J'ai observé *des* phénomènes prodigieux. L'eau s'éleva de huit mètres au-dessus des plus hautes montagnes.

B. *Souligner les adjectifs.*

Maudite soit la bouche qui parle quand elle devrait se taire! Comparer Barabbas à Jésus, *quel* parallèle *injurieux*! Ayez toujours d'*honnêtes* procédés. *Tous* les jours je prie le *bon* Dieu pour *mon cher* père et *ma chère* mère. La plaine est *aride*, le ciel *brûlant* et *calme*, *un seul* nuage vogue nonchalamment dans les airs.

C. *Tourner par le féminin.*

Le fermier vigilant, le coiffeur habile, un concurrent applaudi, un loup affamé, le lion rugissant, un cerf blessé, un tigre altéré, un canard plumé.— Mon frère est constant, il réussira.

MODÈLE : La fermière vigilante, la coiffeuse habile, une concurrente applaudie, une louve affamée, la lionne rugissante, une biche blessée, une tigresse altérée, une cane plumée.— Ma sœur est constante, elle réussira.

D. *Ecrire le verbe*

Seller (signifiant mettre une selle) *au sing. du présent de l'indicatif.*

Sceller (signifiant apposer un sceau) *au sing. du présent du conditionnel.*

S'inquiéter *au sing. du passé antérieur, les sujets étant féminins.*

S'éloigner *à l'impératif.*

MODÈLE : Je selle, tu selles, il selle. — Je scellerais, tu scellerais, il scellerait. — Je me fus inquiétée, tu te fus inquiétée, elle se fut inquiétée. — Éloigne-toi, éloignons-nous, éloignez-vous.

DEVOIRS ÉCRITS.

1. *Remplacer les points par le son* in *bien orthographié.*

La ma*in*, l'*in*dex, les *in*test*in*s, les re*in*s, un te*in*t pâle, le t*ym*pan; — le se*in* de la terre, le lutr*in*, l'ence*in*te sacrée, le t*in*tement, le tocs*in*, un capuc*in*, un chapela*in*, les diocésa*in*s, le doy*en*, le métropolita*in*, le sacrista*in*; — un déda*in* outrageant, les monda*in*s, une fe*in*te reconnue, l'*in*surrection, un libert*in*, un larc*in*, l'assass*in* exécuté, un sophiste *im*bécile, un caractère taqu*in*; — une pla*in*te entendue, le vacc*in*, le ven*in*, le qu*in*qu*in*a, des s*ym*ptômes alarmants, le chagr*in*, une contra*in*te; — la s*ym*pathie, le décl*in* de la vie, une dist*in*ction, une empre*in*te, le gr*in*cem*en*t, un noble ma*in*tien, une p*in*cée, un s*ym*bole, une pén*in*sule, les conf*in*s, le lo*in*ta*in*, un souterra*in*, le bon grain, un pépin, du plantain, un brin d'herbe, le *regain* et le *sainfoin*, le sarrasin, le thym et le serpolet, l'absinthe, le jasmin, la jacinthe; — tomber en syncope, souffrir de la *faim*, être petit comme un *nain*, partager le butin, rentrer en *vainqueur*, des *pins* transplantés, des *pains* de froment.

2. *Conjuguer le verbe* partir *aux temps composés de l'indicatif, en supposant les sujets du féminin* (ce verbe prend l'auxiliaire *être*).

MODÈLE : Je suis partie, tu es partie, elle est partie... — Je fus partie... — J'étais partie... — Je serai partie...

3. *Conjuguer le verbe* partir *à tout le mode conditionnel, en supposant les sujets du masculin.*

MODÈLE : Je partirais... — Je serais parti... — Je fusse parti...

4. *Analyser* : Je penserai souvent aux conseils de ma bonne mère.

MODÈLE : ...*de*, préposition qui fait rapporter *mère* à *conseils*; ...*mère*, n. comm. fém. sing. compl. déterminatif de *conseils*.

126ᵉ LEÇON.

Féminin des adjectifs en *as, el, eil, en, on*... (Gr. nᵒˢ 47 à 50).

EXERCICE ORAL.

1. Les élèves, après avoir récité les nᵒˢ 47, 48 et 49, épelleront au féminin les adjectifs *haut, bas, rouge, vermeil, premier, cher, nouvel, douillet*... et rendront raison de l'orthographe de ces mots.

2. Ils désigneront pour chacun des noms suivants quatre ou cinq adjectifs pouvant leur convenir : *ville, contrée, sol, vaisseau.*

MODÈLE : *Ville* riche, populeuse, commerçante, animée, opulente,... *Contrée* éloignée, élevée, boisée, habitée, riante,... *Sol* humide, productif, cultivé, labouré, ensemencé;... *Vaisseau* équipé, armé, chargé, approvisionné, signalé...

3. Ils conjugueront aux temps que le maître indiquera le verbe *sembler* ou le verbe *paraître*, suivi d'un attribut comme *inquiet, ennuyé, enthousiasmé, étonné, attentif, attendri*...

MODÈLE : *Ind. pr.* Je semble inquiet, tu sembles inquiet, il semble inquiet...

DICTÉE.

L'EUROPE.

L'Europe, qui est la plus petite des parties du monde, a trois mille cinq cents kilomètres de large et trois mille neuf cents de long. L'heureuse température de son climat, dont aucune partie n'est située sous la zone torride et la grande variété de sa surface, ont dû puissamment contribuer à sa gloire. L'Europe est plus fertile que les autres parties du monde, et, quoique moins étendue, elle est plus belle et plus peuplée relativement. Les villes y sont en plus grand nombre, mieux bâties, plus populeuses et plus riches; les hommes plus doux, plus ingénieux et plus civilisés; elle seule a produit plus de héros et de savants que toutes les autres ensemble. Elle est le centre des arts, des sciences, des lettres, de la navigation et du commerce. L'aspect de l'Europe est moins brillant, moins riche que celui des belles contrées de l'Asie et de l'Amérique; le sol y est moins productif naturellement; mais l'agriculture, bien mieux dirigée, fait produire immensément à la terre. On trouve en Europe quelques mines d'or et d'argent; le cuivre, l'étain, le platine, y sont abondants; tous les autres métaux, surtout le fer, s'y trouvent en quantité.

Mots détachés. Une démarche officielle, une réputation européenne, une nation étrangère, l'histoire ancienne, notre prière quotidienne, une girafe égyptienne, une tête rase, un vieil usage, une vieille habitude, une humeur bouffonne, une larronnesse garrottée.

DEVOIRS ÉCRITS.

1. *Tourner par le féminin :*

Nouveau linger, messager confidentiel, passager las et affamé, faïencier achalandé, créancier cruel, magicien criminel, sorcier puni, tragédien applaudi, Italien intelligent mais inconstant, musicien habile, bon ménager, compagnon habituel, gardien actuel, frère cadet, bohémien suspect, Vendéen prisonnier, fripon reconnu, patron invoqué. — Écolier grandelet et douillet pourtant. Infirmier patient, prudent, discret. Louis est singulier, original, coquet et très-superficiel. Votre concitoyen est un peu fanfaron.

Complet, mignon, mutuel, perpétuel, sensuel, avant-courrier, particulier, accidentel, immortel, paroissien, surnaturel, substantiel, essentiel, mou, fou.

Modèle : Nouvelle lingère, messagère confidentielle, passagère lasse et affamée; faïencière achalandée, créancière cruelle, magicienne criminelle, sorcière punie, tragédienne applaudie, Italienne intelligente mais inconstante, musicienne habile, bonne ménagère, compagne habituelle, gardienne actuelle, sœur cadette, bohémienne suspecte, Vendéenne prisonnière, friponne reconnue, patronne invoquée. — Écolière grandelette et douillette pourtant. Infirmière patiente, prudente, discrète. Louise est singulière, originale, coquette et très-superficielle. Votre concitoyenne est un peu fanfaronne.

Complète, mignonne, mutuelle, perpétuelle, sensuelle, avant-courrière, particulière, accidentelle, immortelle, paroissienne, surnaturelle, substantielle, essentielle, molle, folle.

2. *Remplacer le nom qualifié, par celui qui est donné entre parenthèses.*

Amour fraternel (amitié), principe éternel (vérité), soin

maternel (sollicitude), revenu viager (rente), sol inhospi-
talier (terre), contour régulier (courbe), bouquet artificiel
(fleur), vin amer (liqueur), produit partiel (somme),
caractère officiel (réception), péché véniel (faute), visage
vermeil (figure), ton violet (couleur), prix net (marchandise),
voyage aérien (traversée), temps antédiluvien (époque),
office conventuel (messe), discours textuel (parole), ton
solennel (promesse), effet naturel (circonstance), mur
mitoyen (muraille).

Modèle : Amitié fraternelle, vérité éternelle, sollicitude maternelle, rente viagère, terre inhospitalière, courbe régulière,
fleur artificielle, liqueur amère..., couleur violette, marchandise
nette, traversée aérienne, époque antédiluvienne..., muraille
mitoyenne.

3. *Conjuguer le verbe* être *au singulier des temps indiqués; supposer les sujets féminins, et employer les attributs
donnés.*

Ind. pr. Gaucher, maigrelet, gras; — *Imparfait.* Fluet,
replet, muet; — *Passé dét.* Familier, altier, rancunier; —
Futur simple. Héritier, cohéritier, hospitalier; — *Futur ant.*
Inquiet, indiscret, incomplet; — *Cond. prés.* Luthérien,
chrétien, arménien; — 1ᵉʳ *passé.* Païen, arien, geôlier; —
2ᵉ *passé.* Ponctuel, universel, rationnel; — *Impératif prés.*
Prêt.

Modèle : Je suis gauchère, tu es maigrelette, elle est grasse.
— J'étais fluette, tu étais replète, elle était muette. — Je fus
familière, tu fus altière, elle fut rancunière. — Je serai héritière, tu seras cohéritière, elle sera hospitalière...

127ᵉ LEÇON.

**Féminin des adjectifs qui changent leur consonne finale en une autre
(Gr. nᵒˢ 50, 51 et 53).**

EXERCICE ORAL.

1. Les élèves, après avoir récité les nᵒˢ 50, 51 et 53, épelleront
le féminin de *bref, veuf, captif, malheureux, curieux, joueur,
trompeur,...* et rendront raison de l'orthographe de ces mots.

2. Ils désigneront pour chacun des adjectifs suivants quatre ou
cinq noms qui puissent s'y rapporter : *sauvage, forte, noir,
destructeur...*

Modèle : *Sauvage* peut qualifier *fruit, animal, peuple, nation,
caractère,... Forte* peut qualifier *odeur, tige, branche, corde,
liqueur,... Noir* peut qualifier *pain, blé, dindon, chapeau, gilet,...
Destructeur* peut qualifier *chat, chasseur, lion, principe, feu...*

3. Ils conjugueront les verbes *sembler, paraître,* être... aux
temps que le maître indiquera, en plaçant à leur suite un des

attributs *abattu, abandonné, absorbé, affairé, exercé, endormi, épuisé, émerveillé...*

I. M. Le maître leur expliquera le n° 116 de la grammaire.

DICTÉE.

LE CHAT SAUVAGE.

Dans le chat sauvage, les proportions diffèrent essentiellement de celles du chat domestique ; les pattes sont proportionnellement plus longues et plus grosses, la queue plus courte, plus grosse à son extrémité qu'à son commencement. La tête est plus forte, et toute la structure de cet animal est telle que l'exigent un exercice violent et des bonds à une grande distance. Les lèvres sont noires, ainsi que la plante des pieds. On en a trouvé de la longueur de près d'un mètre depuis le bout du museau jusqu'à l'origine de la queue. Le chat sauvage est un grand destructeur de gibier ; lorsque les fermes sont à sa portée, il n'épargne pas la volaille ; ses déprédations sont plus à craindre que celle du renard. On ne saurait calculer de combien d'aimables oiseaux chanteurs un seul chat sauvage nous prive dans le cours d'une saison.

(ARDANT.)

DEVOIRS ÉCRITS.

1. *Tourner par le féminin :*

Séculier pieux, meunier industrieux, marchand consciencieux, Alsacien émigré, Autrichien fugitif, Indien captif, Athénien libre, Egyptien affranchi, Vénitien glorieux, Espagnol patient, baron généreux, religieux contemplatif, glaneur craintif, vendangeur inactif, rôdeur oisif, plaideur ambitieux, élève attentif et laborieux, hâbleur insupportable, envieux triste, louangeur perfide, raccommodeur adroit, querelleur puni, joueur ruiné, capricieux corrigé, supérieur pensif, prieur agenouillé, inférieur maladif, bailleur malhonnête, rieur moqué, fileur payé, furieux enchaîné, curieux désappointé, paysan naïf. — Le recéleur est aussi coupable que le voleur.

MODÈLE : Séculière pieuse, meunière industrieuse, marchande consciencieuse, Alsacienne émigrée..., plaideuse ambitieuse, élève attentive et laborieuse, hâbleuse insupportable ..., querelleuse punie..., prieure agenouillée, inférieure maladive, bailleuse malhonnète,... paysanne naïve. — La recéleuse est aussi coupable que la voleuse.

2. *Remplacer le nom qualifié, par celui qui est donné entre parenthèses.*

Langage bref (voyelle), travail excessif (fatigue), jour ténébreux (atmosphère), caractère fâcheux et boudeur (humeur), cerveau creux (cervelle), ton cavalier (tenue), compte-rendu journalier (note), service annuel (messe), labeur continuel (peine), peuple chaldéen (nation), poste meilleur (position), agneau inoffensif (brebis), arrêté abusif (décision), vallon marécageux (plaine), chemin fangeux (route), coursier fougueux (jument), propos insidieux (louange), mal contagieux (maladie), train princier et dispendieux (suite), style enchanteur (mélodie), feu vengeur (flamme), bulletin trimestriel (séance), mon vieux père.

MODÈLE : Voyelle brève, fatigue excessive, atmosphère ténébreuse, humeur fâcheuse et boudeuse..., note journalière, nation chaldéenne, position meilleure... suite princière et dispendieuse, mélodie enchanteresse, flamme vengeresse, séance trimestrielle, ma vieille mère.

3. *Conjuguer le verbe* être *au singulier des temps simples; employer successivement les attributs ci-après et supposer les sujets du féminin.*

Vif, studieux, connaisseur; — blanchisseur, astucieux, inattentif; — silencieux, actif, railleur; — incisif, captieux, moqueur; — persuasif, communicatif, pernicieux; — gracieux; — revendeur, marchand, hasardeux; —exclusif, insidieux, obséquieux.

MODÈLE : Je suis vive, tu es studieuse, elle est connaisseuse. — J'étais blanchisseuse...— Je fus silencieuse... — Je serai incisive...— Je serais persuasive...— Sois gracieuse. — Que je sois revendeuse...— Que je fusse exclusive, que tu fusses insidieuse, qu'elle fût obséquieuse.

128e LEÇON.

Féminin des adjectifs en *eur* (Gr. n°s 52 à 55).

EXERCICE ORAL.

1. Les élèves, après avoir récité les n°s 52, 53 et 54 de la grammaire, épelleront le féminin de *logeur, prieur, accusateur, marcheur, brodeur, prophète* PROPHÉTESSE, *nègre* NÉGRESSE, *profès* PROFESSE, *bienfaiteur.*

2. Ils désigneront, pour chacun des noms suivants, quatre ou cinq qualificatifs : *chèvre, précipice, rochers, bœuf...*

MODÈLE : *Chèvre* maigre, capricieuse, vive, folâtre, blanche,... *Précipice* affreux, dangereux, insondable, large, épouvantable,... *Rochers* sourcilleux, menaçants, escarpés, foudroyés, noircis,... *Bœuf* paisible, fort, mugissant, attelé, utile...

3. Ils conjugueront en entier le verbe *paraître.*

4. Ils conjugueront le verbe *sembler* ou *paraître* aux temps que le professeur indiquera, en employant un des attributs *inattentif, intérieur, oublieux, oisif, irréfléchi...* et en supposant les sujets féminins.

MODÈLE : *Ind. pr.* Je parais inattentive, tu parais inattentive...

DICTÉE.

LA CHÈVRE.

La chèvre, vive, folâtre et capricieuse, ne se laisse pas aisément contraindre ; elle choisit elle-même ses pâturages, se plaît à franchir les précipices, et on l'a vue souvent se reposer avec sécurité sur des rochers escarpés, près de la mer en furie. Elle se plaît mieux dans les montagnes que dans les champs cultivés. Sensible à la douceur et aux caresses, la chèvre s'attache aisément à l'homme, et devient même assez souvent d'une familiarité importune. Sa nourriture favorite consiste en bourgeons de jeunes arbres. Le lait de chèvre est gras, nourrissant et médicinal ; il s'épaissit moins sur l'estomac que celui de vache. Dans quelques parties de l'Irlande et des pays montagneux de l'Écosse, ces animaux forment la richesse principale des habitants, qui couchent sur des lits faits de leurs peaux, se nourrissent de leur lait, et en convertissent une partie en beurre et en fromage.

(ARDANT.)

DEVOIRS ÉCRITS.

1. *Tourner par le féminin :*

Nègre esclave, archiduc médiateur, comte négociateur, ambassadeur généreux, prophète écouté, bienfaiteur généreux, prince libérateur, calomniateur honni, coopérateur puissant, religieux profès, orphelin mineur, accusateur confondu, abbé zélé, directeur intelligent, supérieur judicieux, sous-prieur précautionneux, fondateur prévoyant, inventeur glorieux, maraudeur chassé, débiteur assigné, sage dispensateur, distributeur parcimonieux, maître habile, malade soucieux, Tyrolien observateur, spectateur enthousiasmé, dominateur exclusif, pécheur repentant, acteur sifflé, moissonneur courageux, bœuf gras, pêcheur habile. Je deviendrai meilleur. Vous êtes mon inférieur. Soyez moins extérieur. Mon frère aîné est majeur.

Modèle : Négresse esclave, archiduchesse médiatrice, comtesse négociatrice, ambassadrice généreuse, prophétesse écoutée, bienfaitrice généreuse, princesse libératrice, calomniatrice honnie, coopératrice puissante, religieuse professe, orpheline mineure, accusatrice confondue, abbesse zélée, directrice intelligente, supérieure judicieuse, sous-prieure précautionneuse, fondatrice prévoyante, inventrice glorieuse, maraudeuse chassée, débitrice assignée, sage dispensatrice, distributrice parcimonieuse, maîtresse habile, malade soucieuse, Tyrolienne observatrice, spectatrice enthousiasmée, dominatrice exclusive, pécheresse repentante, actrice sifflée, moissonneuse courageuse, vache grasse, pêcheuse habile... meilleure... inférieure... extérieure. Ma sœur aînée est majeure.

2. *Remplacer le nom qualifié, par celui qui est donné entre parenthèses.*

Temps antérieur (période), événement postérieur ou ultérieur (détermination), geste expressif et significatif (parole), décret suspensif (ordonnance), fait décisif (opération), concert harmonieux (voix), supplice ignominieux (condamnation), revenu foncier (propriété), fruit printanier (fleur), ordre formel (défense), vœu conditionnel (promesse), quotient entier (somme), désir charnel (inclination), gouvernement constitutionnel (monarchie), résultat pareil (différence), boisson aigrelette (cidre), intention secrète (dessein), acte créateur (action), parole improbatrice (geste), entreprise productive (travail).

Modèle : Période antérieure, détermination postérieure ou ultérieure, parole expressive et significative,... propriété foncière,... différence pareille, cidre aigrelet, dessein secret, action créatrice, geste improbateur, travail productif.

3. *Conjuguer au singulier les temps simples du verbe paraître, en employant les attributs donnés et en supposant les sujets féminins :*

Triste, malade, ennuyé ; — dissipateur, gueux et ruiné, opulent ; — inquiet, irrésolu, découragé ; — affligé, inconsolable, tel qu'hier ; — fier, altier, hautain ; — étonné ; — cruel, insouciant, jaloux ; — bouffon, vieux, étranger.

Modèle : Je parais triste, tu parais malade, elle paraît ennuyée. — Je paraissais dissipatrice, tu paraissais gueuse et ruinée, elle paraissait opulente. — Je parus inquiète,... — Je paraîtrai affligée,... elle paraîtra telle qu'hier... — Je paraîtrais fière, tu paraîtrais altière, elle paraîtrait hautaine. — Parais étonnée. — Que je paraisse cruelle... — Que je parusse bouffonne...

129ᵉ LEÇON.

Féminin des adjectifs (Gr. nᵒˢ 52 à 55).

Règles : 1. Quelques adjectifs en *eur* font leur féminin en *eresse.* Ce sont 1° *enchanteur, pécheur* et *vengeur* : « voix *enchanteresse.* »
2° *Bailleur, défendeur, demandeur* et *vendeur,* mais seulement en style de palais, en langage de tribunaux ; en style ordinaire ils font leur féminin en *euse.*
3° *Chasseur* en style poétique : « Diane *chasseresse* ; » dans les autres cas il fait *chasseuse.*
2. Outre les adjectifs en *f* et en *eux* il y en a plusieurs qui, au féminin, changent leur consonne finale en une autre consonne ou articulation ; tels sont : « *jaloux, jalouse ; doux, douce ; absous, absoute ; dissous, dissoute ; muscat, muscade ; tiers, tierce ; ammoniac, ammoniaque ; caduc, caduque ; public, publique ; turc, turque ; long, longue.*
3. Quelques adjectifs ont un féminin tout à fait irrégulier : tels sont : « Grec, *grecque ;* favori, *favorite ;* coi, *coite ;* andalou, *andalouse ;* traître, *traîtresse ;* gouverneur, *gouvernante ;* serviteur

servante; roux, *rousse*; faux, *fausse*; frais, *fraîche*; bénin, *bénigne*; malin, *maligne*; sec, *sèche*.

EXERCICE ORAL.

1. Les élèves, après avoir récité les n°s 52, 53 et 54 de la grammaire et les règles précédentes, épelleront au féminin *demandeur* et *vendeur* (langage ordinaire), *demandeur* et *vendeur* (style de palais), *chasseur* (langage ordinaire), *chasseur* (style poétique), *devin, devineur, caduc, grec, public....*

MODÈLE : Demandeuse, vendeuse ; demanderesse, venderesse ; chasseuse, chasseresse; devineresse, devineuse, caduque, grecque, publique...

2. Ils désigneront pour chacun des adjectifs suivants trois ou quatre noms qui puissent s'y rapporter : *puissant, flexible, sablonneux, précieux...*

MODÈLE : *Puissant* peut qualifier *Dieu, prince, seigneur, moyen...—Flexible* peut qualifier *cou, branche, tige, caractère..—Sablonneux* peut qualifier *désert, pays, rivage, bords...*

3. Ils conjugueront en entier *être* et *disparaître*.

DICTÉE.

LE CHAMEAU.

Les deux espèces de chameaux sont le chameau à deux bosses, et celui qui n'en a qu'une ; ce dernier se nomme dromadaire. Le chameau a environ deux mètres de hauteur jusqu'aux épaules ; il est bien plus puissant que le dromadaire, en proportion de sa taille ; il a les jambes moins longues ; son corps est recouvert d'un poil brun ou cendré. Il a la tête courte, les oreilles petites, le cou long et flexible. Ses pieds sont plats, unis, durs et peu fendus, ce qui le rend propre à traverser les déserts sablonneux, où il est employé. Cet animal boit pour plusieurs jours à la fois ; il se contente pour toute nourriture de quelques dattes et des plantes qu'il trouve dans sa route aride. En Arabie il est regardé comme le plus précieux des animaux, ses maîtres boivent son lait, mangent sa chair, s'habillent de son poil, et, à l'approche de l'ennemi, ils peuvent, en montant sur son dos, fuir avec une rapidité extraordinaire. (ARDANT.)

Mots détachés : Chevelure blonde, pénitente contrite et absoute, association dissoute, coutume grecque, une jeune Turque, gaieté franche, servante caduque, traîtresse reconnue, ennuyeuse improbatrice, marchande juive ou israélite.

DEVOIRS ÉCRITS.

1. *Tourner par le féminin :*

Mon petit frère est gentil, naïf, gracieux, et bien aimé de mon bon père. — Notre serviteur est poli, laborieux, honnête, prévenant, consciencieux, mais un peu bénin et craintif. — Antoine est déjà âgé, aussi est-il caduc, usé, oppressé, asthmatique et presque perclus. — Benoît a été pour nous un hôte charitable, complaisant, officieux, empressé, attentif, gai, jovial. — Notre ancien maître était laborieux et expérimenté. — Depuis ma rechute je suis devenu chauve, pâle, blême, hâve, pensif et soucieux. — On reproche à Adrien d'être téméraire, entêté, orgueilleux, délateur, discoureur et peu actif. — Clair est myope, boiteux et gaucher, et néanmoins son maître l'estime beaucoup. — Reconnaissez devant la justice que vous êtes vraiment débiteur de Monsieur et qu'il est fondé de se porter comme demandeur. — Un flatteur est égoïste, traître, malin, trompeur, dangereux, faux, vil, rampant et méprisable.

MODÈLE : Ma petite sœur est gentille, naïve, gracieuse et bien aimée de ma bonne mère. — Notre servante est polie, laborieuse, honnête, prévenante, consciencieuse, mais un peu bénigne et craintive.—Antoinette est déjà âgée, aussi est-elle caduque, oppressée, asthmatique et presque percluse.— Benoîte a été pour nous une hôtesse charitable, complaisante, officieuse, empressée, attentive, gaie, joviale. — Notre ancienne maîtresse... — Depuis ma rechute je suis devenue...—On reproche à Adrienne d'être... délatrice, discoureuse et peu active. — Claire est myope, boiteuse et gauchère... — ... débitrice de Madame et qu'elle est fondée de se porter comme demanderesse. — Une flatteuse est égoïste, traîtresse, maligne, trompeuse, dangereuse, fausse, vile, rampante et méprisable.

2. Remplacer le nom qualifié, par celui qui est donné entre parenthèses.

Pain frais (eau), mot favori (occupation), tiers arbitre (personne), chemin sec (allée), long discours (période), habit bleu ou violet (ceinture), chapeau neuf (casquette), étage inférieur (chambre), ton roux (couleur), service quotidien (prière), soldat discipliné (armée), moyen sûr (voie), bois touffu (forêt), raisin mûr (poire), procédé bizarre (demande), poil ras (barbe), enseignement mutuel (assistance), loup glouton (louve), paiement mensuel (étrenne), marchandise brute (poids), mufle hideux (hure), mulet rétif (mule), cidre délicieux (bière), séjour éternel (récompense), attentat impie et sacrilége (tentative), raisin muscat (noix).

MODÈLE : Eau fraîche, occupation favorite, personne tierce, allée sèche, longue période, ceinture bleue ou violette, casquette neuve, chambre inférieure, couleur rousse, prière quotidienne, armée disciplinée, voie sûre,... poids brut, hure hideuse,... noix muscade.

3. Conjuguer le verbe être au singulier des temps composés, en employant les attributs ci-après et en supposant les sujets du féminin :

Circonspect, doux, bref; — vif, indiscret, insensé; — pécheur, inhumain, partial; — préparé, disposé, accompagné; — diffus, obscur, pervers; — idiot, fou, niais; — fidèle; — novice, profés, pieux; — loyal, soumis, affable.

Modèle : J'ai été circonspecte, tu as été douce, elle a été brève.
— J'eus été vive, tu eus été indiscrète, elle eut été insensée.—
J'avais été pécheresse, tu avais été inhumaine, elle avait été
partiale.— J'aurai été préparée,... — J'aurais été diffuse... —
J'eusse été idiote.... — Sois fidèle. — Que je sois novice, que
tu sois professe... — Que je fusse loyale...

130e LEÇON.

Récapitulation du féminin dans les adjectifs.

EXERCICE ORAL.

1. Les élèves réciteront du n° 45 au n° 55 de la grammaire.
2. Ils feront autant que possible l'analyse raisonnée des noms et
des adjectifs employés dans la phrase suivante :

Texte d'analyse : Dieu venge, tôt ou tard, son saint nom
blasphémé.

Modèle : *Dieu*, nom parce qu'il désigne une personne ; nom
propre parce qu'il la désigne en particulier ; du masculin parce
qu'on dit : « *le* grand Dieu ; » du singulier parce qu'il ne désigne
qu'un être ; sujet de *venge* parce qu'il désigne l'être qui fait
l'action exprimée par *venge*. — *Son*, adjectif parce qu'il est joint
à *nom* pour le déterminer ; possessif parce qu'il y ajoute une
idée de possession ; du masculin singulier parce que le mot qu'il
détermine est du masculin singulier etc.
3. Ils conjugueront en entier le verbe *comparaître*.

COMPOSITION.

A. *Souligner les noms féminins :*
L'*Europe*, quoique moins étendue que les autres *parties* du
monde, est relativement plus peuplée et plus riche. — L'*amitié*
fraternelle, aussi bien que l'*affection* maternelle, vient d'en
haut.— Toute la *structure* du chat sauvage est telle que l'exigent
un exercice violent et des bonds à une grande *distance*. — La
nourriture favorite de la *chèvre* consiste en boutons de jeunes
arbres. — Le chameau se nourrit des *plantes* et des *dattes* qu'il
rencontre dans sa *route* aride.— La *basse-cour* est-elle nettoyée ?
B. *Tourner par le féminin :*
Le gardien actuel est meilleur que le précédent. — Mon cher
parrain, vous avez été généreux. — Mon maître s'est montré
désintéressé. — Quoique gaucher tu es très-adroit. — Bien que
séculier je puis être pieux, dévot, recueilli, même contemplatif.
— Le recéleur sera puni comme le voleur.— Si je suis silencieux,
actif, travailleur, constant, je deviendrai instruit, même savant ;
mais si je demeure oisif, négligent, inattentif, je ne serai
jamais qu'un ignorant et un sot. — Si tu es fier, altier, hautain, tu seras méprisé et ridiculisé. — Le calomniateur sera honni,
confondu, chassé ignominieusement. — Notre serviteur est poli,
laborieux, honnête, consciencieux, prévenant, gai, jovial, mais
un peu bénin. — Je fus pécheur, priez pour moi. — Le nègre.

n'est-il donc né que pour être esclave?—Observateur attentif,
débiteur assigné, distributeur parcimonieux.

MODÈLE : La gardienne actuelle... — Ma chère marraine... —
Ma maîtresse s'est montrée...—Quoique gauchère tu es très-
adroite. — Bien que séculière... — La recéleuse... — Si je suis
silencieuse.. mais si je demeure oisive... qu'une ignorante et une
sotte. — Si tu es fière... — La calomniatrice... — Notre servante... — Je fus pécheresse... — La négresse . n'est-elle donc
née...?—Observatrice attentive, débitrice assignée,...

C. *Remplacer le nom qualifié par celui qui sera donné.*

Ton bref (voyelle), crâne creux (tête), arrêté abusif (décision),
dessein secret (intention), vœu conditionnel (promesse), pain frais
(viande), chemin sec (allée), cheval rétif (cavale).

MODÈLE : Voyelle brève, tête creuse, décision abusive,.. viande
fraîche, allée sèche, cavale rétive...

D. *Ecrire le verbe*

Etre *au singulier du présent de l'impératif et du subjonctif.*

Paraître *au singulier du présent et du futur simple de l'indicatif.*

MODÈLE : Sois; que je sois, que tu sois, qu'il soit. — Je parais,
tu parais, il paraît; je paraîtrai, tu paraîtras, il paraîtra.

DEVOIRS ÉCRITS.

1. *Remplacer les points par le son oi bien orthographié.*

Un effroi, un émoi, un renvoi, un choix, un surcroît, le
tutoiement, le goître, un détroit, un endroit, un carquois,
les exploits; un tournoi, l'oiseleur, la voix criarde, la voie
fréquentée, un haubois, la boiserie, un convoi, le froid,
un mois complet, des moellons, un anchois, une proie, de
l'empois, un poids de deux kilos, le répertoire, un pois cueilli,
la poix fondante.

2. *Remplacer les points par le son on bien orthographié.*

L'embonpoint, le front, les fonts baptismaux, le bon ton,
un moribond, la compassion, une trahison, un affront, la
honte, le vagabond, de l'onguent, mon prénom, la promptitude, un surnom, un fonds de terre, le fond du tonneau,
l'horizon, le limon, les monts escarpés, Monsieur le comte;
le gazon, des melons, des oignons, un sillon, un scion replié,
un tampon, un tronc de chêne, un tronçon, un champion,
un pompon, le pompier, un trombone, une trompette, les
bonds du faon, le compte acquitté, les contes des fées, les
gonds de la porte, un fourgon, un pont construit, le plomb
meurtrier, du thon mariné, des flocons d'ouate, un hameçon,
des jalons.

3. *Conjuguer s'envoler, et à toutes les troisièmes personnes,
en supposant les sujets féminins.*

MODÈLE : Elle s'envole, elles s'envolent; elle s'envolait, elles
s'envolaient; elle s'envola, elles s'envolèrent; elle s'est envolée;

elles se sont envolées ; elle se fut envolée, elles se furent envolées ; elle s'était envolée, elles s'étaient envolées...

4. *Analyser :* Tu deviendras semblable à ceux que tu fréquentes.

Modèle : *Tu,* pron. pers. 2e pers. masc. sing. sujet de *deviendras ; deviendras,* verbe, 2e conj. futur de l'ind. 2e pers. du sing. ; *semblable,* adjectif qualif. masc. sing. attribut de *tu ; à,* préposition qui fait rapporter *ceux* à *deviendras semblable ; ceux,* pr. dém. 3e pers. masc. pl. compl. indirect de *deviendras semblable ; que,* pron. conjonctif 3e pers. masc. pluriel complément direct de *fréquentes....*

131e LEÇON.

Pluriel des adjectifs (Gr. n⁰ˢ 55 à 59).

EXERCICE ORAL.

1. Les élèves réciteront de nouveau les n⁰ˢ 31, 32... 36 de la grammaire, qui traitent de la formation du pluriel dans les noms ; puis les n⁰ˢ 55, 56, 57, 58, qui traitent de celle des adjectifs.

2. Ils analyseront la phrase suivante :

Texte d'analyse : Des vices conservés sont des serpents caressés.

Modèle : *Des.* art. partitif, masc. pl. dét. *vices ; vices,* nom. comm. masc. pl. sujet de *sont ; conservés,* adj. qualif. masc. pl. qual. *vices ; sont,* verbe, 4e conj. prés. de l'ind. 3e pers. du pl. ; *des,* art. partitif...

3. Ils conjugueront au pluriel des temps que le maître indiquera : *être attendu, être attendri, paraître affermi, paraître inconsolable...*

4. Ils conjugueront en entier les verbes *affermir* et *prétendre.*

DICTÉE.

CHARLEMAGNE.

Un jour Charlemagne vint lui-même visiter une école qu'il avait fait ouvrir dans son palais et se fit montrer les travaux *écrits* des *jeunes* gens. Les élèves *studieux* devaient se ranger à sa droite ; les *ignorants* et les *paresseux* devaient passer à sa gauche. Il se trouva que la plupart de ceux-ci appartenaient aux officiers du rang le plus élevé.

Charlemagne se tourna vers les élèves *laborieux* mais *pauvres,* et leur dit : « Je suis heureux, mes *chers* enfants, de votre application ; persévérez et efforcez-vous de devenir chaque jour plus *instruits* et plus *sages :* vous assurerez ainsi votre véritable félicité, et ma récompense, en son temps, ne vous manquera pas. Quant à vous, s'écria-t-il d'un ton irrité, en se tournant vers la gauche, vous fils des nobles et leurs enfants *gâtés,* qui, tout *fiers* de votre richesse et de votre nom, croyez le savoir superflu ; garçons *paresseux* et *inutiles,* je vous le déclare, votre noblesse et vos *jolis* visages ne sont rien à mes yeux; n'espérez de moi aucune faveur si vous ne renoncez à votre paresse pour devenir *sérieux et appliqués.* *(Traduit de l'Allemand.)*

DEVOIRS ÉCRITS.

1. *Mettre au pluriel le nom souligné et par suite tous les adjectifs et les verbes qui s'y rapportent:*

Le *Français* est poli, spirituel, actif, vaillant, gai, hospitalier; il a l'imagination vive et ardente; il est habile à la guerre, industrieux dans la paix, et il cultive avec succès les arts et les sciences.

L'*Anglais* est brave, industrieux; il a l'imagination pénétrante, est grand politique et habile navigateur. En Angleterre la haute classe est honnête et polie, la basse est grossière mais généreuse.

L'*Allemand* est grand, robuste, sincère, laborieux, mais parfois peu sobre; la haute noblesse est jalouse de ses titres.

Le *Belge* est brave, belliqueux, probe dans le commerce, courageux dans les entreprises et d'une propreté remarquable.

L'*Italien* est civil, hospitalier, spirituel, apte aux sciences, bon musicien, de mœurs douces.

L'*Espagnol* est sobre, patient, bon navigateur, spirituel, valeureux et tenace.

Le *Portugais* est généreux, civil, brave, bon marin.

Le *Suisse* est robuste, fidèle à ses promesses, droit, naïf, de mœurs simples, fort attaché à sa patrie.

Le *Lapon* est très-petit, laid, difforme, paresseux, ignorant et presque sauvage; il passe l'été dans de viles cabanes et l'hiver dans des antres souterrains.

MODÈLE : Les *Français* sont polis, spirituels..., ils ont l'imagination..., ils sont habiles... et ils cultivent... — Les *Anglais* sont braves, industrieux; ils ont l'imagination pénétrante, sont grands politiques... — Les *Allemands* sont grands... — Les *Belges* sont braves... — Les *Italiens* sont civils... — Les *Espagnols* sont sobres... — Les *Portugais* sont généreux... — Les *Suisses* sont robustes... — Les *Lapons* sont très-petits... et presque sauvages; ils passent l'été...

2. *Conjuguer le verbe* être *au pluriel de tous les temps simples, en employant successivement pour attributs:*

Docile, obéissant, assidu; — laborieux, vigoureux, actif; — absous, contrit, pardonné; — correct, précis, concis; — impartial, loyal, libéral; — hardi, entreprenant; — franc, discret, officieux; — craintif, irrésolu, indécis.

MODÈLE : Nous sommes dociles, vous êtes obéissants, ils sont assidus. — Nous étions laborieux, vous étiez vigoureux, ils étaient actifs. — Nous fûmes absous, vous fûtes contrits, ils furent pardonnés. — Nous serons corrects... — Nous serions impartiaux, vous seriez loyaux, ils seraient libéraux. — Soyons hardis, soyez entreprenants. — Que nous soyons francs...—Que nous fussions craintifs...

3. *Refaire le devoir précédent en supposant tous les sujets du féminin.*

Modèle : Nous sommes dociles, vous êtes obéissantes, elles sont assidues... absoutes... contrites... impartiales... loyales... libérales ... hardies... entreprenantes... franches...

4. *Analyser :* Heureux sont les hommes doux et humbles de cœur.

Modèle : *Heureux*, adj. qualif. masc. pl. attribut de *hommes* ; ... *hommes*, n. comm. masc. pl. sujet de *sont heureux ; doux*, adj. qualif. masc. pl. qual. *hommes* ;... *et*, conjonction qui lie deux qualificatifs de *hommes* ;... *de*, préposition qui fait rapporter *cœur* à *humbles* ; *cœur*, n. comm. masc. sing. compl. indirect de *humbles*.

132ᵉ LEÇON.

Pluriel des adjectifs. (Gr. nᵒˢ 55 à 59.)

EXERCICE ORAL.

1. Les élèves épelleront le pluriel des adjectifs *heureux, content, central, fatal, frugal, égal, concis, nouveau, amical, matinal...*
Modèle : Heureux, contents, centraux, fatals, frugals, égaux, concis, nouveaux, amicals, matinals.
2. Ils analyseront la phrase suivante :

Texte d'analyse : Dans l'infortune on reconnaît ses véritables amis.

Modèle : *Dans*, préposition qui fait rapporter *infortune* à *reconnaît ; l'* ou *la*, art. simple...
3. Ils conjugueront en entier les verbes *reparaître* et *apparaître*.

DICTÉE.

LES FRANCS.

Le nom de Francs n'est mentionné pour la première fois que vers l'an deux cent quarante et un. Les Francs habitaient une contrée marécageuse et couverte de forêts aux bords du Rhin. Ces peuples étaient farouches et indomptables ; la guerre ou la chasse était leur occupation ordinaire, et servait à leur existence. Ils ne défrichaient qu'un petit nombre de terres, et leurs esclaves prenaient soin de l'agriculture et des troupeaux. Les plus braves et les plus hardis étaient les plus estimés, et parvenaient seuls au commandement. Les Francs adoraient les astres et diverses idoles, auxquels ils offraient quelquefois des victimes humaines. Leur corps était beau et grand, ils avaient les yeux bleus et la chevelure blonde; ils se rasaient toute la barbe, à l'exception des moustaches, qu'ils portaient fort longues; ils tordaient leur chevelure en une touffe relevée au milieu de la tête. Leurs armes étaient la fronde et la framée, sorte de hache qu'ils faisaient tourner sur la tête de leur ennemi avec une rapidité surprenante.

DEVOIRS ÉCRITS.

1. *Mettre au singulier le nom souligné, et par suite les mots qui s'y rapportent.*

Le *Russe* est de taille moyenne, fort, robuste, bon soldat, assez spirituel, et très-respectueux envers son souverain.

Le *Suédois* est poli, généreux, laborieux, capable des plus grandes fatigues, jaloux de l'honneur, amateur des arts et des sciences.

Le *Polonais* est belliqueux, courageux, honnête, hospitalier, robuste et capable de supporter les plus grandes fatigues.

Le *Turc* est généralement grave, sobre, poli envers ceux de sa nation, mais fier envers les étrangers; il est courageux à la guerre, mais il néglige le commerce et l'agriculture.

Le *Grec* est aujourd'hui peu instruit, mais actif, brave, enjoué, hospitalier et très-jaloux de sa liberté.

Le *Perse* est spirituel, apte aux sciences, robuste, vaillant, bon soldat, mais cruel dans ses vengeances et dans l'exercice de la justice.

Le *Chinois* a le visage large, les oreilles grandes, les yeux petits, le nez court, le teint olivâtre; il est sobre, industrieux, excellent cultivateur, bon politique, mais très-superstitieux.

MODÈLE : Les *Russes* sont de taille moyenne, forts... — Les *Suédois* sont polis... — Les *Polonais* sont belliqueux... — Les *Turcs* sont généralement graves... — Les *Grecs* sont aujourd'hui peu instruits... — Les *Perses* sont spirituels... — Les *Chinois* ont le visage large..,; ils sont sobres...

2. *Unir à chaque nom l'adjectif qui lui convient, et mettre l'un et l'autre au pluriel:*

a. Noms: Pain, feu, vin, événement, terrain, arbrisseau, détail, palais. — *Adjectifs:* Grégeois, capiteux, rassis, fatal, résineux, argileux, trivial, royal.

b. Noms: Sentiment, vent, abeille, mur, supplice, domaine, voiturier, procès-verbal, décret. — *Adjectifs:* Glacial, laborieuse, filial, infernal, seigneurial, écroulé, brutal, rédigé, pontifical.

c. Noms: Point, collége, repas, buste, chiffre, pécheresse, crapaud, couleur, cheval, héritage. — *Adjectifs:* Frugal, sculpté, central, communal, repentante, hideux, décimal, bleue, rétif, patrimonial.

d. Noms: Lycée, produit, plan, général, seau, oiseau, concert, almanach, nation, cathédrale. — *Adjectifs:* Egal, horizontal, victorieux, impérial, vide, théâtral, aquatique, nouveau, gothique, belliqueuse.

MODÈLE : *a* Pains rassis, feux grégeois, vins capiteux, événements fatals, terrains argileux, arbrisseaux résineux, détails triviaux, palais royaux. — *b* Sentiments filials, vents glacials, abeilles laborieuses, murs écroulés, supplices infernaux, domaines seigneuriaux, voituriers brutaux, procès-verbaux rédigés, décrets pontificaux. — *c* Points centraux, colléges communaux, repas frugals, bustes sculptés, chiffres décimaux, pécheresses repentantes, crapauds hideux, couleurs bleues, chevaux rétifs, héritages patrimoniaux. — *d* Lycées impériaux, produits égaux, plans horizontaux, généraux victorieux, seaux vides, oiseaux aquatiques, concerts théâtrals, almanachs nouveaux, nations belliqueuses, cathédrales gothiques.

3. *Analyser:* Dieu seul est grand.

133e LEÇON.

Adjectifs se rapportant à plusieurs noms (Gr. nos 59 à 62).

EXERCICE ORAL.

1. Les élèves, après avoir récité la grammaire, analyseront la phrase suivante :

TEXTE D'ANALYSE: Le roi et le berger sont égaux après la mort. — La paresse et le mensonge sont odieux et avilissants. — La paresse et la fourberie sont odieuses et avilissantes.

2. Ils rendront compte de l'orthographe des adjectifs employés dans ces phrases.

3. Ils conjugueront en entier *être étonné, recevoir un étranger.*

DICTÉE.

LE LILAS.

Le lilas, venu des Indes, est un arbrisseau dont les tiges sont menues, droites, rameuses. et remplies d'une moelle blanche; ses feuilles sont opposées, larges, pointues. lisses, molles, vertes, luisantes; ses fleurs, d'une odeur douce et agréable, sont petites, disposées en longues grappes, de couleur ordinairement bleue, quelquefois blanche ou cuivrée.

Mots détachés : Des paroles et un style irritants, un périmètre et une superficie considérables, l'aube et le surplis brodés, le chant et la symphonie applaudis, le temple et la synagogue renversés, un refus et un dédain mortifiants, la santé et l'esprit affaiblis, un avertissement et une correction mérités, des chiffres et des lettres effacés, un officier et un soldat ennemis.

DEVOIRS ÉCRITS.

1. *Ajouter au nom qualifié celui qui est donné entre parenthèses.*

Cyprien fut martyr (Cyrille). Isaïe était prophète (Jérémie). Anne était pontife (Caïphe). Montmorency a été illustre (Bayard). Le radis est appétissant (chicorée). Le colonel avait le sourcil noir (barbe). Irénée était évêque (Polycarpe). Le royaume fut conquis (principauté). Philippe est innocent (Joseph). L'actrice a été sifflée (acteur). La nef a été peinte (chœur). Cambyse fut roi de Perse (Cyrus). La chauve-souris est hideuse (crapaud). Ma fauvette était gentille (mon pinson). La tortue est un animal amphibie (crocodile). Le plafond est lisse (mur). La surdité est un vrai martyre (paralysie). Le riz est mûr (blé). La souris est destructrice (rat). Votre physionomie est agréable (regard). Un pigeon a été étouffé (agneau). Le crucifix était doré (médaille)..

MODÈLE : Cyprien et Cyrille furent martyrs. Isaïe et Jérémie étaient prophètes. Anne et Caïphe étaient pontifes. Montmorency et Bayard ont été illustres. Le radis et la chicorée sont appétissants. Le colonel avait le sourcil et la barbe noirs. Irénée et Polycarpe étaient évêques. Le royaume et la principauté furent conquis. Philippe et Joseph sont innocents. L'acteur et l'actrice ont été sifflés. La nef et le chœur ont été peints... La tortue et le crocodile sont des animaux amphibies. Le plafond et le mur sont lisses. La surdité et la paralysie sont de vrais martyres. Le riz et le blé sont mûrs. La souris et le rat sont destructeurs...

2. *Réunir en une seule les deux propositions qui emploient le même attribut :*

La route est sèche, le sentier est sec. Monsieur est complaisant, Madame est complaisante. Les orphelins sont protégés, les orphelines sont protégées. Le fermier est laborieux, la fermière est laborieuse. Le lait est doux, la crème est douce. L'orange est mûre, le citron est mûr. La peste est dévastatrice, le choléra est dévastateur. La colline est sèche, brûlée, déserte; le vallon est sec, brûlé, désert. Ce marchand est achalandé, prévenant, poli, empressé pour servir; cette marchande est achalandée, prévenante, polie, empressée pour servir.

MODÈLE : La route et le sentier sont secs. Monsieur et Madame sont complaisants. Les orphelins et les orphelines sont protégés. Le fermier et la fermière sont laborieux. Le lait et la crème sont doux. L'orange et le citron sont mûrs. La peste et le choléra sont dévastateurs. La colline et le vallon sont secs, brûlés, déserts. Ce marchand et cette marchande sont achalandés, prévenants, polis, empressés pour servir.

3. *Conjuguer le verbe* être *au pluriel des temps simples des modes 2, 3 et 5, employer les attributs donnés et supposer les sujets féminins.*

Egal, rival, exclu; — prolixe, concis, bref; — approuvé, attaqué, conquis; — introduit, reçu, servi; — perclus, paralytique, épileptique; — certain, véridique, loyal; — convalescent, guéri, bien portant.

Modèle : 2 Nous sommes égales, vous êtes rivales, elles sont exclues. — Nous étions prolixes, vous étiez concises, elles étaient brèves. — Nous fûmes approuvées... — Nous serons introduites... — 3 Nous serions percluses... — 5 Que nous soyons certaines, que vous... — Que nous fussions convalescentes...

134e LEÇON.

Adjectifs se rapportant à plusieurs noms (Gr. nos 59 à 62).

EXERCICE ORAL.

1. Le maître énonce la proposition avec un seul sujet, et l'élève la répète en employant deux sujets de différent genre : « Mon père est content. — Ma sœur est instruite. — Mon parrain est généreux. — Ma cousine est prévenante. — Ma filleule est obéissante. — Mon neveu est courageux. — Monsieur est complaisant. — L'empereur est gracieux. — Le pécheur a été absous. — Le serviteur est fatigué. — Ma cousine est vieille. — La fermière est matinale. »

Modèle : Mon père et ma mère sont contents. Mon frère et ma sœur sont instruits... Le fermier et la fermière sont matinals.

2. Les élèves conjugueront en entier les verbes *avoir un conseiller, apercevoir un navire.*

DICTÉE.

L'AIGLE.

L'aigle est le roi des oiseaux, comme le lion est le roi des animaux. Il a environ un mètre de long, et l'envergure de ses ailes, d'une extrémité à l'autre, est de deux mètres et demi à peu près. Il a la tête et le cou couverts de plumes aiguës, d'un brun sombre; tout le reste du corps est également d'un brun cendré; la queue est brune aussi. Les jambes sont jaunes, fortes et couvertes de plumes jusqu'aux pieds; les doigts sont armés de formidables serres. Des rochers escarpés, des ruines de châteaux solitaires, des tours isolées, voilà les places qu'il choisit pour sa demeure. L'aire ou nid de l'aigle forme un carré assez étendu, et lui sert, dit-on, pour toute sa vie. L'aigle peut vivre près d'un siècle et rester trois semaines sans manger. Il peut être apprivoisé, s'il est pris jeune. Dans la domesticité même, il n'est pas prudent de l'irriter, car, telle est sa force qu'on l'a vu tuer un homme d'un coup d'aile.   (ARDANT.)

DEVOIRS ÉCRITS.

1. *Ajouter au nom qualifié celui qui est donné entre parenthèses.*

Le tapis est usé (tamis). Adélaïde était satisfaite (Alexis). L'Egypte est fertile (Arménie). L'Asie est très-étendue (Océanie). Henri est obéissant (Hippolyte). La Sibérie est un pays très-froid (Laponie). La Turquie est mal cultivée (Syrie). Virginie est bienfaisante (Zacharie). Les lettres sont effacées (chiffres). Ma tutrice est généreuse (tuteur). Mes parentes étaient suppliantes (mes frères). Richard Cœur-de-Lion a été puissant (Philippe-Auguste). Zénobie est morte prisonnière (Jugurtha). Adam fut placé dans le paradis terrestre (Ève). Sainte Blandine fut martyrisée à Lyon (saint Pothin). Eugénie était satisfaite (Ernest). Emile est trop bon (Alexandrine). Le paon était couvert de boue (la paonne).

MODÈLE : Le tapis et le tamis sont usés. Adélaïde et Alexis étaient satisfaits... La Sibérie et la Laponie sont des pays très-froids... Les lettres et les chiffres sont effacés. Mon tuteur et ma tutrice sont généreux. Mes parentes et mes frères étaient suppliants... Jugurtha et Zénobie sont morts prisonniers...

2. *Supprimer dans chaque proposition le premier nom sujet :*

Le calcul et le système métrique sont très-utiles. Le pré et le taillis sont inondés. La trahison et la tyrannie sont odieuses. La peinture et le vernis sont secs. La fraîcheur et le zéphyr sont doux. Ninive et Babylone étaient très-grandes. Vienne et Paris sont des capitales. Marseille et Lyon sont des villes populeuses. Les Pyrénées et les Alpes sont couvertes de neige. L'artifice et l'intrigue ont été découverts. Notre vacher et notre bergère sont soigneux. Le cerf et la biche étaient blessés. Les laitues et la chicorée ont été arrachées. Cette liaison et ces rapports sont dangereux. La légèreté et l'adresse des moineaux sont admirables.

MODÈLE : Le système métrique est très-utile. Le taillis est inondé. La tyrannie est odieuse... Le vernis est sec... Paris est une capitale... L'intrigue a été découverte...

3. *Conjuguer aimer, finir, recevoir, rendre, avoir, être, à tous les temps simples des modes 2, 3 et 5, et en changeant constamment de verbe.*

MODÈLE : ²J'aime, tu finis, il reçoit, nous rendons, vous avez, ils sont. — J'aimais, tu finissais... — J'aimai, tu finis, il reçut, nous rendîmes, vous eûtes, ils furent. — J'aimerai, tu finiras... — ³J'aimerais, tu finirais... — ⁵Que j'aime, que tu finisses... — Que j'aimasse, que tu finisses, qu'il reçût, que nous rendissions, que vous eussiez, qu'ils fussent.

4. Analyser : Mon père et ma mère ont toujours été bons
pour moi.

Modèle : ... *ont été,* verbe, 4ᵉ conj. pass. indét. 3ᵉ pers. du pl.;
toujours, adverbe qui modifie *ont été bons; bons,* adj. qualif.
masc. pl. attribut de *père* et de *mère...*

135ᵉ LEÇON.

Récapitulation sur le pluriel et sur l'accord des adjectifs (Gr. nᵒˢ 55 à 62).

EXERCICE ORAL.

1. Les élèves réciteront les numéros 55 , 56... 61 de la grammaire.

2. Ils feront l'analyse motivée des noms et des adjectifs compris dans la phrase suivante :

Texte d'analyse: Quels illustres souverains ont été saint
Louis et Blanche de Castille sa mère.

Modèle : *Quels,* adjectif, parce qu'il est joint à un nom pour
le déterminer; adjectif indéfini, parce qu'il ajoute à ce nom une
idée vague de qualité; du masculin pl., parce que *souverains*
qu'il détermine est du masculin pluriel; *illustres,* adj. qualif.,
parce qu'il est joint au nom *souverains* pour le qualifier; du
masculin pluriel, parce que ce nom est du masculin pluriel;
souverains, nom, parce qu'il désigne des êtres ; du masculin,
parce que l'usage autorise de dire *le souverain*; du pluriel, parce
que les êtres signifiés sont multiples; attribut de *saint Louis* et
de *Blanche de Castille,* parce qu'il signifie la qualité que l'on
affirme des personnes que ces noms désignent; etc.

COMPOSITION.

A. *Les élèves écriront au pluriel :*
Un enfant gâté et paresseux, un élève sérieux et appliqué, un
soldat hardi, une contrée marécageuse, un peuple farouche et indomptable, un pain rassis, un concert théâtral, un almanach
nouveau, un plan horizontal, le lycée impérial, un chiffre
décimal, un château solitaire, la serre puissante de l'oiseau de
proie. L'Espagnol est sobre, patient, bon navigateur, spirituel,
valeureux, tenace, fidèle et pieux. Le Polonais est belliqueux,
courageux, honnête, hospitalier, robuste et capable de supporter
les plus grandes fatigues. J'ai été absous. Sois correct. Elle sera
discrète. La tige du lilas est menue, droite, rameuse et remplie
d'une moelle blanche.

Modèle : Des enfants gâtés et paresseux, des élèves... des
concerts théâtrals... les lycées impériaux,... les serres puissantes
des oiseaux de proie. Les Espagnols sont sobres... Les Polonais
sont belliqueux... Nous avons été absous. Soyez corrects. Elles
seront discrètes. Les tiges des lilas sont menues, droites, rameuses et remplies d'une moelle blanche.

B. *Ils ajouteront au nom qualifié celui que le maître leur indiquera :*

Des paroles irritantes (un style). Une aube brodée (un surplis). Cyprien fut martyr (Cyrille). Un agneau a été étouffé (une colombe). La chauve-souris est hideuse (le crapaud). Le plafond est lisse (la cloison). La surdité est un vrai martyre (la paralysie). Virginie est obéissante (Hippolyte). Mon tuteur est désintéressé (tutrice).

MODÈLE : Des paroles et un style irritants. Une aube et un surplis brodés. Cyprien et Cyrille furent martyrs. Un agneau et une colombe ont été étouffés. La chauve-souris et...

C. *Ils conjugueront* avoir *au singulier du passé indéterminé et du présent du subjonctif.*

Recevoir *au singulier du passé déterminé et de l'imparfait du subjonctif.*

MODÈLE : J'ai, tu as, il a ; que j'aie, que tu aies, qu'il ait. — Je reçus, tu reçus, il reçut ; que je reçusse, que tu reçusses, qu'il reçût.

DEVOIRS ÉCRITS.

1. *Remplacer les points par le son ou l'articulation* f *bien orthographiée.*

Griffe, souffle, épitaphe, génuflexion, offertoire, office, oriflamme, prophétie, blasphème, indifférence, insuffisance, difficulté, difformité, effroi, suffocation, typhus, affranchissement, crucifiement, néophyte, suffragant, affection, phénomène, raifort, triomphe, fanfare, sifflet, symphonie, strophe, falsificateur, affront, balafre, catastrophe, pharmacien, souffrance, vermifuge, vomitif, échauffement, un œuf, une touffe, truffe, salsifis, giroflée, atmosphère, zéphyr, Epiphanie, Théophile, Putiphar, Josaphat, Caïphe, affluent, golfe, gouffre, massif, sphère, affût, télégraphe, esquif, naufrage, chaufferette, étouffoir, le soufre, le suif, des mouffles, un siphon, un buffle, un dauphin, une girafe, les philosophes.

Même travail pour le son ou l'articulation p.

Un scapulaire, une chape, apostasie, apathie, caprice, apprentissage, hypocrisie, supplice, opiniâtreté, approbation, souplesse, superstition, opprobre, applaudissement, appréciation, corruption, développement, opération, opinion, opposition, opulence, supplique, suprématie, supplément, myope, appui, trappe, capitaine, capitulation, conscription, discipline, rappel, sapeur, stupeur, syncope, oppression, supposition, suppression, diapason, capricorne, une taupe, grappe cueillie, tulipe, varlope, copeau, chaloupe, le cap, le grappin, la poupe, une soupape ; — aplanir, apparaître, s'assoupir, supprimer, apercevoir, apparaître, aplatir, appareiller.

3. *Conjuguer* appréhender, saper, frapper, opiner, apprécier, approprier, *à tous les temps du mode indicatif, et en changeant constamment de verbe.*

Modèle : J'appréhende, tu sapes, il frappe, nous opinons, vous appréciez, ils approprient. — J'appréhendais... j'appréhendai... j'ai appréhendé, tu as sapé, il a frappé...

136e LEÇON.

Adjectifs démonstratifs et adjectifs possessifs (Gr. nos 62 à 68).

EXERCICE ORAL.

1. Après avoir récité la grammaire les élèves feront l'analyse motivée des noms, articles et adjectifs employés dans la phrase suivante :

Texte d'analyse : Retenez ce proverbe : « Le sage ne juge pas les gens sur leur mine. »

Modèle : *Ce*, adjectif, parce qu'il est joint au nom *proverbe* pour le déterminer ; démonstratif, parce qu'il détermine ce nom en y ajoutant une idée de démonstration ; du masculin singulier, parce que le nom qu'il détermine est du masculin singulier ; *proverbe*, nom parce qu'il désigne une chose ; nom commun, parce qu'il convient à toutes les choses de même espèce ; du masculin, parce qu'on peut dire : « *le* proverbe, *un* proverbe ; » du singulier, parce qu'il ne désigne qu'un être...

2. Ils conjugueront en entier *vénérer ses parents*.

DICTÉE.

LETTRE D'UN FRÈRE A SA SOEUR AÎNÉE, LE JOUR DE L'AN.

Chère Sœur,

Ta tendre amitié n'a pas besoin du jour de l'an pour me donner des preuves de *ta* sollicitude ; ni moi non plus je n'en ai pas besoin pour t'exprimer *mon* amour et *ma* reconnaissance ; mais je profite de *cette* époque pour te remercier, et te faire part des vœux ardents que j'adresse au Ciel pour toi. La perte si cruelle et si irréparable de *notre* mère s'est moins fait sentir à moi qu'à tout autre, car j'ai retrouvé dans *ma* sœur les soins et la tendresse dont je semblais devoir être privé. Aussi, chère Sœur, j'ai pour toi toute la vénération que j'aurais pour une mère chérie, et toute l'amitié dont je suis capable, et je voudrais pouvoir te prouver autrement que par des paroles que je serai toujours pour toi   Le plus tendre et le plus affectionné des frères.

DEVOIRS ÉCRITS.

1. *Employer devant chacun des noms donnés, l'adjectif démonstratif convenable :*

Ces parallèles, cette parcelle, ces parts, ces particules, cette pyramide, cet étranger, ce quadrilatère, ces rangées, ce renfort, cette renommée, cette réputation, ces requêtes, cet ignorant, cette révolution, cet escarpement, cet endroit, cet enfoncement, cette rançon, cette réception, cette reddition, cet étourdi, cette réflexion, ce relâche, ce répit,

8*

cetté revanche, ce rebut, *cette* puanteur, ce roman, *ces* niaiseries, *cette* satire, *ces* préventions, *cette* propension, *ces* répartitions, *cette* rupture, *cet* intervalle, *cet* isthme, *cette* solution, *ces* songes, *ce* sourire, *ces* splendeurs, *cet* emblème, *cette* symétrie, *cette* tâche, *cette* régence, *cette* relation, *ce* résidu, *ces* résultats, *cette* sécheresse, *cette* série, *ces* spécialités, *cette* stérilité, *ces* substances, *cette* substitution, *cette* tournure, *ces* traces, *cette* transition, *cette* tutelle, *ces* variations, *cette* véhémence, *ces* vestiges, *cette* vision, *cette* invraisemblance.

2. *Remplacer le tiret par l'adjectif possessif convenable :*

Dieu gouverne tout par *sa* providence. L'enfant doit obéissance à *son* père et à *sa* mère. Honorez *vos* père et mère. *Mes* amis m'ont abandonné depuis que je suis pauvre ; ils insultent à *ma* misère par leur faste insolent et par *leurs* paroles altières. O *mon* cœur, répète donc souvent cette prière : « *Notre* Père qui êtes aux cieux, que *votre* nom soit sanctifié... » Affectionne surtout l'ami qui t'avertit de *tes* fautes. On lisait sur le tombeau des Spartiates tués aux Thermopyles : « Passant, va dire à Lacédémone que nous sommes morts pour obéir à *ses* lois. » Écoutez le riche dont parle l'Évangile, se glorifier de *ses* biens : *Ma* récolte est abondante, *mes* greniers sont remplis ; je vais dire à *mon* âme : Jouis maintenant, repose-toi. Insensé, répond Jésus-Christ, cette nuit même on va te redemander *ton* âme ; et pour qui sera ce que tu auras amassé ?

3. *Conjuguer à toutes les troisièmes personnes le verbe* apaiser.

Modèle : Il apaise, ils apaisent ; il apaisait, ils apaisaient ; il apaisa, ils apaisèrent ; il a apaisé, ils ont apaisé...

4. *Analyser :* Ce peuple m'honore des lèvres ; mais son cœur est éloigné de moi.

Modèle : *Ce*, adj. démonst, masc. sing. dét. *peuple ; peuple*, n. comm. masc. sing. sujet de *honore ; m'* ou *me*, pron. pers. 1ʳᵉ pers. masc. sing. compl. direct de *honore ;...* est, verbe 4ᵉ conj. prés. de l'ind. 3ᵉ pers du sing. ; *éloigné*, participe adjectif masc. sing. attribut de *cœur...*

137ᵉ LEÇON.

Adjectifs numéraux (Gr. nᵒˢ 68 à 75).

EXERCICE ORAL.

1. Les élèves analyseront la phrase suivante : •

Texte d'analyse : Jésus vécut trente-trois ans environ.

Modèle : *Jésus*, n. propre, masc. sing. sujet de *vécut ; vécut*, verbe 4ᵉ conj. passé déf. 3ᵉ pers. du sing. ; *trente-trois* adjectif numéral masc. pl. dét. *ans ; ans,* n. comm. masc. pl. complément indirect de *vécut* (vécut *pendant* trente-trois ans) ; *environ,* adverbe qui modifie *vécut.*

2. Ils épelleront les mots *cent* et *vingt* dans les nombres ci-après : « Trois cents soldats. — Deux cent vingt cavaliers. — Mille cent chevaux. — L'an trois cent. — Quatre-vingts francs. — Quatre-vingt-cinq centimes. — Deux cent vingt pièces d'or. — L'an mil deux cent quatre-vingt. — Six vingts ou cent vingt poires...

3. Ils épelleront de même le mot *mille* dans les expressions suivantes : « L'an mille. — L'an mil huit cent. — L'an deux mille. — Les dix-huit mille martyrs de Lyon.— Quinze milles font environ cinq lieues. »

4. Ils conjugueront en entier le verbe *compter.*

DICTÉE.

En mil huit cent cinquante notre armée de terre comprenait au moins quatre cent trente mille hommes, dont environ trois cent mille pour l'infanterie, soixante-cinq mille pour la cavalerie, trente-huit mille pour l'artillerie, dix mille pour le génie, et dix-sept mille pour le train, les vétérans et les autres corps.

Notre marine se composait de quarante-sept vaisseaux, soixante et onze frégates, deux cent soixante-cinq bâtiments inférieurs ; le personnel comprenait deux amiraux, dix vice-amiraux, vingt contre-amiraux, mille sept cents officiers et vingt-sept à vingt-huit mille marins.

DEVOIRS ÉCRITS.

1. *Les élèves écriront en toutes lettres :*

21 armures, 18 coutelas, 80 faisceaux, 7980 fusils, 3304 baïonnettes, 128 obusiers, 3200 cartouches, 300 boulets, 303 bombes, 87 havre-sacs, 80 gibernes, 20 paires d'épaulettes, 22 épées, 85 gibernes, 180 pistolets, 120 lances, 2004 cavaliers, 9046 fantassins, 980 bouches à feu, 2287 canonniers, 2208 sabres, 707 képis, 17 drapeaux, 123 poignards, 400 carabines, 12107 balles, 780 biscaïens, 82 chevaux de frise, 7687 capsules.

Modèle : Vingt-une armures, dix-huit coutelas, quatre-vingts faisceaux, sept mille neuf cent quatre-vingts fusils, trois mille trois cent quatre baïonnettes, cent vingt-huit obusiers, trois mille deux cents cartouches, trois cents boulets, trois cent trois bombes, quatre-vingt-sept havre-sacs, quatre-vingts gibernes, vingt paires d'épaulettes, vingt-deux épées, quatre-vingt-cinq gibernes, cent quatre-vingts pistolets, cent vingt lances, deux mille quatre cavaliers, neuf mille quarante-six fantassins, neuf cent quatre-vingts bouches à feu, deux mille deux cent quatre-vingt-sept canonniers, deux mille deux cent huit sabres, sept cent sept képis, dix-sept drapeaux, cent vingt-trois poignards, quatre cents carabines, douze mille cent sept balles, sept cent quatre-vingts biscaïens, quatre-vingt-deux chevaux de frise, sept mille six cent quatre-vingt-sept capsules.

2. *Ils complèteront les phrases données :*

L'année comprend *trois cent soixante-cinq* jours, ou *douze* mois, ou *cinquante-deux* semaines. Le siècle est une durée de *cent* ans. Depuis la naissance de Notre-Seigneur Jésus-Christ, il s'est écoulé *mil huit cent soixante....* ans. On appelle sexagénaire celui qui a *soixante* ans ; septuagénaire celui qui en a *soixante et dix ;* octogénaire celui qui en a *quatre-vingts* ; nonagénaire celui qui en a *quatre-vingt-dix ;* enfin centenaire celui qui en a *cent.*

Janvier a *trente-un* jours ; février en a *vingt-huit* ou *vingt-neuf ;* mars en a *trente-un* ainsi que mai, juillet, août, octobre et décembre ; avril, juin, septembre et novembre sont de *trente* jours.

3. *Ils conjugueront aux modes 2, 3 et 5, et en changeant de verbe à chaque personne,* suggérer, énumérer, réitérer.

Modèle : 2 Je suggère, tu énumères, il réitère, nous suggérons, vous énumérez, ils réitèrent. — Je suggérais... — Je suggérai...

4. *Ils analyseront les noms et les adjectifs employés dans cette phrase :*

Léonidas et ses trois cents compagnons défendirent le passage des Thermopyles et répandirent leur sang pour sauver leur patrie.

Modèle : *Léonidas*, n. propre masc. sing. sujet de *défendirent ; ses*, adj. poss. masc. pl. dét. *compagnons ; trois cents*, adj. num. masc. pl. dét. *compagnons ; compagnons*, n. comm. masc. pl. sujet de *défendirent ; passage*, n. comm. masc. sing. compl. direct de *défendirent...*

138ᵉ LEÇON.

Adjectifs numéraux (Gr. nᵒˢ 68 à 75).

EXERCICE ORAL.

1. Les élèves analyseront les noms, articles et adjectifs employés dans la phrase suivante :

Texte d'analyse : L'ère mahométane compte de l'hégire ou fuite de Mahomet, qui arriva l'an six cent vingt-deux de l'ère chrétienne.

Modèle · *L'* ou *la*, art. s. fém. sing. dét. *ère ; ère*, n. comm. fém. sing. sujet de *compte ; mahométane*, adj. qualif. fém. sing. qual. *ère ; l'* ou *la*, art. s. fém. sing. dét. *hégire ; hégire*, n. comm. fém. sing. compl. ind. de *compte ; fuite*, n. comm. fém. sing. compl. explicatif de *hégire ; Mahomet*, n. propre masc. sing. compl. déterminatif de *fuite ; l'...; an*, n. comm. masc. sing. compl. ind. de *arriva ; six cent vingt-deux*, adj. num. ordinal masc. sing. dét. *an ; l'...; ère*, n. comm. fém. sing. compl. déterminatif de *an ; chrétienne*, adj. qualif. fém. sing. qual. *ère.*

I. M. Le maître, à propos du mot *ère*, donnera aux élèves une idée des homonymes — air, ère, aire, hère, il erre, r.

2. Les élèves conjugueront en entier le verbe *suggérer*.

DICTÉE.

JÉRUSALEM.

Peu de villes ont éprouvé autant de révolutions que Jérusalem. Capitale du puissant royaume de David et de Salomon, elle vit l'or d'Ophir et les cèdres du Liban orner son temple. Dévastée par les Babyloniens, elle devint plus belle sous les Machabées et sous Hérode. Elle comptait alors plusieurs centaines de milliers d'habitants. Dieu permit qu'en punition de son déicide Titus la détruisit de fond en comble, l'an soixante-dix. Plus tard, elle fut rétablie par Adrien, et sainte Hélène, mère de Constantin, orna cette ville de plusieurs monuments. Les Persans et les Arabes s'en rendirent maîtres au vii⁰ siècle. Les chrétiens la reprirent en mil quatre-vingt-dix-huit, et la gardèrent jusqu'en onze cent quatre-vingt-sept. Enfin, les Turcs s'en emparèrent l'an quinze cent dix-sept; c'était la dix-septième fois qu'elle changeait de maîtres. Quoique peuplée de vingt à trente mille habitants, cette cité ne présente à la vue que de tristes masures; cependant l'intérieur est plus élégant et plus riche que ne l'annoncent les dehors. (MALTE-BRUN.)

DEVOIRS ÉCRITS.

1. *Changer les numéraux cardinaux en numéraux ordinaux.*

Un, deux, deux, trois, six, sept, neuf, dix, onze, quinze, dix-sept, vingt-un, mille cent deux, trois cent quatre-vingt, six cent vingt, trente-huit, quarante-deux.

MODÈLE : Premier, deuxième, second, troisième, sixième,... neuvième,... mille cent deuxième, trois cent quatre-vingtième...

2. *Écrire en toutes lettres et sans employer, pour les numéraux ordinaux, la terminaison* ième :

Chapitre XXII, tome XVIII, section XIV, psaume CX, psaumes L, LIII et LXXX, paragraphe VIII, chapitres CC et CCI; tomes XI et XIII; sections XXXVIII et XL; page 680, ligne 37, pages 800 et 900, an 1780, année 1087, numéros immatriculés 2800 et 3580, années 1000 et 1800.

MODÈLE : Chapitre vingt-deux, tome dix-huit, section quatorze, psaume cent dix, psaumes cinquante, cinquante-trois et quatre-vingt, paragraphe huit, chapitres deux cent et deux cent un, tomes onze et treize, sections trente-huit et quarante, page six cent quatre-vingt, ligne trente-sept, pages huit cent et neuf cent, an mil sept cent quatre-vingt, année mil quatre-vingt-sept, numéros immatriculés deux mille huit cent et trois mille cinq cent quatre-vingt, années mille et mil huit cent.

3. *Conjuguer aux modes* 2, 3 *et* 5, *et en changeant cons-*

tamment de verbe, honorer, vénérer, révérer, opérer, persé-
vérer, prospérer.

MODÈLE : 2 J'honore, tu vénères, il révère, nous opérons, vous
persévérez, ils prospèrent. — J'honorais, tu vénérais... — J'ho-
norai, tu vénéras... — J'ai honoré, tu as vénéré, il a révéré...

4. *Conjuguer le verbe* honorer *aux modes 1 et 4.*

MODÈLE : 1 Honorer, avoir honoré, ayant honoré, honorant,
honoré. — 4 Honore, honorons, honorez. — Aie honoré, ayons
honoré, ayez honoré.

139ᵉ LEÇON.

Adjectifs indéfinis (Gr. nᵒ 75).

EXERCICE ORAL.

1. Les élèves analyseront autant que possible les noms et les
adjectifs employés dans la phrase suivante :

TEXTE D'ANALYSE : En lisant les écrits de saint Augustin
on s'écrie : Quel cœur ! quelle âme ! quelle sublime intelligence !

MODÈLE : *Écrits,* n. comm. masc. pl. compl. direct de *lisant ;*
saint, adj. qualif. masc. sing. qual. *Augustin ; Augustin,* n.
propre masc. sing. compl. déterminatif de *écrits ; quel,* adjectif
indéf. masc. sing. dét. *cœur ; cœur,* n. comm. masc. sing. (sujet
d'un verbe sous-entendu « quel cœur *était* le sien ! ») ; *quelle,*
adj. indéf. fém. sing. dét. *âme...*

2. Ils conjugueront en entier le verbe *plier ;* le maître leur
demandera à quelles personnes il se rencontre deux *i* consécutifs.

3. Ils conjugueront le verbe *ployer des scions* ou *ployer des
branches* aux temps que le maître indiquera; ils diront dans quel
cas l'*y* se change en *i.*

DICTÉE.

A UNE GRAND'MÈRE POUR LA REMERCIER D'UN CADEAU.

Chère Grand'Maman,

Quelle agréable surprise ! quelle joie j'ai éprouvée lorsqu'on
m'a présenté les jolies choses que vous avez eu la bonté de m'envoyer ! Tout le monde s'est rassemblé auprès de moi pour voir
ma boîte de joujoux; l'un admirait le bilboquet, l'autre, le petit
jeu de quilles ou celui de dominos. Tous mes camarades avaient
l'air de convoiter ces objets; mais moi, je n'étais pas du tout
d'humeur à les céder : parce que, d'abord, je les tiens de ma
Grand'Maman, qui est si bonne, et qui veut bien m'en faire
cadeau, puis parce que ces jeux me font le plus grand plaisir.
C'est une nouvelle preuve de tendresse que vous venez de me
donner, chère bonne Maman; je vous en remercie mille fois, et
vous promets de faire de nouveaux efforts pour mériter la continuation de vos soins et de vos bienfaits.   Votre petit-fils.

DEVOIRS ÉCRITS.

1. *Tourner par le féminin :*

Aucun élève n'est plus studieux que votre frère, nul autre ne sera porté pour avoir la première couronne : il est si modeste et si complaisant, que ses rivaux sont ses meilleurs amis.—Emile est tel qu'on m'avait dit, léger, causeur et un peu fanfaron.— Etienne et François sont tels qu'on me les avait dépeints, raisonnables, actifs, humbles et modestes, désireux de plaire à leur mère. — Tout autre que Joseph aurait compris qu'il avait commis une impolitesse. — Mon père se plaint de Jules, qui était autrefois un enfant obéissant, et qui aujourd'hui est insoumis et revêche. — Quel tuteur soigneux et prévoyant la Providence m'a donné dans mon parrain ! — Maint renard a été pris lorsqu'il croyait prendre (fouine). — Certain loup attiré par la faim rôdait la nuit près de la bergerie.

Modèle : Aucune élève n'est plus studieuse que votre sœur, nulle autre ne sera portée... elle est si modeste et si complaisante, que ses rivales sont ses meilleures amies.— Émilie est telle qu'on m'avait dit, légère, causeuse et un peu fanfaronne.— Étiennette et Françoise sont telles qu'on me les avait dépeintes...— Toute autre que Joséphine...— Ma mère se plaint de Julie... une enfant obéissante...— Quelle tutrice soigneuse et prévoyante la Providence m'a donnée dans ma marraine ! — Mainte fouine a été prise... — Certaine louve...

2. *Conjuguer* ployer, plier, déplier, *aux modes* 2, 3 *et* 5, *en changeant de verbe à chaque personne.*

Modèle : 2 Je ploie, tu plies, il déplie, nous ployons, vous pliez, ils déplient. — Je ployais, tu pliais, il dépliait, nous ployions, vous pliiez, ils dépliaient. — Je ployai...

3. *Conjuguer* déplier *aux modes* 1 *et* 4.

Modèle : 1 Déplier, avoir déplié...; 4 Déplie, déplions, dépliez, —Aie déplié, ayons déplié, ayez déplié.

4. *Analyser :* Aucun héros n'a été grand comme saint Vincent de Paul (a été grand).

Modèle : *Aucun,* adj. indéf. masc. sing. dét. *héros; héros,* n. comm. masc. sing. sujet de *a été grand; n'* ou *ne,* adverbe qui modifie *a été grand; a été,* verbe 4e conj. passé ind. 3e pers. du sing.; *grand,* adjectif qualif. masc. sing. attribut de *héros; comme,* conj. faisant rapporter la 2e préposition à la 1re ; *saint,* adj. qualif. masc. sing. qual. *Vincent de Paul ; Vincent de Paul,* n. propre masc. sing. sujet de *a été grand,* sous-entendu.

140ᵉ LEÇON.

Récapitulation sur l'adjectif.

EXERCICE ORAL.

1. Analyser les noms et les adjectifs employés dans la phrase suivante :

TEXTE D'ANALYSE : Titus faisait chaque jour quelque bonne œuvre ; une fois qu'il y avait manqué, il dit à ses courtisans : « Mes amis, j'ai perdu ma journée. »

MODÈLE : *Titus*, n. propre masc. sing. sujet de *faisait ; chaque*, adj. ind. masc. sing. dét. *jour; jour*, n. comm. masc. sing. compl. indirect de *faisait; quelque*, adj. ind. fém. sing. dét. *œuvre ;... œuvre*, n. comm. fém. sing. compl. direct de *faisait; une*, adj. num. fém. sing. dét. *fois; fois*, n. comm. fém. sing. compl. indirect de *dit; ses*, adj. poss. masc. pl. dét. *courtisans...*

2. Conjuguer aux temps que le professeur indiquera *inventer un procédé, déclamer en riant, blâmer énergiquement, ramer habilement.*

COMPOSITION.

A. *Écrire simplement :*

Quelle perte cruelle nous avons faite ! Mes amis m'ont abandonné depuis que je suis pauvre ; ils insultent à ma misère par leur faste insolent. Quelle a été ma surprise, quelle a été ma joie quand j'ai reçu la boîte que vous m'avez envoyée ! Remplissez cet intervalle. J'admire cet ordre, cette symétrie, ces rangées de platanes, ce frais gazon, ces riants bosquets. Les chrétiens perdirent Jérusalem en onze cent quatre-vingt-sept. Plusieurs compagnies ont six-vingts fusiliers ou cent vingt soldats. En mil huit cent cinquante notre armée comprenait quatre cent trente mille hommes, dont dix-sept mille deux cents étaient vétérans ou employés au service du train.

Quatre-vingts faisceaux, quatre-vingt-six armures, quatre cents carabines, sept cent sept képis, page trois cent, chapitre quatre-vingt, section sixième.

B. *Tourner par le féminin :*

Mon cher frère, j'ai pour toi toute la vénération que j'aurais pour un père chéri. Etienne et François sont tels qu'on me les avait dépeints, actifs, prévenants, laborieux, persévérants.

MODÈLE : Ma chère sœur.. pour une mère chérie. Etiennette et Françoise sont telles qu'on me les avait dépeintes, actives, prévenantes, laborieuses, persévérantes.

C. *Écrire le verbe*

Apaiser *au singulier du présent du conditionnel.*

Réitérer *au singulier du futur simple de l'indicatif.*

Honorer *à l'impératif.*

Plier *au pluriel du présent du subjonctif.*

MODÈLE : J'apaiserais, tu apaiserais, il apaiserait. — Je réitérerai, tu réitéreras, il réitérera. — Honore, honorons, honorez. — Que nous pliions, que vous pliiez, qu'ils plient.

DEVOIRS ÉCRITS.

1. *Remplacer les points par le son ou l'articulation k bien orthographiée.*

Carême, catafalque, christianisme, dalmatique, eucharistie, extrême-onction, holocauste, reliquaire, sacristie, sanctuaire, succursale, cathédrale, épiscopat, clerc, ecclésiastique, vicaire, laïque, scrupule, éducation, débâcle, déclin, occasion, occupation, putréfaction, qualification, bocage, acacias, sycomore, coquelicot, tracas, raccommodage, recours, succès, surcroît, tocsin, chicane, discorde, hypocrisie, moquerie, récalcitrant, scandale, cataracte, catarrhe, choléra, cicatrice, colique, crispation, décoction, émétique, fracture, hoquet, hydropique, un looch, médicament, mélancolie, piqûre, quinquina, scorbut, torticolis, vaccin, vésicatoire, une basilique, le basilic, le chœur de l'église, le cœur de l'animal, un pic, une pique, un coq, une coque, un parc, la Parque, un soc de charrue, mes soques (chaussure de bois), un aqueduc, un bloc, la cascade, l'écluse, la presqu'île, le quai du Rhône, un volcan.

2. *Conjuguer* interpeller, quereller, exceller, *à tous les temps des modes 2, 3 et 5, et en changeant de verbe à chaque personne.*

MODÈLE : 2 J'interpelle, tu querelles, il excelle; nous interpellons, vous querellez, ils excellent. — J'interpellais...; J'interpellai...; J'ai interpellé, tu as querellé, il a excellé... 3 J'interpellerais... 5 Que j'interpelle...

3. *Analyser:* L'an huit cent quatorze, Charlemagne fut couronné sous le titre d'empereur d'Occident.

MODÈLE : *L'* ou *le...; an,* n. comm. masc. sing. compl. ind. de *fut couronné; huit cent quatorze,* adj. num. ordinal, masc. sing. dét. *an; Charlemagne... fut,* verbe de 4e conj. au passé dét. 3e pers. du sing.; *couronné,* participe adjectif, masc. sing. attribut de *Charlemagne; sous,* préposition qui fait rapporter *titre* à *fut couronné; le...; titre,* n. comm. masc. sing. compl. ind. de *fut couronné; d'* ou *de,* préposition qui fait rapporter *empereur* à *titre; empereur,* n. comm. masc. sing. compl. déterminatif de *titre; d'* ou *de* préposition...

141ᵉ LEÇON.

Pronoms personnels (Gr. nᵒˢ 76 à 83).

EXERCICE ORAL.

1. Les élèves analyseront la phrase suivante :

TEXTE D'ANALYSE : Si tu appréciais le temps, tu ne l'emploierais pas à jouer.

Modèle : *Si*, conjonction qui fait rapporter la 1ʳᵉ proposition à la 2ᵉ ; *tu*, pron. pers. 2ᵉ pers. masc. sing. sujet de *appréciais* ; *appréciais*, verbe 1ʳᵉ conjug. imparfait de l'ind. 2ᵉ pers. du sing...; *ne pas*, adverbe qui modifie *emploierais* ; *l'* ou *le*, pron. pers. 3ᵉ pers. masc. sing. compl. direct de *emploierais*...

2. Ils exprimeront la même pensée en employant successivement pour sujet *je*, *il*, *elle*, *nous*, *vous*, *ils*, *elles*.

Modèle : Si j'appréciais le temps, je ne l'emploierais... S'il appréciait le temps, il ne l'emploierait pas... Si elle appréciait... Si nous appréciions... Si vous appréciiez...

3. Ils conjugueront *s'encourager à bien faire*, à toutes les premières personnes ; *s'effrayer à l'avance*, à toutes les 2ᵉˢ ; *s'enrichir habilement*, à toutes les 3ᵉˢ.

Modèle. Je m'encourage à bien faire, nous nous encourageons à bien faire ; — je m'encourageais à bien faire, nous nous encouragions à bien faire ; — je m'encourageai..., nous nous encourageâmes... ; — je me suis encouragé à bien faire, nous nous sommes encouragés...

Tu t'effraies à l'avance, vous vous effrayez à l'avance ; — tu t'effrayais... vous vous effrayiez... — Tu t'effrayas... vous vous effrayâtes... — Tu t'es effrayé à l'avance, vous vous êtes effrayés...

DICTÉE.

LETTRE A UNE BIENFAITRICE, LE JOUR DE L'AN.

Chère Bienfaitrice,

Depuis ce jour où *vous* avez bien voulu devenir ma protectrice, et remplacer les parents que le Ciel *m'*a ravis, *j'*ai éprouvé pour *vous* tous les sentiments dont vos bontés vous rendent digne. *Je* suis heureux de voir arriver l'époque marquée par l'usage pour *vous* offrir l'expression et *vous* donner l'assurance des vœux que *je* forme pour *vous*. *Ils* sont bien vifs et bien sincères ; ce sont les vœux d'un fils tendre et respectueux pour une mère pleine de bonté et de sollicitude. Daignez *les* agréer, et croire au sincère et constant attachement avec lequel *j'*ai l'honneur d'être,

Madame et chère Bienfaitrice,

Votre très-humble et reconnaissant obligé.

DEVOIRS ÉCRITS.

Tourner par la deuxième personne, tout en conservant le nombre et le genre donnés.

Je m'habitue. Je me suis hasardé. Elle s'est habituée. Elles se sont réjouies. Il priait. Elles priaient. Ils suppliaient. Me suis-je effrayée ? Sommes-nous effrayés ? Encourageons-nous. Je m'encourage. Il s'était encouragé. Ils nettoyaient. Qu'ils nettoient. Qu'elles balaient. Il se fut montré. Il se fût montré. Montrons-nous. Avançons. Je deviendrai riche. Nous arriverons au but. Nous serions-nous trompés ? Ayons bon espoir. Elle sera sortie. Ils exprimeraient leurs vœux. Ils

ont formulé leur demande. Elles eussent présenté leur pétition. Il a mérité ses grades. Elles s'effrayaient sans
raison.

MODÈLE: Tu t'habitues. Tu t'es hasardé. Tu t'es habituée. Vous
vous êtes réjouies. Tu priais. Vous priiez. Vous suppliiez. T'es-tu
effrayée? Etes-vous effrayés? Encouragez-vous. Tu t'encourages. Tu
t'étais encouragé. Vous nettoyiez. Que vous nettoyiez. Que vous
balayiez. Tu te fus montré. Tu te fusses montré. Montrez-vous.
Avancez. Tu deviendras riche. Vous arriverez au but. Vous seriez-vous trompés? Ayez bon espoir. Tu seras sortie. Vous ex-
primeriez vos vœux. Vous avez formulé votre demande. Vous
eussiez présenté votre pétition. Tu as mérité tes grades. Vous vous
effrayiez sans raison.

2. *Employer des pronoms pour éviter de répéter les noms.*
Louis, voulant corriger Louis, exerce Louis à veiller sur
Louis. Le soleil parcourt régulièrement la route, la route a
été tracée au soleil. La flatterie appauvrit l'homme, l'homme
reçoit la flatterie. La première fois que les Américains
virent des figures peintes, les Américains prirent les
figures pour des hommes vivants, et interrogèrent les
figures.

MODÈLE : Louis, voulant se corriger, s'exerce à veiller sur lui-
même. Le soleil parcourt régulièrement la route qui lui a été
tracée. La flatterie appauvrit l'homme qui la reçoit. La première
fois que les Américains virent des figures peintes, ils les prirent
pour des hommes vivants et les interrogèrent.

3. *Traduire par la personne indiquée en tête de la phrase.*
A la 2e. Oserions-nous dormir avec un serpent dans le
sein ou bien couchés sur le bord d'un précipice? C'est
pourtant ce que nous faisons lorsque nous demeurons dans
l'état de péché mortel. — 1re Qu'as-tu à redouter de la
justice, si tu accomplis la loi, si tu es un honnête citoyen ?
— 3e Nous, Juge de paix, avons condamné Robert à cent
francs de dommages-intérêts envers le plaignant. —
3e Voudriez-vous, Monseigneur, faire droit à ma demande.
— 2e Madame désirerait-elle qu'on lui procurât une calèche ? — 3e Monsieur, accepteriez-vous l'offre de mes
services ?

MODÈLE: 2. Oseriez-vous dormir... ce que vous faites lorsque
vous demeurez...— 1 Qu'ai-je à redouter... si j'accomplis... si je
suis...— 3 Le juge de paix a condamné Robert...— Monseigneur
voudrait-il...? 2 Madame, désireriez-vous qu'on vous procurât
une calèche ? — 3 Monsieur accepterait-il l'offre de mes services?

4. *Conjuguer le verbe* suspendre *à toutes les* 3es *personnes.*

MODÈLE 2. Il suspend, ils suspendent; il suspendait, ils suspendaient; il suspendit, ils suspendirent; il a suspendu, ils ont suspendu; il eut suspendu, ils eurent suspendu...

142ᵉ LEÇON.

Pronoms possessifs (Gr. nᵒˢ 83 à 86).

EXERCICE ORAL.

1. Analyser la phrase suivante:

TEXTE D'ANALYSE : Votre père est content de vous, j'ignore encore si le mien l'est de moi.

MODÈLE : *Votre*, adj. poss. masc. sing. dét. *père*...; *de*, préposition qui fait rapporter *vous* à *est content*; *vous*...; *j'* ou *je*, pron. pers. 1ʳᵉ pers. masc. sing. sujet de *ignore*... *le mien* pron. poss. 3ᵉ pers. masc. sing. sujet de *est*; *l'* ou *le*, pron. pers. 3ᵉ pers. masc. sing. attribut de *le mien*...

2. Conjuguer en entier le verbe *appuyer*.

DICTÉE.

LETTRE D'UN ENFANT A SON PÈRE A LA NOUVELLE ANNÉE.

Mon cher Papa,

Si tous les jours c'est pour moi une bien grande privation d'être éloigné de vous, c'est surtout à l'époque de la nouvelle année que la peine de votre absence m'est le plus sensible. Combien je serais heureux de pouvoir vous exprimer de vive voix mes pensées et mes vœux, de me voir pressé sur votre sein, de vous presser aussi sur le mien avec toute l'affection dont je suis capable. Mais, hélas! loin de la maison paternelle, il faut me résoudre à confier au papier ce que je ne puis autrement vous exprimer. Soyez donc assuré, cher Papa, que je vous aime, que mon cœur, reconnaissant de vos bienfaits, forme les souhaits les plus sincères pour la prolongation de vos jours, si chers à vos enfants et à votre Eugène en particulier. Que le Ciel daigne être propice à mes vœux, et tous les vôtres seront accomplis, et rien ne manquera à votre bonheur.

Le maître dictera aussi quelques phrases de l'exercice ci-après.

DEVOIRS ÉCRITS.

1. *Traduire par le féminin :* Mon père est bon, le tien l'est-il aussi? Mes frères sont pieux, sans doute les tiens le sont aussi. Je respecte mon parrain, respectez aussi le vôtre. Mon protégé a obtenu une place, le vôtre en obtiendra une aussi. Voulez-vous instruire mon frère, j'instruirai le vôtre. Mes amis sont sans prétention, les tiens sont fiers et dédaigneux.

MODÈLE: Ma mère est bonne, la tienne l'est-elle aussi? Mes sœurs sont pieuses, sans doute les tiennes le sont aussi? Je respecte ma marraine, respectez aussi la vôtre. Ma protégée a obtenu une place, la vôtre...

2. *Remplacer l'astérisque par* ce, c', se *ou* s', *suivant le sens des phrases données :* Ces hommes s'étaient imaginé pouvoir braver tous les dangers, mais ils s'en sont repentis. — *Se* comporter en impie c'est être ennemi de soi-même. C'étaient mes amis qui s'étaient offerts eux-mêmes à vous rendre *ce* service ; ils *se* sont formalisés de votre refus. — Il est difficile de *se* corriger de ses défauts après s'être fait une habitude de s'y livrer. — Ces pauvres auraient éprouvé *ce* que vous dites de *ce* riche généreux, s'ils avaient voulu se présenter chez lui. — *Ce* père aime trop ses enfants, et les expose à *se* perdre en leur permettant tout *ce* qu'ils veulent. — Celui qui ment s'attire le mépris des autres ; il s'aveugle lui-même en pensant retirer quelque profit de *ce* langage : *ce* profit, si toutefois il peut *se* nommer ainsi, ne durera que quelques jours, et l'opprobre qui s'ensuivra *se* fera toujours sentir. — *C'est ce* discours, dont je vous ai parlé, qui s'est trouvé faux : son auteur s'était vanté de *se* faire croire ; mais il s'est trompé. — J'ai appris que c'était avec peine que ces hommes s'étaient décidés à prendre le parti qu'on leur avait conseillé.

3. *Conjuguer* apparaître *à toutes les formes du singulier.*

Modèle : J'apparais, tu apparais, il apparaît ; j'apparaissais... j'apparus... j'ai apparu... j'eus apparu...

4. *Analyser :* Notre maison est moins belle *que* la vôtre (est belle), mais la paix et l'union y règnent.

Modèle : *Notre,* adj. poss. fém. sing. dét. *maison; maison...; est,* verbe 4e conj. prés. de l'ind. 3e pers. du sing. ; *moins,* adverbe qui modifie *belle; la vôtre,* pron. poss. fém. sing. sujet de *est belle* sous-entendu ; *mais,* conjonction liant les deux propositions ; *la...; paix,* n. com. fém. sing. sujet de *règnent; et,* conjonction qui lie les deux sujets de *règnent; l'* ou *la...; union...; y,* pron. pers. 3e pers. fém. sing. compl. indirect de *règnent...*

<h3 style="text-align:center">143e LEÇON.</h3>

Pronons démonstratifs (Gr. n° 86).

EXERCICE ORAL.

1. Analyser la phrase suivante :

Texte d'analyse : Héraclite et Démocrite étaient (doués) de caractères bien différents ; celui-ci riait toujours, celui-là pleurait sans cesse.

Modèle : *Héraclite,* n. propre masc. sing. sujet de *étaient...* *d'* ou *de,* préposition qui fait rapporter *caractère* à *doués* sous-en-

tendu; *caractère*, n. comm. masc. sing. compl. indirect de *doués*
sous-entendu; *bien*, adverbe qui modifie *différents*; *différents*,
adj. qualif. masc. pl. qualifie *caractères*; *celui-ci*, pron. dém.
3ᵉ pers. masc. sing. sujet de *riait*...

2. Conjuguer en entier le verbe *se récréer*.

3. Conjuguer au singulier des temps composés *récréer son
jeune frère*.

Modèle : J'ai récréé mon jeune frère, tu as récréé ton jeune
frère, il a récréé son jeune frère; — j'eus récréé...

DICTÉE.

UN ENFANT A SON PARRAIN, LE PREMIER JOUR DE L'AN.

Cher Parrain,

Quand l'usage ne me ferait pas une loi de vous présenter mes
hommages à cette époque de l'année, la reconnaissance que je
vous dois pour les bontés que vous m'avez toujours témoignées,
et pour les soins que vous avez pris de mon enfance, me pres-
serait de remplir un si juste devoir. C'est par un effet du même
sentiment que j'éprouve le désir de vous faire part des souhaits
et des vœux sincères que j'adresse au Ciel pour vous. Persuadé
que mes succès vous seront agréables, je fais tout ce que je puis
pour réussir dans mes études, et j'ose me promettre que d'ici à la
fin de l'année j'obtiendrai quelques couronnes. Veuillez accepter,
pour étrennes cette expression du respectueux attachement de
celui qui se dira toujours, — Cher Parrain, — Votre dévoué
filleul.

Le maître dictera aussi les phrases suivantes :

L'âme est préférable au corps: *celui-ci* doit mourir, *celle-là*
est immortelle, et cependant nous préférons souvent *celui-ci* à
celle-là. Les biens éternels sont tout, ceux qui passent avec le temps
ne sont rien; et cependant nous nous portons plus volontiers vers
ceux-ci que vers *ceux-là*. — Je voudrais bien *ceci* qui est à ma
portée, sans cependant renoncer à *cela*, quoique éloigné. — Mes
amis, *voici* votre devoir, et *voilà* les récompenses qui vous sont
promises : si *celui-là* vous occasionne un peu de peines, *celles-ci*
vous en dédommageront.

DEVOIRS ÉCRITS.

1. *Remplacer les tirets par les mots* celui-ci, celui-là,
ceux-ci, ceux-là, etc., *suivant le sens des phrases.*

Démocrite riait toujours, Héraclite pleurait sans cesse :
celui-ci était triste, *celui-là* était gai. — Nous devons préférer la vertu au plaisir : *celui-ci* passe en un moment,
celle-là donne une jouissance réelle. — Les richesses et le
savoir peuvent devenir funestes : *celui-ci* en inspirant de
l'orgueil, *celles-là* en satisfaisant les passions. — Un homme
esclave de ses passions est infiniment plus à plaindre que
celui qui gémit dans les fers : *celui-ci* n'a qu'un seul
maître, *celui-là* a autant de tyrans que de désirs.

2. *Remplacer l'astérisque par* ce, c', se *ou* s' :

Ce ne sont pas ceux qui *se* louent, qui *se* vantent, qui *se* flattent, qui *s'*estiment eux-mêmes, qui sont véritablement estimables ; mais *ce* sont ceux qui *s'*appliquent à *se* rendre vertueux, qui travaillent à *se* rendre bons, à *se* corriger chaque jour de quelque défaut.— *C'*est de votre négligence que vos amis *se* sont plaints. — *C'*est moi, *c'*est toi, *c'*est lui, *ce* sont tous les hommes qui paraîtront devant Dieu.

3. *Placer* ce, c', se, s', sa, son, ces, ses, *suivant le sens des phrases ci-dessous.*

L'homme vertueux *s'*applique à régler *ses* désirs, *ses* goûts, *ses* travaux, *ses* plaisirs, *ses* affections, en un mot, toute *sa* conduite sur la loi de Dieu. — Malgré les persécutions, l'Église *s'*est établie, elle *s'*est soutenue et *s'*est même affermie : *c'*est une preuve de la divinité de *sa* morale et de *ses* préceptes.— Qu'est-*ce* qui affligera l'homme au moment de *sa* mort, sinon les fautes volontaires qu'il aura commises, les plaisirs défendus qu'il aura aimés. — *C'*est une grande erreur, *c'*est même une folie d'offenser Dieu, et *c'*est *ce* que ne comprennent pas *ces* jeunes libertins, *ces* hommes sans foi, sans mœurs, sans religion, hélas ! si nombreux aujourd'hui dans la société.

4. *Analyser* : Je préfère la vertu au talent ; celui-ci ne sert *que* pour le temps, celle-là sert aussi pour l'éternité.

Modèle : *Je*, pron. pers. 1re pers. masc. sing. sujet de *préfère...* *celui-ci*, pron. démonst. 3e pers. masc. sing. sujet de *sert...*; *temps*, n. comm. masc. sing. compl. indirect de *sert*; *celle-là*, pron. démonst. 3e pers. fémin. sing. sujet de *sert...*; *aussi*, adverbe qui modifie *sert...*

144e LEÇON.

Pronoms conjonctifs et pronoms indéfinis (Gr. nos 87 et 88.).

EXERCICE ORAL.

1. Analyser la phrase suivante :

Texte d'analyse : Exige d'abord dans toi-même ce que tu exiges dans les autres.

Modèle : *Exige*, verbe de la 1re conjug. pr. de l'impératif 2e pers. du sing... *ce*, pron. démons. 3e pers. masc. sing. compl. direct de *exige* ; *que*, pron. conjonctif 3e pers. masc. sing. compl. direct de *exiges*;... *les autres*, pron. indéfini 3e pers. masc. pl. compl. indirect de *exiges*.

2. Déterminer le nom sujet en employant une proposition amenée par un pronom conjonctif : «Les hommes... seront sauvés.

— L'élève... sera récompensé. — La lettre... est très - belle. — L'histoire... nous a fait plaisir...

Modèle : Les hommes *qui observeront la loi de Dieu* seront sauvés. — L'élève *qui aura bien travaillé*... — La lettre *que vous avez écrite*... —L'histoire *qu'on nous a racontée*....

3. Conjuguer aux temps simples de l'indicatif *être content quand on réussit*.

Modèle : *pr.* Je suis content quand je réussis, tu es content quand tu réussis, il est content quand il réussit, nous sommes contents... — J'étais content quand je réussissais... — Je fus content quand je réussis...— Je serai content quand je réussirai...

DICTÉE.

UN ENFANT A SON PÈRE ET A SA MÈRE, LE JOUR DE L'AN.

Cher Papa et chère Maman,

Pemettez que votre fils, au renouvellement de l'année, vous fasse part des vœux que chaque jour il adresse au Ciel pour des parents chéris ; permettez qu'il vous exprime de nouveau son amour sincère et filial. Je sens tout le prix de votre affection, ainsi que de l'éducation chrétienne que vous me faites donner ; soyez assurés que je ferai les plus constants efforts pour me rendre digne de votre tendresse. Je ne cesserai de demander la prolongation de vos jours, et je m'efforcerai de suivre les bons exemples dont vous avez entouré mon enfance, afin de prouver de plus en plus que je vous aime aussi ardemment que vous le méritez, et que je serai toujours pour vous,

Cher Papa et chère Maman,

Le plus tendre des fils.

Phrases détachées: Chacun songe à soi. — Quiconque veut la fin doit en prendre les moyens. — Rien n'est pénible quand on aime.

DEVOIRS ÉCRITS.

1. *Unir par un pronom conjonctif les deux propositions données.*

Je recueillerai le grain, — j'aurai semé le grain. La gloire est fausse, — la gloire doit finir avec nous. Nous aimons la terre, — nous cultivons la terre. La terre est féconde, — nous cultivons la terre. Respectez la nation,— je porte le drapeau de la nation. La nation est grande et forte, — je porte le drapeau de la nation.

La religion est la seule véritable,— je professe la religion. Le christianisme est l'œuvre de Dieu, — j'étudie les préceptes du christianisme. C'est la vertu seule,— la vertu rend l'homme grand. Racontez-nous l'histoire, — vous avez promis de raconter l'histoire. Le christianisme est l'œuvre de Dieu, — Dieu veut sauver l'homme. Je hais le monde, — les maximes du monde m'ont trompé.

Modèle: Je recueillerai le grain que j'aurai semé. La gloire qui doit finir avec nous est fausse. Nous aimons la terre que nous cultivons. La terre que nous cultivons est féconde. Respectez la nation dont je porte le drapeau. La nation dont je porte le drapeau est grande et forte. La religion que je professe...; ... le christianisme dont j'étudie les préceptes... C'est la vertu seule qui rend... Racontez-nous l'histoire que vous avez promis de raconter. Le christianisme est l'œuvre de Dieu, qui veut sauver l'homme. Je hais le monde, dont les maximes m'ont trompé.

2. *Remplacer le tiret par le pronom convenable de l'espèce demandée.*

L'éternité est —— (*indéfini*), le temps n'est —— (*indéfini*); cependant —— (*pers.* 1re *p.*) —— (*pers.* 1re *p.*) portons plus volontiers vers —— (*démonstratif*) que vers —— (*démonstratif*). La vertu et le vice ont des fins bien différentes : —— (*démonstratif*) mène à la mort, —— (*démonstratif*) conduit à la vie. Le temps est un trésor —— (*conjonctif*) nous avons hérité, et —— (*,conjonctif*) le Seigneur nous laisse par miséricorde.

Modèle : L'éternité est *tout*, le temps n'est *rien*; cependant *nous nous* portons plus volontiers vers *celui-ci* que vers *celle-là*. La vertu et le vice ont des fins bien différentes : *celui-ci* mène à la mort; *celle-là* conduit à la vie. Le temps est un trésor *dont* nous avons hérité, et *que* le Seigneur nous laisse par miséricorde.

3. *Conjuguer* émietter, prêter, regretter, guetter, fouetter, pirouetter, *aux modes* 2, 3 *et* 5, *en changeant constamment de verbe.*

4. *Analyser :* Celui qui est infidèle dans les petites choses le sera aussi dans les grandes.

Modèle: *Celui*, pron. démonst. 3e pers. masc. sing., sujet de *sera; qui*, pron. conjonctif 3e pers. masc. sing. sujet de *est;* . . *le*, pron. pers. 3e pers. masc. sing. attribut de *celui; aussi*, adverbe qui modifie *sera infidèle... grandes*, adj. qualif. fém. pl. qualifie *choses* sous-entendu.

145e LEÇON.

Récapitulation sur le pronom.

EXERCICE ORAL.

1. Les élèves feront l'analyse des noms, articles, adjectifs et pronoms employés dans cette phrase.

Texte d'analyse : Heureux (est) celui qui peut se dire : « Je n'ai jamais fait du tort à personne. »

Modèle : *Heureux*, adj. qualif. masc. sing. attribut de *celui; celui*, pron. dém. 3e pers. masc. sing. sujet de *est* sous-entendu; *qui*, pron. conj. 3e pers. masc. sing. sujet de *peut...*

2. Ils conjugueront en entier le verbe *s'endetter*, en employant aux troisièmes personnes un pronom féminin.

COMPOSITION.

A. *Souligner les pronoms.*

I. M. Le maître dictera une quelconque des lettres qui ont été données dans les quatre leçons précédentes, ensuite les phrases suivantes :

Préférez la vertu au plaisir : *celle-là* (*ou* celle-ci) procure une jouissance éternelle, tandis que *celui-ci* (*ou* celui-là) passe en un moment. Ce ne sont pas *ceux qui s'*estiment le plus *qui* sont les plus estimables. *Je* hais le monde, *dont* les maximes *m'*ont séduit. Le temps est un trésor *dont nous* avons hérité, et *que* le Seigneur nous laisse par miséricorde.

B. *Tourner par la deuxième personne.*

Nous hasardons. Je m'effraie sans raison. Il s'était décidé à continuer son travail.

Modèle : Vous hasardez. Tu t'effraies sans raison. Tu t'étais décidé à continuer ton travail.

C. *Tourner par la 3ᵐᵉ personne.*

Tu te reproches avec raison ta négligence. Nous nous sommes repentis de ce procédé.

Modèle : Il se reproche avec raison sa négligence. Ils se sont repentis de ce procédé.

D. *Écrire le verbe.*

S'effrayer *au pluriel de l'impératif.*

Suspendre *au pluriel du futur simple.*

Regretter *aux deuxièmes personnes du présent du subjonctif.*

Modèle : Effrayons-nous, effrayez-vous. — Nous suspendrons, vous suspendrez, ils suspendront. — Que tu regrettes, que vous regrettiez.

DEVOIRS ÉCRITS.

1. *Remplacer les points par le son è bien orthographié :*

Archevêché, bannière, baptême, bréviaire, Calvaire, carême, chaire à prêcher, cimetière, un dais très-riche, diocèse, ermitage, extrême-onction, génuflexion, monastère, nef, obsèques, patène, presbytère, procession, reliquaire, rochet, rosaire, sanctuaire, scapulaire, séminaire, suaire, vêpres, abbesse, anachorète, catéchumène, clerc, clergé, prêtrise, profès, prophète, sacerdoce, thuriféraire, condescendance, fête de Noël, faîte ou sommet du temple ; — erreur, entêtement, excès, forfait, grief, haine et rancune, imperfection, ineptie, insurrection, ivresse, malfaiteur, mollesse, perversité, rebelle, sobriquet, superstition, susceptibilité, téméraire, traître, blessure, consternation, convalescence, déplaisir, diète, hardiesse, netteté, respect, zèle.

2. *Remplacer le tiret par un pronom convenable.*

Vous avez vos chagrins, qui n'a pas *les siens* ? Chacun a

ses peines; les riches ont *les leurs* comme nous avons *les nôtres*. Ne fais pas à *autrui* ce que tu ne veux pas qu'on *te* fasse à *toi-même*. Celui *qui* s'expose au danger *y* périra. Aimez-vous *les uns* les autres; rendez-vous service les uns *aux autres*; ne parlez jamais mal les uns *des autres*. Quiconque est trop content de *soi* n'est jamais content *des autres*. Respectez la réputation de votre prochain, si *vous* voulez qu'on respecte *la vôtre*. Ecouter le calomniateur c'est se faire son complice. Les personnes *à qui* l'on parle le moins, ne sont pas toujours *celles qui* ont le moins de mérite.

3. *Conjuguer* prêter, regretter, guetter *aux modes 2 et 5*, et en changeant de verbe à chaque personne.

4. *Analyser:* « Tout ce qui se passe sous le soleil est néant et affliction d'esprit (Salomon). »

Modele : *Tout*, adj. indéf. masc. sing. dét. *ce; ce*, pron. dém. 3ᵉ pers. masc. sing. sujet de *est; qui*, pron. conj. 3ᵉ pers. masc. sing. sujet de *passe; se*, pron. pers. 3ᵉ pers. masc. sing. compl. direct de *passe; passé*, verbe réfléchi 1ʳᵉ conjug. au pr. de l'ind. 3ᵉ pers. du sing.... *néant*, n. comm. masc. sing. attribut de *ce; et*, conjonction qui lie deux attributs de *ce;... esprit*, n. commun masc. sing. compl. déterminatif de *affliction*.

<h3 align="center">146ᵉ LEÇON.</h3>

De la définition du verbe et des modes (Gr. nᵒˢ 89, 101 et 102).

EXERCICE ORAL.

Définitions. 1ᵒ Le verbe est un mot exprimant l'existence, l'action ou l'état attribués à un être.

2ᵒ Le mode est la forme que prend le verbe suivant la manière dont celui qui parle veut exprimer l'existence, l'action ou l'état.

Développement. On peut exprimer l'action[1] d'une manière vague et indéfinie, ou l'affirmer positivement, ou la présenter comme dépendant d'une condition, ou bien comme étant l'objet d'un commandement, ou encore comme étant subordonnée à une autre; de là les cinq modes du verbe.

Les cinq modes du verbe sont : l'infinitif, l'indicatif, le conditionnel, l'impératif, le subjonctif.

L'infinitif exprime l'action d'une manière vague et indéfinie. « *Prier* est un devoir. »

L'indicatif exprime l'action comme positivement affirmée. «Je *travaille.* »

Le conditionnel exprime l'action comme dépendant d'une condition. « Je vous *assisterais* si je le pouvais. »

---

[1] Pour simplifier les définitions, nous dirons seulement *l'action*, au lieu de *l'existence, l'action et l'état.*

L'impératif exprime l'action comme étant commandée ou conseillée. « *Travaillez* bien. »

Le subjonctif présente l'action comme subordonnée à une autre. « Je crains que vous ne vous *égariez*. »

I. M. 1. Le maître interrogera les élèves sur la définition du verbe et sur les cinq modes.

2. Les élèves exprimeront, par des verbes à l'infinitif, les actions que peut faire un soldat, un écolier, un canari, un serpent...

Modèle : Un soldat peut *manœuvrer, s'exercer, combattre, se défendre...* — Un écolier peut *lire, étudier, réciter, écrire...* — Un canari peut *voler, voltiger, becqueter, chanter, gazouiller...* — Un serpent peut *mordre, siffler, ramper, s'entortiller...*

3. Ils traduiront par le mode conditionnel les phrases suivantes : « Si vous êtes docile je vous aimerai. — Vous serez récompensés si vous êtes laborieux. — Soyez humbles, et vous réussirez. — Je crains lorsque tu n'es pas avec moi... »

Modèle : Si vous étiez docile je vous aimerais. — Vous seriez récompensés si vous étiez laborieux. — Si vous étiez humbles vous réussiriez. — Je craindrais si vous n'étiez pas avec moi...

4. Ils analyseront la phrase suivante :

Texte d'analyse : Parler, c'est semer; écouter, c'est moissonner.

Modèle : *Parler*, verbe de la 1ʳᵉ conj. à l'inf. pr. suj. de *est semer; c'* pour *ce*, pron. dém. 3ᵉ pers. masc. sing. employé au lieu de *parler*, et sujet répété de *est semer; est*, verbe de la 4ᵉ conj. au pr. de l'ind. 3ᵉ pers. du sing.; *semer*, verbe de la 1ʳᵉ conj. au pr. de l'infinitif, attribut de *ce* ou de *parler*...

DICTÉE.

Nous *devrions* nous *souvenir* sans cesse que nous *avons* un Dieu à *aimer* et à *glorifier*, les saints à *prier* et à *imiter*, des passions à *dompter*, des fautes à *expier*, des vertus à *pratiquer*, des grâces à *demander*, un temps à *ménager*, le prochain à *édifier*, le monde à *mépriser*, une éternité à *méditer*, un corps à *mortifier*, notre âme à *sauver*, et un paradis à *mériter*. *Mourir, c'est partir* pour l'exil, *dit* le païen. — *Mourir, c'est retourner* dans la patrie éternelle, *répond* le chrétien.

Souffrir pour Dieu, *dit* saint François de Sales, *est* presque le seul bien que nous *puissions faire* en ce monde.

DEVOIRS ÉCRITS.

1. *Traduire par le mode indicatif.*

Si vous pouviez me secourir, vous le feriez, j'en suis sûr. Je vous assisterais (futur) si j'avais de l'argent. Je déplorerais toute ma vie mon malheureux sort, si vous m'abandonniez. Je voudrais, à cette heure même, rédiger mon testament. Pourquoi ne vous corrigeriez-vous pas, dès à présent, de ces travers d'esprit qui vous rendent ridicule ? Si l'on me donnait une échelle, je descendrais jusqu'au fond de l'abîme. Si dès aujourd'hui j'avais un navire à ma disposition, dans un an j'aurais visité toutes les îles de l'Archipel. Demain à midi nous aurions sillonné la baie en tous sens.

Modèle : Si vous pouvez me secourir, vous le ferez, j'en suis sûr. Je vous assisterai si j'ai de l'argent. Je déplorerai toute ma vie mon malheureux sort, si vous m'abandonnez. Je veux, à cette heure même... Pourquoi ne vous corrigez-vous pas... Si l'on me donne une échelle, je descendrai... Si dès aujourd'hui j'ai un navire .. j'aurai visité... Demain à midi nous aurons sillonné...

2. *Traduire par le mode conditionnel* (on n'emploiera pas dans cet exercice le 2ᵉ passé du conditionnel).

Je délierai ces sacs. Je balaierai la boue des rues. Si je ne vous tends la main, vous tomberez dans ce bourbier. J'irai jusqu'à la cime de la montagne. Tu te placeras sur cette butte, si je t'en donne le signal. Nous nous arrêterons sur la crête la plus élevée. Crains-tu de tomber dans cette crevasse ? Si les pluies continuent encore deux jours, la crue du Rhône sera excessive. Nous avons gardé le défilé comme nous avons pu. La digue a été rompue. Si le vent augmente, nous nous briserons contre les écueils.

Modèle : Je délierais ces sacs. Je balaierais la boue des rues. Si je ne vous tendais la main, vous tomberiez... J'irais jusqu'à... Tu te placerais... si je t'en donnais... Nous nous arrêterions... Craindrais-tu...? Si les pluies continuaient... serait excessive. Nous aurions gardé le défilé comme nous aurions pu. La digue aurait été rompue. Si le vent augmentait, nous nous briserions...

3. *Conjuguer* s'endetter *au mode indicatif, et* brouetter *au mode conditionnel.*

Modèle. 2. Je m'endette, tu t'endettes, il s'endette, nous nous endettons, vous vous endettez, ils s'endettent. — Je m'endettais... — Je m'endettai... — Je me suis endetté... nous nous sommes endettés... — Je me fus endetté... — Je m'étais endetté... — Je m'endetterai... — Je me serai endetté... — 3. Je brouetterais... — J'aurais brouetté... — J'eusse brouetté...

4. *Analyser :* Celui qui se met en colère peut commencer à se repentir.

Modèle : *Celui,* pron. dém. 3ᵉ pers. masc. sing. sujet de *peut; qui,* pron. conj. 3ᵉ pers. masc. sing. sujet de *met; se,* pron. pers. 3ᵉ pers. masc. sing. compl. direct de *met; met,* verbe réfléchi 4ᵉ conj. pr. de l'ind. 3ᵉ pers. du sing...

147ᵉ LEÇON.

Des modes (Gr. nᵒˢ 101 à 105).

EXERCICE ORAL.

1. Les élèves traduiront par le mode impératif les phrases suivantes :

« Tu aimes, tu pries, tu adores et tu crains Dieu. Nous vénérons et chérissons nos parents. Vous aimerez votre prochain comme vous-même... »

MODÈLE : Aime, prie, adore et crains Dieu. Vénérons et chérissons nos parents. Aimez votre prochain...

2. Ils feront l'analyse des phrases suivantes :

TEXTE D'ANALYSE : N'achète jamais ce qui est inutile. Sois juste, aie la conscience tranquille, et tu seras heureux.

MODÈLE : *Ne jamais*, locut. adverb. modifiant *achète* ; *achète*, verbe 1re conjug. pr. de l'impératif 2e pers. du sing.; *ce*, pron. dém. 3e pers. masc. sing. compl. direct de *achète*; *qui*, pron. conj. 3e pers. masc. sing. sujet de *est inutile*; *est*, verbe de la 4e conj. au pr. de l'ind. 3e pers. du sing.; *inutile*, adj. qualif. masc. sing. attribut de *qui*. — *Sois*, verbe de la 4e conj. au pr. de l'imp. 2e pers. du sing.; *juste*, adj. qualif. masc. sing. attribut se rapportant à la personne à qui l'on parle...

DICTÉE.

SAGES CONSEILS.

Aimez, *priez*, *adorez* et *craignez* Dieu; *vénérez* et *chérissez* vos parents; *aimez* votre prochain comme vous-même; *soyez* juste et sincère ; ne *murmurez* jamais contre les voies de la Providence ; *observez* ce que la religion *ordonne*. Ne *remettez* jamais à demain ce que vous *pouvez faire* aujourd'hui. Ne *dérangez* jamais une autre personne pour une chose que vous *pouvez faire* vous-même. N'*achetez* pas ce dont vous n'*avez* point besoin, sous prétexte de bon marché : une chose inutile *est* toujours trop chère. *Prenez* toutes choses du côté le plus facile. *Soyez* bon sans le *dire*, et sage sans témoins. Ne vous *livrez* jamais au goût de la parure. *Conservez* bien l'égalité d'humeur. Si vous *êtes* en colère, *comptez* jusqu'à dix avant de *parler*. *Gardez*-vous de *mentir* : cette habitude *est* vile, elle *aggrave* les torts qu'elle *veut* cacher.

DEVOIRS ÉCRITS.

1. *Les élèves traduiront par le mode impératif :*

Dès ton réveil, tu offriras à Dieu les actions de la journée et tu t'habilleras avec promptitude ; tu t'agenouilleras ensuite auprès de ton lit ; là, tu réciteras avec attention la prière du matin, et tu formeras la résolution de fuir les occasions du péché. Nous emploierons tous les jours de notre vie à nous préparer une place dans l'heureux séjour de la paix. Tu seras bon, mais tu ne le diras pas. Tu me croiras, tu parleras peu, mais tu feras beaucoup. Tu n'exigeras des autres que ce que tu exigerais d'abord de toi-même. Tu t'affranchiras de la tyrannie des passions. Tu prendras toujours les choses du côté le plus facile. Nous ne nous livrerons jamais au goût de la parure. Nous conserverons l'égalité d'humeur et nous prendrons bien garde de nous mettre en colère.

Modèle : Dès ton réveil, offre à Dieu les actions de la journée et habille-toi avec promptitude; agenouille-toi ensuite auprès de ton lit; là, récite avec attention la prière du matin et forme la résolution... Employons tous les jours... Sois bon, mais ne le dis pas. Crois-moi, parle peu, mais fais beaucoup. N'exige des autres... Affranchis-toi... Prends toujours les choses... Ne nous livrons jamais... Conservons l'égalité d'humeur et prenons bien garde de nous mettre en colère.

2. *Traduire par le conditionnel :*

Nous utilisons bien le temps si nous en connaissons la valeur. Si tu mens, tu n'obtiendras plus créance, même lorsque tu diras là vérité. Si je pense avoir trop de temps, oh! sûrement j'arriverai trop tard. Vous vous ruinez infailliblement si vous négligez de marquer vos opérations commerciales. Tu seras plus heureux si tu es meilleur. Madame, serez-vous assez bienveillante pour ne pas rejeter la prière d'un indigent? Monsieur veut-il me permettre de l'accompagner? — Non, je crains de vous faire perdre trop de temps.

Modèle : Nous utiliserions bien le temps si nous en connaissions la valeur. Si tu mentais, tu n'obtiendrais... tu dirais... Si je pensais... j'arriverais... Vous vous ruineriez... si vous négligiez... Tu serais plus heureux si... Madame, seriez-vous...? Monsieur voudrait-il...? — Non, je craindrais...

3. *Conjuguer au mode conditionnel le verbe* enchâsser, *et au mode subjonctif le verbe* resserrer.

Modèle : J'enchâsserais, tu enchâsserais... J'aurais enchâssé... J'eusse enchâssé... — Que je resserre... Que je resserrasse... Que j'aie resserré... Que j'eusse resserré.

4. *Analyser :* Soyez bon, mais ne le dites pas.

Modèle : *Soyez,* verbe de la 4e conj. au pr. de l'imp. 2e pers. du pl., employée par politesse; *bon,* adj. qual., masc. sing. attribut se rapportant à la personne à qui l'on parle; *mais,* conjonction qui lie deux propositions; *ne pas,* adverbe qui modifie *dites; le...*

<h3 style="text-align:center">148e LEÇON.</h3>

Des temps (Gr. nos 96 à 101).

EXERCICE ORAL.

1. Les élèves traduiront par le présent les verbes ci-après; mais en conservant à chacun d'eux le mode où il est : « J'ai encensé *j'encense,* tu aurais encensé *tu encenserais,* ils eussent encensé *ils encenseraient,* qu'ils aient encensé *qu'ils encensent,* nous sympatisâmes *nous sympathisons,* aie fini *finis,* ayons exhorté *exhortons.* »

2. Ils traduiront par le futur simple les verbes suivants, mais toujours sans les faire sortir du mode où ils sont employés : « Je soup-

çonne *je soupçonnerai*, il aurait sillonné *il sillonnerait*, nous eussions triomphé *nous triompherions*, ayez terminé *terminez*, que j'eusse arrêté *que j'arrête*, il aura joui *il jouira* 1.

3. Ils analyseront la phrase suivante.

TEXTE D'ANALYSE : Hier tu as pu travailler, aujourd'hui tu le peux encore, peut-être demain tu ne le pourras plus.

MODÈLE : *Hier*, adv. qui modifie *a pu travailler*; *tu*, pron. pers. 2e pers. masc. sing. sujet de *as pu*; *as pu*, verbe de la 3e conj. mode ind. passé indét. 2e pers. du sing.; *travailler*, verbe de la 1re conj. au pr. de l'infinitif compl. direct de *as pu*...

DICTÉE.

UTILITÉ DES TEMPÊTES.

On s'imagine quelquefois que les tempêtes sont inutiles et même nuisibles : quelle erreur! A la vérité, ces désordres apparents sont de véritables fléaux; mais de quelques inconvénients qu'elles soient accompagnées, quels que soient les dégâts qu'elles causent, toutes terribles que paraissent les pluies, la grêle et même la foudre, il n'en est pas moins vrai que les tempêtes nous rendent de grands services. Ainsi elles purifient l'atmosphère, préviennent toute espèce d'épidémie, tempèrent la chaleur de l'été, maintiennent une sorte d'équilibre entre toutes les saisons, fertilisent la terre par des pluies abondantes; enfin, sous quelque point de vue qu'on les considère, elles sont plus utiles que nuisibles.

DEVOIRS ÉCRITS.

1. *Les élèves traduiront par le présent le texte ci-après :*

L'ORAGE.

Un murmure profond donna le signal de la guerre que les vents allaient se déclarer. Tout à coup leur fureur s'annonça par d'effroyables sifflements. Une épaisse nuée enveloppa le ciel et le confondit avec la terre; la foudre, en déchirant ce voile ténébreux, en redoublait encore la noirceur; cent tonnerres qui roulaient et semblaient rebondir sur une chaîne de montagnes, en se succédant l'un à l'autre, ne formaient qu'un mugissement qui s'abaissait et qui se renflait comme celui des vagues.

Aux secousses que la montagne recevait du tonnerre et des vents, elle s'ébranlait, elle s'entr'ouvrait; et de ses flancs avec un bruit horrible tombaient de rapides torrents.

MODÈLE : Un murmure profond donne le signal de la guerre que les vents vont se déclarer. Tout à coup leur fureur s'annonce...

---

1 Le maître fera bien remarquer aux élèves qu'aux modes conditionnel, impératif et subjonctif, on emploie pour le futur simple les mêmes formes verbales que pour le présent.

Une épaisse nuée enveloppe le ciel et le confond... la foudre
en déchirant... en redouble...; cent tonnerres qui roulent et semblent... ne forment qu'un mugissement qui s'abaisse et qui se ren-
fle... Aux secousses que la montagne reçoit... elle s'ébranle, elle
s'entr'ouvre; et... tombent de rapides torrents.

2. *Traduire par l'imparfait et le plus-que-parfait :*

Les animaux épouvantés s'élancent des bois dans la
plaine; et, à la clarté de la foudre, les trois voyageurs
voient, en pâlissant, passer à côté d'eux le lion, le tigre, le
lynx, le léopard, qui sont aussi tremblants qu'eux-mêmes :
dans ce péril universel de la nature, il n'y a plus de férocité :
la crainte a tout adouci.

Modèle : Les animaux épouvantés s'élançaient... les trois voyageurs voyaient... qui étaient aussi tremblants... il n'y avait plus
de férocité : la crainte avait tout adouci.

3. *Conjuguer le verbe*
Amarrer *au singulier de tous les présents.*
Trembler *au pluriel de tous les passés.*
Appréhender *au futur simple de chaque mode personnel.*

Modèle : J'amarre, tu amarres, il amarre. J'amarrerais, tu
amarrerais, il amarrerait. Amarre. Que j'amarre, que tu... —
Nous tremblions... Nous tremblâmes... — J'appréhenderai...
J'appréhenderais...

4. *Analyser :* J'ai péché, mais je m'en repens.

149ᵉ LEÇON.

Des temps.

EXERCICE ORAL.

1. Les élèves nommeront le temps composé que l'on forme en
prenant de l'auxiliaire :
Le présent de l'indicatif, *le passé indéterminé.*
Le présent de l'infinitif, *le passé de l'infinitif,* 1ʳᵉ *forme.*
L'imparfait de l'indicatif, *le plus-que-parfait de l'indicatif.*
L'imparfait du subjonctif, *le* 2ᵉ *passé du cond. et le plus-que-
parfait du subjonctif.*
Le présent du conditionnel, *le* 1ᵉʳ *passé du conditionnel.*
Le présent de l'impératif, *le futur antérieur de l'impératif.*
Le participe présent, *le passé de l'infinitif* 2ᵉ *forme.*
Le présent du subjonctif, *le passé du subjonctif.*
Le passé déterminé, *le passé antérieur.*
Le futur simple de l'indicatif, *le futur antérieur de l'indicatif.*

2. Ils diront combien de fois dans la conjugaison d'un verbe
on emploie l'accent circonflexe, et à quelles personnes? — Sept
fois : 1° au passé dét. 1ʳᵉ pl.; 2° au passé dét. 2ᵉ pl.; 3° au passé
ant. 1ʳᵉ pl.; 4° au passé ant. 2ᵉ pl.; 5° au 2ᵉ passé du cond.
3ᵉ sing.; 6° à l'imparfait du subj. 3ᵉ sing., 7° au pl.-q.-parf. du
subj. 3ᵉ sing.

3. Ils traduiront par le passé les verbes ci-après (à l'indicatif ils emploieront le passé indéterminé, et au conditionnel, le 1ᵉʳ passé) : « J'amarrerais *j'aurais amarré*, tu barres *tu as barré*, il démarrera *il a démarré*, que j'amarre *que j'aie amarré*, nous nous embarquons *nous nous sommes embarqués*, vous vous embarquerez *vous vous serez embarqués...* »

DICTÉE.

HOSPITALITÉ.

Dans le temps qu'une grande partie de l'Espagne était sous la domination des Maures, un Espagnol s'étant battu en duel contre un jeune Maure et ayant eu le malheur de le tuer, se réfugia dans la première maison qu'il trouva ouverte; il implora la protection de celui à qui elle appartenait; celui-ci lui offre une moitié de pêche et mange l'autre, en lui disant : « Mange ce fruit et ne crains rien, te voilà devenu mon hôte. » Il cache le jeune homme dans un pavillon dont il prend la clef.

Bientôt cependant il apprend que c'est son fils qui a été tué. Il attend la nuit et se rend au pavillon. « Malheureux, dit-il, celui à qui tu as ôté la vie était mon fils ! Sors, et profite de cette nuit pour t'échapper : aujourd'hui, les devoirs de l'hospitalité enchaînent ma vengeance; demain, la justice et l'amour paternel reprendront leurs droits. »　　　　　　　　　　(*Morale pratique.*)

DEVOIRS ÉCRITS.

1. *Les élèves traduiront par le présent :*

LES OISEAUX DOMESTIQUES.

Nos principaux oiseaux domestiques étaient le coq, la poule, le chapon, le dindon, la pintade, le paon, le faisan, l'oie, le canard et le pigeon. Toutes ces espèces différentes vivaient dans un vaste enclos qu'on nommait basse-cour, sous la surveillance habituelle d'une femme qui était chargée de les nourrir et de les compter de temps en temps, afin qu'aucun de ces animaux ne s'égarât.

Modèle : Nos principaux oiseaux domestiques sont le coq... Toutes ces espèces différentes vivent dans un vaste enclos qu'on nomme basse-cour... est chargée... ne s'égare.

2. *Ils traduiront par le futur :*

Tout à l'heure vous avez vu la fille de basse-cour marcher au milieu de son empire; aussitôt qu'elle s'est montrée, ses nombreux sujets sont accourus tout empressés; le coq s'avançait vers elle d'un pas majestueux; la poule venait en caquetant manger dans le creux de sa main; le pigeon voltigeait sur ses épaules; l'oie et le canard essayaient d'adoucir pour elle la dureté de leur langage; la pintade et le paon étalaient à ses yeux leurs riches couleurs; le faisan venait traînant avec orgueil sa longue queue; et les

petits poulets, se culbutant les uns les autres, se dispu-
taient avec voracité les grains qu'elle leur avait jetés ;
puis, pendant que les autres oiseaux se désaltéraient dans
les auges, les oies et les canards regagnaient en nasillant
ce petit marais d'eau croupissante et verdâtre, et s'abreu-
vaient en nageant.

MODÈLE : Tout à l'heure vous verrez... aussitôt qu'elle se mon-
trera, ses nombreux sujets accourront... le coq s'avancera... la
poule viendra... le pigeon voltigera... l'oie et le canard essaieront
d'adoucir... la pintade et le paon étaleront... le faisan viendra...
les petits poulets... se disputeront avec voracité les grains qu'elle
leur aura jetés... se désaltèreront... regagneront... s'abreuveront...

3. *Ils conjugueront* se désaltérer *à tous les temps composés,
et en supposant les sujets du féminin.*

MODÈLE : Je me suis désaltérée, tu... nous nous sommes désaltérées, vous vous êtes désaltérées, elles se sont désaltérées. — Je
me fus désaltérée... Je m'étais désaltérée...

4. *Ils analyseront :* Je ne remettrai pas à demain le bien
que je puis faire maintenant.

MODÈLE : ...*à demain,* locution adverbiale qui modifie *remettrai ;* ...
bien, n. comm. masc. sing. compl. direct de *remettrai ; que,* pron.
conj. 3e pers. masc. sing. compl. direct de *faire ; je,* pron. pers.
1re pers. masc. sing. sujet de *puis ; puis,* verbe de la 3e conj. au
pr. de l'ind. 1re pers. du sing. ; *faire,* verbe de la 4e conj. au pr.
de l'infinitif, compl. direct de *puis ; maintenant,* adverbe qui modifie *puis faire.*

150e LEÇON.

Récapitulation sur le verbe.

EXERCICE ORAL.

1. Les élèves feront, autant que possible, l'analyse motivée de
la phrase suivante.

TEXTE D'ANALYSE : Ma mère sera heureuse, elle me
couronnera le jour de la distribution des prix.

MODÈLE : *Ma,* adjectif, parce qu'il est joint au nom *mère* pour
le déterminer ; *possessif,* parce qu'il le détermine en y ajoutant
une idée de possession ; du féminin sing., parce que le nom qu'il
détermine est du fém. sing. ; — *mère,* nom, parce qu'il désigne
une personne ; nom commun, parce qu'il convient à toutes les mères ; du féminin, parce qu'on dit « *la* mère, *une* mère ; » du sing.,
parce qu'il ne désigne qu'une personne ; — *sera,* verbe de la 4e
conj., parce qu'il a l'infinitif terminé en *re ;* au mode indicatif,
parce qu'on affirme positivement la qualité attribuée à *mère ;* au
futur, parce qu'on exprime un état à venir ; à la 3e pers. du sing.,
parce que le sujet *mère* est de la 3e pers. du sing...

2. Le maître leur fera conjuguer aux temps qu'il désignera

être entreprenant, avoir un compagnon, s'arrêter en chemin, s'enfuir à la hâte, recevoir une étrenne, apprendre un texte.

COMPOSITION.

A. *Traduire par l'impératif:*

Nous ménagerons le temps. Tu expieras tes fautes. Vous vénèrerez et vous chérirez vos parents. Vous serez sincère, mon enfant, vous serez aussi généreux et vous ne murmurerez jamais contre les voies de la Providence. Nous serons bons, mais nous ne le dirons pas. — Tu sortiras, tu profiteras de cette nuit pour t'échapper, et ainsi tu te déroberas à ma vengeance.

Modèle : Ménageons le temps. Expie tes fautes. Vénérez et chérissez vos parents. Soyez sincère, mon enfant, soyez aussi généreux et ne murmurez jamais... Soyons bons, mais ne le disons pas. — Sors, profite... et ainsi dérobe-toi...

B. *Traduire par le présent :*

Assurément tu aurais pu me secourir. Vous avez négligé de marquer vos opérations commerciales, vous avez eu tort. Les tempêtes ont purifié l'atmosphère, prévenu les épidémies et tempéré la chaleur de l'été. La fureur des vents s'annonça par d'effroyables sifflements, une épaisse nuée couvrit le ciel, la pluie tomba par torrents. Nous vîmes passer près de nous des tigres, des lynx et des léopards. Le coq s'avança d'un pas majestueux, la poule le suivit en caquetant, le pigeon voltigea au-dessus de ma tête.

Modèle : Assurément tu peux... Vous négligez... vous avez tort... Les tempêtes purifient... préviennent... tempèrent .. s'annonce... couvre... tombe par torrents. Nous voyons... Le coq s'avance... le suit... voltige...

C. *Écrire le verbe*

Resserrer *au présent de l'impératif.*

Amarrer *au sing. du présent de chaque mode personnel.*

Se désaltérer *au pluriel du futur simple de chaque mode personnel.*

Modèle : Resserre, resserrons, resserrez. — J'amarre, tu amarres, il amarre; j'amarrerais, tu amarrerais, il amarrerait; amarre; que j'amarre, que tu amarres, qu'il amarre. — Nous nous désaltérerons, vous vous désaltérerez, ils se désaltéreront; nous nous désaltérerions, vous vous désaltéreriez, ils se désaltéreraient; désaltérons-nous, désaltérez-vous; que nous nous désaltérions, que vous vous désaltériez, qu'ils se désaltèrent.

DEVOIRS ÉCRITS.

1. *Les élèves copieront les noms suivants, en remplaçant les points par le son é bien orthographié :*

Évêché, beffroi, un clocher, mausolée, solennité, abbé, aumônier, clergé, marguillier, fourrier, grenadier, héros, héroïne, mêlée, mortier, poignée, védette, aigrette, archer, armée, bouclier, canonnier, cuirassier, épée, naïveté, netteté; un athée, un écervelé, fainéantise, imbécillité, lâcheté, meurtrier, opiniâtreté, curiosité, exaspération, anxiété, diarrhée, émétique, érysipèle, frénésie, *hémorragie*, nausée, perplexité, prisonnier, répréhension, saignée, thé, châtaignier, citronnier, figuier, genévrier, groseillier, laurier, marronnier, mûrier, noyer, oranger, osier, pêcher, accélération, arrivée, corvée, danger, essor, gaieté, hésitation, percée, rangée, sûreté, véhémence, bourbier, contrée, descente, montée, glacier, hémisphère, réservoir, vallée, principauté; berger, bouvier, colombier, fumier, panier, pré, verger, râtelier, allée, chicorée, cognée, pensée.

2. *Ils copieront la phrase suivante et la traduiront 1° par le futur simple, 2° par le présent du conditionnel, 3° par le passé indéterminé.*

Quand le printemps paraît, la nature se réveille, les campagnes se parent, les arbres bourgeonnent, les prairies reverdissent, les oiseaux gazouillent, le cultivateur se réjouit.

Modèle : 1. Quand le printemps paraîtra, la nature se réveillera, les campagnes se pareront, les arbres bourgeonneront, les prairies reverdiront, les oiseaux gazouilleront, le cultivateur se réjouira.

2. Si le printemps paraissait, la nature se réveillerait, les campagnes se pareraient, les arbres bourgeonneraient...

3. Quand le printemps a paru, la nature s'est réveillée, les campagnes se sont parées, les arbres ont bourgeonné...

3. *Ils conjugueront aux modes 2, 3 et 5, et en changeant constamment de verbe:* enlacer, entrelacer, espacer, effacer, agacer, grimacer.

Modèle : 2. J'enlace, tu entrelaces, il espace, nous effaçons, vous agacez, ils grimacent. — J'enlaçais... 3 J'enlacerais... 5 Que j'enlace...; Que j'enlaçasse, que tu entrelaçasses, qu'il espaçât...

4. *Ils conjugueront aux modes 1 et 4 le verbe entrelacer.*

Modèle : 1. Entrelacer, avoir entrelacé... 4. Entrelace, entrelaçons...

151ᵉ LEÇON.

Du sujet et des compléments (Gr. nᵒˢ 117 à 126).

EXERCICE ORAL.

1. Les élèves désigneront deux ou trois sujets pour chacun des verbes suivants : *gazouillent, bondissent, reverdissent, chassent, chantent...*

Modèle : L'alouette, l'hirondelle, le chardonneret gazouillent. — Les faons, les cerfs, les daims, les agneaux bondissent. — Les prairies, les champs, les forêts reverdissent.

2. Ils conjugueront le verbe *jouer* au présent de chaque mode

personnel, en employant pour compléments indirects des noms d'instruments de musique.

MODÈLE : Je joue du cornet à pistons, tu joues de la clarinette, il joue du saxhorn, nous jouons de la flûte, vous jouez du hautbois, ils jouent du chalumeau. — Je jouerais du cor, tu jouerais du violon... — Joue de la contre-basse... — Que je joue de la guitare, que tu joues de l'accordéon...

3. Ils analyseront la phrase suivante :

TEXTE D'ANALYSE : Quand vous êtes invités à un festin, choisissez la dernière place.

MODÈLE : ... *êtes*, verbe de la 4e conjug. au pr. de l'ind. 2e pers. du pl.; *invités*, participe adj. masc. pl. attribut de *vous*;... *choisissez*, verbe de la 2e conjug. au futur simple de l'impératif 2e pers. du pl...

DICTÉE.

LES ANIMAUX CHASSEURS.

Tous les animaux qui aiment la chair et qui ont de la force et des armes chassent naturellement : le lion, le tigre, dont la force est si grande qu'ils sont sûrs de vaincre, chassent seuls et sans art; les loups, les renards, les chiens sauvages, se réunissent, s'entendent, s'aident, se relayent et partagent la proie; et lorsque l'éducation a perfectionné ce talent naturel dans le chien domestique, lorsqu'on lui a appris à réprimer son ardeur, à mesurer ses mouvements, et qu'on l'a accoutumé à une marche régulière et à l'espèce de discipline nécessaire à cet art, il chasse avec méthode et toujours avec succès.   (*Buffon.*)

DEVOIRS ÉCRITS.

1. *Conjuguer le verbe* jouer *aux* 3es *pers. de tous les temps de l'indicatif, en prenant pour sujets les noms de personnes et pour compléments indirects les noms d'instruments.*

Noms de personnes qui doivent être employés comme sujets: Joseph, Arthur et Philippe. — Alexandre, Étienne et Henri. — Louis, Célestin et André. — Pierre, François et Adolphe. — Matthieu, Luc et Jules, — Eugène, Simon et Alexis. — Victor, Eustache et Hippolyte. — Michel, Jérôme et Maurice.

Noms d'instruments à employer comme compléments indirects : contre-basse, chalumeau, clairon, clarinette, cor, cornet à pistons, flageolet, flûte, guitare, harpe, luth, lyre, orgue, piano, saxhorn, violon.

MODÈLE : Joseph joue de la contre-basse. Arthur et Philippe jouent du chalumeau. — Alexandre jouait du clairon. Étienne et Henri jouaient de la clarinette. — Louis joua du cor. Célestin et André jouèrent du cornet à pistons. — Pierre a joué du flageolet. François et Adolphe ont joué de la flûte. — Matthieu eut joué de la guitare. Luc et Jules eurent joué de la harpe. —

Eugène avait joué du luth. Simon et Alexis avaient joué de la lyre. — Victor jouera de l'orgue. Eustache et Hippolyte joueront du piano. — Michel aura joué du saxhorn. Jérôme et Maurice auront joué du violon.

2. *Ils conjugueront le verbe* écouter *aux premières personnes de tous les temps simples, en employant pour compléments directs les noms ci-après :*

Le chant, la musique militaire; — un duo, un quatuor; — une hymne, la psalmodie; — le chœur, les solistes; — une stance, une strophe; — ces accords; — cette harmonie, la mélodie; — la symphonie, ces quatuors.

MODÈLE : J'écoute le chant, nous écoutons la musique militaire. — J'écoutais un duo, nous écoutions un quatuor. — J'écoutai une hymne, nous écoutâmes la psalmodie. — J'écouterai le chœur, nous écouterons les solistes. — J'écouterais une stance, nous écouterions une strophe. — Ecoutons ces accords. — Que j'écoute cette harmonie, que nous écoutions la mélodie. — Que j'écoutasse la symphonie, que nous écoutassions ces quatuors.

3. *Analyser :* L'égoïste rapporte tout à soi.

MODÈLE : ... *tout*, pron. indéf. 3e pers. masc. sing. compl. direct de *rapporte; à*, préposit. qui fait rapporter *soi* à *rapporte; soi*, pron. pers. 3e pers. masc. sing. compl. ind. de *rapporte*.

152e LEÇON.

De la personne dans le verbe (Gr. n° 94).

EXERCICE ORAL.

1. Les élèves traduiront par la 1re personne : « Si tu ne marques pas tes opérations commerciales, tu te ruineras infailliblement. — Tu ne seras jamais appauvri par l'aumône. — Les pauvres seront bien malheureux cet hiver... »

MODÈLE : Si je ne marque pas mes opérations commerciales, je me ruinerai infailliblement. — Je ne serai jamais appauvri par l'aumône. — Les pauvres seront bien malheureux cet hiver.

2. Ils traduiront par la 2e personne : « A-t-il entendu les coups frappés sur l'enclume? Je travaille bien tard. Prêtons l'oreille à ce bruit lointain... »

MODÈLE : As-tu entendu...? Tu travailles... Prêtez l'oreille...

3. Ils analyseront la phrase suivante :

TEXTE D'ANALYSE : Ne souffre pas qu'un autre te surpasse en modestie.

DICTÉE.

LE FORGERON.

Un jour, passant vers minuit devant l'atelier d'un pauvre forgeron, je m'aperçus qu'il travaillait encore. J'entrai : « Quel motif, lui dis-je, vous retient donc ainsi à l'ouvrage jusqu'au milieu de la nuit? » — « Ce n'est pas pour moi que je travaille, dit le forgeron ; c'est pour Pierre mon voisin : le malheureux a été incendié ; il est sur la paille avec ses enfants. Je me lève deux heures plus tôt, je me couche deux heures plus tard ; cela fait deux journées par semaine dont je puis lui céder le produit : ce sont quelques coups de marteau que je donne de plus. Si je possédais quelque chose, je le partagerais avec lui ; mais je n'ai que mon enclume. Dieu merci ! la besogne ne manque pas dans cette saison. Au total, je n'en serai pas plus pauvre. Il faut bien que l'on s'entr'aide ; si c'était ma maison qui eût brûlé, je serais bien aise qu'il en fît autant pour moi. »

DEVOIRS ÉCRITS.

1. *Les élèves traduiront par la 3ᵉ personne les verbes qui sont à la 2ᵉ personne dans le texte suivant, et feront les autres changements demandés par le sens.*

PORTRAIT D'UN PRINCE NON ÉPROUVÉ PAR LE MALHEUR.

Malheureux Bocchoris, *tu* ne *savais* ni réparer *tes* fautes, ni donner des ordres précis, ni prévoir les maux qui *te* menaçaient, ni ménager les gens dont *tu avais* le plus grand besoin. Ce n'était pas que *tu manquasses* de génie : *tes* lumières égalaient *ton* courage, mais *tu n'avais* jamais été instruit par la mauvaise fortune ; *tes* maîtres avaient empoisonné par la flatterie *ton* beau naturel. *Tu étais* enivré de *ta* puissance et de *ton* bonheur, *tu croyais* que tout devait céder à *tes* désirs fougueux : la moindre résistance enflammait *ta* colère. Alors *tu* ne *raisonnais* plus, *tu étais* comme hors de *toi*-même : *ton* orgueil *te* transformait en bête farouche ; *ta* bonté naturelle et *ta* droite raison *t'*abandonnaient en un instant ; *tes* plus fidèles serviteurs étaient réduits à s'enfuir, et *tu n'aimais* que ceux qui flattaient *tes* passions.

MODÈLE : Le malheureux Bocchoris ne savait ni réparer ses fautes... ni prévoir les maux qui le menaçaient, ni ménager les gens dont il avait le plus grand besoin. Ce n'était pas qu'il manquât de génie : ses lumières égalaient son courage ; mais il n'avait jamais été instruit... ses maîtres... son beau naturel... Il était enivré de sa puissance et de son bonheur, il croyait... ses désirs... sa colère. Alors il ne raisonnait plus, il était... lui-même : son orgueil le transformait... sa bonté naturelle et sa droite raison l'abandonnaient...

2. *Traduire par la 2ᵉ personne :*
Longtemps sa valeur (de Bocchoris) le soutint dans le combat contre la multitude de ses ennemis, mais enfin il fut accablé. Le dard d'un Phénicien perça sa poitrine ; les rênes lui échappèrent des mains, et il tomba de son char sous les pieds des chevaux.

MODÈLE : Longtemps ta valeur, ô Bocchoris, te soutint... ; mais enfin tu fus accablé; le dard d'un Phénicien perça ta poitrine; les rênes t'échappèrent des mains, et tu tombas... .

3. *Conjuguer à toutes les premières personnes le verbe* s'élancer, *en supposant les sujets féminins.*

Modèle : Je m'élance, nous nous élançons ; je m'élançais, nous nous élancions ; je m'élançai, nous nous élançâmes ; je me suis élancée, nous nous sommes élancées...

4. *Analyser :* Quand on m'insulte, je m'imagine que je suis sourd.

Modèle : *Quand,* conjonction, qui fait rapporter la 1re proposit. à la 2e; *on,* pron. indéf. 3e pers. masc. sing. sujet de *insulte; m'* ou *me,* pron. pers. 1re pers. masc. sing. compl. direct de *insulte...; imagine,* verbe réfléchi, 1re conjug. au pr. de l'ind. 1re pers. du sing.; *que,* conjonction qui fait rapporter la 3e proposition à *imagine* (ou à la 2e)...

153º LEÇON.

De la personne dans le verbe (Gr. nº 94).

EXERCICE ORAL.

1. Les élèves traduiront par la 3e personne : « Je sors, tu paraissais, vous entrâtes, nous sortîmes... »

Modèle : Il sort, il paraissait, ils entrèrent, ils sortirent.

2. Ils traduiront par la 1re : « Vous essayez de vous faire honneur des défauts dont vous ne voulez pas vous corriger. — Tu crains trop la peine. — Habillez-vous promptement. — Ne jugez pas sur de simples apparences... »

Modèle : Nous essayons... nous ne voulons... Je crains... Habillons-nous... Ne jugeons pas...

3. Ils feront, autant que possible, l'analyse de cette phrase :

Texte d'analyse : Heureux ceux qui peuvent dire : « Nous n'avons jamais nui à personne. »

Modèle : *Heureux,* adj. qualif. masc. pl. attribut de *ceux; ceux,* pron. dém. 3e pers. masc. pl. sujet de *sont* sous-entendu; *qui,* pron. conj. 3e pers. masc. pl. sujet de *peuvent...*

DICTÉE.

L'OISEAU-MOUCHE.

L'oiseau-mouche refusait au papillon le titre d'habitant de l'air. « Tu fréquentes nos régions, disait-il, mais depuis quelle époque? Je ne compte encore qu'un printemps, et néanmoins je t'ai vu, humble vermisseau, réduit à ramper sur les branches et à vivre de leur feuillage. » Le papillon répondit : « Mon élévation est de fraîche date, je n'en disconviens pas; mais je ne la dois qu'à moi-même; et, malgré l'envie, je soutiendrai toujours que, s'il est beau de voler, il est encore plus beau d'avoir formé ses ailes. On prétend abaisser le mérite en rappelant l'humilité de son origine, et c'est précisément de cette humilité qu'il reçoit son plus beau lustre.»　　　　　　　　　　　(Boulanger.)

DEVOIRS ÉCRITS.

1. Tourner par la 1re personne, mettre la parole dans la bouche d'Eudore lui-même.

EUDORE DANS LES CATACOMBES.

Plus Eudore s'efforce de trouver un chemin, plus il s'égare; tantôt il s'avance avec lenteur, tantôt il passe avec vitesse; et alors, par un effet des échos qui répétaient le bruit de ses pas, il croyait entendre marcher précipitamment derrière lui.

Il y avait déjà longtemps qu'il errait ainsi; ses forces commençaient à s'épuiser. Il s'assit à un carrefour solitaire de cette cité des morts. Il regardait avec inquiétude la lumière des lampes presque éteintes. Tout à coup une harmonie semblable au chœur lointain des esprits célestes sort du fond de ces demeures sépulcrales... Il se lève et s'avance vers les lieux d'où s'échappent ces magiques concerts; il découvre une salle illuminée. Sur un tombeau paré de fleurs, Marcellin célébrait le mystère des chrétiens; de jeunes filles couvertes de voiles blancs chantaient au pied de l'autel; une nombreuse assemblée assistait au sacrifice. Il reconnaissait les catacombes.

Modèle : Plus je m'efforce de trouver un chemin, plus je m'égare; tantôt je m'avance avec lenteur, tantôt je passe avec vitesse; et alors... mes pas, je croyais entendre marcher précipitamment derrière moi. — Il y avait déjà longtemps que j'errais ainsi; mes forces... je m'assis... Je regardais... je me lève et m'avance... je découvre... Je reconnaissais les catacombes.

2. Conjuguer agréer, suppléer *et* maugréer *à tous les temps simples des modes 2, 3 et 5, et en changeant de verbe à chaque personne.*

Modèle : 2. J'agrée, tu supplees, il maugrée, nous agréons... J'agréais... J'agréai... J'agréerai... 3. J'agréerais... 5. Que j'agrée.

3. Conjuguer se récréer *aux modes 1, 3 et 4.*

Modèle : 1. Se récréer, s'être récréé... 3. Je me récréerais... Je me serais récréé... nous nous serions récréés...; je me fusse récréé... 4. Récrée-toi, récréons-nous, récréez-vous.

4. Analyser : A la fin nous nous ennuyons des choses qui nous charmaient au commencement.

Modèle : *A*, prép. qui fait rapporter *fin* à *ennuyons*; *la*,... *fin*, n. comm. fém. sing. compl. ind. de *ennuyons*;... *au*, art. cont., mis pour *à le*, masc. sing. dét. *commencement*; *commencement*, nom comm. masc. sing. compl. ind. de *charmaient*.

154e LEÇON.

Du nombre dans le verbe (Gr. n° 95).

EXERCICE ORAL.

1. Les élèves traduiront par le singulier : « Nous nous récréons, *je me récrée. Récréez-vous, récrée-toi.* Ils se sont récréés, *il s'est récré.* Elles se récréèrent, *elle se récréa.* Vous vous fussiez récréés, *tu te fusses récréé...* »

2. Ils traduiront par le pluriel : « L'homme passe comme la fleur qui s'épanouit le matin et qui, le soir, est flétrie et foulée aux pieds. — La génération s'écoule comme l'onde d'un fleuve rapide. »

Modèle : Les hommes passent comme les fleurs qui s'épanouissent le matin et qui, le soir, sont flétries et foulées aux pieds. Les générations s'écoulent comme les ondes d'un fleuve rapide.

3. Ils conjugueront le verbe *marcher* à toutes formes du pluriel, puis à toutes celles du singulier.

4. Ils analyseront la phrase suivante :

Texte d'analyse : La peine que vous ferez aux autres ne tardera pas à retomber sur vous.

Modèle : ... *peine*, n. comm. fém. sing. sujet de *tardera; que*, pron. conj. 3e pers. fém. sing. compl. direct de *ferez;... aux*, art. cont. mis pour *à les*, masc. pl. dét. *autres; autres*, pron. indéf. 3e pers. masc. pl. compl. ind. de *ferez...*

DICTÉE.

LE CHAMEAU ET LE MULET.

Pour charmer les ennuis d'une longue route, un mulet s'entretenait avec le chameau qui cheminait à ses côtés; et le mulet disait au chameau : « Convenons que votre docilité passe toutes les bornes. Je ne vous reproche point le travail que vous faites pour l'homme, il sait bien nous contraindre; mais vous devancez ses exigences, vous pliez les genoux pour recevoir votre fardeau! Pour moi, voyez les coups de pied que je lance lorsqu'on veut me mettre mon bât. » — « Gagnez-vous quelque chose à toutes ces façons? reprit le chameau. Le bâton ne vous réduit-il pas bientôt à l'obéissance? Vous devez porter votre charge, et vous avez de plus les meurtrissures et la douleur. Croyez-moi, quand une disgrâce est inévitable, le meilleur parti est de s'y soumettre avec résignation. »   (*Boulanger.*)

DEVOIRS ÉCRITS.

1. *Traduire par le singulier, ne parler qu'à une seule personne.*

Rien ne peut arrêter le temps, qui entraîne après lui tout ce qui paraît le plus immobile. Vous-mêmes, mes chers fils! vous-mêmes qui jouissez maintenant d'une jeunesse si vive et si féconde en plaisirs, souvenez-vous que ce bel âge n'est qu'une fleur qui sera presque aussitôt séchée qu'éclose : vous vous verrez changer insensiblement : les grâces riantes, les doux plaisirs qui vous accompagnent, la force, la santé, la joie s'évanouiront comme un beau songe ; il ne vous en restera qu'un triste souvenir ; la vieillesse languissante et ennemie des plaisirs viendra rider votre visage, courber votre corps, affaiblir vos membres, faire tarir dans votre cœur la source de la joie, vous dégoûter du présent, vous faire craindre l'avenir, vous rendre insensibles à tout, excepté à la douleur.

Ne comptez point, mes fils, sur le présent, mais soutenez-vous dans le sentier rude et âpre de la vertu par la vue de l'avenir ; préparez-vous par des mœurs pures une place dans l'heureux séjour de la paix.

MODÈLE : Rien ne peut arrêter le temps, qui entraîne après lui tout ce qui paraît le plus immobile. Toi-même, mon cher fils ! toi-même qui jouis... souviens-toi... tu te verras changer... qui t'accompagnent... il ne t'en restera... rider ton visage...—Ne compte point, mon fils, sur le présent ; mais soutiens-toi dans le sentier... prépare-toi...

2. *Conjuguer* créer *à la 3ᵉ pers. du singulier de chaque temps.*

3. *Conjuguer* agréer *à toutes les formes du pluriel.*

4. *Analyser :* La vertu est bien belle, puisque les méchants *même* ne peuvent s'empêcher d'approuver les actions vertueuses.

MODÈLE :... *puisque*, conjonction qui fait rapporter la 2ᵉ proposition à la 1re ;... *méchants*, n. comm. masc. pl. sujet de *peuvent* ; (*même*, adv. qui modifie *peuvent*) ; *s'* ou *se*, pron. pers. 3ᵉ pers. masc. pl. compl. direct de *empêcher* ; *empêcher*, verbe réfléchi, 1re conjug. au pr. de l'inf. compl. direct de *peuvent* ; *d'* ou *de*, prép. qui fait rapporter *approuver* à *empêcher*...

155ᵉ LEÇON.

Récapitulation sur le mode, le temps, la personne et le nombre
(Gr. nᵒˢ 93 à 105).

EXERCICE ORAL.

1. Les élèves feront l'analyse motivée de la phrase suivante :

TEXTE D'ANALYSE : Le bon pasteur ramène au bercail la brebis égarée.

MODÈLE : *Le*, art. s. masc. sing. dét. *pasteur; bon*, adj. qual., parce qu'il est joint au nom *pasteur* pour le qualifier ; du masc. sing. parce que ce nom est du masc. sing. — *pasteur*, nom parce qu'il désigne une personne ; nom commun, parce qu'il convient à tous les êtres semblables ; du masculin, parce qu'on dit :

« *un* pasteur, *le* pasteur » ; du sing. parce qu'il ne désigne qu'une personne...

2. Ils désigneront pour chacun des verbes suivants, quatre noms qui puissent en être les sujets : *se flétrissent, se refroidissent, resplendissent, rafraichissent...*

MODÈLE : Les feuilles, les légumes, les roses, les œillets *se flétrissent.* — Le temps, l'air, l'atmosphère, l'eau *se refroidissent.* — Les lustres, les luminaires, les réflecteurs, le soleil *resplendissent.* — L'eau, le cidre, la bière, l'orgeat *rafraichissent.*

COMPOSITION.

COMPOSITION. A. *Souligner les sujets.*

L'*hirondelle* gazouille, le *faon* bondit, les *forêts* reverdissent. Les *loups*, les *renards*, les *chiens* sauvages se réunissent, s'entendent, s'aident, se relayent pour chasser et se partagent la proie. *Arthur* et *Adolphe* joueront de la flûte, tandis que *Eustache* et *Hippolyte* s'exerceront au piano.

B. *Traduire par la 1re personne :*

Ce n'est pas pour toi que tu travailles, c'est pour ton voisin. Depuis longtemps il (Eudore) errait sous ces voûtes, ses forces s'épuisaient, il s'assit à un carrefour de cette cité des morts ; et là il regardait avec inquiétude la lumière des lampes presque éteintes.

MODÈLE : Ce n'est pas pour moi que je travaille, c'est pour mon voisin. Depuis longtemps j'errais... mes forces.. je m'assis... je regardais...

C. *Traduire par la 2e personne :*

Je ne savais ni réparer mes fautes, ni donner des ordres précis, ni prévoir les maux qui me menaçaient. Je ne disconviens pas que mon élévation ne soit de fraîche date.

MODÈLE : Tu ne savais ni réparer tes fautes... les maux qui te menaçaient. Tu ne disconviens pas que ton élévation ne soit de fraîche date.

D. *Traduire par le singulier :*

Nous, disaient ces mulets, nous lançons des coups de pied lorsque nos maîtres veulent nous mettre notre bât. — Ces années seront bientôt passées. Bientôt, vous aussi, mes chers enfants, qui jouissez d'une si brillante jeunesse, vous vous verrez changer insensiblement, et, devenus vieillards, vous serez insensibles à tout, excepté à la douleur.

MODÈLE : Moi, disait ce mulet, je lance un coup de pied lorsque mon maître... Cette année sera... Bientôt toi aussi, mon cher enfant, qui jouis d'une si brillante jeunesse, tu te verras changer insensiblement, et, devenu vieillard, tu seras insensible à tout...

E. *Écrire le verbe*

S'élancer *au singulier de l'imparfait du subjonctif.*

Agréer *au présent du subjonctif.*

Se récréer *à l'impératif.*

MODÈLE : Que je m'élançasse, que tu t'élançasses, qu'il s'élançât. Que j'agrée, que tu agrées, qu'il agrée, que nous agréions, que vous agréiez, qu'ils agréent. Récrée-toi, récréons-nous, récréez-vous.

DEVOIRS ÉCRITS.

1. *Remplacer les points par le son ou l'articulation t bien orthographiée.*

Bénitier, catafalque, cathédrale, catholicisme, patène, presbytère, rit romain, rituel, tiare, théologien, acolyte, catéchumène, coadjuteur, néophyte, prosélyte, thuriféraire, flatterie, ingratitude, apathie, athée, attachement, attentat, blasphémateur, dispute, sottise, susceptibilité, turpitude, cataracte, catarrhe, catastrophe, cautère, egratignure, léthargie, rhumatisme, thé vert, toux violente, abattement, attitude, hôte, sympathie, vôte.

2. *Même travail pour le son ou l'articulation l.*

Alleluia, cathédrale, colonnade, concile, corporal, étole, évangile, holocauste, métropole, pallium, stalle, succursale, théologie; — babil, cabale, cannibale, dissimulation, illusion, imbécile, imbécillité, malice, scandale, turbulent, le vol; — choléra, colique, sollicitude, convalescence, deuil, rougeole, somnambule, ampoule, balafre, exil, paralysie, péril, pilule, pustule, accueil, alignement, allégresse, alliance, collection, colosse, calembourg, ébullition, évolution, parallèle, profil, sollicitation, spécialité, symbole, mille-pertuis.

3. *Conjuguer en entier le verbe* orthographier.

156ᵉ LEÇON.

Accord du verbe avec son sujet (Gr. nᵒˢ 119 à 122).

EXERCICE ORAL.

1. Les élèves analyseront la phrase suivante :

Texte d'analyse : Le port majestueux de l'homme, sa démarche ferme et hardie, annoncent sa noblesse et son rang.

2. Ils traduiront les propositions suivantes en ajoutant le pronom *moi* au sujet de chacune : « Vous travaillerez. Ma sœur ira vous voir. Mon frère vous présentera des fruits... »

Modèle : Vous et moi travaillerons. Ma sœur et moi irons vous voir. Mon frère et moi vous présenterons des fruits.

3. Ils conjugueront en entier le verbe *se taire.*

DICTÉE.

LE CYGNE.

La noble aisance du cygne, la facilité, la liberté de ses mouvements le placent au premier rang parmi les navigateurs ailés, et, en outre, le désignent comme le plus beau modèle que la nature nous ait offert pour l'art de la navigation. Son cou élevé et sa poitrine relevée et arrondie semblent figurer la proue du

navire fendant les ondes ; son large estomac en représente la
carène ; son corps, penché en avant pour cingler, se redresse à
l'arrière et se relève en poupe ; la queue est un vrai gouvernail,
les pieds sont de larges rames, et ses grandes ailes, demi-ou-
vertes au vent, servent de voiles pour pousser ce vaisseau vivant,
navire et pilote à la fois.

Phrases diverses : Au secours! criaient cette mère et sa fille ;
et déjà s'avançaient vers elles en rugissant la lionne et ses
lionceaux.— Écoute notre prière, ô Dieu qui connais notre péril ;
aie pitié de nous, entends la voix de nos soupirs et viens nous
sauver. — Est-ce toi qui es sorti? — Ce n'est pas moi qui voudrais leur déplaire.

DEVOIRS ÉCRITS.

1. *Les élèves feront aussi figurer comme sujet le pronom
placé entre parenthèses :*

Peut-être que vous arriverez trop tard (moi). Vincent
partira (lui). Ursule persévèrera (toi). Stanislas sera impartial (moi). Sébastien noircira le tableau (vous). Marius a
demandé un aide (moi). Vous soupçonniez l'artifice (nous).
Marcellin sera arrêté comme suspect (toi). Marcel serait
répréhensible (moi). Mon cousin servira dans la milice
(moi). Hélas! bientôt mon frère n'aura plus aucune ressource (moi).

Modèle : Peut-être que vous et moi arriverons trop tard.
Vincent et lui partiront. Ursule et toi persévèrerez. Stanislas et
moi serons impartiaux. Sébastien et vous noircirez le tableau.
Marius et moi avons demandé un aide. Vous et nous soupçon-
nions l'artifice. Marcellin et toi serez arrêtés comme suspects.
Marcel et moi serions répréhensibles. Mon cousin et moi ser-
virons dans la milice. Hélas! bientôt mon frère et moi n'aurons plus aucune ressource.

2. *Ils retrancheront le premier des sujets de chaque verbe :*

Catherine et moi serons toujours disposés à vous rendre
service. Moi et mon domestique irons nous mettre à votre
disposition. Toi, ta parente et ta domestique serez toujours
bien reçus à la maison, me disaient Édouard et Anatole.
Aujourd'hui seront présentés devant le conseil le voleur et
la recéleuse des objets volés. Un jour comparurent devant
le singe un renard et un chat qui étaient accusés d'avoir
dérobé un fromage. Déjà prenaient leur essor ce pigeon et
cette colombe qui, ne se sentant plus retenus par les lacs,
avaient hâte de regagner leur gîte accoutumé.

Modèle : Je serai toujours disposé à vous rendre service. Mon
domestique ira se mettre à votre disposition. Ta parente et ta
domestique seront toujours bien reçues à la maison, me disait
Anatole. Aujourd'hui sera présentée devant le conseil la recéleuse
des objets volés. Un jour comparut devant le singe un chat qui

était accusé d'avoir dérobé un fromage. Déjà prenait son essor cette colombe qui, ne se sentant plus retenue par les lacs, avait hâte de regagner son gîte accoutumé.

3. Conjuguer à tous les temps des modes 3 et 5, et en changeant de verbe à chaque personne, interpréter, empiéter et végéter.

Modèle : ³ J'interprèterais, tu empièterais, il végèterait, nous interprèterions.. ⁵ Que j'interprète... Que j'interprétasse... Que j'aie interprété... Que j'eusse interprété...

4. Analyser : Sous peu, vous et moi aurons rendu compte de nos actions.

Modèle : *Sous peu,* loc. adverbiale qui modifie *aurons rendu ; vous,* pron. pers. 2e pers. masc. pl. sujet de *aurons rendu; et,* conjonction qui lie les deux sujets de *aurons rendu...*

157e LEÇON.

Accord du verbe avec le sujet (Gr. nos 119 à 122).

EXERCICE ORAL.

1. Analyser la phrase suivante :

Texte d'analyse : Tu es heureux, toi qui peux secourir les indigents.

Modèle : ... *toi,* pron. pers. 2e pers. masc. sing. sujet répété de *es heureux; qui,* pron. conj. 2e pers. masc. sing. sujet de *peux...*

2. Traduire les propositions suivantes en joignant au sujet le pronom *vous* : « Casimir sera juste et conviendra de ses torts. — Votre mère assistera à notre fête de famille... »

Modèle : Vous et Casimir serez justes et conviendrez de vos torts. Votre mère et vous assisterez à notre fête de famille.

3. Conjuguer en entier *revoir un ami, écouter attentivement, avoir un conseiller, être indulgent.*

DICTÉE.

O soleil, qui es placé par Dieu au centre des mondes et qui répands avec tant d'abondance la lumière, la chaleur et la vie, combien tu me parles éloquemment de celui que j'aime! Quels ne sont donc pas la beauté, la splendeur, l'éclat, la magnificence de celui qui t'a créé si beau et si éclatant!—Interrogeons les créatures, elles nous révèleront toutes quelqu'un des attributs divins, elles nous enseigneront nos devoirs et nous aideront à élever nos pensées vers le monde supérieur.—Je vous enverrai des prophètes, dit le Sauveur aux Juifs, et vous les ferez mourir, afin que retombent sur vous les crimes de vos pères, afin que soit vengé tout le sang qu'ils ont répandu, depuis celui d'Abel jusqu'à celui de Zacharie. — Tes amis nous engagent à nous montrer en public; quant à toi qui possèdes quelque talent, tu peux te rendre à leur avis; mais moi, qui sais trop bien que je ne sais rien, je les prierai d'agréer mes excuses.

DEVOIRS ÉCRITS.

1. *Ajouter aux radicaux des verbes laissés inachevés, la terminaison convenable du temps indiqué.*

Futur s. C'est moi qui fini*rai* ce travail. Mon associé et moi ne réussi*rons* qu'autant que nos amis nous prête*ront* leur concours. Si vous désirez ces bijoux, je vous les lais*serai*. Vous et Clodomir apprend*rez* un état. Adrien et vous paraît*rez* sur la scène aujourd'hui. Nos confrères et nous n'assiste*rons* pas à la réunion.

Présent. Je soussigné, Louis Bertrand, reconna*is* devoir à monsieur Lucien la somme de quatre cent quatre-vingts francs. L'Être par qui subsist*ent* le ciel et la terre, mérit*e* seul d'être adoré. Ne te content*e* pas de considérer seulement l'apparence extérieure; c'est bien par quoi jug*ent* la plupart des hommes; mais ne les imite pas, étudie bien l'objet avant de te prononcer : voilà ce que conseill*ent* la prudence et la justice. O homme qui te glorifi*es* de tes talents ou de ta force, et qui méprise*s* ceux que la Providence a placés au-dessous de toi, sache donc que de toi-même tu n'es qu'un vil néant, et que tout ce que tu possèd*es* tu le tiens de Dieu seul! Combien, avec le froment, se trouv*ent* mêlées d'ivraie et d'autres herbes inutiles! ainsi se rencontr*ent* en chacun de nous de bonnes et de mauvaises qualités.

2. *Conjuguer le verbe* traverser *aux temps composés du mode indicatif, en employant pour compléments directs :*

Le golfe, la baie, le lac, l'étang, la Méditerranée, l'Océan Indien, — la rade, l'isthme, le détroit, le désert, le fleuve à son embouchure, la rivière, — la forêt, le préau, le taillis, les marais, les fondrières, les landes, — les steppes, la savane, la prairie, la vallée, la chaîne des Alpes, le camp.

MODÈLE : J'ai traversé le golfe... J'eus traversé la rade... J'avais traversé la forêt... J'aurai traversé les steppes....

3. *Analyser :* L'ignorant croit tout savoir. Les fous s'imaginent que seuls ils raisonnent juste.

MODÈLE : ...*tout*, pron. indéfini 3ᵉ pers. masc. sing. compl. direct de *savoir; savoir*, verbe 3ᵉ conj. prés. de l'infinitif, compl. direct de *croit;... s'* ou *se*, pron. pers. 3ᵉ pers. masc. pl. compl. ind. de *imaginent;... que*, conjonction qui fait rapporter la dernière proposition à *s'imaginent; seuls*, adj. qualit. masc. pl. qual. *ils; ils*, pron. pers. 3ᵉ pers. masc. pl. sujet de *raisonnent; raisonnent*, verbe 1ᵉ conj. pr. de l'ind. 3ᵉ pers. du pl.; *juste*, adverbe qui modifie *raisonnent.*

158ᵉ LEÇON.

Verbes auxiliaires (Gr. n° 108).

EXERCICE ORAL.

1. Les élèves conjugueront en entier *être* et *avoir*.

2. Ils conjugueront *sortir ses tonneaux de la cave*, à tous les temps composés.

Modèle : Avoir sorti ses tonneaux de la cave, ayant sorti...; j'ai sorti mes tonneaux... tu as sorti tes tonneaux...

3. Ils conjugueront aux mêmes temps *sortir pour aller se promener*.

Modèle : Etre sorti,.. étant sorti... Je suis sorti pour aller me promener, tu es sorti pour aller te promener, il est sorti...

4. Ils analyseront la phrase suivante :

Texte d'analyse : Que sont devenues ces armées si vantées ? Le Seigneur les a anéanties par un souffle de sa bouche.

Modèle : *Que*, pronom indéfini 3ᵉ pers. masc. sing. attribut de *armées*; *sont devenues*, verbe 2ᵉ conj. mode indicat. passé indét. 3ᵉ pers. du pl.; *ces*, adj. dém. fém. pl. dét. *armées*; *armées*, n. comm. fém. pl. sujet de *sont devenues*; *si*, adverbe qui modifie *vantées*;... *a anéanties*, verbe de la 2ᵉ conjugaison au passé indét. 3ᵉ pers. du sing...

DICTÉE.

Les philosophes impies du xviiiᵉ siècle *s'étaient élevés* bien haut dans l'opinion de leurs contemporains, mais leur gloire *a duré* peu de temps, bientôt ils *sont tombés* et *sont descendus* jusqu'à *être méprisés* de ceux même qui les *avaient exaltés* davantage. — Aussitôt que Bossuet *fut entré* dans la lice, l'hydre de l'hérésie comprit qu'elle était en présence d'un redoutable adversaire et qu'elle pourrait bien succomber sous les coups de ce nouvel athlète du catholicisme.— En résumé l'histoire dit de tous les héros dont elle raconte les hauts faits : ils *sont nés*, ils *ont vécu*, ils *sont morts*. — Mon ami, n'*êtes*-vous pas *convenu* avec moi d'un denier? Prenez donc ce qui vous appartient; ne soyez point méchant parce que je suis bon.

DEVOIRS ÉCRITS.

Les élèves traduiront par le passé indéterminé.

Nous arrivâmes sur l'éminence. J'arrivai à la frontière. Nous allions nous asseoir sur la grève. Ils entrèrent dans l'île. Nous parcourûmes l'immensité. Ils tombèrent dans un fossé. Les inondations continuèrent. Nous bûmes jusqu'à la lie ce calice d'amertume. Ils allèrent jusqu'aux limites des deux camps. Vous arrivâtes à la lisière de la futaie. Je tombai dans une mare profonde. Elles descendirent du monticule. La caravane arriva à une oasis, où elle séjourna deux jours, ensuite elle repartit en se dirigeant vers l'occident. Nous descendîmes une pente douce. Nous descendîmes par une pente douce jusqu'au pied du promontoire.

MODÈLE : Nous sommes arrivés sur l'éminence. Je suis arrivé à la frontière. Nous sommes allés nous asseoir sur la grève. Ils sont entrés dans l'île. Nous avons parcouru l'immensité. Ils sont tombés dans un fossé. Les inondations ont continué. Nous avons bu... Ils sont allés... Vous êtes arrivés... Je suis tombé... Elles sont descendues... La caravane est arrivée à une oasis, où elle y a séjourné deux jours, ensuite elle est repartie... Nous avons descendu une pente douce. Nous sommes descendus par...

2. *Ils conjugueront aux temps composés des modes 2 et 3, et en changeant constamment de verbe,* devenir, fuir, descendre, arriver, succéder, partir.

MODÈLE : ² Je suis devenu, tu as fui, il est descendu, nous sommes arrivés, vous avez succédé, ils sont partis. — Je fus devenu, tu eus fui, il fut descendu, nous fûmes arrivés, vous eûtes succédé, ils furent partis.— J'étais devenu, tu avais fui, il était descendu, nous étions arrivés, vous aviez succédé, ils étaient partis. — Je serai devenu, tu auras fui, il sera descendu, nous serons arrivés, vous aurez succédé, ils seront partis. — Je serais devenu, tu aurais fui, il serait descendu, nous serions arrivés, vous auriez succédé, ils seraient partis. — Je fusse devenu, tu eusses fui, il fût descendu, nous fussions arrivés, vous eussiez succédé, ils fussent partis.

3. *Ils analyseront :* L'homme est né pour travailler, comme l'oiseau (est né) pour voler.

MODÈLE : ...*est né*, verbe de la 4ᵉ conj. mode indicatif, passé indét. 3ᵉ pers. du sing.; ... *comme*, conjonction qui fait rapporter la 2ᵉ proposition à la 1ʳᵉ; *l'* ou *le*...; *oiseau*, n. comm. masc. sing. sujet de *est né*, sous-entendu....

159ᵉ LEÇON.

Première conjugaison.

EXERCICE ORAL.

1. Les élèves diront de quelles formes verbales les terminaisons suivantes sont le signe dans les verbes de 1ʳᵉ conjugaison : « eront, a, as, ât, ait, aient, assent, ai, âmes, erai, erait, assions, erions, erez, âtes, eriez, asses, era, erons, asse, èrent, eras, eraient, assiez. »

2. Ils indiqueront à combien de formes appartiennent chacune des terminaisons suivantes et quelles sont ces formes : « ais², e⁵, ions², es², erais², ons², ez², iez², ent². »

MODÈLE : *Ais* est la terminaison de deux formes verbales: la 1ʳᵉ et la 2ᵉ du sing. à l'imparfait de l'indicatif; *e* appartient à cinq formes verbales toutes du sing. : la 1ʳᵉ et la 3ᵉ pers. sing. du présent de l'indicatif; la 2e de l'impératif; la 1re et la 3e du présent du subjonctif ...

3. Ils conjugueront en entier *envoyer un présent, saluer un passant, lier des fagots...*

DICTÉE.

Nous avançons dans la vertu en proportion de la résolution que nous en avons prise. Si je priais la très-sainte Vierge et si vous la priiez avec moi, sans doute elle nous exaucerait. J'agréerais que vous vous récréiez plus souvent, si vous criiez moins et si vous ne faisiez pas autant de bruit. Nos voisins maugréent beaucoup; l'un d'eux surtout est très-courroucé de ce que vous l'empêchez de dormir. Ne nous immisçons pas dans les affaires d'autrui; certes, nous avons assez de nous occuper des nôtres. Si chaque année je me corrigeais d'un défaut, je serais bientôt parfait. Exigeons d'abord de nous ce que nous exigeons des autres. Les méchants conspirent contre le Christ, mais il les châtiera, il les foudroiera dans sa colère; déjà même il déjoue leurs plans et fait échouer leurs projets. Ah! qui donc peut quelque chose contre celui qui peut tout!

DEVOIRS ÉCRITS.

1. *Les élèves copieront les propositions données, et traduiront le pluriel par le singulier, et, réciproquement, le singulier par le pluriel.*

Nous nous désennuyons, *je me désennuie;* nous nous désennuyions, *je me désennuyais;* que nous nous désennuyions, *que je me désennuie.* Nettoyez les égouts, *nettoie l'égout.* Nous charroyons, *je charroie.* Je nettoyais mon pantalon, *nous nettoyions nos pantalons.* Envoyez-nous des flacons d'élixir, *envoie-moi un flacon d'élixir.* Nous nous dirigions vers le plateau de Rivoli, *je me dirigeais vers le plateau de Rivoli.* Nous nous efforcions de sortir des précipices, *je m'efforçais de sortir du précipice.* Dédommage-toi, *dédommagez-vous.* Je déménage demain, *nous déménageons demain.* Il faut que tu te réfugies ici, *que vous vous réfugiiez ici.* Il faut que je copie la dictée, *que nous copiions les dictées.* Il faudrait qu'ils coloriassent cette estampe, *que nous coloriassions ces estampes.* Ils approprièrent nos bureaux, *il appropria mon bureau.* Nous planchéions, *je planchéie,* vous planchéiiez, *tu planchéiais;* planchéiez, *planchéie;* que nous placions, *que je place.* Vous tutoyez, *tu tutoies;* je tutoie, *nous tutoyons;* tu tutoyais, *vous tutoyiez;* il tutoyait, *ils tutoyaient.* Je louvoyais, *nous louvoyions.* Que je renvoie, *que nous renvoyions.* Qu'il verdoie, *qu'ils verdoient.* Que tu emploies, *que vous employiez.* Que vous broyiez, *que tu broies.*

MODÈLE : Nous nous désennuyons, *je me désennuie;* nous nous désennuyions, *je me désennuyais...*

2. *Ils conjugueront à tous les temps des modes 2, 3 et 5, et en changeant constamment de verbe,* envoyer, louvoyer, convoyer, lier, charroyer, appuyer.

3. *Ils conjugueront aux modes 1 et 4 le verbe* suppléer.

4. *Ils analyseront :* Considérez dans chaque chose quelle en sera la fin.

Modèle : ...*quelle*, adj. indéf. fém. sing. attribut de *fin; en*, pron. pers. 3e pers. fém. sing. compl. déterminatif de *fin*...

160e LEÇON.

Récapitulation sur le sujet du verbe, les auxiliaires et la première conjugaison.

EXERCICE ORAL.

1. Les élèves analyseront la phrase suivante :

Texte d'analyse : Bénis soient le laboureur qui nourrit ses concitoyens et le guerrier qui les défend.

Modèle : *Bénis*, participe adj. masc. pl. attribut de *laboureur* et de *guerrier; soient*, verbe de la 4e conj. au prés. du subj. 3e pers. du pl. ; *le...; laboureur*, n. comm. masc. sing. 1er sujet de *soient bénis; qui*, pron. conj. 3e pers. masc. sing. sujet de *nourrit...*

2. Ils conjugueront aux temps composés *entrer en classe, rencontrer un concitoyen, partir en diligence.*

3. Ils conjugueront aux temps simples *se désennuyer, relier, encourager.*

COMPOSITION.

A. *Souligner les sujets :*

O soleil *qui* es placé au centre des mondes et *qui* répands si abondamment tes rayons vivifiants, avec quelle éloquence ne me parles-*tu* pas de la beauté et de la bonté de mon Dieu ! — *Je* soussignée Catherine Roche, reconnais devoir à M. Julien la somme de quatre cents francs quatre-vingts centimes.— *Nous* traversâmes le fleuve à la nage près de son embouchure. — Déjà s'avançait vers ces enfants la *lionne* rugissante. — Au secours, criaient *Hippolyte* et *André.* — Un jour comparaissaient devant le singe un *renard* et un *chat* accusés d'avoir dérobé un fromage.

B. *Traduire par le passé indéterminé :*

Les philosophes du xviiie siècle s'élevèrent dans l'opinion de leurs contemporains, mais leur gloire eut peu de durée, et ils descendirent jusqu'à n'être plus que l'objet d'un mépris général. Nous arrivâmes à la frontière, nous campâmes sur une éminence bien située.

Modèle : Les philosophes... se sont élevés... leur gloire a eu peu de durée, et ils sont descendus... Nous sommes arrivés... nous avons campé...

C. *Tourner par le pluriel :*

J'exige peu de moi, mais beaucoup des autres. Je charroie des mottes pour alimenter le foyer. Je me désennuyais.

MODÈLE : Nous exigeons peu de nous, mais beaucoup des autres. Nous charroyons des mottes... Nous nous désennuyions.

D. *Écrire le verbe*

Envoyer *au présent de l'impératif.*

Charroyer *au présent du subjonctif.*

Descendre *au passé indéterminé, en supposant les sujets féminins.*

MODÈLE : Envoie, envoyons, envoyez. — Que je charroie, que tu charroies, qu'il charroie, que nous charroyions, que vous charroyiez, qu'ils charroient.—Je suis descendue, tu es descendue, elle est descendue...

DEVOIRS ÉCRITS.

1. *Remplacer les points par le son è bien orthographié.*

Abcès, affection, cancer, cautère, empêchement, épilepsie, érysipèle, fièvre, gangrène, gêne, gerçure, hernie, hoquet, indigestion, lèpre, mollesse, migraine, misère, perplexité, peste, plaie, regret, remède, revers, saignée, teigne, ulcère, verrue, niaiserie, accès, adversité, bagatelle, bégaiement, brièveté, combinaison, décret, démêlé, dispersion, entraînement, épaisseur, essai, exception, extrait, fraîcheur, la paix, la peine, un faix de cent kilogrammes, gaieté, geste, interrègne, une paire, parallèle, parcelle, phénomène, préliminaire, prétexte, progrès, projet, quadrilatère, quête, réception, reddition, réfection, renseignement, requête, rêverie, souhait, spectacle, succès, travers, emblème.

2. *Conjuguer* jouer, *se récréer, se réjouir, aux temps simples des modes 2, 3 et 5, en changeant de verbe à chaque personne.*

MODÈLE : 2 Je joue, tu te récrées, il se réjouit, nous jouons, vous vous récréez, ils se réjouissent. — Je jouais... Je jouai... Je jouerai.... 3 Je jouerais... 5 Que je joue... Que je jouasse...

3. *Conjuguer* jouer *aux modes 1 et 4.*

4. *Analyser :* Si l'on te calomnie, souviens-toi que Jésus aussi a été calomnié.

MODÈLE : *Si,* conjonction qui fait rapporter la 1re prop. à la 2e; *l'* lettre euphonique; *on,* pron. indéf. 3e pers. masc. sing. sujet de *calomnie ;... aussi,* adverbe qui modifie *a été calomnié...*

161e LEÇON.

Remarques sur les verbes de la première conjugaison (Gr. n°s 109 à 113).

EXERCICE ORAL.

1. Les élèves conjugueront aux temps simples de l'indicatif *semer du blé, posséder un champ, régler un compte...* Le maître

leur fera remarquer que l'*e* muet ou l'*é* fermé se change en *e* ouvert et prend l'accent grave lorsqu'il est devant une syllabe muette (1).

2. Ils traduiront chacun des verbes ci-après par le présent du mode où il est employé : « J'aurais régné, *je règnerais*; j'eusse accédé, *j'accèderais*; aie réglé, *règle*; que tu aies excédé, *que tu excèdes*; j'avais précédé, *je précède*. »

3. Ils analyseront la phrase suivante :

Texte d'analyse: On n'arrive au repos que par le travail.

Modèle : *On*, pron. indéf. 3ᵉ pers. masc. sing. sujet de *arrive*;... *ne que*, adverbe qui modifie *arrive*...

DICTÉE.

Voici la fête de Noël, je la célèbrerai avec vous. Je préfère la vie paisible du villageois à la vie agitée de l'habitant des villes. Quand vous possèderiez tous les biens d'ici-bas, votre âme formerait encore d'autres désirs. Le remords bourrèle le méchant. La mélancolie décèle souvent une jalousie secrète. Les afflictions nous accompagnent et nous harcèlent sans cesse. L'homme seul a le feu à sa disposition; l'animal gèlerait auprès d'un foyer préparé, qu'il ne s'aviserait pas de produire l'étincelle qui doît l'embraser. Ce n'est pas assez de haïr le vice, il faut l'abhorrer, l'exécrer. Médisant, qui révèles ce que tu devrais tenir caché, et qui te fais un jeu de blesser ton prochain, considère de près ceux que déchirent tes imprudentes paroles, et sans doute tu regretteras de les avoir prononcées.

DEVOIRS ÉCRITS.

1. *Les élèves copieront les verbes ci-après, et, à mesure, traduiront chacun d'eux par le présent du mode où il est employé.*

Il végétait, *il végète*; tu interprétais, *tu interprètes*; nous nous inquièterons, *nous nous inquiétons*; vous empièterez, *vous empiétez*; j'ai pesé, *je pèse*; ils eurent vénéré, *ils vénèrent*; — j'aurais toléré, *je tolèrerais*; nous eussions opéré, *nous opèrerions*; tu eusses tempéré, *tu tempèrerais*; il aurait suggéré, *il suggèrerait*; ils auraient révéré, *ils révèreraient*; vous eussiez réitéré, *vous réitèreriez*; — aie régénéré, *régénère*; ayons différé, *différons*; ayez opéré, *opérez*; — que tu aies proféré, *que tu profères*; aie altéré, *altère*; que j'aie préféré, *que je préfère*; j'ai persévéré, *je persévère*; ils auraient prospéré, *ils prospèreraient*; qu'il ait modéré, *qu'il modère*; aie énuméré, *énumère*; que nous ayons libéré, *que nous libérions*; ayons adhéré, *adhérons*; qu'ils aient exagéré, *qu'ils exagèrent*; tu t'es ingéré, *tu t'ingères*; que vous

---

(1) Dans les verbes dont la dernière syllabe est précédée d'un *é* fermé on peut, suivant plusieurs auteurs, conserver cet *é* au futur et au conditionnel; ainsi il n'est pas fautif d'écrire: « Il régnera, je céderais, ils posséderont. »

ayez incarcéré, *que vous incarcériez*; elle s'est désaltérée, *elle se désaltère*; ils se confédérèrent, *ils se confédèrent*; nous nous confédérerons, *nous nous confédérons*; elles s'étaient agglomérées, *elles s'agglomèrent*; nous nous promènerons, *nous nous promenons*; il s'est révélé, *il se révèle*; tu t'étais démené, *tu te démènes*; aie écrémé, *écrème*; ils s'étaient succédé, *ils se succèdent*.

Modèle : Il végétait, *il végète*; tu interprétais, *tu interprètes*...

2. *Ils conjugueront à tous les temps des modes 2, 3 et 5, et en changeant constamment de verbe*, réitérer, posséder, ramener, succéder, s'ingérer, se démener.

Modèle : 2 Je réitère, tu possèdes, il ramène, nous succédons, vous vous ingérez, ils se démènent. — Je réitérais... Je réitérai... J'ai réitéré, tu as possédé, il a ramené, nous avons succédé, vous vous êtes ingérés, ils se sont démenés. — J'eus réitéré... J'avais réitéré... Je réitérerai... J'aurai réitéré... 3 Je réitèrerais... 5 Que je réitère... Que je réitérasse...

3. *Ils conjugueront le verbe s'ingérer aux modes 1 et 4.*

Modèle : 4 S'ingérer, s'être ingéré, s'étant ingéré, s'ingérant, ingéré. — Ingère-toi, ingérons-nous, ingérez-vous.

4. *Ils analyseront:* N'empiète jamais sur le terrain d'autrui.

162e LEÇON.

Remarques sur les verbes de la première conjugaison (Gr. n. 109 à 113).

EXERCICE ORAL.

1. Les élèves traduiront par le futur simple de leurs modes respectifs les verbes ci-après: «J'épelais, *j'épellerai*; tu appelais, *tu appelleras*; ces pommes de terre pelèrent, *ces pommes de terre pèleront*; vous receliez, *vous recèlerez*; vous révélâtes, *vous révélerez*... » Le maître leur fera rendre compte de l'orthographe de l'e ouvert; il leur demandera s'il prend l'accent grave ou si l'on double la consonne.

2. Ils feront le même travail sur les verbes ci-après, et le professeur leur fera de nouveau remarquer que, dans les modes 3, 4 et 5, le futur simple s'écrit comme le présent : « Nous aurions amoncelé, *nous amoncellerions*; vous eussiez appelé, *vous appelleriez*; aie épelé, *épelle*; aie appelé, *appelle*; qu'il ait carrelé, *qu'il carrelle*; qu'ils aient gelé, *qu'ils gèlent*... »

DICTÉE.

Je vous appellerai mon peuple, nous dit le Seigneur, et vous m'appellerez votre Dieu. Quelle condescendance de la part de celui par qui règnent les rois, de celui qui pèse la terre dans sa main, de celui dont célèbrent la magnificence les astres du firmament et les esprits célestes! Il appelle les étoiles, et les étoiles se présentent en disant : Nous voici. Il parle, et aussitôt le néant devient l'être, l'ordre succède au chaos, le mouvement et la vie à l'immobilité. Il tient dans ses mains les rênes des empires :

quand il veut punir une nation, il abandonne ses chefs à un esprit
de vertige et d'erreur ; alors les peuples se remuent, les esprits
s'inquiètent, les trônes chancellent, et souvent d'épouvantables
catastrophes viennent venger son saint nom blasphémé. Heureuses les nations qui gardent sa loi et célèbrent ses fêtes : il les
protègera ; pour elles d'heureux jours succèderont à d'heureux
jours, et la paix règnera dans leurs campagnes et dans leurs cités !

DEVOIRS ÉCRITS.

1. *Les élèves copieront les verbes ci-après, et traduiront cha-*
cun d'eux par le futur simple du mode où il est employé.

J'aurais bosselé, *je bossellerais* ; j'ai carrelé, *je carrellerai* ;
aie modelé, *modèle* ; ayons cordelé, *cordelle* ; que j'aie chancelé,
que je chancelle ; j'eusse recacheté, *je recachetterais* ; nous
avons projeté, *nous projetterons* ; ayez dételé, *dételez* ; qu'ils
aient démantelé, *qu'ils démantellent* ; tu aurais déficelé, *tu*
déficellerais ; il a empaqueté, *il empaquettera* ; vous avez
marqueté, *il marquettera* ; que tu aies feuilleté, *que tu feuil-*
lettes ; il aurait épousseté, *il époussetterait* ; ils ont amoncelé,
ils amoncelleront ; qu'il ait dégelé, *qu'il dégèle* ; il se serait
rappelé, *il se rappellerait* ; ils auraient décelé, *ils décèleraient* ;
je me suis rappelé, *je me rappellerai* ; que nous ayons dépa-
queté, *que nous dépaquetions.*

Ils auraient cacheté, *ils cachetteraient* ; tu t'es jeté, *tu*
te jetteras ; que vous ayez crocheté, *que vous crochetiez* ;
nous eussions acheté, *nous achèterions* ; il s'est jeté, *il se*
jettera ; il eût emmuselé, *il emmusellerait* ; qu'il eût étincelé,
qu'il étincelle ; vous vous seriez modelé, *vous vous modèleriez* ;
nous nous sommes rachetés, *nous nous rachèterons* ; ils se
sont rejetés, *ils se rejetteront* ; que tu te sois rappelé, *que tu*
te rappelles ; ils se fussent dépossédés, *ils se déposséderaient* ;
vous vous êtes rachetés, *vous vous rachèterez* ; qu'ils se soient
rejetés, *qu'ils se rejettent* ; qu'il se soit appelé, *qu'il s'appelle.*

Modèle : J'aurais bosselé, *je bossellerais* ; j'ai carrelé...

2. *Ils conjugueront aux modes 2, 3 et 5, et en changeant*
constamment de verbe, se racheter, se rappeler, se modeler,
morceler, niveler, épousseter.

3. *Ils conjugueront aux modes 1 et 4 le verbe* se modeler.

4. *Ils analyseront :* La mort nivèle tous les rangs.

163e LEÇON.

Remarques sur les verbes de la première conjugaison (Gr. nos 109 à 113).

EXERCICE ORAL.

1. Les élèves, dans les propositions suivantes, traduiront le
singulier par le pluriel, et réciproquement. « Vous appelez,
tu appelles ; nous nivelons, *je nivèle* ; que vous renouveliez, *que tu*

renouvelles; que tu ressemelles, *que vous ressemeliez*; il précéda, *ils précédèrent*; tu intercèdes, *vous intercédez...*»

2. Le maître fera écrire au tableau la phrase suivante :

TEXTE D'ANALYSE : Maintenant je considère, j'étudie, je compare, je délibère avant d'agir, afin de ne pas commettre une imprudence.

Les élèves liront cette phrase d'abord telle qu'elle est, puis en remplaçant *maintenant* par *hier, demain, autrefois, si j'étais prévoyant, désormais il faut que, nous ferons bien, si vous m'en croyiez...*

MODÈLE : *Si j'étais prévoyant* je considèrerais, j'étudierais, je comparerais, je délibèrerais avant d'agir... *Il faut que* je considère, que j'étudie, que je compare, que je délibère avant d'agir... *Nous ferons bien* de considérer, d'étudier... *Si vous m'en croyiez* vous considèreriez, vous étudieriez, vous compareriez...

DICTÉE.

Si tu veux être aimé, accède au sentiment d'autrui, même préfère-le au tien ; cède lorsque tu le peux sans blesser ta conscience, procède toujours avec politesse, modèle-toi sur ceux de tes condisciples qui sont les plus honnêtes et les plus complaisants, tempère ta vivacité naturelle, ne t'ingère point dans ce dont tu n'es pas chargé ; ne diffère jamais lorsqu'il faut rendre service, et donne généreusement à l'infortuné qui te tend la main.

(Le maître fera aussi écrire cette même phrase au pluriel) :

Si vous voulez être aimés accédez aux sentiments d'autrui, même préférez-les aux vôtres ; cédez lorsque vous le pouvez sans blesser votre conscience, procédez... Modelez-vous sur ceux de vos condisciples... tempérez votre vivacité naturelle, ne vous ingérez point dans ce dont vous n'êtes pas chargés, ne différez... et donnez généreusement aux infortunés qui vous tendent la main.

DEVOIRS ÉCRITS.

Les élèves changeront, dans la phrase suivante, le nombre, la personne et le temps, suivant qu'il sera indiqué par les mots que nous leur donnons.

L'écolier écoute les explications du maître, écrit la dictée et l'épelle ; il transcrit ensuite les problèmes désignés, les met en solution et opère les calculs.

Les écoliers écoutent les explications du maître, écrivent la dictée et l'épellent ; ils transcrivent ensuite les problèmes désignés, les mettent en solution et opèrent les calculs.

L'écolier écoutait... écrivait... épelait ; il transcrivait... les mettait... opérait...

L'écolier écoutera... écrira... épellera ; il transcrira... les mettra... opèrera.

Il faut que les écoliers écoutent... écrivent... épellent ;

qu'ils transcrivent... qu'ils les mettent en solution et opè-rent les calculs.

Il faudrait que l'écolier écoutât... écrivît... épelât; qu'il transcrivît... qu'il les mît... et opérât...

Si tu faisais bien, tu écouterais... écrirais... épellerais; tu transcrirais... les mettrais... opèrerais...

J'écouterai... j'écrirai... je l'épellerai; je transcrirai... les mettrai... j'opèrerai...

Ecoute... écris... épelle-la; transcris... mets-les en solution et opère les calculs.

Ecoutons... écrivons... épelons-la; transcrivons... met-tons-les en solution et opérons les calculs.

2. *Les élèves traduiront par le singulier.*

Nous harcelons, *je harcèle;* ils morcellent, *il morcelle;* qu'ils becquètent, *qu'il becquète;* que nous renouvelions, *que je renouvelle;* que vous ressemeliez, *que tu ressemelles;* qu'ils ruisselassent, *qu'il ruisselât;* ils ruisselèrent, *il ruissela;* ils ruissellent, *il ruisselle;* rejetez, *rejette;* rachetez, *rachète;* complétez, *complète;* empiétez, *empiète;* ingérez-vous, *in-gère-toi;* modérez-vous, *modère-toi;* libérez-vous, *libère-toi;* nous ne désespérons pas, *je ne désespère pas;* nous aérons la classe, *j'aère la classe;* que vous aériez, *que tu aères;* que vous accélériez, *que tu accélères;* hypothéquez votre créance, *hy-pothèque ta créance;* nous léguons les biens que nous possé-dons, *je lègue le bien que je possède;* vous procédez avec ordre, *tu procèdes avec ordre;* succédez dignement à votre illustre père, *succède dignement à ton illustre père;* célébrez avec pompe les fêtes de l'Eglise, *célèbre...*

3. *Ils conjugueront épeler et appeler aux temps simples, et en changeant de verbe à chaque nombre.*

Modèle : J'épelle, tu épelles, il épelle, nous appelons, vous appelez, ils appellent. — J'épelais... nous appelions.

4. *Ils analyseront :* Si tu rencontres un indigent, appelle-le ton frère et donne-lui l'aumône.

Modèle : *Si,* conjonction faisant rapporter la 1re proposition aux deux dernières;... *frère,* n. comm. masc. sing. attribut de *le.*

164e LEÇON.

Remarques sur les verbes de la première conjugaison (Gr. nos 109 à 113).

EXERCICE ORAL.

1. Les élèves traduiront par la 1re personne : « Tu voyages, *je voyage;* vous voyagez, *nous voyageons;* tracez, *traçons;* effa-cez, *effaçons;* qu'il avançât, *que j'avançasse;* ils avancèrent, *nous avançâmes;* ils se placèrent, *nous nous plaçâmes;* ils

agréaient, *nous agréions;* ils amplifiaient, *nous amplifiions...* »
Le maître leur fera rendre compte de l'orthographe de ces
verbes.

2. Ils conjugueront à tous les temps simples *recommencer,
dégager, apprécier, nettoyer, semer, jeter, projeter...* Le maître
leur fera épeler les formes dignes de remarques, telles que : « tu
dégageais, nous appréciions... »

3. Ils analyseront la phrase suivante :

Texte d'analyse: Ne t'appuie jamais sur une branche
morte.

DICTÉE.

Jeune insensé, qui blasphèmes contre la Providence ou qui nies
son action dans le monde, je t'interpelle, réponds : Connais-tu
les .véritables causes des événements? Ce que tu appelles mal
l'est-il en effet? Es-tu certain que ce que tu nommes désordre
soit réellement un désordre? Tu n'en fus jamais sûr, tu ne le
seras jamais. Sois donc franc; confesse que tu répètes sans raison
les paroles impies que tu as entendu proférer : le jour où tu
avoueras ton ignorance, tu seras sincère, et nous te louerons de
rendre hommage à la vérité. — Si vous payiez vos dettes, je ne
regretterais pas de vous avoir fait prêter huit cents francs. — Si
Adolphe négligeait d'enregistrer ses opérations commerciales,
il s'endetterait encore comme il s'était endetté il y a sept ans.
— Nous n'excellons pas dans notre art comme tu excelles dans le
tien, me disaient un jour deux peintres mes amis. — Si nous
dépréciions vos produits, nous vous pardonnerions de déprécier
les nôtres. — Ne t'appuie pas sur une branche morte, tu courrais
un danger.

DEVOIRS ÉCRITS.

1. *Les élèves traduiront les verbes par le futur simple de
leurs modes respectifs.*

Il fallait que tu m'achetasses plusieurs cages et que tu me
les envoyasses, ainsi que mes filets, ma glu et mes gluaux.
— Je prenais des oiseaux dans notre cour, lorsque pendant
l'hiver ils ne pouvaient, à cause de la neige, trouver leur nourriture; j'émiettais du pain que je plaçais sous un panneau;
je guettais le moment où ils venaient le becqueter, et alors je
tirais la ficelle, et ils étaient mes prisonniers. Cette chasse me
désennuyait. — Je vous aurais bien prêté mes armes, mais
peut-être qu'ensuite je l'aurais regretté. — Il faut que vous
ayez essayé ces habits avant mon retour.

Modèle : Il faudra que tu m'achètes plusieurs cages et que tu
me les envoies...—Je prendrai des oiseaux ..lorsque...ils ne pourront trouver leur nourriture; j'émietterai...je placerai...je guet-
terai... ils viendront... je tirerai... ils seront mes prisonniers.
Cette chasse me désennuiera.— Je vous prêterais... je le regretterais. Il faudra que vous essayiez ces habits...

2. *Ils copieront les verbes ci-après, et traduiront chacun d'eux par le futur simple du mode où il est employé.*

Je lie, *je lierai;* je lis, *je lirai;* tu joues, *tu joueras;* nous avons échoué, *nous échouerons;* vous auriez échoué, *vous échoueriez;* tu écrivais, *tu écriras;* tu t'écriais, *tu t'écrieras;* je me dédisais, *je me dédirai;* je vous dédiais cette ode, *je vous dédierai cette ode;* tu aurais remédié, *tu remédierais;* tu aurais médit, *tu médirais;* il aurait déliré, *il délirerait;* il eût délié, *il délierait;* ils eussent avoué, *ils avoueraient;* ils huaient, *ils hueront;* elles refluaient, *elles reflueront;* ils nous auront tués, *ils nous tueront;* vous statuiez, *vous statuerez;* ils se seraient ennuyés, *ils s'ennuieraient;* ils se fussent désennuyés, *ils se désennuieraient;* vous vous étiez tutoyés, *vous vous tutoierez;* nous guerroyons, *nous guerroierons.*

Modèle : Je lie, *je lierai;* je lis, *je lirai...*

3. *Ils conjugueront au futur simple et au futur antérieur de l'indicatif chacun des verbes suivants:* lier, lire, interdire, mendier, s'avouer, se substituer.

Modèle : Je lierai, tu lieras, il liera, nous lierons... J'aurai lié, tu auras lié... — Je lirai... J'aurai lu... — J'interdirai... J'aurai interdit... — Je mendierai... J'aurai mendié... — Je m'avouerai... Je me serai avoué... — Je me substituerai... Je me serai substitué....

4. *Ils analyseront:* Interrogeons celui qui meurt, il nous dira le prix du temps.

<h2 align="center">165e LEÇON.</h2>

Récapitulation sur la première conjugaison.

EXERCICE ORAL.

1. Les élèves réciteront en entier les verbes *se dévouer, édifier, compléter, révéler...*

2. Ils feront autant que possible l'analyse motivée de la phrase suivante :

Texte d'analyse: Dieu reprocha à Caïn le meurtre d'Abel et prononça contre lui une sentence de malédiction.

Modèle : *Dieu,* nom, parce qu'il désigne une personne; nom propre, parce qu'il sert à la désigner en particulier; du masculin, parce qu'on dit « *le* grand Dieu »; du singulier, parce qu'il ne désigne qu'un être; sujet de *reprocha,* parce qu'il désigne l'être qui fait l'action exprimée par ce verbe; — *reprocha,* verbe, parce qu'il exprime l'action; de la 1re conjugaison, parce qu'il a l'infinitif terminé en *er;* au mode indicatif, parce qu'on affirme positivement l'action; au passé déterminé; à la 3e personne du singulier, parce que son sujet *Dieu* est de la 3e pers. du sing.

COMPOSITION.

A. *Écrire simplement :*

Je célébrerai avec vous la fête de Noël. La mélancolie décèle souvent une jalousie secrète. Médisant, qui révèles si imprudemment ce que tu devrais tenir caché, tu t'en repentiras un jour; mais il sera trop tard. Notre Dieu nous demande notre cœur; quelle condescendance de la part de celui par qui règnent les rois! Protégeons la veuve et l'orphelin, à leur tour ils nous protégeront lorsque le souverain Juge nous appellera à son tribunal. Si tu veux être aimé, ne te querelle pas, cède facilement, préfère souvent les sentiments d'autrui aux tiens propres, pourvu que ta conscience n'y soit en rien engagée. Si vous payiez vos dettes, je ne regretterais pas de vous avoir fait prêter huit cents francs.

B. *Traduire les verbes par le présent de leurs modes respectifs :*

Tu empiétais, il persévéra, elles se sont désaltérées, ils se seraient succédé, aie procédé avec ordre, qu'il ait répété sa leçon, que tu aies guetté ces étourdis.

Modèle : Tu empiètes, il persévère, elles se désaltèrent, ils se succéderaient, procède avec ordre, qu'il répète sa leçon, que tu guettes ces étourdis.

C. *Traduire les verbes par le futur simple de leurs modes respectifs :*

Tu as parqueté, il a planchéié, nous l'avons ficelé, que tu te sois rappelé. L'écolier écrit la dictée, l'épelle et la relève au propre. Vous auriez hypothéqué votre créance. Que je me sois ennuyé, que tu te sois employé.

Modèle : Tu parquetteras, il planchéiera, nous le ficellerons, que tu te rappelles. L'écolier écrira la dictée, l'épellera et la relèvera au propre. Vous hypothèqueriez votre créance. Que je m'ennuie, que tu t'emploies.

D. *Écrire le verbe*

S'ingérer *à l'impératif.*

Appeler *à la* 2e *personne du singulier de chacun des présents.*

Refluer *aux temps simples, mais seulement à la* 3e *personne du pluriel.*

Modèle : Ingère-toi, ingérons-nous, ingérez-vous. — Tu appelles, tu appellerais, appelle, que tu appelles. — Ils refluent, ils refluaient, ils refluèrent, ils reflueront, ils reflueraient, qu'ils refluent, qu'ils refluassent.

DEVOIRS ÉCRITS.

1. *Remplacer les points par le son é bien orthographié.*

Tu crois aimer et tu n'aimes pas, tu te crois aimé et tu ne l'es pas. J'ai reçu des nouvelles de mon fils, je le sais bien bien logé, bien habillé, bien entretenu. Venez chez moi, je pourrai vous loger et même vous habiller et vous entretenir. Il a cru m'effrayer, il ne m'a même pas intimidé. Il m'a cru effrayée, je n'étais pas même émue. La solive que je t'ai demandée, je la veux rabotée, dressée, entaillée, équarrie, coupée juste, et toute prête à placer, ou bien je ne la veux pas. Envoie-moi une planche, je la veux scier, redresser, raboter, couper à la mesure, puis la polir et la poser moi-même dans les rainures. J'ai trouvé la barque démarrée et emportée par le courant. J'ai vu les mariniers démarrer, puis rmer pour remonter le courant.

2. *Remplacer les points par le son ou l'articulation* n *bien orthographiée.*

Canouisation, christianisme, colonnade, confessionnal, sonnerie, soutane, honnêteté, prince honoré, honneur, condamnation, famine, tisane, — cannibale, friponnerie, ineptie, tyrannie, agonie, anévrisme, panaris, pulmonie, annonce, polygone, esplanade, inondation, cane plumée, canne en jonc, manivelle, tonneau, baïonnette, canonnade, canonical, livres canoniques, garde nationale, factionnaire, tanneur, vannier, limonadier, caniche, hanneton, manége, harmonica, cannelure, doucine, panneau, caravane, nautonnier, canot, hune, tanière, cannelle, les damnés, l'année prochaine, almanach, une ânée de vin, l'anémone, l'automne, l'anniversaire.

3. *Conjuguer* se modérer, s'oublier, s'enivrer, *aux temps simples des modes 2, 3 et 5, et en changeant de verbe à chaque personne.*

4. *Analyser :* Les faux monnayeurs sont grandement coupables envers la société.

166ᵉ LEÇON.

Remarques sur les verbes de la deuxième conjugaison.

EXERCICE ORAL.

REMARQUES : 1. Le participe passé du verbe bénir ne prend un *t* que lorsqu'il est adjectif et qu'il signifie l'état permanent d'une chose consacrée par les prières de l'Église: « Voilà du pain bénit, de l'eau bénite. »

2. Le verbe *fleurir*, lorsque, employé au figuré, il signifie prospérer, s'écrit par *flo* au participe présent et à l'imparfait de l'indicatif: « La France florissait sous Louis le Grand. »

3. Le verbe *haïr* conserve le tréma dans toutes ses formes, excepté aux trois du singulier de l'indicatif. « Je hais, tu hais, il hait, nous haïssons,... nous haïmes.... »

I. M. Les élèves analyseront la phrase suivante:

TEXTE D'ANALYSE: Profaner des objets bénits ou consacrés, c'est un sacrilége.

MODÈLE : *Profaner*, verbe de la 1ʳᵉ conjug. au prés. de l'infinitif, sujet de *est; des,* art. partitif masc. pl. dét. *objets; objets,*

n. comm. masc. pl. compl. direct de *profaner*; *bénits*, adj. qualif.
masc. pl. qualifie *objets*; .. *c'* ou *ce*, pron. dém. 3e pers. masc.
sing. sujet répété de *est*...

2. Le maître fera distinguer le langage propre d'avec le langage
figuré dans: « Les arbres *fleurissent* au printemps (propre). Les
Etats *fleurissent* ou prospèrent lorsque les grands fonctionnaires
sont religieux (figuré)...»

DICTÉE.

Les disciples furent *bénis* par Notre-Seigneur le jour de la
sainte Cène. Acceptez ce chapelet, il est *bénit*; conservez-le reli-
gieusement, car c'est par notre Saint-Père le Pape qu'il a été *béni*.
Nous suivions la procession en portant des rameaux *bénits*. Lorsque, sous le règne de la terreur, on descendait les beffrois de nos
clochers pour les convertir en canons, c'était un sacrilége; on mé-
connaissait qu'ils étaient *bénits*. Le saint-chrème est un composé
d'huile d'olive et de baume *béni* par l'évêque le jeudi saint. Le
pain *bénit* a été distribué. Aussitôt que les pains auront été *bénis*,
le sacristain les découpera *Bénis* soient celui qui meurt pour la
religion et celui qui se dévoue pour sa patrie.

Les empires les plus *florissants* ne sont pas ceux où l'on remarque le plus d'agitation. La Grèce *florissait* sous Périclès. Que la
nature est belle quand les arbres *fleurissent*! Les orangers *fleurissant*
presque sans cesse et présentant constamment leurs beaux fruits,
ont été chantés par les poètes. Si les arbres *fleurissaient* trop tôt,
les gelées blanches nuiraient à la récolte.

Celui qui *hait* l'envoyé de Dieu n'est pas loin de *haïr* Dieu lui-
même.

DEVOIRS ÉCRITS.

1. *Les élèves remplaceront les points par le son* i *bien orthographié.*

Bén*ie* soyez-vous, ma fille, qui avez pris soin d'une
pauvre paralytique! Au moment de son agon*ie* mon aïeule
tenait dans ses mains un crucif*ix*. Les premiers fidèles en-
voyaient aux mart*y*rs des pains bén*its*. Chez les Juifs, les
prém*ices* étaient présentées au temple, puis étaient bén*ies*
par le pontife. Anathème à qui porte une main sacrilége sur
les objets bén*its*. Ces pains azymes sont bén*its*, ne les prenons qu'avec respect. La nef, le chœur, la crypte sont des
endroits bén*its*.

Dép*it*, chirurg*ie*, d*y*ssenter*ie*, ennu*i*, épidém*ie* épileps*ie*,
érésipèle, hémorrag*ie*, hydropis*ie*, insomn*ie*, létharg*ie*,
m*y*op*ie*, nostalg*ie*, panar*is*, pleurés*ie*, souc*i*, torticol*is*, typhus, ignomin*ie*, infam*ie*, appu*i*, av*is*, éd*it*, hiatus, pl*i*,
pol*y*gone, pyramide, rép*it*, suprémat*ie*, symétr*ie*, sympa-
th*ie*, abîme, crucif*i*ement, envah*i*ssement, débr*is*, île,
presqu'île, l*it* de plume, l*ie* de vin, pu*its* profond.

2. *Conjuguer* se dessaisir *aux temps simples de l'indicatif,
en employant pour compléments indirects les noms ci-après:*

(Les élèves les détermineront par l'adjectif possessif) :
Pioche, pelle, rateau, charrue, herse, char, — fourche, trident, serpette, serpes, fléaux, leurs faux ; — faucille, van, bêche, civières, cribles, pieux, — houlette, calebasse, fouet, hennes, tonnes, foudres.

Modèle : *Ind. pr.* Je me dessaisis de ma pioche ; tu te dessaisis de ta pelle ; il se dessasit de son râteau ; nous nous dessaisissons de notre charrue ; vous vous dessaisissez de votre herse ; ils se dessaisissent... — Je me dessaisissais de ma fourche... — Je me dessaisis de ma faucille... — Je me dessaisirai de ma houlette...

3. *Analyser :* Les menteurs finissent par ne plus obtenir créance, même lorsqu'ils disent la vérité.

Modèle : ...*ne plus*, adverbe qui modifie *obtenir ; obtenir*, verbe de la 2ᵉ conjug. au prés. de l'infinitif, compl. ind. de *finissent ; créance*, n. comm. fém. sing. compl. direct de *obtenir ; même*, adverbe qui modifie *obtenir créance* (ou *disent*)...

<h3 style="text-align:center">167ᵉ LEÇON.</h3>

Remarques sur les verbes de la troisième conjugaison (Gr. nᵒˢ 114 et 115).

EXERCICE ORAL.

1. Analyser la phrase suivante :

Texte d'analyse : Fais ce que tu peux. — J'ai dû vous dire ce que je veux de vous.

2. Conjuguer en entier les verbes *pouvoir* et *valoir*.

DICTÉE.

O homme qui es si faible et qui souffres si souvent de ce qui t'environne, combien tu vaux plus que l'univers, puisque tu as été créé pour en être le roi et le dominateur ! Mon fils, n'oublie pas que, sans un secours divin, tu ne peux rien pour ton salut. Qui veut contenter tout le monde, le plus souvent, ne plait à personne. J'aurais dû travailler quand j'étais jeune et douée d'une heureuse mémoire, je ne le peux plus maintenant que je suis vieille et que mon esprit est appesanti. Qui a fait ce qu'il a pu, a fait ce qu'il a dû. Pourquoi ne veux-tu pas comprendre ce que vaut une bonne éducation, me répétaient souvent mon père et mon précepteur ? Qui veut fortement peut beaucoup. J'ai dû couper quelques bourgeons du cerisier ; j'ai dû aussi faire quelques boutures. Une chose promise est une chose due. Une somme de cinq cents francs m'est due pour un are de terrain que je vous ai vendu ; vous auriez dû la payer au commencement de l'automne.

DEVOIRS ÉCRITS.

Les élèves remplaceront les points par le son u *bien orthographié.*

J'ai donné un billet de cent quatre-vingt-trois francs pour

acquitter le prix de ma charru*e*, mais il m'est redú dix-huit francs que je vous réclame. N'aurais-tu pas dú les réclamer plus tôt? Ce qui est promis est dú. J'ai soldé le montant du billet, donc une quittance m'est du*e*. Je paye, un reçu m'est dú. Trois francs me sont du*s*. J'aurais dú cercler ces fúts et ces barils. Nous évalu*e*rons le résid*u* de la vendange. Vous contribu*e*rez à la súreté générale. Les loups hurlent. J'ai dú me procurer des raisins múrs.

Noms: Búcheron, h*u*issier, brúlure, búcher, flu*x* et reflu*x*, la h*u*ne, la nu*e* sombre, moru*e*, gru*e*, tortu*e*, piqúre, p*u*s de l'ulcère, sangsu*e*, scorbu*t*, verru*e*, chut*e*, gageur*e*, rebu*t*, refu*s*, cru*e* d'eau, vin de notre crú, affút, massu*e*, obu*s*, recru*e*, institu*t*, flút*e*, lut*h*, le tribu*t*, l'attribu*t*, le musc, la bru (belle-fille), la gl*u*, la tribu, la vertu [1].

Verbes: H*u*milier, h*u*er, exh*u*mer, inh*u*mer, s'enrh*u*mer, h*u*mecter, affúter, múrier.

2. *Ils conjugueront les temps simples du verbe* pouvoir.

3. *Ils conjugueront le mode indicatif du verbe* vouloir.

4. *Ils analyseront:* Chaque moment vaut l'éternité, puisqu'il peut la donner (Young).

Modèle: *Chaque*, adj. indéf. masc. sing. dét. *moment;... puisque*, conjonction qui fait rapporter la 2ᵉ proposition à la 1ʳᵉ; *il*, pron. pers. 3ᵉ pers. masc. sing. sujet de *peut*...

168ᵉ LEÇON.

Remarques sur les verbes de la quatrième conjugaison (Gr. nᵒ 116).

EXERCICE ORAL.

1. Les élèves conjugueront en entier les verbes *paraître*, *connaître* et *croître*.

2. Ils conjugueront à toutes les 3ᵐᵉˢ personnes le verbe *naître* et le verbe *plaire*.

3. Ils analyseront les deux vers suivants:

TEXTE D'ANALYSE:

Celui qui met un frein à la fureur des flots,
Sait aussi des méchants arrêter les complots.

Modèle: *Celui*, pron. démonst. 3ᵉ pers. masc. sing. sujet de *sait; qui*, pron. conj. 3ᵉ pers. masc. sing. sujet de *met; met*, verbe 4ᵉ conjug. prés. de l'indicatif 3ᵉ pers. du sing.; *un*, art. indéfini masc. sing. dét. *frein;... fureur*, n. commun fém. sing. compl. indirect de *met...; des*, art. contracté mis pour *de les*, masc. pl. dét. *flots; flots*, n. comm. masc. pl. compl. détermin. de *fureur;...*

---

1 Ces quatre derniers noms, quoique féminins, ne prennent pas l'*e* muet final; ce sont à peu près les seuls parmi ceux qui se terminent en *u*.

méchants, n. comm. masc. pl. compl. déterminatif de *com-plots...*

DICTÉE.

Dites souvent : Seigneur, que vous plaît-il que je fasse, faites-moi connaître la voie que je dois suivre, faites-moi croître en vertu et renaître à une nouvelle vie, accordez-moi d'avoir accru de beaucoup mes mérites le jour où je comparaîtrai en votre présence ; et Dieu exaucera votre prière. Lorsque je méconnaissais mes devoirs, je paraissais heureux, je croyais l'être, mais, hélas ! je me repaissais d'illusions : bientôt l'ennui et la douleur m'ont forcé de reconnaître la vérité de cet oracle : « Il n'y a point de paix pour l'impie, » — Paissez les brebis qu'on vous a confiées ; conduisez-les dans de gras pâturages. Tu éprouves un surcroît de douleur, mais ne te décourage pas : aie confiance ; des moments plus heureux succèderont au moment actuel ; le soleil disparaît bien maintenant derrière un nuage, mais tout à l'heure ce nuage se dissipera, et l'astre du jour paraîtra de nouveau dans toute sa beauté et sa magnificence ; ainsi en sera-t-il de toi : la cause de tes chagrins ne durera pas longtemps ; et bientôt, je l'espère, la joie reviendra inonder ton âme de ses rayons bienfaisants.

DEVOIRS ÉCRITS.

1. *Copier les verbes ci-après et les traduire par le présent de leurs modes respectifs.*

Je paraissais, *je parais* ; il paraissait, *il paraît* ; tu aurais paru, *tu paraîtrais* ; il aurait apparu, *il apparaîtrait* ; aie apparu, *apparais* ; ils eussent apparu, *ils apparaîtraient* ; il est né, *il naît* ; qu'ils naquissent, *qu'ils naissent* ; qu'ils soient nés, *qu'ils naissent* ; ils fussent nés, *ils naîtraient* ; tu auras connu, *tu connais* ; tu aurais connu, *tu connaîtrais* ; il plaira, *il plaît* ; il décroissait, *il décroît* ; elle aurait crû, *elle croîtrait* ; elle aurait cru, *elle croirait* ; elles se fussent accrues, *elles s'accroîtraient* ; il disparut, *il disparaît* ; aie disparu, *disparais* ; que je comparusse, *que je comparaisse* ; elles paissaient, *elles paissent* ; le printemps renaissait, *le printemps renaît* ; ils auraient reconnu, *ils reconnaîtraient* ; elle eut reconnu, *elle reconnaît* ; elle eût reconnu, *elle reconnaîtrait* ; qu'elle eût reconnu, *qu'elle reconnaisse* ; aie comparu, *comparais* ; que tu aies comparu, *que tu comparaisses* ; il a comparu, *il comparaît* ; je crûs, *je crois* ; je crus, *je crois* ; ils crûrent, *ils croissent* ; j'aurais cru, *je croirais* ; j'aurais crû, *je croîtrais* ; qu'il ait crû, *qu'il croisse* ; tu crûs, *tu crois* ; tu crus, *tu crois* ; tu aurais crû, *tu croîtrais* ; il aurait crû, *il croîtrait* ; qu'ils aient cru, *qu'ils croient* ; il crût, *il croît* ; il crut, *il croit*.

M ODÈLE : Je paraissais, *je parais* ; il paraissait, *il paraît*...

2. *Remplacer les points par le son oi bien orthographié.*

Je crois ce que l'Eglise *croit.* Heureux l'enfant qui *croît* plus en sagesse qu'en âge et en force. On vous aimerait si vous *croissiez* en vertu. Chaque jour vient *accroître* le nombre de jours que nous avons *vécu,* et *décroître* le nombre de ceux qu'il nous reste à vivre. Le Rhône *croît* et *décroît* rapidement. Celui qui ne *croit* pas et qui n'a qu'une *foi* chancelante est comme un navigateur qui, au milieu de la tourmente, serait sans boussole et sans gouvernail.

Une *voie* droite; — une *croix,* une *loi,* une *voix* forte, la *paroi,* la *foi* divine, la vingtième *fois,* la *poix* gluante, une *noix* [1].

3. *Conjuguer en entier le verbe* croître.

4. *Analyser :* « Ne craignez que Dieu. »

Leçon de mémoire. Emploi de l'*e* muet pour la terminaison de certains noms (Gr. n° 171).

169e LEÇON.

Remarques sur les verbes de la quatrième conjugaison.

EXERCICE ORAL.

Remarque. Les verbes en *indre* et en *soudre,* comme *craindre, peindre, résoudre,* ne conservent le *d* qu'au futur simple et au conditionnel.

1. Les élèves analyseront le vers suivant :

Texte d'analyse : Je crains Dieu, cher Abner, et n'ai pas d'autre crainte.

Modèle : ... *Abner,* n. propre masc. sing. mis en apostrophe;... *ai,* verbe de 3e conjug. au prés. de l'indicatif 1re pers. du sing.; *d'*ou *de* art. partitif fém. sing. détermine *crainte; autre,* adj. indéf. fém. sing. dét. *crainte...*

2. Ils conjugueront en entier les verbes *craindre, résoudre* et *teindre*

DICTÉE.

Je crains, disait un savant, celui qui n'a lu qu'un livre. Rien ne peut contraindre le libre arbitre de l'homme. Ne te plains pas, résous-toi à ton sort. L'enfant paresseux feint toujours d'être malade. Le soldat qui enfreint la discipline est sévèrement puni; ne l'enfreignez donc jamais si vous voulez éviter la salle de police ou la consigne. Si je dépeignais le champ de bataille que j'ai parcouru, vous seriez saisis d'horreur. Monsieur le Maire a ceint l'écharpe tricolore. Ma sœur coud mon habit. L'artiste qui a peint la *Communion de saint Jérôme* a fait incontestablement un chef-d'œuvre du premier ordre. J'ai été absous de mes fautes. Je

---

[1] Le maître fera remarquer aux élèves que ces huit derniers noms, bien que féminins, ne prennent pas l'*e* muet final.

me résous à toutes les privations que l'on m'impose, je m'astreins à ne faire que ce qu'on me permet. N'éteins pas la mèche qui fume encore. Les parois du chœur sont empreintes de l'odeur de l'encens. Le juge condamne, le prêtre absout. On n'atteint le but que par la persévérance. L'égoïsme dissout les sociétés les plus fortes. Je me restreins au strict nécessaire.

DEVOIRS ÉCRITS.

Copier les verbes suivants, et traduire chacun d'eux par le présent du mode où il est employé.

Je craindrai, *je crains;* aie éteint, *éteins;* vous auriez dissous, *vous dissoudriez;* que vous ayez atteint, *que vous atteigniez;* tu contraindras, *tu contrains;* aie reteint, *reteins;* ils auraient craint, *ils craindraient;* qu'ils atteignissent, *qu'ils atteignent;* il se plaindra, *il se plaint;* aie restreint, *restreins;* j'eusse contraint, *je contraindrais;* il s'est déteint, *il se déteint;* nous ceindrons, *nous ceignons;* aie astreint, *astreins;* tu eusses plaint, *tu plaindrais;* tu éteignis, *tu éteins;* vous feindrez, *vous feignez;* ayons cousu, *cousons;* il eût ceint, *il ceindrait;* il reteignait, *il reteint;* ils enfreindront, *ils enfreignent;* ayez absous, *absolvez;* tu t'astreignais, *tu t'astreins.*

Je peindrai, *je peins;* ayez dissous, *dissolvez;* vous eussiez feint, *vous feindriez;* il se restreignait, *il se restreint;* tu dépeindras, *tu dépeins;* ayez résolu, *résolvez;* ils eussent enfreint, *ils enfreignaient;* il absolvait, *il absout;* il repeindra, *il repeint;* j'aurais moulu, *je moudrais;* que je peignisse, *que je peigne;* tu résolvais, *tu résous;* nous teindrons, *nous teignons;* tu aurais décousu, *tu découdrais;* que tu dépeignisses, *que tu dépeignes;* il résolut, *il résout;* vous atteindrez, *vous atteignez;* il aurait recousu, *il recoudrait;* nous dissolvions, *nous dissolvons;* ils se déteindront, *ils se déteignent;* vous résoudrez, *vous résolvez.*

Modèle: Je craindrai, *je crains;* aie éteint, *éteins...*

2. *Remplacer les points par le son* in *bien orthographié.*

Je peins, tu crains, il se contraint, je ceindrais, tu feindrais, il se plaindrait, il se plaint, astreins-toi, éteins la bougie, il a reteint mon foulard, peins-moi de grandeur naturelle, dépeins-moi tous les combats glorieux de nos fantassins.

Airain, étain fondu, lingot, zinc, étincelle, extinction, Européen, rabbin, devin, saltimbanque, clavecin, cimbale, timbale, tintamarre, complainte, chemin, pèlerin, grappin, marin, syndic, gain considérable, impôt, refrain, symphonie, pinceau, burin, plain-chant, la Toussaint, timbre, vilebrequin, dauphin, essaim d'abeilles, inst*in*ct, pinson, requ*in*, lende*main*, mat*in*, col*in*-maillard, carm*in*, châtain, ciel ser*ein*, ser*in* voltigeant, cr*in* arraché, fr*ein*, moul*in*.

Sc*in*tiller, sympathiser, r*in*cer, p*in*cer, reg*im*ber, coïncider, sc*in*der, c*in*gler.

3. *Analyser :* Ne feignez point ce que vous n'êtes pas.

Modèle: *Ne point,* adv. qui modifie *feignez; feignez,* verbe 4ᵉ conjug. prés. de l'impératif 2ᵉ pers. du pl.; *ce,* pr. démonst. 3ᵉ pers. masc. sing. compl. direct de *feignez; que,* pron. conjonc. 3ᵉ pers. masc. sing. attribut de *vous; vous,* pron. pers. 2ᵉ pers. masc. pl. sujet de *êtes; ne pas,* adverbe qui modifie *êtes; êtes,* verbe 4ᵉ conjug. prés. de l'indicatif 2ᵉ pers. du pl.

170ᵉ LEÇON.

Récapitulation des remarques sur les verbes (Gr. nᵒˢ 109 à 117).

EXERCICE ORAL.

1. Le maître fera conjuguer, aux temps qu'il désignera, les verbes ci-après; il interrogera les élèves sur l'orthographe des formes dignes de remarque : *copier un thème, rapiécer son habit, se rappeler un fait, vouloir son bonheur, disparaître habilement, croître en vertu, se plaindre à tort.*

2. Il fera conjuguer en entier le verbe *reparaître.*

COMPOSITION.

A. *Ecrire simplement :*

Bénies soient les personnes qui m'ont secouru. Mon chapelet est bénit et indulgencié. Les saintes huiles ont été bénies par l'Archevêque. Bénie soyez-vous, ma chère enfant, qui avez pris soin d'un paralytique. O homme qui es si faible, tu es pourtant le dominateur de l'univers. Mon fils, tu peux plus que tu ne veux. J'aurais dû réclamer une quittance, elle m'était due. Tu éprouves un surcroît de douleur, mais aie confiance, la joie renaîtra dans ton âme. L'écolier paresseux feint fréquemment des maux de tête. Monsieur le Maire a ceint aujourd'hui l'écharpe tricolore.—Le tribut, la tribu soumise, les sangsues, le scorbut, le rhume, une brûlure.

B. *Traduire les verbes par le présent de leurs modes respectifs :*

Je me suis dessaisi de ma pelle. Je pouvais peu de chose. Ils fussent nés. La rivière a décru. Je croyais en lui. Je croissais beaucoup. J'ai déteint mon foulard. Ayez absous le pénitent. Le portrait que tu as peint nous a plu.

Modèle: Je me dessaisis de ma pelle. Je peux (ou je puis) peu de chose. Ils naîtraient. La rivière décroît. Je crois en lui. Je crois beaucoup. Je déteins mon foulard. Absolvez le pénitent. Le portrait que tu peins nous plaît.

C. *Traduire de même par le futur simple :*

J'aurai crû de deux centimètres. Je le crois sur sa parole. Tu m'absolvais. Ils eussent enfreint. Que tu dépeignisses.

Modèle: Je croîtrai de deux centimètres. Je le croirai sur sa parole. Tu m'absoudras. Ils enfreindraient. Que tu dépeignes.

D. *Écrire le verbe*

Croître *au singulier des temps simples de l'indicatif.*

Croire id. — — —

Paraître *au pluriel du prés. du conditionnel.*

Feindre *au sing. du présent de l'indicatif.*

Modèle: Je crois, tu crois, il croit; je croissais, tu croissais, il croissait; je crûs, tu crûs, il crût; je croîtrai, tu croîtras, il croîtra. — Je crois...; je croyais...; je crus...; je croirai...— Nous paraîtrions, vous paraîtriez, ils paraîtraient. —Je feins, tu feins, il feint.

DEVOIRS ÉCRITS.

1. *Remplacer les points par le son* è *bien orthographié.*

Je parais, je paraîtrai, tu comparaîtrais, il comparais-sait, il disparaissait, nous disparaîtrions, tu séparais, tu apparais, il apparaît, il apparaîtra.

Archipel, baie ou golfe, crête, déblai, frontière, terre glaise, grève, hémisphère, jet-d'eau, lisière, marais, ouest, poussière, quai de rivière, septentrion, sommet, sphère, la forêt, la mer, la mère, le maire, plaine immense, pleine lune, fougère, fraises fraîches, frêne, bois de haute futaie, genet, une haie de groseilliers, trois hectares, herbe, herse, ivraie, luzerne, hêtre touffu, métairie, navet, œillette, pécher, pelle, perche, asperge, bêche, bêlement, bruyère, cep, châtaignier, un chêne, une chaîne, un chènevis, civière, crèche, cresson, cyprès, domaine, engrais, fève, prairie, raifort, seigle, sève, trèfle, volière, bluet, bouquet, œillet, serpolet, muguet.

2. *Conjuguer le verbe* peindre *au singulier de tous les temps.*

3. *Analyser :* Tout passe, et après le peu de jours de cette vie mortelle, viendra l'éternité.

Modèle: *Tout,* pron. indéf. 3e pers. masc. sing. sujet de *passe;*... *après,* préposition qui fait rapporter *peu* à *viendra; le,* art. simpl. masc. sing. dét. *peu; peu,* adverbe, employé ici comme nom, masc. sing. compl. ind. de *viendra; de,* préposition qui fait rapporter *jours* à *peu; jours;* n. comm. masc. pl. compl. détermi-natif de *peu;*... *vie,* n. comm. fém. sing. compl. déterminatif de *jours;*... *éternité,* n. comm. fém. sing. sujet de *viendra.*

171ᵉ LEÇON.

Espèces de verbes et verbes transitifs (Gr. nᵒˢ 91, 92, 126 et 127).

EXERCICE ORAL.

1. Les élèves conjugueront aux temps que le maître désignera un des verbes *voir, regarder, considérer...* et inventeront pour chaque forme un complément direct.

Modèle : Je vois une carte, tu vois le tableau...
2. Ils analyseront les deux vers suivants :

TEXTE D'ANALYSE :

Du pauvre qui vous doit n'augmentez pas les maux,
Payez à l'ouvrier le prix de ses travaux.

DICTÉE.

PRIX DE LA SANTÉ.

Nous sommes imprudents, et nous *exposons* notre santé par nos imprévoyances ou nos excès, souvent parce que nous ne réfléchissons pas assez à toutes les conséquences de la maladie. Nous ne parlons pas ici des souffrances qu'elle *occasionne*; il est évident qu'après avoir été brisé par la maladie, le corps *a* beau guérir, ce n'est qu'une machine raccommodée, qui ne *peut retrouver* sa solidité; mais c'est là le moindre inconvénient. A-t-on *calculé* ce qu'une maladie, appelée par notre faute, *pouvait produire* de tristes résultats? Perte de temps, et, par suite, renversement de nos projets, espérances trompées, chagrins et fatigues pour nos proches, et pour eux-mêmes aussi maladies et infirmités. On ne *devrait* jamais *oublier* que s'exposer imprudemment à la maladie, c'est *faire* des avances au malheur. De tous les capitaux dont nous *avons* la disposition sur la terre, la santé est celui que nous *devrions* le plus *ménager*; si nous le *plaçons* à fonds perdus chez les vices, ceux-ci nous en *payeront* l'intérêt en infirmités et en soucis.   (*Magasin pittoresque*).

DEVOIRS ÉCRITS.

1. *Les élèves conjugueront aux temps simples le verbe* prendre, *en employant successivement pour compléments directs les noms ci-après.* (Tous ces noms doivent être mis au pluriel et précédés de l'article partitif.)

Anchois, anguille, carpillon, goujon, hareng, sardine; — poisson, saumon, tanche, thon, truite, dauphin; — écrevisse, grenouille, tortue, sarcelle, faisan, pintade; — capricorne, cigale, essaim d'abeilles, hanneton, papillon, sauterelle; — raie, brochet, morue, crocodile, écureuil, marmotte; — caille, geai, grive; — bécasse, canari, chardonneret, étourneau, héron, hirondelle; — ortolan, passereau, roitelet, loriot, bouvreuil, merle.

Modèle : Je prends des anchois, tu prends des anguilles, il prend des carpillons, nous prenons des goujons, vous prenez des harengs, ils prennent des sardines. — Je prenais des poissons, tu prenais des saumons... — Je pris des écrevisses, tu pris des grenouilles... — Je prendrai des capricornes, tu prendras des cigales... — Je prendrais des raies, tu prendrais des brochets... — Prends des cailles, prenons des geais, prenez des grives. — Que je prenne des bécasses... — Que je prisse des ortolans...

2. *Ils conjugueront le verbe tuer aux temps indiqués, en employant les compléments ci-après, qui demeurent au nombre où ils sont.* — *Passé indét.* Vipère, salamandre, crapaud, crocodile, requin, baleine. — *Plus-que-parfait.* Hibou, chat-huant, chouette, chauves-souris, buse, pies-grièches. — *Futur ant.* Sanglier, serpent, boa, couleuvre, orang-outang, autruche. — *Condit.* 1ᵉʳ *passé.* Cerf, faon, biche, gazelle, des chamois, sanglier. — 2ᵉ *passé.* Lapin, lièvre, levrauts, lapereaux, castor, fouines. — *Impératif pr.* Ces guêpes, ces frelons, ces taons.

Modèle : J'ai tué une vipère, tu as tué une salamandre, il a tué un crapaud, nous avons tué un crocodile, vous avez tué un requin, ils ont tué une baleine. — J'avais tué un hibou, tu avais tué un chat-huant, il avait tué une chouette, nous avions tué des chauves-souris, vous aviez tué une buse, ils avaient tué des pies-grièches. —J'aurai tué un sanglier... — J'aurais tué un cerf... — J'eusse tué un lapin... — Tue ces guêpes, tuons ces frelons, tuez ces taons.

3. *Analyser:* Supportez les autres, si vous voulez qu'on vous supporte.

Modèle : *Supportez*, v. transitif 1ʳᵉ conjug. au pr. de l'impératif 2ᵉ pers. du pl.; *les autres,* pron. indéf. 3ᵉ pers. masc. pl. compl. direct de *supportez; si,* conjonction qui fait rapporter la 2ᵉ proposition à la 1ʳᵉ; *vous,* pron. pers. 2ᵉ pers. masc. pl. sujet de *voulez; voulez,* verbe transitif 3ᵉ conjug. pr. de l'ind. 2ᵉ pers. du pl.; *que,* conjonction qui fait rapporter à *voulez* la proposition qui en est le complément direct...

172ᵉ LEÇON.

Verbes intransitifs (Gr. nᵒˢ 131 à 134).

EXERCICE ORAL.

1. Les élèves conjugueront en entier les verbes *apparaître, souffrir, venir...*

2. Ils analyseront la phrase suivante :

Texte d'analyse : Je viens solliciter en faveur d'un malheureux qui souffre beaucoup.

Modèle :... *viens,* verbe intransitif 2ᵉ conj. au pr. de l'ind. 1ʳᵉ p. du sing.; *solliciter,* verbe intransitif 1ʳᵉ conj. au pr. de l'infinitif complément indirect de *viens* (la préposition *pour* est sous-entendue : « Je viens pour solliciter...».), *en,* préposition qui fait rapporter *faveur* à *solliciter; faveur,* n. comm. fém. sing. compl. ind. de *solliciter; d'* ou *de,* préposition qui fait rapporter *malheureux* à *faveur* (on peut analyser aussi *en faveur de,* locution prépositive)... *souffre,* verbe intransitif 2ᵉ conjug. pr. de l'indicatif 3ᵉ pers. du sing.; *beaucoup,* adverbe qui modifie *souffre.*

DICTÉE.

LES TROIS AMIS.

Un homme avait trois amis; deux lui étaient surtout très-chers; le troisième lui était indifférent, quoique celui-ci lui portât un sincère attachement. Un jour il fut appelé en justice. « Qui de vous, dit-il à ses amis, veut *venir* avec moi et *témoigner* en ma faveur? car une grande accusation *pèse* sur moi. » Le premier de ses amis s'excusa à l'instant de ne pouvoir l'accompagner, étant retenu par d'autres affaires. Le second le suivit jusqu'aux portes du palais de justice; là, il s'arrêta et *retourna* sur ses pas. Le troisième, sur lequel il *avait* le moins *compté*, *entra*, *parla* en sa faveur, et *témoigna* de son innocence avec tant de conviction, que le juge le renvoya absous.

L'homme a trois amis en ce monde : comment se comportent-ils à l'heure de la mort, lorsque Dieu l'appelle à son tribunal? L'argent, son ami chéri, le délaisse d'abord, et ne *va* pas avec lui. Ses parents et ses amis le suivent jusqu'aux portes du tombeau, et *retournent* dans leurs demeures. Le troisième l'accompagne jusqu'au trône du souverain Juge : ce sont ses bonnes œuvres; elles le précèdent, *parlent* en sa faveur, et le justifient, si elles sont nombreuses, et si elles ont été faites par de bons motifs.

(Magasin pittoresque.)

DEVOIRS ÉCRITS.

1. *Les élèves conjugueront le verbe* revenir *aux temps composés, en employant les compléments, les modificatifs ou les attributs donnés.*

Passé ind. : De la chasse, de la pêche, de l'exercice, du siége, du combat, de la bataille; — *Passé ant.* : de la colonie, des Indes, de la Guadeloupe, de la Martinique, d'Alger, d'Oran; — *Plus-que-parfait* : Promptement vers vous, habilement sur les pas, courageusement au combat, à l'heure prescrite, trop tard, assez tôt; — *Futur ant.* : Avant la pluie, avant moi, ici, près de vous, vers moi, au village.

CONDITIONNEL 1er *passé* : Sain et sauf, malade, dénué, seuls, accompagnés, enchaînés; — 2e *passé* : Gai et heureux, fatigué, joyeux, contents, inquiets, satisfaits.

Futur ant. de l'impératif : Le premier, dans une heure, au plus tôt.

SUBJONCTIF *passé* : Vous prier, le supplier, le solliciter, les presser, nous inviter, vous demander; — *Plus-que-parfait* : De mon voyage, de ton pèlerinage, de son tour de France, de notre maison de campagne, de votre magasin, de leur entrepôt.

MODÈLE : *Passé ind.* : Je suis revenu de la chasse, tu es revenu de la pêche, il est revenu de l'exercice, nous sommes revenus du siége, vous êtes revenus du combat, ils sont revenus de la bataille. — *Passé ant.* : Je fus revenu de la colonie, tu fus revenu des Indes... — *Plus-que-parfait* : J'étais revenu promptement vers vous, tu étais revenu habilement... — *Futur ant.* : Je serai revenu avant la pluie, tu seras revenu avant moi...

CONDITIONNEL 1er *passé* : Je serais revenu sain et sauf, tu serais revenu malade... — 2e *passé* : Je fusse revenu gai et heureux, tu fusses revenu fatigué...

Futur ant. de l'impératif : Sois revenu le premier, soyons revenus dans une heure, soyez revenus au plus tôt.

SUBJONCTIF *passé* : Que je sois revenu vous prier, que tu sois revenu le supplier... — *Plus-que-parfait* : Que je fusse revenu de mon voyage, que tu fusses revenu de ton pèlerinage...

2. *Ils conjugueront les verbes* aller *et* venir *aux temps simples, en changeant de verbe à chaque nombre.*

MODÈLE : Je vais, tu vas, il va, nous venons, vous venez, ils viennent. — J'allais... nous venions...

3. *Ils analyseront :* La valeur suppléée au nombre.

<h3 align="center">173e LEÇON.</h3>

Verbes pronominaux ou réfléchis (Gr. nos 134 et 135).

EXERCICE ORAL.

1. Les élèves conjugueront aux temps que le maître indiquera *encourager son ami, exciter ses compagnons à bien faire, consoler un affligé...*

2. Ils conjugueront pronominalement les verbes *encourager, exciter à bien faire, consoler.*

MODÈLE : Je m'encourage, tu t'encourages... Je m'excite à bien faire... Je me console, tu te consoles...

3. Ils analyseront la phrase suivante :

TEXTE D'ANALYSE : Tu te vengeras noblement, si tu pardonnes généreusement.

DICTÉE.

TURENNE VEILLÉ PAR SES SOLDATS.

Les soldats de Turenne le respectaient et le chérissaient comme un père. Un jour que l'armée, par un froid rigoureux, traversait un étroit défilé entre des montagnes escarpées, le maréchal, épuisé de veilles et de fatigues, s'*était couché* auprès d'un buisson pour dormir. Quelques soldats, voyant que la neige tombait en abondance, coupèrent des branches d'arbre pour former autour de lui une hutte qu'ils couvrirent de leurs manteaux. Turenne se *réveilla* dans le temps qu'ils s'*empressaient* ainsi à le garantir des injures de l'air, et leur demanda à quoi ils s'*amusaient* au lieu de marcher ? « Nous voulons, dirent-ils, conserver notre père ; c'est notre devoir le plus cher et le plus sacré. »

Phrases détachées : Je m'*encourageais* à bien faire. Je t'en-

courageais à bien travailler. Tu te *consoles* facilement. Tu me
consoles par ta présence. Je ne m'*ennuie* jamais avec toi. Tu t'*a-
percevras* bientôt de ton erreur.

DEVOIRS ÉCRITS.

1. *Les élèves transcriront le texte suivant, en mettant au
singulier le nom* homme, *ainsi que les mots qui s'y rapportent.*

Les hommes jetant les yeux sur les misères de la vie,
gémissent, s'affligent, se plaignent, déplorent leur malheureux sort : ils prétendent que les maux surpassent les biens
dont ils jouissent, que les afflictions remplissent le cours de
la vie, et que le bonheur n'y apparaît que rarement; mais s'ils
réfléchissaient, ils verraient que tout y est réglé pour le
bien général des différents peuples qui habitent le globe, que
ce qui nuit aux uns est nécessaire aux autres, et réciproquement; ils comprendraient qu'ils doivent adorer en toutes
choses les desseins de Dieu et se soumettre à ses ordres.

Modèle : L'homme jetant les yeux sur... gémit, s'aflige, se
plaint, déplore son malheureux sort : il prétend que les maux
surpassent les biens dont il jouit, que les afflictions...; mais s'il
réfléchissait il verrait... il doit adorer en toutes choses les desseins
de Dieu et se soumettre à ses ordres.

2. *Ils conjugueront* s'endetter *et* s'enrichir *au mode indicatif, en changeant de verbe à chaque nombre.*

Modèle : Je m'endette, tu t'endettes, il s'endette; nous nous
enrichissons, vous vous enrichissez, ils s'enrichissent. — Je
m'endettais,... nous nous enrichissions... — Je m'endettai... nous
nous enrichîmes... — Je me suis endetté... nous nous sommes
enrichis... — Je me fus endetté... nous nous fûmes enrichis...

3. *Ils les conjugueront de la même manière aux modes
conditionnel, impératif et subjonctif, mais en supposant les
sujets du féminin.*

Modèle : Je m'endetterais, tu t'endetterais, elle s'endetterait,
nous nous enrichirions, vous vous enrichiriez, elles s'enrichi-
raient. — Je me serais endettée... nous nous serions enrichies... —
Je me fusse endettée... nous nous fussions enrichies... — En-
dette-toi... — Que je m'endette...

4. *Ils analyseront :* L'homme s'agite, et Dieu le mène.

Modèle : ... s' ou se, pron. pers. 3ᵉ pers. masc. sing. compl.
direct de *agite; agite,* v. réfléchi 1ʳᵉ conjug. pr. de l'indicatif
3ᵉ pers. du sing.; *et,* conjonction qui lie deux propositions...

174e LEÇON.

Verbes unipersonnels (Gr. nos 136 et 137).

EXERCICE ORAL.

1. Les élèves réciteront en entier les verbes *neiger*, *pleuvoir*, *grêler*.

2. Ils traduiront par l'unipersonnel : « Deux heures sont, *il est deux heures*. — Quelques voyageurs sont arrivés, *il est arrivé quelques voyageurs*. — Un malheur arriverait, *il arriverait un malheur*. — Qu'on m'a trompé, cela est évident, *il est évident qu'on m'a trompé*. »

3. Ils analyseront la phrase suivante :

TEXTE D'ANALYSE : Il n'est pas un secret que le temps ne révèle.

MODÈLE : *Il*, pronom indéfini sujet de *est*, ayant pour explicatif *un secret* (ou bien : *il*, pron. indéf. sujet apparent de *est*); *ne pas*, adverbe de négation modifie *est*; *est*, verbe unipersonnel 4e conj. pr. de l'indicatif; *un*, adj. numéral masc. sing. détermine *secret*; *secret*, n. comm. masc. sing. explicatif de *il* (ou bien sujet réel de *est*); *que*, pron. conjonctif 3e pers. masc. sing. compl. direct de *révèle*...

DICTÉE.

LA CHENILLE ET LE PAPILLON.

« Qu'il *est* des êtres disgrâciés de la nature ! s'écriait un brillant et léger papillon en considérant une affreuse chenille qui se cachait sous le feuillage; pour moi, je serais bien honteux, si j'avais le malheur de ne pouvoir voler et d'être si laid. » La chenille, qui l'avait écouté sans l'interrompre, lui répondit : « Parce qu'il te *convient* d'oublier ton origine, crois-tu que personne ne puisse te la rappeler ? Ta mère était sœur de la mienne; elle rivalisait de laideur avec les plus laides de notre espèce; toi-même tu as longtemps végété sous cette livrée, qui te paraît si méprisable; tes enfants la porteront à leur tour. Maintenant que tu es remis à ta place, apprends qu'il *faut* être aussi sot qu'ingrat pour renier sa famille. »   (BOULANGER.)

DEVOIRS ÉCRITS.

1. *Les élèves rendront les pensées suivantes en employant la forme impersonnelle.*

De tomber cela arrive à tous les hommes; mais de se relever promptement, cela n'arrive qu'à ceux qui ont du cœur. — Que l'impiété et la sottise sont sœurs, cela est incontestable. — Que nous nous mortifiions, cela est nécessaire. — Des bruits étranges circulent. — Des temps malheureux viendront. — S'associer à des méchants est toujours nuisible. — Contenter tout le monde est impossible. — Avoir un censeur de ta conduite te serait très-utile. — Souffrir avec patience est nécessaire, si l'on veut être récompensé un jour. — De porter un habit d'une condition plus élevée que la vôtre, ne vous sied pas. — M'habiller ainsi me plaît. — Vous vêtir comme un mendiant devrait donc vous plaire aussi. — Me glorifier ne m'est pas permis.

MODÈLE : Il arrive à tous les hommes de tomber; mais il n'arrive qu'à ceux qui ont du cœur de se relever promptement. — Il est incontestable que l'impiété et la sottise sont sœurs. — Il est nécessaire que nous nous mortifiions. — Il circule des bruits étranges. — Il viendra des temps malheureux. — Il est toujours nuisible de s'associer à des méchants. — Il est impossible de contenter tout le monde. — Il te serait très-utile d'avoir... — Il est nécessaire de souffrir... — Il ne vous sied pas de porter... — Il me plaît de m'habiller ainsi. — Il devrait donc vous plaire aussi de vous vêtir comme un mendiant. — Il ne m'est pas permis de me glorifier.

2. *Ils conjugueront en entier le verbe* geler.

3. *Ils conjugueront le verbe* avoir *unipersonnellement, en le faisant précéder de l'y et employant pour explicatifs du sujet les noms suivants :*

Verglas, tempête, ouragan, ondée, orage, giboulée, grêle, givre, brouillards, avalanche, dégel, éclairs, tourbillons, trombe, douce température.

MODÈLE : Il y a du verglas, il y avait une tempête, il y eut un ouragan, il y a eu une ondée, il y eut eu un orage, il y avait eu une giboulée, il y aura de la grêle, il y aura eu du givre, il y aurait des brouillards, il y aurait eu une avalanche, il y eût eu un dégel, qu'il y ait des éclairs, qu'il y eût des tourbillons, qu'il y ait eu une trombe, qu'il y eût eu une douce température.

4. *Ils analyseront :* Il vous est permis de n'être pas des aigles, mais il faut avoir du bon sens.

MODÈLE : *Il*, pron. indéf. sujet de *est permis* (ou sujet apparent);... *est*, verbe unipers. 4ᵉ conjug. pr. de l'ind.; *permis*, participe adjectif masc. sing. attribut de *il*; *de*, préposition; *ne pas*, adverbe qui modifie *être*; *être*, verbe substantif 4ᵉ conjug. pr. de l'inf. explicatif de *il* (ou sujet réel de *est permis*); *des*, article partitif masc. pl. dét. *aigles*; *aigles*, n. comm. masc. pl. attribut de *vous*; *mais*, conjonction liant deux propositions...

175° LEÇON.

Récapitulation sur les espèces de verbes.

EXERCICE ORAL.

1. Les élèves conjugueront aux temps que le maître indiquera : 1° *présenter un employé*, 2° *bien présenter*, 3° *se présenter à son colonel*, 4° *se présenter* (avec la tournure impersonnelle, en prenant pour explicatif du sujet *un ouvrier*).

MODÈLE : 1° Je présente un employé, tu présentes un employé, il... (le verbe est donc transitif). 2° Je présente bien, tu pré-

sentes bien... (intransitif). 3° Je me présente, tu te présentes...
(pronominal). 4° Il se présente un ouvrier, il s'est présenté...
(unipersonnel et aussi pronominal).

2. Ils analyseront dans la phrase suivante les mots qui ne sont
pas en italique.

TEXTE D'ANALYSE: Il est *plus* aisé *de* se taire *qu'il n'est
aisé* de ne pas trop parler.

MODÈLE: *Il*, pron. indéf. sujet de *est aisé* (ou sujet apparent); *est*,
verbe unipers. 4e conj. pr. de l'indicatif; *aisé*, adj. qual. masc.
sing. attribut de *il*; *se*, pron. pers. 3e pers. masc. sing. compl.
direct de *taire*; *taire*, verbe pronominal 4e conjug. pr. de l'inf.
explicatif de *il* (ou sujet réel de *est aisé*); *ne pas*, adverbe qui
modifie *parler*; *trop*, adverbe qui modifie *parler*; *parler*, verbe
intransitif 1re conjug. pr. de l'inf. explicatif de *il* (ou sujet réel
de *est aisé*).

COMPOSITION.

A. *Les élèves souligneront les verbes transitifs:*

Souvent nous *exposons* notre santé par notre imprévoyance et
nos excès. Vous guérirez, mais vous n'*aurez* jamais la force que
vous *aviez*. L'argent, l'ami chéri de l'homme, le *délaisse* le premier, et à la mort ne va pas avec lui; ses vertus seules l'*accompagnent* et parlent en sa faveur. Les soldats de Turenne le *respectaient* et le *chérissaient* comme un père. Qu'il est des êtres
disgraciés de la nature, s'écriaient ensemble deux papillons en
considérant une chenille qui rampait sur le gazon. Il y a eu une
affreuse tempête.

B. *Ils traduiront par la forme unipersonnelle:*

Que l'impiété et la sottise sont sœurs, cela est incontestable.
D'être averti de mes fautes me serait très-utile.

MODÈLE: Il est incontestable que l'impiété... Il me serait très-
utile d'être averti de mes fautes.

C. *Ils changeront le nombre des sujets et des verbes:*

Nous pêchons des harengs. J'ai pris des raies et des anguilles.
Nous reviendrons de la chasse à midi. Vous seriez revenus de
classe bien plus tôt si vous l'aviez voulu. Nous eussions tué un
faon et une biche. L'homme sans foi s'afflige et déplore sa destinée.

MODÈLE: Je pêche des harengs. Nous avons pris des raies et
des anguilles. Je reviendrai... Tu serais revenu... si tu l'avais
voulu. J'eusse tué... Les hommes sans foi s'affligent et déplorent
leur destinée.

D. *Ils écriront le verbe*

Aller, *au sing. du passé déterminé;*

Venir, *au présent de l'indicatif;*

S'endetter, *au 2e passé du conditionnel, sujets féminins;*

Tonner, *au mode subjonctif.*

MODÈLE: J'allai, tu allas, il alla. — Je viens, tu viens, il vient,
nous venons, vous venez, ils viennent. — Je me fusse endettée,
tu te fusses endettée, elle se fût endettée... — Qu'il tonne, qu'il
tonnât, qu'il ait tonné, qu'il eût tonné.

DEVOIRS ÉCRITS.

1. *Remplacer les points par le son* an, *bien orthographié.*

Embarras, emplâtre, gangrène, langueur, lenteur, manchot, potence, renvoi, répréhension, réprimande, sanglot, absence, abstinence, aisance, apparence, apprentissage, assistance, augmentation, aventure, consistance, convenance, calembourg, décadence, danger, défense, démembrement, dépendance, dépense, différence, dimension, élan, emploi, entaille, envahissement, expédient, fragment, harangue, influence, lamentation, néant, nomenclature, opulence, penchant, permanence, plaisanterie, plan tracé, préférence, présence, ordonnance, présidence, prévention, propension, rançon, rencontre, renfort, renseignement, résistance, ressemblance, revanche, roman, sentence, serment, splendeur, substance, tendresse, tentative, transition, trempe, véhémence, vraisemblance, emblème.

2. *Conjuguer* défendre, empêcher, condamner, s'arrêter, s'installer, s'envoler, *à tous les temps des modes* 2 *et* 3, *et en changeant constamment de verbe.*

Modèle : 2 Je défends, tu empêches, il condamne, nous nous arrêtons, vous vous installez, ils s'envolent. — Je défendais... 3 Je défendrais, tu empêcherais...

3. *Analyser:* Il est des jeunes gens qui ne grandissent plus après la quatorzième année.

176e LEÇON.

De l'interrogatif (Gr. n° 140).

EXERCICE ORAL.

1. Les élèves conjugueront interrogativement *savoir sa destinée, étudier sa leçon, prier avec attention.*

Modèle : Sais-je ma destinée? Sais-tu ta destinée? Sait-il sa destinée? Savons-nous notre destinée?...

2. Ils analyseront la phrase suivante :

Texte d'analyse : De quoi me glorifierais-je ? Qu'ai-je qui m'appartienne?

Modèle : *De*, préposition qui fait rapporter *quoi* à *glorifierais*; *quoi*, pron. indéf. 3e pers. masc. sing. compl. ind. de *glorifierais*; *me*, pron. pers. 1re pers. masc. sing. compl. direct de *glorifierais*; *glorifierais*, verbe pron. 1re conj. prés. du condit. 1re pers. du sing.; *je*, pron. pers. 1re pers. masc. sing. sujet de *glorifierais*; *qu'* ou *que*, pron. indéf. 3e pers. masc. sing. compl. direct de *ai*...; *qui*, pron. conj. 3e pers. masc. sing. sujet de *appartienne*...

DICTÉE.

APRÈS LE JEU.

Tu as bien joué, et te voici las. Qu'as-tu fait pendant cette soirée? Tous les êtres ont accompli leur destinée : les oiseaux se taisent; l'abeille ne murmure plus; le soleil glisse en se perdant au sommet de l'arbre, au sommet du clocher; la colombe a fui sous son ombrage; les feuilles épaisses cachent les nids qu'elles abritent; voici le crépuscule. Enfant, qu'as-tu fait de ta journée, de ta soirée? Que vas-tu dire à ta mère quand tu reviendras près d'elle? Ce que ta petite voix lui avait promis ce matin, l'as-tu fait? As-tu prié Dieu? as-tu pardonné? ton camarade a-t-il reçu de toi d'heureuses paroles? Va, une soirée arrivera, la soirée du grand jour : tu seras las encore, mais non d'avoir trop joué! Ton corps pliera, tes yeux se fermeront comme aujourd'hui. Dieu veuille qu'alors ton front soit pur comme maintenant, pur de tout péché! Quel compte auras-tu à rendre de ta journée à la soirée de tes jours?　　　　　(*Magasin pittoresque.*)

DEVOIRS ÉCRITS.

1. *Les élèves traduiront par l'interrogatif:*

Il pleut. Il tonne. Il grêle. Il est tombé du grésil. L'aquilon souffle. L'arc-en-ciel paraîtra. La bise s'apaisait. La brume est malsaine. Tu crains les frimas. La gelée blanche nuira aux vignes. La girouette est dirigée vers l'est. La glace se rompt. Les grêlons étaient d'un poids considérable. Le vent chasse les nuées. Les nouveaux almanachs se sont bien vendus. Il y a beaucoup de savants astronomes. Il y a plusieurs calendriers. Le peintre a doré mon cadran. Le deux décembre est une date célèbre. Il y aura une éclipse au mois d'août. Tu as récité la deuxième époque de l'histoire sainte. Le garçon a eu des étrennes. Le délai aura expiré. Minuit sonnera bientôt. On a commencé une neuvaine. La période est écoulée. On nous obligera à faire la quarantaine. Le maître nous parlera des satellites de certaines planètes.

MODÈLE : Pleut-il? Tonne-t-il? Grêle-t-il? Est-il tombé du grésil? L'aquilon souffle-t-il? L'arc-en-ciel paraîtra-t-il? La bise s'apaisait-elle? La brume est-elle malsaine? Crains-tu les frimas? La gelée blanche nuira-t-elle aux vignes? La girouette est-elle dirigée vers l'est? La glace se rompt-elle? Les grêlons étaient-ils..? Le vent chasse-t-il...? Les nouveaux almanachs se sont-ils bien vendus? Y a-t-il beaucoup de savants astronomes?...

2. *Ils détruiront la forme interrogative dans:*

Le semestre est-il terminé? Est-ce aujourd'hui la veille de la Transfiguration? Les insectes tels que les puces, les punaises ou les mouches, sont-ils dignes de fixer l'attention du naturaliste? L'ivoire est-il bien cher? Avez-vous un bon lévrier? Un limaçon ou une limace peut-elle être un·objet d'étude? La carpe a-t-elle de fortes nageoires? Le pélican est-il un oiseau pêcheur? Ce nid est-il bien caché? La nichée a-t-elle réussi? L'éléphant est-il le plus puissant des quadrupèdes? Cham fut-il la tige d'une race maudite? Le repaire des faux monnayeurs a-t-il été découvert?

MODÈLE : Le semestre est terminé. C'est aujourd'hui la veille de la Transfiguration. Les insectes... sont dignes de fixer l'attention du naturaliste. L'ivoire est bien cher...

3. *Ils conjugueront à l'interrogatif* réunir *et se* réunir, *en changeant de verbe à chaque nombre.*

MODÈLE : Réunis-je? Réunis-tu? Réunit-il? Nous réunissons-nous?... — Réunissais-je?.. — Réunis-je?.. — Ai-je réuni? As-tu réuni? A-t-il réuni? Nous sommes-nous réunis? Vous êtes-vous réunis? Se sont-ils réunis?...

4. *Ils analyseront :* Si tu fais le bien, n'en seras-tu pas récompensé?

177e LEÇON.

Interrogatif (Gr. n° 140).

EXERCICE ORAL.

1. Les élèves traduiront par l'interrogatif uni à l'adverbe *ne pas* les pensées suivantes : « Je suis le Seigneur votre Dieu. — Je puis faire ce qu'il me plaît. — J'ai créé cet univers. — Je puis d'un mot tout anéantir... »

MODÈLE : Ne suis-je pas le Seigneur votre Dieu? Ne puis-je pas faire ce qu'il me plaît? N'ai-je pas créé cet univers? Ne puis-je pas d'un mot tout anéantir?

2. Ils analyseront les propositions suivantes :

TEXTE D'ANALYSE : D'où viens-je? Où suis-je? Où vais-je?

MODÈLE : *D'* ou *de*, préposition faisant rapporter *où* à *viens; où*, pron. indéf. 3e pers. masc. sing. compl. ind. de *viens ; viens*, verbe intransitif, 2e conj. au prés. de l'ind. 1re pers. du sing. ; *je*, pron. pers. 1re pers. masc. sing. sujet de *viens; où*, pron. indéf. 3e pers. masc. sing. compl. ind. de *suis...*

DICTÉE.

INTERROGATIONS DE DIEU A JOB.

Je t'interrogerai, dit Dieu à Job, et tu me répondras. Où étais-tu quand je jetai les fondements de la terre? Sais-tu qui en a réglé toutes les mesures? Nous diras-tu sur quoi ses bases sont affermies et qui en a posé la pierre angulaire? Sais-tu qui a mis des digues à la mer pour la tenir enfermée? Je l'ai resserrée dans les bornes que je lui ai marquées, j'y ai mis des barrières qu'elle ne forcera pas, et je lui ai dit : Tu viendras jusque-là, et là tu briseras l'orgueil de tes flots. Est-ce toi qui as ordonné à l'étoile du matin d'annoncer l'approche du jour? Sais-tu l'ordre et le mouvement des cieux? Commanderas-tu aux tonnerres? et partiront-ils dans l'instant? Puis reviendront-ils en disant : Nous avons exécuté vos ordres; nous voici prêts à en recevoir de nouveaux?

DEVOIRS ÉCRITS.

1. *Les élèves rendront par la forme interrogative, unie à l'adverbe de négation, les mêmes pensées que ci-dessous :*

Un ver, un vermisseau nous parle de la Providence. Le plongeon est un oiseau aquatique. L'angora est un grand destructeur de souris. L'araignée a, à la tête, d'affreuses tenailles. Le hareng a beaucoup d'arêtes. La fauvette avait déjà donné la becquée à ses petits. L'homme sensuel est comparable à la brute, qui agit par instinct et non par raison. Le chien est carnivore. La tortue a une écaille pour armure. Mon épagneul est joli. Au printemps l'escargot sort de sa coquille. On trouve de petits graviers dans le gésier des canes et des oies. Le grillon a un chant monotone.

Modèle : Un ver, un vermisseau ne nous parle-t-il pas de la Providence? Le plongeon n'est-il pas un oiseau aquatique? L'angora n'est-il pas un grand destructeur de souris? L'araignée n'a-t-elle pas à la tête d'affreuses tenailles? Le hareng n'a-t-il pas beaucoup d'arêtes? La fauvette n'avait-elle pas déjà donné la becquée à ses petits? L'homme sensuel n'est-il pas comparable à la brute, qui agit par instinct et non par raison?...

2. *Ils feront l'exercice inverse sur les phrases suivantes :*

Le joug de Jésus-Christ n'est-il pas doux et son fardeau léger? Le chêne n'a-t-il pas de profondes racines et de nombreux rejetons? Nos ancêtres ne se nourrissaient-ils pas de glands? Ne cultive-t-on pas la garance dans le Midi? Les druides ne considéraient-ils pas le gui comme une plante sacrée? Le labour n'est-il pas très-pénible? Les caractères susceptibles ne ressemblent-ils pas aux orties qui blessent celui qui les touche? N'est-il pas trop dispendieux d'arroser votre métairie par irrigation? Ne faut-il pas couper aux poiriers quelques pousses ou quelques scions lorsqu'ils en ont trop. Notre récolte ne fut-elle pas abondante? Ne considère-t-on pas le réglisse comme une plante médicinale? La résine ne suinte-t-elle pas de l'écorce des végétaux?

Modèle : Le joug de Jésus-Christ est doux et son fardeau léger. Le chêne a de profondes racines et de nombreux rejetons. Nos ancêtres se nourrissaient de glands. On cultive la garance dans le Midi. Les druides considéraient le gui... Le labour est très-pénible... Il est trop dispendieux... Il faut couper...

3. *Ils conjugueront à l'interrogatif le verbe* avoir.

4. *Ils analyseront* : La table n'a-t-elle pas tué *plus* d'hommes que la guerre (*sous-entendu* n'en a tué)?

MODÈLE :... *ne pas*, adverbe qui modifie *a tué*; *a tué*, verbe transitif 1ʳᵉ conj. mode indicatif passé ind. 3ᵉ pers. du sing.; *t* lettre euphonique; *elle*, pron. pers. 3ᵉ pers. fém. sing. sujet de *a tué*, répété pour la forme interrogative; *hommes*, n. comm. masc. pl. compl. direct de *a tué*; *la*, art. s. fém. sing. dét. *guerre*; *guerre*, n. comm. fém. sing. compl. direct de *a tué* sous-entendu.

<h3 align="center">178ᵉ LEÇON.</h3>

De l'actif et du passif (Gr. nᵒˢ 128 à 130).

EXERCICE ORAL.

1. Les élèves analyseront les propositions suivantes :

TEXTE D'ANALYSE : Le remords suit toujours la faute. — Toujours la faute est suivie du remords.

Le professeur fera remarquer que la première proposition est à l'actif, parce que le sujet *remords* fait l'action de suivre; tandis que la seconde est au passif, parce que le sujet *faute* souffre l'action et ne la fait pas.

2. Ils traduiront au passif : « Les soldats ont envahi la province. — Les voleurs avaient coupé la bride de mon cheval. — Les méchants même approuvent les actions vertueuses... »

MODÈLE : La province a été envahie par les soldats. — La bride de mon cheval avait été coupée par les voleurs. — Les actions vertueuses sont approuvées des méchants même.

3. Ils traduiront à l'actif : « La quête a été faite par les confrères du rosaire. — Mon poêle a été brisé. — Alphonse et Léon sont très-aimés de leur père... »

MODÈLE : Les confrères du rosaire ont fait la quête. — On a brisé mon poêle. — Le père d'Alphonse et de Léon les aime beaucoup.

DICTÉE.

Le remords SUIT toujours une mauvaise action. Toujours une mauvaise action *est suivie* du remords. — Toutes les créatures LOUENT le Seigneur. Le Seigneur *est loué* par toutes les créatures. — La charité COUVRE les fautes. Les fautes *sont couvertes* par la charité. — La candeur MARQUE l'innocence. L'innocence *est marquée* par la candeur. — La clémence ENCHAÎNE les cœurs par des liens qui ne se rompent que rarement. Les cœurs *sont enchaînés* par la clémence avec des liens qui ne se rompent que rarement. — Ton bonheur te TROMPA. Tu *fus trompé* par ton bonheur. — Nos alliés nous TRAHISSENT. Nous *sommes trahis* par nos alliés. — Ceux que vous SOULAGEREZ vous BÉNIRONT. Vous *serez bénis* de ceux que vous AUREZ SOULAGÉS. — Le Seigneur AIME la miséricorde et la justice; la terre *est remplie* de ses bienfaits. La miséricorde et la justice *sont aimées* du Seigneur; ses bienfaits REMPLISSENT la terre.

1. *Traduire par l'actif :*

Toujours mes parents seront chéris de moi. — Mes ouvriers seront payés du prix de leurs travaux. — Un service rendu ne doit pas être rappelé par vous. — La religion sera aimée de moi et ses enseignements respectés. — L'impiété doit être par vous détestée, ainsi que ses dogmes trompeurs ; car par eux l'esprit est séduit et les mœurs corrompues. — L'indigent sera soulagé par nous. — Personne ne sera trompé par notre parole. — Notre secret sera gardé par nous. — Vos fautes seront pardonnées de Dieu. — Les défauts d'autrui sont supportés par l'homme patient. — Vos plaisirs doivent être par vous immolés à votre devoir.

Modèle : Toujours je chérirai mes parents. Je payerai à mes ouvriers le prix... Vous ne devez pas rappeler un service rendu. J'aimerai la religion et je respecterai ses enseignements. Vous devez détester l'impiété et ses dogmes trompeurs, car ils séduisent l'esprit et corrompent les mœurs. Nous soulagerons l'indigent. Notre parole ne trompera personne. Nous garderons notre secret. Dieu pardonnera vos fautes. L'homme patient supporte les défauts d'autrui. Vous devez immoler vos plaisirs à votre devoir.

2. *Traduire par le passif* (Le maître n'oubliera pas de faire faire cet exercice de vive voix avant de le donner à écrire).

Un enfant bien élevé reçoit toujours avec respect les conseils d'un vieillard. — Celui qui a reçu un service ne doit jamais l'oublier. — Le bonheur d'autrui rend malheureux l'envieux. — On n'imputera vos fautes qu'à vous seul ; on vous en reprendra et on vous en punira. — Le Seigneur déjouera les complots des impies ; il les dévoilera à la face du monde, et tous les hommes en connaîtront la malice et la méchanceté. — Les créatures manifestent la gloire du Créateur. — Les astronomes ont étudié les mouvements des planètes. — On emploie le tan pour corroyer. — On a brisé le roseau. — On a fait les semailles en temps propice. — On a répandu de l'essence de térébenthine sur le parquet.

Modèle : Les conseils d'un vieillard sont toujours reçus avec respect par un enfant bien élevé. Un service ne doit jamais être oublié par celui qui l'a reçu. L'envieux est rendu malheureux par le bonheur d'autrui. Vos fautes ne seront imputées qu'à vous seul ; vous en serez repris et puni. Par le Seigneur les complots des impies seront déjoués ; ils seront dévoilés à la face du monde, et la malice et la méchanceté en seront connues de tous les hommes. La gloire du Créateur est manifestée par les créatures. Les mouvements des planètes ont été étudiés par les astronomes. Le tan est employé pour corroyer. Le roseau a été brisé. Les semailles ont été faites en temps propice. De l'essence de térébenthine a été répandue sur le parquet.

3. *Analyser :* Souvent j'ai été trompé; mais je n'ai jamais trompé personne.

179ᵉ LEÇON.

Ellipse. — Pléonasme. — Inversion.

EXERCICE ORAL.

Définitions : 1ʳᵉ L'ellipse est la suppression de quelques mots que la grammaire regarderait comme nécessaires : « Le brave se connaît dans le combat; le sage, dans l'épreuve; l'ami, dans le besoin. »

2ᵉ Le pléonasme est la répétition d'une idée ou d'un terme de la proposition : « Je l'ai *vu, vu* de mes propres yeux. »

3ᵉ L'inversion consiste à placer le sujet après le verbe, ou bien les compléments ou les attributs avant les mots auxquels ils se rapportent : « *Heureux,* dit *Jésus-Christ,* est celui qui a faim et soif de la justice. »

Textes d'analyse : 1. Les eaux courantes sont plus saines que les eaux des étangs (ne sont saines).

2. Le soleil, de ses feux, fut-il jamais avare ?

I. M. 1. Les élèves analyseront la 1ʳᵉ phrase, et le maître leur fera remarquer qu'il y a de sous-entendu *ne sont saines.*

2. Ils analyseront la 2ᵉ et le maître leur fera remarquer : 1° l'inversion du nom *feux* placé avant le mot *avare,* dont il est le complément; 2° le pléonasme du pronom *il,* puisque le sujet est déjà exprimé par le nom *soleil.*

DICTÉE.

SENTENCES DIVERSES.

Au chagrin présent il y a toujours remède (inversion du compl. *chagrin*). — Celui qui souffre doit espérer, et celui à qui tout prospère, appréhender des jours mauvais (ellipse du verbe *doit*). — Le plus grand bonheur c'est l'espérance (pléonasme du sujet, qui est exprimé par *bonheur* et par *ce*). — L'un se plaint de manquer de forces, un autre de mémoire, personne de manquer d'esprit (ellipse de *se plaint de manquer* et de *ne se plaint*). — Celui qui rend un service doit l'oublier; celui qui le reçoit, s'en souvenir (ellipse du verbe *doit*).

Riches, êtes-vous devant Dieu plus estimables que le mendiant que vous méprisez? (pléonasme êtes-*vous,* inversion *devant Dieu,* ellipse de *est estimable* après *que vous méprisez*). — O nuit, dis-moi qui t'a donné tes voiles (sous-entendu *le nom de celui*). — Et que me font, à moi, vos jeux et vos spectacles! (pléonasme *me, à moi*).

DEVOIRS ÉCRITS.

1. *Les élèves transcriront les pensées ci-dessous en rétablissant les mots sous-entendus.*

Si vous m'exauciez, Monseigneur, je serais heureuse comme une reine (est heureuse), disait un jour une pauvre femme au jeune Louis XVII. — Comme une reine (est heureuse) ! lui répondit l'enfant; eh mon Dieu! j'en connais une qui pleure presque sans cesse. — Ne jugeons pas les gens d'après leurs paroles ; mais (jugeons-les) d'après leurs actes. — Va, mon fils, sois plus heureux que ton père (a été heureux). — Je ne crains personne autant que (je crains) celui qui ne craint pas Dieu. — Les astres me parlent de la magnificence du souverain Maître, et les fleurs (me parlent) de sa providence et de sa bonté. — Employez ce jour comme (vous l'emploieriez) si c'était le dernier de votre vie. — O mon Dieu! (je demande) que votre volonté soit faite sur la terre comme (elle est faite) au ciel.

2. *Ils rendront les pensées suivantes en détruisant les inversions.*

> De la dépouille de nos bois
> L'automne avait jonché la terre.

Pour le pauvre orphelin aie toujours un asile; qu'en toi le faible trouve son appui, et la veuve son protecteur. — Sion, de ta grandeur il ne nous reste plus rien que la triste mémoire. Quand reverrai-je de tes tours les magnifiques faîtes? Quand reverrai-je de toutes parts tes peuples en chantant des hymnes sacrées accourir à tes fêtes?— Du doux pays de nos aïeux serons-nous toujours exilés?— Dans la vertu seule est la félicité. — De Dieu connaissez le pouvoir, et de ses conseils profonds adorez la sagesse.

> Mer terrible, en ton lit quelle main te resserre?
> Pour forcer ta prison tu fais de vains efforts;
> De tes flots le courroux expire sur tes bords.

Modèle : L'automne avait jonché la terre de la dépouille de nos bois.— Aie toujours un asile pour le pauvre orphelin; que le faible trouve son appui en toi, et la veuve son protecteur.— Sion, il ne nous reste plus que la triste mémoire de ta grandeur. Quand reverrai-je les magnifiques faîtes de tes tours? Quand reverrai-je tes peuples accourir de toutes parts à tes fêtes en chantant des hymnes sacrées? — Serons-nous toujours exilés du doux pays de nos aïeux? — La félicité est dans la vertu seule. — Connaissez le pouvoir de Dieu, et adorez la sagesse de ses conseils profonds. — Mer terrible, quelle main te resserre en ton lit? Tu fais de vains efforts pour forcer ta prison ; le courroux de tes flots expire sur tes bords.

3. *Ils analyseront* : On parle souvent des ténèbres du tombeau, mais trop rarement des rayons qui s'en échappent.

Modèle : ... *Mais*, conj. qui lie les deux premières propositions ; *trop*, adverbe qui modifie *parle* sous-entendu ; *rarement*, adverbe qui modifie *parle* sous-entendu ;... *rayons*, n. comm. masc. pl. compl. ind. de *parle* sous-entendu ; *qui*, pron. conjonctif 3ᵉ pers. masc. pl. sujet de *échappent* ; *s'* ou *se*, pron. pers. 3ᵉ pers. masc. pl. compl. direct de *échappent* ; *en*, pron. pers. 3ᵉ pers. masc. sing. compl. indirect de *échappent* ; *échappent*, verbe pronominal 1ʳᵉ conj. prés. de l'indicatif 3ᵉ pers. du pl.

180ᵉ LEÇON.

Récapitulation des quatre leçons précédentes.

EXERCICE ORAL.

1. Les élèves traduiront par le passif : « On récompensera les élèves studieux. — Une éclatante victoire vengera notre défaite. »

Modèle : Les élèves studieux seront récompensés. Notre défaite sera vengée par une éclatante victoire.

2. Ils analyseront la phrase suivante :

Texte d'analyse : Heureux (est celui) qui a sans cesse devant les yeux le moment de sa mort !

Modèle : *Heureux*, adj. qualif. masc. sing. attribut de *celui* sous-entendu ; *qui*, pron. conj. 3ᵉ pers. masc. sing. sujet de *a* ; *a*, verbe transitif 3ᵉ conj. prés. de l'indicatif 3ᵉ pers. du sing. ; *sans cesse*, locution adverbiale qui modifie *a*...

COMPOSITION.

A. *Traduire par l'interrogatif* :

Tu as fait ce que tu as promis. — Tu as prié Dieu. — Ton camarade a reçu de toi d'heureuses paroles. — L'arc-en-ciel paraîtra. — Les nouveaux almanachs se sont bien vendus. — C'est toi qui as ordonné à l'étoile du matin d'annoncer l'approche du jour.

Modèle : As-tu fait ce que tu as promis ? As-tu prié Dieu ? Ton camarade a-t-il reçu de toi d'heureuses paroles ? L'arc-en-ciel paraîtra-t-il ? Les nouveaux almanachs se sont-ils bien vendus ? Est-ce toi qui as ordonné...

B. *Rendre la même pensée sans employer la forme interrogative* :

L'homme esclave des sens ne peut-il pas être comparé à la brute qui agit par instinct et non par raison ? Les druides ne considéraient-ils pas le gui comme une plante sacrée ? Napoléon Iᵉʳ ne fut-il pas transféré dans une île lointaine, et ne mourut-il pas dans cet exil ?

Modèle : L'homme esclave des sens peut être comparé... Les druides considéraient le gui... Napoléon Iᵉʳ fut transféré... et mourut dans cet exil.

C. *Traduire par l'actif* :

Personne ne sera trompé par ma parole. Vous serez bénis de ceux que vous aurez soulagés. Mes fautes me seront pardonnées de Dieu, parce que j'en ressens un repentir bien sincère. Des jours mauvais étaient appréhendés des esprits clairvoyants.

MODÈLE : Ma parole ne trompera personne. Ceux que vous aurez soulagés vous béniront. Dieu me pardonnera mes fautes, parce que j'en ressens un repentir bien sincère. Les esprits clairvoyants appréhendaient des jours mauvais.

D. *Traduire par le passif :*

On n'imputera ton péché qu'à toi-même. Le Seigneur notre Dieu déjouera les complots des méchants. Les astres du firmament me révèlent la magnificence du souverain Maître.

MODÈLE : Ton péché ne sera imputé qu'à toi-même. Les complots des méchants seront déjoués par le Seigneur notre Dieu. La magnificence du souverain Maître m'est révélée par les astres du firmament.

E. *Analyser :* Mon fils, sois plus heureux que ton père.

MODÈLE : *Mon,* adj. poss. masc. sing. dét. *fils; fils,* n. comm. masc. sing. mis en apostrophe; *sois,* verbe substantif 4ᵉ conj. prés. de l'impératif 2ᵉ pers. du sing.; *plus,* adverbe qui modifie *heureux; heureux,* adj. qualif. masc. sing. attribut de *fils; que,* conjonction liant la 2ᵉ prop. à la 1ʳᵉ; *ton,* adj. poss. masc. sing. dét. *père; père,* n. comm. masc. sing. sujet de *a été heureux* sous-entendu.

DEVOIRS ÉCRITS.

1. *Remplacer les points par le son ou l'articulation* s *bien orthographiée.*

Sans-souci, caprice, désobéissance, dissimulation, exagération, excès, falsification, assassinat, conspiration, dégradation, dissension, indiscrétion, larcin, scélératesse, licence, malice, méchanceté, grimace, imbécillité, inconstance, insolence, insouciance, insulte, offense, parcimonie, présomption, régicide, scélérat, séditieux, sensualisme, suicide, superstition, taciturnité, transgression, expulsion, forçat, répréhension, absence, assujettissement, bienséance, compassion.

Condescendance, excellence, persévérance, soumission, absolution, conversion, abcès, angoisse, bosse, cancer, cicatrice, convulsion, crispation, dyssenterie, entorse, épilepsie, forcené, frisson, gerçure, insomnie, jaunisse, lassitude, contorsion, danse, défense, cérat, convalescence, hospice, potion, sangsue, symptôme, typhus, ulcère, varice, assoupissement, bonsoir, accélération, appréciation, association, capacité, circonstance, dépense, colosse, démission, dimension, mention.

2. *Conjuguer à l'interrogatif le verbe* s'associer.

3. *Analyser :* Qui n'entend qu'une cloche ne perçoit qu'un son.

MODÈLE : *Qui,* pron. conj. 3ᵉ pers. masc. sing. ayant pour antécédent *celui* sous-entendu et sujet de *entend*; *ne que*, adverbe modifiant *entend*; *entend*, verbe transitif 4ᵉ conj. pr. de l'ind. 3ᵉ pers. du sing.; *une*, adj. num. fém. sing. dét. *cloche*; *cloche*, n. comm. fém. sing. compl. direct de *entend*; *ne que*, adverbe modifiant *perçoit*; *perçoit*, verbe transitif 3ᵉ conj. pr. de l'ind. 3ᵉ pers. du sing. ayant pour sujet *celui* sous-entendu...

181ᵉ LEÇON.

Participe présent (Gr. nᵒˢ 141 et 142).

EXERCICE ORAL.

1. Les élèves analyseront la phrase suivante :

Texte d'analyse : Comment (pourrais-je) aimer des caractères contrariants ! Comment (pourrais-je) affectionner des élèves sans cesse taquinant ou persécutant leurs condisciples !

Modèle : *Comment*, adverbe qui modifie *pourrais* sous-entendu; *aimer*, verbe transitif 1ʳᵉ conjug. pr. de l'inf. compl. direct de *pourrais* sous-entendu; *des*, art. partitif masc. pl. dét. *caractères*;...*contrariants*, adj. verbal masc. pl. qualifie *caractères*;... *sans cesse*, locution adverbiale qui modifie *taquinant* et *persécutant*; *taquinant*, verbe transitif 1ʳᵉ conjug. au participe présent, attribut de *élèves*...

2. Ils conjugueront à l'interrogatif *reconnaître son livre*.

Modèle : Reconnais-je mon livre? reconnais-tu ton livre?... Reconnaissais-je mon livre ?... Reconnus-je mon livre?

DICTÉE.

Rien n'égale la vivacité et le courage des oiseaux-mouches; on les voit *poursuivant* avec furie des oiseaux vingt fois plus gros qu'eux, *s'attachant* à leurs corps, se *laissant* emporter par leur vol, et les *becquetant* à coups redoublés, jusqu'à ce qu'ils aient assouvi leur petite colère. — Depuis l'invention du microscope, un nouveau monde d'êtres *vivants* est venu frapper nos regards. — Dans quelques contrées assez rares il n'y a pas d'hiver; la nature y est toujours *agissante*, *présentant* à la fois toutes ses productions : on voit toute l'année des gazons *verdoyants*, des oiseaux *commençant* leur nid, d'autres *s'essayant* à voler, quelques-uns *voltigeant* de branche en branche, d'autres *égayant* l'homme par leurs *charmantes* chansons ; on y remarque tout ensemble les fleurs *odorantes* du printemps *s'épanouissant* à peine, et les fruits *jaunissants* de l'automne *pendant* de tous les arbres.

DEVOIRS ÉCRITS.

1. *Les élèves traduiront au pluriel :*

Un vieillard chancelant, un enfant tremblant, une femme éplorée, sont-ils à redouter ? Pourquoi le conquérant cruel ne les respecte-t-il pas ? — N'aimez-vous pas à considérer l'hirondelle volant jusque dans les nues, ou effleurant du bout de l'aile la surface des eaux; s'élevant très-haut, puis paraissant tomber à terre, s'élevant de nouveau avec la rapidité d'une flèche, et décrivant ensuite dans les airs mille figures bizarres, mille circuits gracieux? — Les naturalistes ont dépeint le poisson volant, ils l'ont représenté tantôt flottant et immobile sur l'onde, tantôt s'élevant dans l'air, tantôt replongeant dans l'abîme. — Nous avons trouvé ce petit mendiant pleurant et grelottant, implorant en vain depuis plusieurs heures la pitié des passants ; nous l'avons secouru, et le voilà riant et chantant sans cesse, sautant de joie, et bénissant ses bienfaiteurs. — Un esprit rampant ne peut s'élever au sublime. — Nous avons toujours vu celui qui voyage dans de bonnes voitures rêveur, triste, grondant ou souffrant.

Modèle : Des vieillards chancelants, des enfants tremblants...? Pourquoi les conquérants cruels ne les respectent-ils pas? N'aimez-vous pas à considérer les hirondelles volant... effleurant... s'élevant.. paraissant... décrivant...? Les naturalistes ont dépeint les poissons volants; ils les ont représentés tantôt flottants et immobiles sur l'onde, tantôt s'élevant..., tantôt replongeant... Nous avons trouvé ces petits mendiants pleurant et grelottant (ou pleurants et grelottants), implorant... nous les avons secourus, et les voilà riant et chantant sans cesse, sautant... bénissant leurs bienfaiteurs... Des esprits rampants... — ... grondants ou souffrants.

2. *Ils remplaceront le mot souligné par celui qui est donné entre parenthèses.*

Le vaisseau à trois ponts est un *fort* flottant (forteresse). Mon *bras* défaillant cherche un appui (main). Le *bruit* du tonnerre est effrayant (voix). Le *Saint-Père* enseignant, exhortant, instruisant d'après les enseignements qu'il a reçus de Jésus-Christ, ne peut tomber dans l'erreur (l'Eglise). Le *sol* était encore fumant du sang d'Abel, lorsque Dieu appelant Caïn lui reprocha son fratricide (terre). Un vieux *conte* peut être très-intéressant (histoire). Ce *récit* nous intéressant vivement, nous l'entendrions volontiers une seconde fois (anecdote). Mon *frère*, toujours souffrant, ne peut sortir aujourd'hui (sœur). Mon *parrain* souffrant toujours, a besoin que je demeure auprès de lui (marraine). Adressez-nous un *mot* encourageant (parole). Votre *exemple* nous encourageant fera de nous des héros (parole). On nous reçut dans un *salon* éclatant de dorures et de flambeaux (salle).

Modèle : Le vaisseau à trois ponts est une forteresse flottante. Ma main défaillante... La voix... est effrayante. L'Eglise enseignant, exhortant, instruisant... La terre était encore fumante... Une vieille histoire... intéressante. Cette anecdote nous intéressant... Ma sœur, toujours souffrante,... Ma marraine souffrant toujours,... une parole encourageante. Votre parole nous encourageant... une salle éclatante de dorures et de flambeaux.

3. *Ils analyseront:* En forgeant on devient forgeron.

Modèle : *En*, préposition faisant rapporter *forgeant* à *devient;* *forgeant*, verbe intr. 1ʳᵉ conjug. au participe prés. compl. ind. de *devient; on*, pron. indéf. 3ᵉ pers. masc. sing. sujet de *devient; devient*, verbe intransitif, 2ᵉ conjug. au pr. de l'ind. 3ᵉ pers. du singulier; *forgeron*, nom commun masculin singulier, attribut de *on*.

182ᵉ LEÇON.

Participe présent et participe passé employé sans auxiliaire
(Gr. nᵒˢ 141 à 144).

EXERCICE ORAL.

1. Les élèves analyseront la phrase suivante :

Texte d'analyse : Ne nous aventurons pas sur un sol qui paraît mouvant. — Toute terre bien cultivée récompense son maître.

Modèle : *Ne pas*, adverbe modifiant *aventurons;... paraît*, verbe intr. 4ᵉ conjug. pr. de l'ind. 3ᵉ pers. du sing.; *mouvant*, adj. verbal masc. sing. attribut de *qui...* — *Toute*, adj. ind. fém. sing. dét. *terre; terre*, nom comm. fém. sing. sujet de *récompense; bien*, adverbe qui modifie *cultivée; cultivée*, part. adj. fém. sing. qualifie *terre...*

2. Ils conjugueront le verbe *neiger.*

DICTÉE.

UN ORAGE DANS LE DÉSERT DE LA THÉBAÏDE.

Soudain de l'extrémité du désert accourt un tourbillon. Le sol EMPORTÉ devant nous manque à nos pas, tandis que d'autres colonnes de sable ENLEVÉES derrière nous roulent sur nos têtes. EGARÉ dans un labyrinthe de tertres *mouvants* et semblables entre eux, le guide déclare qu'il ne reconnaît plus sa route. *Haletants*, DÉVORÉS d'une soif ardente, *retenant* fortement notre haleine dans la crainte d'aspirer des flammes, nous sentons nos forces diminuer rapidement, et la sueur ruisselle à grands flots de nos membres ABATTUS.

L'ouragan redouble de rage : il creuse jusqu'aux antiques fondements de la terre, et répand dans le ciel les entrailles *brûlantes* du désert. ENSEVELI dans une atmosphère de sable EMBRASÉ, le guide échappe à ma vue. Tout à coup j'entends son cri; je vole à sa voix. L'infortuné, FOUDROYÉ par le vent de feu, était tombé MORT sur l'arène, et son dromadaire avait disparu.

(*Chateaubriand.*)

DEVOIRS ÉCRITS.

1. *Traduire au pluriel:*

Ce bruit effrayant nous révélant l'approche des ennemis, nous nous retranchâmes dans nos positions. — Avance malgré ce canon foudroyant ! — Là, habite dans une caverne un homme dur, féroce, indomptable, ne vivant que de sa chasse, ne se nourrissant que de sang, et ne désirant que de le boire dans le crâne de son ennemi. — Nous vîmes dans la forêt un fantôme errant. — L'œil étincelant de l'aigle annonce sa férocité. — J'ai vu un spectre errant dans les ténèbres. — L'animal vivant d'une manière plus conforme à la nature est sujet à moins de maux que nous.

MODÈLE : Ces bruits effrayants nous révélant... — Avancez malgré ces canons foudroyants. — Là, habitent dans des cavernes des hommes durs... ne vivant que de leur chasse, ne se nourrissant... ne désirant... — Nous vîmes dans les forêts des fantômes errants. — Les yeux étincelants de l'aigle... — Nous avons vu des spectres errant dans les ténèbres. — Les animaux vivant d'une manière...

2. *Remplacer les points par le son* an *bien orthographié.*

Ces ferblantiers excell*ant* dans leur profession se sont fait une nombreuse clientèle; aussi ce sont d'excell*ents* jeunes gens, pratiqu*ant* courageusement leur religion et men*ant* une vie paisible et retirée. — L'armée d'Attila était un ramas de brig*ands* port*ant* avec eux la désolation et la mort, brûl*ant*, détruis*ant*, massacr*ant* tout sur leur passage, ne laiss*ant* après eux que des champs dévastés, des débris fum*ants*, des peuples err*ants* et réduits à une excessive misère. — Ecoutez ces cris retentiss*ant* au loin; ce sont ceux de toute une nation, se lev*ant* comme un seul homme pour reconquérir son indép*endance*. — J'aime à fouler les gazons renaiss*ants.*

3. *Analyser :* Craignant de me compromettre ; je me séparai de ces jeunes imprudents. »

MODÈLE : *Craignant,* verbe transitif 4e conj. au participe prés. attribut de *je; de,* prépos. euphonique; *me,* pron. pers. 1re pers. masc. sing. compl. direct de *compromettre; compromettre,* verbe pronominal 4e conjug. au présent de l'infinitif, compl. direct de *craignant...*

183e LEÇON.

Participe passé (Gr. nos 141 à 144).

EXERCICE ORAL.

1. Les élèves analyseront la phrase suivante :

TEXTE D'ANALYSE: Nées de l'orgueil, les vertus humaines y trouvent souvent leur tombeau.

MODÈLE : *Nées,* participe adjectif fém. pl. qualifie *vertus; de,* préposition qui fait rapporter *orgueil* à *nées; l'* ou *le,* art. simple masc. sing. dét. *orgueil*;... *y*, pron. pers. 3e pers. masc. sing. compl. ind. de *trouvent*.

2. Ils conjugueront le verbe *s'ingénier*.

DICTÉE.

LA ROSE ET LE PAPILLON.

La puissance animale est d'un ordre bien supérieur à la végétale. Le papillon, par exemple, est plus beau et mieux *organisé* que la rose. Voyez la reine des fleurs *formée* de portions sphériques, *teinte* de la plus riche des couleurs, *contrastée* par un feuillage du plus beau vert et *balancée* par le zéphyr; néanmoins le papillon la surpasse en harmonie de couleurs, de formes et de mouvements. Considérez avec quel art sont *composées* les quatre ailes dont il vole, la régularité des écailles qui les recouvrent comme des plumes, la variété de leurs teintes *brillantes*, les six pattes *armées* de griffes avec lesquelles il résiste au vent dans son repos, la trompe *roulée* dont il pompe sa nourriture au sein des fleurs, les antennes, organes exquis du toucher qui couronnent sa tête, et le réseau d'yeux dont elle est *entourée*, au nombre de plus de douze mille. (BERNARDIN DE S.-PIERRE.)

DEVOIRS ÉCRITS.

1. *Compléter les participes laissés inachevés.*

LA NATURE INCULTE.

Voyez ces plages désertes, ces tristes contrées où l'homme n'a jamais résidé, couvertes ou plutôt hérissées de bois épais et noirs dans toutes les parties élevées. Des arbres sans écorce et sans cime, courbés, rompus, tombant de vétusté; d'autres, en plus grand nombre, gisant aux pieds des premiers pour pourrir sur des monceaux déjà pourris, étouffent, ensevelissent les germes prêts à éclore. La nature, qui partout ailleurs brille par sa jeunesse, paraît ici dans la décrépitude: la terre surchargée par le poids, surmontée par les débris de ses productions, n'offre, au lieu d'une verdure florissante, qu'un espace encombré, traversé de vieux arbres chargés de plantes parasites, de lichens, d'agarics, fruits impurs de la corruption.

Dans toute la partie basse on ne voit que des eaux mortes et croupissantes, faute d'être conduites et dirigées; des terrains fangeux et inabordables ou des marécages qui, couverts de plantes aquatiques et fétides, ne nourrissent que des insectes venimeux et servent de repaire aux animaux immondes.

2. *Traduire au pluriel:*

J'ai vu l'enfant du laboureur s'amusant sur le gazon, le berger assis sous le hêtre et jouant du chalumeau; près de lui la brebis bêlante et l'agneau bondissant; plus loin la chèvre capricieuse broutant l'écorce du saule desséché ; ici le bœuf mugissant paissant paisiblement l'herbe fraîche ; là, le cheval débarrassé de ses harnais, hennissant, bondissant, galopant, comme s'il était redevenu indépendant et libre.

MODÈLE : Nous avons vu les enfants des laboureurs s'amusant sur le gazon, les bergers assis sous les hêtres et jouant du chalumeau ; près d'eux, les brebis bêlantes et les agneaux bondissants; plus loin, les chèvres capricieuses broutant l'écorce des saules desséchés ; ici les bœufs mugissants paissant paisiblement l'herbe fraîche ; là, les chevaux débarrassés de leurs harnais hennissant, bondissant, galopant comme s'ils étaient redevenus indépendants et libres.

3. *Conjuguer le verbe* revenir, *mais en supposant les sujets du féminin.*

4. *Analyser* : L'ardeur des combattants diminue, les bras fatigués portent des coups ralentis.

184e LEÇON.

Participe passé (Gr. nos 143 et 144).

EXERCICE ORAL.

1. Les élèves analyseront la phrase suivante :

TEXTE D'ANALYSE : Vus des yeux de la foi, les biens de ce monde ne sont que vanité.

MODÈLE : *Vus*, participe adjectif masc. pl. qualifie *biens*;... *ne que*, adv. qui modifie *sont vanité; sont*, verbe substantif 4e conj. au prés. de l'ind. 3e pers. du pl.; *vanité*, nom comm. fém. sing. attribut de *biens*.

2. Ils conjugueront tous les temps simples, ensuite tous les temps composés de *partir en voyage.*

DICTÉE.

Si nous pénétrons dans l'intérieur de la terre, nous y trouvons des métaux, des minéraux, des pierres, des bitumes, des sables, des terres, des eaux et des matières de toute espèce *placés* comme au hasard et sans aucune règle apparente. En examinant avec plus d'attention, nous voyons des montagnes *affaissées*, des rochers *fendus* et *brisés*, des contrées *englouties*, des îles nouvelles, des terrains *submergés*, des cavernes *comblées*; nous trouvons souvent des matières pesantes *posées* sur des matières légères; des corps durs *environnés* de substances molles; des choses sèches, humides, chaudes, froides, friables, toutes *mêlées*, et dans une espèce de confusion qui ne présente d'autre image que celle d'un amas de débris et d'un monde en ruines.

Mais, au fond, ce désordre n'est qu'apparent; et nous y verrions un ordre sublime, si nous avions l'intelligence plus *développée* et plus libre.

DEVOIRS ÉCRITS.

1. Les élèves remplaceront le mot souligné par celui qui sera donné entre parenthèses.

Nous rencontrâmes un *sol* nu, dévasté, piétiné ; c'était le champ de la grande bataille (terre). Un *arbre* doit être bien entretenu et taillé avec art et symétrie (allée). Rien n'est charmant comme un *pré* verdoyant planté d'arbres à fruits et sillonné en tous sens par de petits ruisseaux (prairie). *Dieu* nous est manifesté par les œuvres de la création (la sagesse de Dieu), comme le *génie* des grands hommes nous est révélé par leurs écrits (intelligence). Damoclès levant les yeux aperçut un *glaive* menaçant se balançant au-dessus de sa tête, et retenu seulement par un fil (épée). Quand on me parle du Tage, je me retrace des *rivages* enchanteurs formés par de longues prairies émaillées des fleurs les plus odorantes, ou couverts d'orangers, de citronniers et d'oliviers (rives).

Modèle : Nous rencontrâmes une terre nue, dévastée, piétinée... Une allée doit être bien entretenue et taillée... Rien n'est charmant comme une prairie verdoyante plantée... sillonnée... La sagesse de Dieu nous est manifestée... comme l'intelligence des grands hommes nous est révélée... Damoclès... épée menaçante... retenue... rives enchanteresses formées... couvertes...

2. Ils achèveront les participes laissés incomplets.

Les glaces même des pôles sont habitées. On voit dans leurs mers et sous leurs promontoires flottants de cristal, de noires baleines chargées de plus d'huile que n'en peut donner un champ d'oliviers. Les renards revêtus de leurs précieuses fourrures trouvent à vivre sur ces rivages abandonnés du soleil ; des troupeaux de rennes y grattent la neige pour chercher les mousses, et s'avancent en bramant dans ces régions désolées de la nuit, à la lueur des aurores boréales.

3. Ils conjugueront le verbe décéder *aux* 3ᵐᵉˢ *personnes des temps composés de l'indicatif et du subjonctif, en supposant les sujets féminins.*

Modèle : 2 Elle est décédée ; elles sont décédées ; elle fut décédée... 5 Qu'elle soit décédée...

4. Ils analyseront : Émondez ces arbres ; retranchez-en toutes les branches superflues.

Modèle :... *en,* pron. pers. 3ᵉ pers. masc. pl. compl. déterminatif de *branches* (*ou* compl. indirect de *retranchez*); *toutes,* adj. indéfini fém. pl. dét. *branches...*

185e LEÇON.

Récapitulation sur les participes.

EXERCICE ORAL.

1. Les élèves traduiront au pluriel les propositions suivantes, et épelleront l'adjectif verbal ou le participe : « Je suis tombé *nous sommes tombés*, elle est tombée *elles sont tombées*, je suis parti *nous sommes partis*, qu'elle fût revenue *qu'elles fussent revenues*, elle sera arrivée *elles seront arrivées*... »

2. Ils analyseront la phrase suivante :

Texte d'analyse : Ne les connaissant pas, nous nous tenions éloignés d'eux.

Modèle : *Ne pas*, adv. qui modifie *connaissant; les,* pron. pers. 3e pers. masc. pl. compl. direct de *connaissant; connaissant,* verbe transitif 4e conj. au participe prés. attribut de *nous...*

COMPOSITION.

A. *Ecrire simplement :*

Une allée doit être bien *entretenue* et *taillée* avec art et symétrie. Depuis l'invention du microscope, des millions d'êtres *vivants*, dont l'existence n'était pas même *soupçonnée*, sont *devenus* l'objet des observations du naturaliste.

Egarés dans un labyrinthe de tertres *mouvants* tout à fait semblables entre eux, nos guides déclarèrent qu'ils ne reconnaissaient plus leur route.—Considérez avec quel art sont *composées, ornées, embellies,* les quatre ailes du papillon; combien leurs teintes sont *brillantes, variées* et *nuancées.* — Voyez ces plages désertes, ces tristes contrées où l'homme n'a jamais *résidé, couvertes* ou *hérissées* de bois *pourri,* ou bien ne *présentant* qu'un sol mobile et marécageux. Plusieurs villes ont été *englouties* sous la lave du volcan.

> Voilà l'*errante* hirondelle
> Qui rase du bout de l'aile
> L'eau *dormante* des marais.

B. *Traduire au pluriel :*

Un vieillard chancelant, un enfant tremblant de peur, une femme éplorée sont-ils à redouter? Un vaisseau de guerre armé de quatre-vingts à cent vingt canons, est vraiment une forteresse flottante. L'œil étincelant de l'aigle annonce sa férocité. Nous vîmes un spectre errant dans les ténèbres. Le cheval débarrassé de ses harnais et paissant l'herbe fraîche hennit et bondit avec joie, comme s'il était redevenu libre et indépendant.

Modèle : Des vieillards chancelants, des enfants tremblant de peur, des femmes éplorées... Des vaisseaux de guerre armés... sont vraiment des forteresses flottantes. Les yeux étincelants de l'aigle... Nous vîmes des spectres errant... Les chevaux, débarrassés de leurs harnais et paissant l'herbe fraîche, hennissent et bondissent avec joie, comme s'ils étaient redevenus libres et indépendants.

C. *Ecrire le verbe*

Revenir *au mode impératif.*

12

Décéder *au futur antérieur de l'indicatif, en supposant les sujets féminins.*

MODÈLE : Reviens, revenons, revenez. — Je serai décédée, tu seras décédée...

D. *Analyser :* Mourant pour ma religion, je ne regrette pas la vie.

MODÈLE : *Mourant,* verbe intransitif 2e conjug. participe prés. attribut de *je;... religion,* nom comm. fém. sing. compl. ind. de *mourant...*

DEVOIRS ÉCRITS.

1. *Remplacer les points par le son é bien orthographié.*

Les aventuriers arrêtés, les drapiers achalandés, les claviers réparés, l'acier fondu, des clefs prêtées, les ateliers fermés, une bésaiguë ébréchée, un chantier loué, des cochers exercés, des messagers fidèles, des sentiers bordés d'hysope, des brasiers presque éteints, des bûchers préparés, des candélabres nettoyés, le foyer paternel, la marée montante, les passagers embarqués, la traversée terminée, des nuées menaçantes, les tièdes ondées, une année écoulée, l'été prochain, le mois de février, des rochers minés, une araignée écrasée, la becquée donnée; des geais tués et plumés, le gésier de la tourterelle, les sauts du lévrier, des leviers coudés, des balanciers arrêtés, l'*hérésie* anathématisée, la mosquée démolie, des *aiguillons* émoussés.

2. *Conjuguer le verbe* devenir *à toutes les deuxièmes personnes, et en supposant les sujets féminins.*

MODÈLE : Tu deviens, vous devenez; tu devenais, vous deveniez; tu devins, vous devîntes; tu es devenue, vous êtes devenues; tu fus devenue, vous fûtes devenues...

3. *Analyser :* Que sont devenus ces héros si vantés? Hier chacun les idolâtrait, et aujourd'hui personne n'en parle.

MODÈLE : *Que,* pron. indéf. 3e pers. masc. sing. attribut de *héros; sont devenus,* verbe intransitif, 2e conj. au passé indét. 3e pers. du pl.; *ces,* adjectif démonst. masc. pl. dét. *héros; héros,* nom comm. masc. pl. sujet de *sont devenus; si,* adverbe modifiant *vantés; vantés,* participe adjectif, masc. pl. qualifiant *héros; hier,* adverbe qui modifie *idolâtrait; chacun,* pron. indéf. 3e pers. masc. sing. sujet de *idolâtrait;... et,* conjonction liant deux propositions; *...n'* ou *ne,* adverbe qui modifie *parle; en,* pron. pers. 3e pers. masc. pl. compl. ind. de *parle; parle,* verbe intransitif, 1re conjug. pr. de l'ind. 3e pers. du sing.

186e LEÇON.

Participe passé (Gr. n°s 144 et 145).

EXERCICE ORAL.

1. Les élèves analyseront la phrase suivante.

TEXTE D'ANALYSE : Heureux ceux qu'une bonne éducation a éclairés.

2. Ils traduiront les propositions suivantes en plaçant le complément direct en tête de la proposition, et diront ce qu'il en résulte pour l'orthographe du participe.

« J'ai vu ces enfants tristes et découragés. *Ces enfants, je les ai vus tristes et découragés.* — J'ai vu, avec joie, les hirondelles revenir dans nos climats. *Les hirondelles, je les ai vues, avec joie, revenir dans nos climats.* — J'ai compté les heures d'attente, une à une, avec une grande impatience. *Les heures d'attente, je les ai comptées, une à une,...*

DICTÉE.

Placé près d'un fraisier, dit Bernardin de Saint-Pierre, je vis trente-sept espèces de mouches; il y en avait de *dorées*, d'*argentées*, de *tigrées*, de *rayées*, de bleues, de vertes, de *rembrunies*, de chatoyantes. — Nous avons toujours *aimé* notre patrie, nous l'avons *considérée* comme notre mère; pour elle nous sommes prêts à sacrifier jusqu'à la dernière goutte de notre sang. Les hommes de génie ont toujours été *persécutés*; leurs contemporains leur ont *reconnu* des qualités réelles, mais par envie ils les ont *déparées, dépréciées, voilées*; ils ont *blâmé* en elles tantôt l'excès, tantôt l'insuffisance, et souvent ont *réussi* à faire considérer comme insensés ceux que le Ciel avait *suscités* pour être la gloire de leur patrie et les porte-flambeaux de la civilisation. Ne me parlez point des philosophes incrédules: je les ai *vus* de près et *considérés* attentivement; je n'ai *trouvé* en eux que des esprits aussi superficiels qu'arrogants, des âmes lâches et hypocrites *abandonnées* sans frein à d'ignobles passions; j'ai *lu* leurs écrits, et je les ai *jugés* infâmes.

DEVOIRS ÉCRITS.

1. *Les élèves mettront les verbes au passé indéterminé.*

Les conseils que votre mère vous donna, lorsque vous vous séparâtes d'elle, ne purent, Mademoiselle, qu'être approuvés de tout le monde. — Les plaisirs que nous cherchâmes et que nous voulûmes, nous égarèrent et finirent par nous perdre. — Que d'obstacles la volonté aplanit et anéantit même! Que de ressources elle fournit! que de secrets elle révèle! que de fois elle commande à la fortune et appelle le succès! Quand elle applique sa puissance mystérieuse à un objet, les moyens les plus faibles grandissent et acquièrent une puissance prodigieuse; les circonstances les plus indifférentes sont mises à profit, et souvent les obstacles même viennent prêter un utile concours. — Les remarquez-vous ces vagabonds livrés à une complète oisiveté? la vie leur devient à charge, et ils comptent leurs ennuis par leurs instants.

MODÈLE : Les conseils que votre mère vous a donnés, lorsque vous vous êtes séparée d'elle, n'ont pu, Mademoiselle, qu'être approuvés de tout le monde. — Les plaisirs que nous avons cherchés et que nous avons voulus, nous ont égarés et ont fini par nous perdre. — Que d'obstacles la volonté a aplanis et anéantis même! Que de ressources elle a fournies! que de secrets elle a révélés! que de fois elle a commandé à la fortune et appelé le succès! Quand elle a appliqué... les moyens... ont grandi et ont acquis... les circonstances... ont été mises... les obstacles même sont venus... — Les avez-vous remarqués...? la vie leur est devenue à charge, et ils ont compté leurs ennuis par leurs instants.

2. *Ils conjugueront, à l'interrogatif, le verbe* se rapprocher.

3. *Ils analyseront la phrase suivante :*

Les guerriers qu'on a le plus vantés sont-ils réellement ceux qui ont le plus de mérite ?

Modèle : *Les,* art. simpl. masc. pl. dét. *guerriers; guerriers,* n. comm. masc. pl. sujet de *sont; qu'* ou *que,* pron. conj. 3e pers. masc. pl. compl. direct de *a vantés; on,* pron. indéf. 3e pers. masc. sing. sujet de *a vantés; a vantés,* verbe transitif 1re conjug. mode indicatif passé indét. 3e pers. du sing.; *le plus,* locution adverbiale qui modifie *a vantés; sont,* verbe substantif 4e conjug. prés. de l'indicatif 3e pers. du pl.; *ils,* pron. pers. 3e pers. masc. pl. sujet répété de *sont; réellement,* adverbe qui modifie *sont; ceux,* pron. démonst. 3e pers. masc. pl. attribut de *guerriers* ou de *ils;... de,* mis pour *du,* article partitif masc. sing. dét. *mérite; mérite,* n. comm. masc. sing. compl direct de *ont.*

187e LEÇON.

Participe passé (Gr. n°s 144 et 145).

EXERCICE ORAL.

1. Les élèves analyseront la phrase suivante :

Texte d'analyse : Vous trouverez les souffrances moins rudes quand vous les aurez acceptées courageusement.

Modèle: .... *moins,* adverbe qui modifie *rudes; rudes,* adj. qualif. fém. pl. attribut de *souffrances; quand,* conjonction faisant rapporter la 2e proposition à la 1re; *vous,* pron. pers. 2e pers. masc. pl. sujet de *aurez acceptées; les,* pron. pers. 3e pers. fém. pl. compl. direct de *aurez acceptées; aurez acceptées,* verbe transitif 1re conjug. futur ant. de l'indicatif 2e pers. du pl.; *courageusement,* adverbe qui modifie *aurez acceptées.*

2. Les élèves uniront par un pronom conjonctif les deux propositions données, et rendront compte de l'orthographe du participe : « Les récompenses vous seront données, j'ai promis les récompenses. — Les travaux n'ont pas été appréciés à leur valeur, vous avez exécuté les travaux... »

Modèle: Les récompenses que je vous ai promises, vous seront données. — Les travaux que vous avez exécutés, n'ont pas été appréciés à leur valeur.

3. Ils conjugueront le verbe *falloir.*

DICTÉE.

Heureux ceux qu'une bonne éducation a *éclairés*, que le travail a *soutenus*, et qu'une longue habitude du bien a *affermis* contre les passions. — Les seuls mortels que j'aie *vus* dans cette île depuis dix ans étaient des malheureux que les tempêtes y avaient *jetés*. — Toute la poésie, tous les tableaux de l'Ecriture nous sont *rappelés* par l'aspect de la terre sainte; là chaque nom renferme un mystère, chaque grotte déclare l'avenir, chaque sommet retentit des accents d'un prophète. Dieu même a parlé sur ces bords: les torrents *desséchés*, les rochers *fendus*, les tombeaux *entr'ouverts* attestent le prodige; les déserts paraissent encore muets de terreur, et l'on dirait qu'ils n'ont *osé* rompre le silence depuis qu'ils ont *entendu* la voix de l'Eternel. — Jeunes arbres que mes mains ont *plantés* et que mes yeux ont *vus* croître, puissé-je venir longtemps encore me reposer sous votre ombrage, puissent mes petits-fils y venir aussi à leur tour, et y trouver la paix et la joie que j'y ai *goûtées* si souvent!

DEVOIRS ÉCRITS.

1. *Traduire par le passé indéterminé :*

Vous faites des fautes dont vos ennemis profitent. Quelles fautes commets-je donc? — Les cris féroces que les sauvages poussèrent, nous révélèrent leurs desseins cruels; aussi nous courûmes tous aux armes et nous les attendîmes de pied ferme. — Cette personne, j'en entendis parler, je la vis même plusieurs fois, mais je ne lui parlai jamais. — Que de richesses la mer engloutit! que de navires sombrent contre ses écueils! que de cadavres elle jette sur ses rivages! — Des historiens flétrissent la mémoire d'Alcibiade, d'autres la relèvent par des éloges; nous ne pouvons les accuser d'injustice ou de partialité. — Dieu, en créant les êtres, non-seulement donna la forme à la poussière de la terre, mais il la rendit vivante et animée. — Les prières que j'adressai au Ciel furent exaucées : je revis mes enfants, je les serrai sur mon cœur, et je sentis de nouveau le bonheur d'être mère.

MODÈLE : Vous avez fait des fautes dont vos ennemis ont profité. Quelles fautes ai-je donc commises? — Les cris féroces (que les sauvages ont poussés, nous ont révélé... aussi nous avons tous couru aux armes et nous les avons attendus de pied ferme. Cette personne, j'en ai entendu parler, je l'ai vue... je ne lui ai jamais parlé. — Que de richesses la mer a englouties! que de navires ont sombré...! que de cadavres elle a jetés...! — Des historiens ont flétri... d'autres l'ont relevée...; nous n'avons pu les accuser... — Dieu... a donné la forme... il l'a rendue vivante et animée. — Les prières que j'ai adressées au Ciel ont été exaucées: j'ai revu mes enfants, je les ai serrés... j'ai senti...

2. *Conjuguer aux temps composés le verbe* s'immoler, *mais en supposant les sujets du féminin.*

Modèle : Je me suis immolée, tu t'es immolée, elle s'est immolée, nous nous sommes immolées, vous vous êtes immolées, elles se sont immolées. — Je me fus immolée...

3. *Analyser* : Mes passions, je les ai immolées sur l'autel de mon cœur.

Modèle : *Mes*, adj. poss. fém. pl. dét. *passions*; *passions*, nom commun fém. pl. compl. direct de *ai immolées*; *je*, pron. pers. 1ʳᵉ pers. masc. sing. sujet de *ai immolées*; *les*, pron. pers. 3ᵉ pers. fém. pl. complément direct et répété de *ai immolées*...

<h3 style="text-align:center">188ᵉ LEÇON.</h3>

Participe passé (Gr. nᵒˢ 145 et 146).

EXERCICE ORAL.

1. Les élèves analyseront la phrase suivante :

Texte d'analyse : Vous vous êtes glorifiés à tort de vos talents; vous auriez dû rendre hommage à Dieu, qui vous les a donnés.

Modèle : ... *êtes glorifiés*, verbe pronom. 1ʳᵉ conjug. mode indicatif passé indét. 2ᵉ pers. du pl.; *à tort*, locution adverbiale, modifiant *êtes glorifiés*... *auriez dû*, verbe transitif, 3ᵉ conjug. 1ᵉʳ passé du cond. 2ᵉ pers. du pl.; *rendre*, verbe transitif 4ᵉ conj. prés. de l'infinitif compl. direct de *auriez dû*; *hommage*, n. comm. masc. sing. compl. direct de *rendre*; *à*, préposition qui fait rapporter *Dieu* à *rendre hommage*; *Dieu*, n. propre masc. sing. compl. indirect de *rendre hommage*...

2. Ils conjugueront interrogativement le verbe *s'appuyer*.

Modèle : M'appuyé-je? t'appuies-tu? s'appuie-t-il? nous appuyons-nous? vous appuyez-vous? s'appuient-ils? — M'appuyais-je...

DICTÉE.

Enfants, n'oubliez jamais les services que vos parents vous ont *rendus*, les soins qu'ils vous ont *prodigués*, les sacrifices qu'ils ont *faits* pour vous rendre heureux; ce sont eux qui vous ont *élevés*, *nourris* et *entretenus*: quels droits n'ont-ils pas *acquis* à votre reconnaissance? Les vérités que les saints ont toujours *crues* nous ont été annoncées; nous les avons *entendues* souvent, et nous avons *dû* les méditer avec attention; nous connaissons aussi les vertus qu'ils ont *pratiquées*, les commandements qu'ils ont *suivis :* marchons dans la voie qu'ils nous ont *tracée*, et nous arriverons au but qu'ils ont *atteint*. Dans le ciel, nous serons récompensés de toutes les privations que nous aurons *souffertes* pour Dieu, de toutes les vertus que nous aurons *pratiquées*, de toutes les aumônes que nous aurons *répandues* dans le sein des pauvres, en un mot, de toutes les bonnes œuvres que nous aurons *accomplies*.

DEVOIRS ÉCRITS.

1. Les élèves compléteront les mots laissés inachevés.

Les hommes prudents se sont toujours défiés de leurs forces. Les honneurs et les richesses de nos pères se sont évanou*is* avec eux. Le soleil s'est arrêté au commandement de Josué. L'envie s'est souvent attaqu*ée* aux plus nobles actions. Jacques II et une partie de sa cour se sont réfugi*és* en France sous Louis XIV. C'est à l'ombre de la paix que les sciences sont n*ées*, qu'elles se sont perfection*nées*, qu'elles se sont étend*ues* jusque dans les pays les plus reculés. Que de jeunes gens se sont repent*is* de ne s'être pas appliqu*és* à l'acquisition des sciences, qui leur auraient si bien serv*i* dans un âge plus avancé! Quelques auteurs se sont figuré qu'ils avaient surpassé les anciens, mais combien d'entre eux ont reconnu qu'ils s'étaient trompés! Les Français se sont ouv*ert* le chemin de l'honneur et se sont couv*erts* de gloire par les bonnes institutions qu'ils se sont fai*tes*, et par les victoires qu'ils ont remport*ées*.

2. Ils conjugueront en entier le verbe se contraindre.

3. Ils conjugueront interrogativement aux temps composés de l'indicatif le verbe s'appuyer, *en supposant les sujets féminins.*

MODÈLE : Me suis-je appuyée? t'es-tu appuyée? s'est-elle appuyée? nous sommes-nous appuyées? vous êtes-vous appuyées? se sont-elles appuyées? — Me fus-je appuyée?...

4. Ils analyseront : Les martyrs se sont sacrifiés pour Dieu.

189ᵉ LEÇON.

Participe passé (Gr. nᵒˢ 145 et 146).

EXERCICE ORAL.

1. Les élèves analyseront la phrase suivante:

TEXTE D'ANALYSE : Nous nous sommes associés, afin d'être plus forts pour résister à nos ennemis.

MODÈLE:... *sommes associés*, verbe pronominal, 1ʳᵉ conj., mode indicatif passé indét. 1ᵉ pers. du pl.; *afin de*, locution prépositive, faisant rapporter *être forts* à *sommes associés*; *être*, verbe subst. 4ᵉ conjug. à l'infinitif, compl. ind. de *sommes associés*; *plus*, adverbe modifiant *forts*; *forts*, adj. qual. masc. pl. attribut de *nous*; *pour*, prép. faisant rapporter *résister* à *être forts*...

2. Dans les propositions suivantes, ils remplaceront le complément direct par un pronom signifiant le même être que le sujet; ils rendront compte de l'orthographe des participes.

Nous les avons étonnés, *nous nous sommes étonnés.* — Vous

nous auriez trompés, *vous vous seriez trompés.*—Elles les auraient égarées, *elles se seraient égarées.* — Ils l'auront égaré, *ils se seront égarés.* — Il les a inquiétés, *il s'est inquiété...*

DICTÉE.

Que de personnes se sont *repenties* de ne s'être pas *efforcées* d'acquérir dans leur jeunesse les sciences, qui leur auraient si bien *profité* dans un âge plus avancé! — Notre intelligence s'est *remplie* de saintes maximes par les lectures choisies que nous nous sommes *appliqués* à méditer. — La mer s'est *tue*; les vents ont *cessé* à la voix du Seigneur. — Les laves que le Vésuve a *vomies* se sont *étendues* sur une ligne de plusieurs kilomètres.— Jamais l'homme seul ne vous défrayera (*ou* défraiera) des sacrifices que vous vous serez *imposés* pour lui. — Orgueilleux qui affichez tant de suffisance, vous êtes-vous *imaginé* que vous pouvez vous passer de tout le monde, ou bien auriez-vous *pensé* que le monde ne peut se conserver sans vous! — Je n'ai pas *reçu* les livres que vous m'avez *dit* avoir *envoyés* à mon adresse; peut-être se sont-ils *égarés* au bureau des messageries.

DEVOIRS ÉCRITS.

1. *Les élèves substitueront au complément souligné un pronom personnel signifiant l'être qui est sujet.*

Ils ne *l'*ont pas observé. — Je *les* ai réconciliés. — Nous *l'*avons présenté. — Vous *m'*avez beaucoup nui. — Nous *l'*aurions égarée. — Nous aurions proposé *ces soldats* pour veiller à ce poste. — Il faut que nous ayons armé *nos frères* avant demain. — Il faudrait que vous *l'*eussiez introduite jusqu'ici. — Ces personnes *vous* ont donné beaucoup de peine. — Ces gens-là *nous* auraient souvent écrit des lettres. — Ces imprudents *t'*ont blessé. — Ma mère m'a proposé *ma sœur* elle-même pour modèle de travail. — Nous *vous* avons détachés de ces mauvaises compagnies. — Nous *vous* avons proposé un but louable. — Ils *nous* ont adressé des compliments. — Ils *t'*ont invité aux noces.

Modèle: Ils ne se sont pas observés. Je me suis réconcilié. Nous nous sommes présentés. Vous vous êtes beaucoup nui. Nous nous serions égarés. Nous nous serions proposés pour veiller à ce poste. Il faut que nous nous soyons armés avant demain. Il faudrait que vous vous fussiez introduits jusqu'ici. Ces personnes se sont donné beaucoup de peine. Ces gens-là se seraient souvent écrit des lettres. Ces imprudents se sont blessés. Ma mère s'est elle-même proposée à moi pour modèle de travail. Nous nous sommes détachés de ces mauvaises compagnies. Nous nous sommes proposé un but louable. Ils se sont adressé des compliments. Ils se sont invités aux noces.

2. *Ils traduiront par le passé indéterminé:*

Les savants s'immortalisèrent par leurs veilles et par leurs écrits. — Que de saints se retirèrent du monde! —

Dans la création, Dieu se proposa des fins dignes de sa sagesse. Tout se fit selon sa volonté : les monts s'élevèrent, les vallons descendirent, les collines s'abaissèrent, le soleil et les autres astres se placèrent au firmament quand le Seigneur le dit. — Ces gens, que l'affliction n'éprouve pas, s'aveuglent sur leur mérite personnel. — Il y a toujours dans la vertu une ingénuité qui ne se dément pas, et que l'on reconnaît toujours, pour peu qu'on soit attentif. — La France et d'autres États de l'Europe se couvrirent des productions du nouveau monde et s'enrichirent des trésors de l'ancien.

Modèle : Les savants se sont immortalisés... Que de saints se sont retirés... Dieu s'est proposé des fins... Tout s'est fait selon sa volonté... les monts se sont élevés, les vallons sont descendus, les collines se sont abaissées... se sont placés au firmament, quand le Seigneur l'a dit. Ces gens, que l'affliction n'a pas éprouvés, se sont aveuglés... Il y a toujours eu dans la vertu une ingénuité qui ne s'est pas démentie, et que l'on a toujours reconnue, pour peu que l'on ait été attentif. La France et d'autres États de l'Europe se sont couverts... et se sont enrichis...

3. *Ils conjugueront aux temps composés des modes 2, 3 et 5, et en changeant constamment de verbe,* s'ingénier, s'obstiner, se nuire, se succéder, se plaire, s'arroger des droits ; *ils supposeront que les sujets sont du féminin.*

190e LEÇON.

Récapitulation sur le participe (Gr. n°s 141 à 147).

EXERCICE ORAL.

1. Les élèves analyseront la phrase suivante :

Texte d'analyse : Plusieurs hommes de génie se sont égarés lorsqu'ils ont voulu marcher seuls.

Modèle : ... *sont égarés,* verbe pronominal 1re conj. mode indicatif, passé indét. 3e pers. du pluriel ; *lorsque,* conjonction faisant rapporter la 2e proposition à la 1re ...*marcher,* verbe intr. 1e conj. inf. pr. compl. direct de *ont voulu; seuls,* adj. qualif. masc. pluriel attribut de *ils.*

2. Le maître fera conjuguer, au pluriel des temps composés, différents verbes réfléchis ; tantôt en supposant que les sujets sont du masculin ; tantôt, qu'ils sont du féminin ; et toujours il fera rendre compte de l'orthographe des participes.

Ces verbes pourraient être s'*en aller,* s'*abstenir,* s'*envoyer des présents,* s'*efforcer,* se *soucier,* s'*écrire des lettres,* se *raconter des hisoires.*

COMPOSITION.

A. *Écrire simplement.*

Ne me parlez point des philosophes incrédules, je les ai *vus* de près, et je n'ai *trouvé* en eux que des esprits aussi superficiels qu'arrogants. Que d'obstacles une volonté forte a *transformés* en moyens! Heureux ceux qu'une bonne éducation a *éclairés*, que le travail a *soutenus*, et qu'une longue habitude du bien a *rendus* forts contre leurs passions! Mes sœurs se sont *repenties* de n'avoir pas *suivi* mes conseils. La mer s'est *calmée*, les vents se sont *tus* aussitôt que Jésus le leur a *eu dit.* Je n'oublierai jamais les services que ma mère m'a *rendus,* les soins qu'elle m'a *prodigués*, les sacrifices qu'elle s'est *imposés* pour moi.

B. *Traduire par le passé indéterminé.*

Oui, Mademoiselle, les conseils que votre mère vous donna lorsque vous vous séparâtes d'elle, ne purent qu'être approuvés de tout le monde. Que de richesses la mer engloutit! Que de navires sombrèrent l'année dernière! L'envie s'attaque souvent aux plus nobles actions. Quelques auteurs modernes se figurent qu'ils surpassent les anciens; mais la critique se charge de les détromper. Nous nous nuisîmes beaucoup. Ils nous adressèrent leurs lettres.

Modèle : Oui, Mademoiselle, les conseils que votre mère vous a donnés lorsque vous vous êtes séparée d'elle, n'ont pu qu'être approuvés de tout le monde. Que de richesses la mer a englouties! Que de navires ont sombré l'année dernière! L'envie s'est souvent attaquée aux plus nobles actions. Quelques auteurs modernes se sont figuré qu'ils ont surpassé les anciens; mais la critique s'est chargée de les détromper. Nous nous sommes beaucoup nui. Ils nous ont adressé leurs lettres.

C. *Traduire au pluriel.*

Qu'elle se fût immolée, il s'est immolé lui-même. Tu t'es contrainte, tu te fusses contraint. Elle s'est ingéniée. Elle s'était arrogé un droit qu'elle n'a jamais eu.

Modèle : Qu'elles se fussent immolées, ils se sont immolés eux-mêmes. Vous vous êtes contraintes, vous vous fussiez contraints. Elles se sont ingéniées. Elles s'étaient arrogé des droits qu'elles n'ont jamais eus.

D. *Ecrire le verbe*

Se succéder *au pluriel du plus-que-parfait de l'indicatif.*

Se rapprocher *au 1ᵉʳ passé du conditionnel, en employant la tournure interrogative et en supposant le sujet féminin.*

Modèle. Nous nous étions succédé, vous vous étiez succédé, ils s'étaient succédé. — Me serais-je rapprochée? Te serais-tu rapprochée?... Nous serions-nous rapprochées?...

DEVOIRS ÉCRITS.

1. *Remplacer les points par le son* i *bien orthographié.*

Nous avons cueilli du salsifis, du persil et de l'hysope. Nous avons applaudi à la justesse de votre tir. Nous nous sommes réjouis, nous avons chanté des hymnes et d'autres chants lyriques. Cette nuit il est tombé du grésil. Aujourd'hui il y aura de la pluie. A minuit nous serons réunis. Ces personnes se sont enorgueillies de leurs titres. Les soucis se sont épanouis. Vos espérances se sont évanouies. Ce véhicule nous a servi l'espace de dix myriamètres et demi.

Brick abordant aux *îles Canaries*, petit canar*i*, chauve-souri*s*, foui*ne*, fourm*i*, *hibou, hirondelle, nid* de *pies*-grièches, perdr*ix*; — artillerie, baïonnette, biscaïen, cliquet*is*, défi, conscr*it*, fus*il*, héroïne; — mélod*ie*, psalmod*ie*, symphon*ie*; — fonder*ie*, vert-de-gr*is*, boiser*ie*, châss*is*, un établ*i*, des out*ils*, une sc*ie*, le cambou*is*, boug*ie*, incend*ie*, la su*ie*, *hiver*, zéph*yr, hier* à mid*i*, toup*ie*; — quincailler*ie*, faïence, alcal*i*, arsen*ic*, gran*it*, des pierreri*es*, pro*fit*, tra*fic*, bru*it*, cr*is* entendus, criailler*ies* fatigantes, vern*is*, color*is*, cric soulevant hu*it* cents kilogrammes, poul*ie*, Judaïsme, syna-gogu*e*, hérés*ie*, précautions *hygiéniques*, *hippodrome*, *Hip-polyte*, asphyx*ie*, tragéd*ie*.

2. *Conjuguer à toutes les 3es personnes le verbe* s'épanouir, *en supposant les sujets du féminin.*

Modèle : Elle s'épanouit, elles s'épanouissent; elle s'épanouis-sait, elles s'épanouissaient; elle s'épanouit, elles s'épanouiront; elle s'est épanouie, elles se sont épanouies;...

3. *Analyser:* Vue de loin, une tour carrée paraît ronde.

Modèle : *Vue*, participe adjectif fém. sing. qualifie *tour; de loin*, locution adverbiale modifie *vue; une*, adj. numéral (ou article indéfini) fém. sing. détermine *tour; tour*, n. comm. fém. sing. sujet de *paraît; carrée*, adj. qualif. fém. sing. qualifie *tour; paraît*, verbe intr. 4e conj. pr. de l'ind. 3e pers. du sing.; *ronde*, adj. q. fém. sing. attribut de *tour*.

191e LEÇON.

Adverbe (Gr. nos 147 à 150).

EXERCICE ORAL.

1. Les élèves analyseront la phrase suivante :

Texte d'analyse : (Celui) Qui veut fortement peut beaucoup.

Modèle : *Qui*, pron. conj. 3e pers. masc. sing. ayant pour antécédent *celui* sous-entendu, sujet de *veut; veut*, verbe int. 3e conj. pr. de l'ind. 3e pers. du sing.; *fortement*, adverbe qui modifie *veut; peut*, verbe intr. 3e conj. pr. de l'ind. 3e pers. du sing. ayant pour sujet *celui* sous-entendu; *beaucoup*, adverbe qui modifie *peut*.

2. Les élèves conjugueront aux temps simples le verbe *arriver*, en employant un des adverbes *à présent, hier, après-demain...*

Modèle : J'arrive à présent... J'arrivais hier... J'arrivai hier.. J'arriverai après-demain...

3. Ils pourront aussi conjuguer ce verbe en inventant des modificatifs. ex. : — J'arrive *à présent*, tu arrives *à propos*, il arrive *tard...*

DICTÉE.

A UN PARRAIN POUR LE REMERCIER D'UN PRÉSENT.

Cher parrain,

J'ai lieu de me convaincre tous les jours que l'amour que vous avez pour moi *ne* s'est *point* affaibli, depuis l'époque où vous m'avez adopté pour votre enfant; vous m'en donnez *aujourd'hui* une nouvelle preuve par le présent que vous voulez *bien* m'envoyer. Je conserverai *précieusement* le portrait que vous m'adressez; j'en parerai la *plus* belle pièce de notre maison, et il sera *là* comme un monument, pour me rappeler *sans cesse* le souvenir d'un bienfaiteur, d'un parrain que j'aime et que je chérirai *toujours*.

Votre *très*-reconnaissant filleul.

DEVOIRS ÉCRITS.

1. *Les élèves remplaceront les tirets par ceux des adverbes donnés que réclame le sens de la phrase.*

A UN BIENFAITEUR, POUR DEMANDER UN NOUVEAU SERVICE.

Monsieur et cher bienfaiteur,

Les bontés que vous avez *toujours* eues pour moi, la bienveillance dont vous m'entourez, me font prendre *aujourd'hui* la respectueuse liberté de venir *encore* vous demander un service.

La position *un peu* gênée de mon patron, M. Guichard, l'état de stagnation où se trouvent actuellement les affaires, l'insuffisance de mes propres ressources, sont cause que *non-seulement* je *ne* me perfectionne *pas* dans la profession que j'ai embrassée, mais encore que je gagne *à peine* ma vie. On m'a parlé d'une autre maison, qui m'offrirait *beaucoup plus* d'avantages sous tous les rapports, si je pouvais réussir à y entrer. Pour cela, Monsieur, il suffirait, m'a-t-on dit, que vous voulussiez *bien* me donner une lettre de recommandation pour M. Daubert. J'ose solliciter ce nouveau service de votre cœur *si* généreux et si bienfaisant, et je vous prie de vouloir bien prendre ma demande en considération. Je vous devrai mon avenir, et j'en conserverai la *plus* vive gratitude.

Je suis, avec le *plus* profond respect,

Votre *très*-reconnaissant protégé.

Adverbes à employer : Toujours, aujourd'hui, encore, non-seulement, un peu, actuellement, à peine, ne pas, si, bien, beaucoup, plus, très.

2. *Ils conjugueront le verbe* s'enorgueillir *à toutes les secondes personnes.*

3. *Ils analyseront :* Celui qui pense avoir trop de temps, sûrement arrivera trop tard.

MODÈLE : *Celui,* pron. démonstratif 3e pers. masc. sing. sujet de *arrivera; qui,* pron. conj. 3e pers. masc. sing. sujet de *pense; pense,* verbe transitif 1re conj. prés. de l'ind. 3e pers. du sing. ; *avoir,* verbe transitif, 3e conj. pr. de l'inf. compl. direct de *pense; trop,* adverbe qui modifie *avoir; de,* art. partitif masc. sing. dét. *temps; temps,* n. comm. masc. sing. compl. direct de *avoir; sûrement,* adverbe qui modifie *arrivera; arrivera,* verbe intr. 1re conj. au mode ind. au futur s. 3e pers. du sing. ; *trop,* adverbe qui modifie *tard; tard,* adverbe qui modifie *arrivera.*

192e LEÇON.

De la préposition (Gr. nos 150 à 153).

EXERCICE ORAL.

1. Les élèves analyseront la phrase suivante :

TEXTE D'ANALYSE :
Dans les âmes bien nées,
La valeur n'attend pas le nombre des années.

MODÈLE : *Dans,* préposition qui fait rapporter *âmes* à *attend* à titre de complément indirect; ... *valeur,* n. comm. fém. sing. sujet de *attend;* ... *nombre,* n. comm. masc. sing. complément direct de *attend; des,* art. contracté, mis pour *de les,* fém. pl. détermine *années* et fait rapporter ce nom à *nombre* à titre de complément déterminatif; *années,* n. comm. fém. pl. complément déterminatif de *nombre.*

2. Ils conjugueront aux temps que le maître désignera le verbe *revenir,* en lui donnant pour complément direct des noms de pays.

MODÈLE : Je reviens d'Espagne... Je reviendrai à Paris... Je reviendrais en France...

DICTÉE.

LETTRE D'UN JEUNE HOMME QUI VIENT DE QUITTER LA CLASSE,
A UN NÉGOCIANT, POUR LUI DEMANDER UNE PLACE
DE COMMIS DANS SA MAISON.

Monsieur,

Je viens *de* terminer d'assez bonnes études; j'ai le désir *de* bien faire et l'amour *du* travail. *De* plus, je dois venir *en* aide *à* mes parents, qui ont fait *pour* moi de grands sacrifices, plus grands que leur position *de* fortune ne semblait le faire espérer.

Il dépend *de* vous, Monsieur, que je puisse utiliser l'instruction que j'ai acquise, et rendre *à* mes parents une partie *de* ce qu'ils ont fait *pour* mon éducation : accordez-moi *pour* cela, je vous prie, une place *de* commis *dans* votre maison. C'est cette faveur que je viens solliciter; je compte, *pour* l'obtenir, *sur* votre bonté, si connue *de* tous ceux qui ont été assez heureux *pour* se trouver *en* rapport *avec* vous. Daignez agréer l'expression *des* sentiments *de* respect *avec* lesquels je suis, etc.

DEVOIRS ÉCRITS.

1. Les élèves transcriront la lettre suivante en remplaçant les tirets par les prépositions convenables.

UN ENFANT A UN BIENFAITEUR LE JOUR DE L'AN.

Cher Bienfaiteur,

Vous m'avez comblé *de* tant de biens, que c'est *avec* un grand bonheur que je vois arriver le jour qui me permet *de* vous *en* témoigner hautement ma reconnaissance. Soyez assuré, Monsieur, que vous n'avez pas obligé un ingrat, et que je tâcherai *de* me rendre digne *de* tout ce que vous avez fait *pour* moi. Puissé-je mériter la continuation *de* vos faveurs, ainsi que de la bienveillance que vous m'accordez, et dont je sens si bien le prix !

C'est *dans* ces sentiments et *dans* ceux *d'*un très-profond respect que je suis, Monsieur,

Votre très-reconnaissant protégé.

(Les prépositions à employer sont *de*, *à*, *avec*, *en*, *pour*, *dans*.)

2. Ils conjugueront au pluriel des temps composés le verbe s'embarquer, *en employant successivement pour compléments indirects :*

Vaisseau, frégate, brick; — navire, esquif, bateau; — brick, canot, chaloupe; — galère, gondole, nacelle; — paquebot, radeau, goëlette; — gabare, vapeur, aviso; — corvette, corsaire, yacht; — vaisseau à hélice, bâtiment, pirogue.

Modèle : Nous nous sommes embarqués sur un vaisseau... — nous nous fûmes embarqués sur un navire... — Nous nous étions embarqués sur un brick... — Nous nous serons embarqués sur une galère... — Nous nous serions embarqués sur un paquebot... — Nous nous fussions embarqués sur une gabare...— Que nous nous soyons embarqués sur une corvette... — Que nous nous fussions embarqués sur un vaisseau à hélice...

3. Ils conjugueront le verbe s'éloigner *aux temps composés du mode indicatif; ils supposeront les sujets du féminin, et emploieront pour compléments indirects les mots suivants :*

Voie, route, chemin, sentier, lisière, ligne; — vous, caravane, escorte, convoi, compagnie, armée; — hameau, village, auberge, camp, caserne, corps de garde; — eux, moi, toi, ce pays, cette contrée, leur patrie.

Modèle : Je me suis éloignée de la voie... — Je me fus éloignée de vous... — Je m'étais éloignée de ce hameau... — Je me serai éloignée d'eux, tu te seras éloignée de moi, elle se sera éloignée de toi, nous nous serons éloignées de ce pays, vous vous serez éloignées de cette contrée, elles se seront éloignées de leur patrie.

4. *Ils analyseront :* Pourquoi (veux-je) chercher à me reposer dans le temps, puisque j'ai l'éternité pour cela ?

Modèle : *Pourquoi*, pron. indéf. 3ᵉ pers. masc. sing. compl. ind. de *chercher* (ou adverbe qui modifie *chercher*); *chercher*, verbe intr. 1ʳᵉ conj. pr. de l'inf. compl. direct de *veux-je* sous-entendu ; *à*, préposition faisant rapporter *reposer* à *chercher*, à titre de compl. indirect...

193ᵉ LEÇON.

De la conjonction (Gr. nᵒˢ 153 et 154).

EXERCICE ORAL.

1. Les élèves analyseront la phrase suivante :

Texte d'analyse : Dieu est patient parce qu'il est éternel.

Modèle : *Dieu*, n. propre masc. sing. sujet de *est patient*; *est*, verbe subst. 4ᵉ conj. prés. de l'indicatif 3ᵉ pers. du sing.; *patient*, adj. qualif. masc. sing. attribut de *Dieu*; *parce que*, conjonction faisant rapporter à *est patient* la proposition qui en indique le motif...

2. Ils uniront par une conjonction convenable les propositions données : « Ma mère sera contente — j'ai bien travaillé (parce que).

Je ne réussis pas — je travaille beaucoup (quoique).

Les méchants sécheront d'épouvante — Jésus-Christ viendra les juger (quand).

Je me perdrais — je suivais les conseils des incrédules (si). »

Modèle : Ma mère sera contente parce que j'ai bien travaillé. Je ne réussis pas, quoique je travaille beaucoup. Les méchants sécheront d'épouvante lorsque Jésus-Christ viendra les juger. Je me perdrais si je suivais les conseils des incrédules.

DICTÉE.

LETTRE D'UN ENFANT A SA MARRAINE, LE JOUR DE L'AN.

Chère Marraine,

Vous avez toujours été si bonne pour moi, *que* c'est avec un vif plaisir *que* je vois arriver l'époque du renouvellement de l'année, *parce qu*'elle me permet de vous faire part des sentiments *que* j'éprouve, *et* des vœux que je forme pour votre bonheur. Chaque jour je demande à Dieu, chère Marraine, *qu*'il vous accorde d'heureuses années, *et* vous rende les bienfaits dont vous vous êtes plu à me combler. Daignez agréer, avec l'expression de ma vive gratitude, l'assurance du sincère *et* respectueux attachement

De votre affectionné filleul.

DEVOIRS ÉCRITS.

1. *Les élèves remplaceront les traits par une des conjonctions* et, donc, que, ainsi que.

UN ENFANT A UN COUSIN PLUS AGÉ, LE PREMIER JOUR DE L'AN.

Mon cher Cousin,

Vous avez sur moi la supériorité de l'âge et surtout celle des bienfaits; vous me permettrez *donc* de venir vous offrir, en ce renouvellement de l'année, l'assurance de mon attachement, *ainsi que* l'expression des vœux *et* des souhaits que je forme pour vous. Soyez persuadé *que* je ferai tous mes efforts pour vous prouver de plus en plus *que* j'attache un prix infini à votre amitié, *et que* je veux toujours chercher à m'en rendre digne. Veuillez en agréer l'assurance, avec celle de la constante affection de

> Votre dévoué cousin.

2. *Ils feront rapporter la seconde proposition à la première au moyen d'une conjonction convenable.*

Dieu est patient *parce qu'*il est éternel. — Il est beau de contempler la nature *lorsque* le soleil se lève à l'horizon. — Je suis toujours pauvre, *quoique* je travaille beaucoup. — Jésus est mort pour nous, il veut *donc* notre salut. — Tous les corps sont pesants, *or* l'air est un corps, *donc* l'air est pesant. — Je prie avec confiance la très-sainte Vierge, *parce qu'*elle est toute-puissante et *qu'*elle est ma mère. — La vie passe *comme* la fleur qui s'épanouit et se flétrit, *comme* l'onde qui s'écoule dans l'océan, *comme* la fumée qui se dissipe dans l'air.

3. *Ils conjugueront interrogativement, au pluriel des temps composés, le verbe se ralentir, en supposant les sujets féminins.*

MODÈLE : Nous sommes-nous ralenties? Vous êtes-vous ralenties? Se sont-elles ralenties? — Nous fûmes-nous ralenties?... — Nous étions-nous ralenties?... — Nous serons-nous ralenties?.. — Nous serions-nous ralenties?... — Nous fussions-nous ralenties? — Vous fussiez-vous ralenties? — Se fussent-elles ralenties?

4. *Ils analyseront* : Bien que je sois pauvre et infirme, je bénis la Providence.

MODÈLE : *Bien que,* locution conjonctive faisant rapporter la 1re prop. à la 2e, pour exprimer un motif contraire; *je,* pron. pers. 1re pers. masc. sing. sujet de *sois; sois,* verbe subst. 4e conj. prés. du subjonctif 1re pers. du sing.; *pauvre,* adj. qualif. masc. sing. attribut de *je; et,* conjonction liant deux attributs de *je; infirme,* adj. qualif. masc. sing. attribut de *je... Providence,* n. comm. employé pour désigner Dieu, fém. sing. compl. direct de *bénis...*

194ᵉ LEÇON.

De l'interjection (Gr. nᵒˢ 155 à 158).

EXERCICE ORAL.

1. Les élèves analyseront la phrase suivante :

TEXTE D'ANALYSE : Courage ! le temps de souffrir est court ; mais les biens que la souffrance nous mérite seront éternels.

MODÈLE : *Courage*, interjection équivalant à « Prenons courage : »... *souffrir*, verbe intr. 2ᵉ conj. pr. de l'infinitif compl. déterminatif de *temps*...; *mais*, conjonction liant deux propositions ; *les*, art. simple masc. pl. dét. *biens* ; *biens*, nom comm. masc. pl. sujet de *seront éternels* ; *que*, pron. conj. 3ᵉ pers. masc. pl. compl. direct de *mérite*...

2. Ils conjugueront en entier le verbe *teindre*.

DICTÉE.

L'ARAIGNÉE ET LE VER A SOIE.

« Quoi ! toujours à recommencer ! s'écriait dans son désespoir une araignée à laquelle on venait d'enlever sa toile. Oh ! toujours un maudit balai viendra détruire mon travail ! Je finis par perdre courage. Humains capricieux, vous vous croyez sages, et vous persécutez la rivale de Pallas, déesse de la sagesse ; vous brisez sa toile si vantée ; et le ver à soie, cet insecte dégoûtant vous le choyez, vous recueillez précieusement son fil, mille fois plus gros, mille fois moins souple que le mien. » — Le ver à soie, qui l'avait entendue, lui répondit : « De grâce, modérez ce courroux ; chacun reconnaît que vous êtes très-habile ; nul ne conteste la délicatesse de votre tissu ; mais quel usage en peut-on faire ? Rien. Ne savez-vous donc pas que le mérite et l'estime sont proportionnés à l'utilité ? » (BOULANGER).

DEVOIRS ÉCRITS.

1. *Les élèves substitueront à la proposition soulignée, une interjection signifiant la même idée, le même sentiment.*

Je le déplore ! les hommes sont oublieux des bienfaits (hélas). — *Taisez-vous*, on pourrait vous entendre (chut). — *J'éprouve une douleur vive et subite !* laissez-moi, ne me tirez pas les cheveux (aïe). — *Je ressens une vive douleur !* Qu'il fait froid (aïe !) — *Je t'appelle*, Arthur, réponds-moi donc (ô). — *Que je le désire !* si tu pouvais répondre à mon appel (ah !) — *Je me moque* d'un plaisir que le remords peut troubler ! (fi !). — *Tombons tous* sur le bandit ! (haro). — *J'en suis tout étonné ! J'en suis tout étonné !* vous devez être mon héritier ? (ho ! ho !). — *J'en suis satisfait ! J'en suis satisfait !* vous vouliez tromper, et vous avez été pris dans vos piéges (ha ! ha !). (Les interjections à employer sont : chut, aïe, hélas, ha, haro, fi, ho, ô, oh.)

2. *Ils conjugueront aux modes 2, 3 et 5, et en changeant constamment de verbe,* se réveiller, s'habiller, s'agenouiller, nettoyer, ployer, arranger.

MODÈLE : 2 Je me réveille, tu t'habilles, il s'agenouille, nous nettoyons, vous ployez, ils arrangent. — Je me réveillais...

3. *Ils analyseront :* O mon âme, que ton occupation la plus chère soit (celle) de travailler à ton salut!

MODÈLE : *O,* interjection, signifiant ici *je te parle, je t'interpelle; mon,* adjectif possessif fém. sing. dét. *âme; âme,* n. comm. fém. sing. mis en apostrophe; *que,* conjonction liant la 2e proposition à *il faut* sous-entendu ; *ton,* adj. poss. fém. sing. détermine *occupation; occupation,* n. comm. fém. sing. sujet de *soit; la plus,* loc. adverb. qui modifie *chère ; chère,* adj. qualif. fém. sing. qualifie *occupation; soit ,* verbe subst. 4e conj. présent du subjonctif, 3e pers. du sing.; *de ,* préposition faisant rapporter *travailler* à *celle* sous-entendu ; *travailler,* verbe intr. 1re conj. au pr. de l'infinitif, compl. déterminatif de *celle* sous-entendu...

Nota. On pourrait aussi voir dans cette phrase une inversion ; on la traduirait ainsi : « O mon âme (il faut) que travailler à ton salut soit ton occupation la plus chère. ».

195e LEÇON.

Récapitulation sur les mots invariables.

EXERCICE ORAL.

TEXTE D'ANALYSE : Ho! l'on ne dit jamais que l'on n'a point d'esprit.

MODÈLE : *Ho,* interjection; *l',* lettre euphonique; *on,* pron. indéf. 3e pers. masc. sing. sujet de *dit; ne jamais,* loc. adverb. qui modifie *dit; dit,* verbe transitif, 4e conj. au prés. de l'ind 3e p. du sing; *que,* conj. faisant rapporter à *dit* la proposition qui en est le compl. direct;.. *d'* ou *de,* art. partitif masc. sing. dét. *esprit; esprit,* n. comm. masc. sing. compl. direct de *a.*

COMPOSITION.

A. *Écrire simplement.* — (*Le maître dicte une des lettres des leçons 191, 192 ou 193 ; ensuite ce qui suit.*)
Oh! toujours un maudit balai viendra détruire mon travail! hélas! que les hommes sont ingrats! — Oh! quelle douleur j'éprouve quand je pense à toi; ô mon fils, pourquoi t'ai-je perdu si jeune! Ah! qui me donnera de pouvoir au moins m'agenouiller sur ton tombeau!

B. *Écrire le verbe*
S'agenouiller *au 2e passé du conditionnel, les sujets étant féminins.*
S'habiller *au pluriel du présent du subjonctif.*
S'enorgueillir *à l'impératif,* en employant la négation *ne pas.*

Modèle : Je me fusse agenouillée, tu te fusses agenouillée, elle se fût agenouillée... — Que nous nous habillions, que vous vous habilliez, qu'ils s'habillent. — Ne t'enorgueillis pas, ne nous enorgueillissons pas, ne vous enorgueillissez pas.

C. *Analyser :* Le séjour le plus charmant à la fin nous ennuie.

Modèle : *Le,* art. simple masc. sing. dét. *séjour; séjour*, n. comm. masc. sing. sujet de *ennuie, le plus*, locution adverb. qui modifie *charmant; charmant,* adj. qualif. masc. sing. qual. *séjour; à la fin,* locution adverbiale qui modifie *ennuie :* (ou : *à,* préposition; *la,* article; *fin,* n. comm. compl. indirect de *ennuie*); *nous,* pron. pers. 1re pers. masc. pl. compl. direct de *ennuie; ennuie,* verbe transitif 1re conjug. prés. de l'indicatif 3e pers. du sing.

DEVOIRS ÉCRITS.

1. *Remplacer les points par le son ou l'articulation s bien orthographiée.*

Dispersion, envahissement, excursion, indice, accroissement, morsure, orifice, parcelle, permission, persécution, pincée, précepte, précis, procédé, prononciation, propension, rançon, renonciation, ressources abondantes, réussite, fortes secousses, serment, service, sollicitation, solution, soupçon, spécialité, substance, substitution, succession, suprématie, sursaut, trace, vacillation, vraisemblance.

Anse, cime, monceau, oasis, crevasse, espace, glacier, immensité, isthme, jaillissement, massif, océan, péninsule, précipice, récif, cité, site, source, sud, arrondissement, broussailles, cacis, calebasse, céleri, cep, septième, cosse, écorce, faucille, céréales, cerise, garance, gousse, herse, maïs, mousse, palissade, pouce (de la main), pousse (d'arbre), citrouille, racine, réglisse, sainfoin, semence, soc, sycomore, tronçon, coignassier, cerfeuil, persil, salsifis, jacinthe, souci.

2. *Conjuguer aux modes 2, 3 et 5, et en changeant constamment de verbe,* connaître, reconnaître, méconnaître, comparaître, disparaître, se reprendre.

3. *Analyser:* Partout et toujours, il sera nécessaire que vous preniez patience, si vous voulez jouir de la paix intérieure.

Modèle: *...Partout,* adverbe qui modifie *sera nécessaire; ...sera,* verbe unipersonnel 4e conjug. futur simple de l'indicatif; *nécessaire,* adj. qualif. masc. sing. attribut de *il* (ou attribut de *que vous preniez patience*); *que,* conjonction faisant rapporter la 2e proposition à la 1re...

196ᵉ LEÇON.

Homonymes (Gr. nº 172).

EXERCICE ORAL.

Définition. On appelle homonymes des mots qui ont la même prononciation et quelquefois la même orthographe, mais qui expriment des choses différentes.

1. Les élèves épelleront: «La chaîne, le chêne; la peine, le pène; la reine, le renne... »

2. Ils analyseront la phrase suivante :

Texte d'analyse : Les feuilles de houx conservent leur verdure même pendant le mois d'août.

DICTÉE.

Hais le péché, mais n'*aie* point de haine contre le pécheur. *Aie* confiance en Dieu, il *est* bon, il te pardonnera. Cueillez des mûres sur les *haies*. — L'*air* est lourd aujourd'hui. L'an mille de l'*ère* chrétienne, les hommes crurent que c'était la fin du monde : un grand nombre revêtaient la *haire* et faisaient des pénitences excessives. Donnez-moi quelques sous, je suis un pauvre *hère*, qui *erre* en fugitif dans ces forêts. L'*aire*, ou nid de l'aigle, forme un carré assez étendu. Le fermier a nettoyé l'*aire*, on va battre le froment. — Je cours à perdre *haleine*. Mon *alène* s'est cassée. — Défense d'entrer sous peine d'*amende!* lit-on à la porte d'un grand nombre d'usines. Les *amandes* seront chères cette année, parce que la fleuraison des amandiers n'a pas été heureuse. — La frégate a jeté l'*ancre*, mais malgré ce, le vent l'emporte contre les récifs. Il est rare de trouver de la bonne *encre*. — Une *ânée* est la charge d'un *âne*. Cette *année*-là, *Anne* et Caïphe étaient grands prêtres. — Mes *os* sont brisés par la douleur, ô Dieu très-*haut*; secourez-moi, car je suis sans force comme l'*eau* qui se répand. — Un *camp* fut établi près la ville de *Caen* à l'époque où Napoléon voulait exécuter le *dessein* d'une descente en Angleterre. — Je vais tracer le *dessin* de ce portique sur l'échelle d'un centimètre par *mètre. Bah!* je ne suis pas si docile, disait le baudet; je lance des *coups* de pied quand mon *maître* me met mon *bât*, comme lorsqu'il me met le *mors* à la bouche, ou la bride sur le *cou*. A la *mort* nous ne gardons que nos mérites pour le ciel.

DEVOIRS ÉCRITS.

1. *Placer devant les noms donnés* le *ou* la.

La vis, le vice; le gril, la grille; la tribu, le tribut; la foi, le foie; le bout, la boue; le brick, la brique; le sel, la selle; la chaîne, le chêne; le chaud, la chaux; le coq, la coque; le cours, la cour; le lait, la laie; la lie, le lit; la mer, la mère, le maire; le mors, la mort; la paire, le père; la poix, le poids; la reine, le renne; le bal, la balle; le bill, la bile; le céleri, la sellerie; le chrême, la crème; la statue, le statut; la peine, le pêne; le faîte, la fête; le luth, la lutte; le gaz, la gaze.

2. Placer devant les noms suivants un ou une.

Une haire, un hère; un auteur, une hauteur; un fil, une file; un tout, une toux; un cap, une cape; un croisé, une croisée; un foret, une forêt; une satire, un satyre; un roux, une roue; un pouce, une pousse; un mur, une mûre; un lieu, une lieue; une fois, un foie; un legs, une laie.

3. Placer en avant de chaque nom de genre le nom de l'objet qui en fait partie ou qui lui appartient.

A. *Air* fluide ou gaz, *aire* lieu pour battre le blé, *haire* chemise de crin; *alène* instrument perçant, *haleine* air rejeté des poumons; *année* durée de douze mois, *ânée* mesure; *houx* arbrisseau, *houe* fer large et recourbé, *août*, mois.

B. *Cygne* oiseau, *signe* expression ou indice; *thon* poisson, *taon* mouche, *ton* nuance; *sceau* cachet, *seau* vaisseau propre à puiser; *ver* insecte rampant; *batiste* toile très-fine, *Jean-Baptiste* prénom.

C. *Bond* saut rapide; *Cène* repas de Jésus-Christ, *Seine* fleuve, *scène* partie d'un théâtre; *ballet* danse, *balai* instrument pour nettoyer.

197ᵉ LEÇON.

Homonymes (Gr. nᵒ 172).

EXERCICE ORAL.

1. Les élèves épelleront: « *chéne* arbre, *chaîne* lien; *cri* éclat de voix, *cric* machine pour lever les fardeaux; *leste* qualité d'être agile, *lest* poids pour maintenir l'équilibre des navires... »

2. Ils analyseront la phrase suivante :

TEXTE D'ANALYSE : Le maître nous a expliqué les sous-multiples du mètre et du litre.

DICTÉE.

Le *cens* ou recensement se fait tous les cinq ans. L'archevêché de *Sens* est un des plus illustres. — L'*aire* ou nid de l'aigle lui *sert*, dit-on, pour toute sa vie. Cet oiseau a de formidables *serres*. — Ma *chère* sœur, ne passons pas notre vie dans la bonne *chère* et les festins. — Ne mangeons point de *chair* défendue. — La crèche est une *chaire* sublime, d'où Jésus-Christ nous prêche la pauvreté.

Au bas de notre mandement seront apposés le *sceau* de nos armes et le contre-*seing* de notre secrétaire. — *Saint* Etienne fut le premier *martyr* de l'Eglise; son *martyre* arriva environ un an après la mort de Jésus-Christ. — Un *lion* fait des *bonds* ou des *sauts* de dix à douze mètres. L'industrie de *Lyon* occupe un grand nombre d'ouvriers en *soie*. — S'il fallait le manger sans *pain*, le meilleur *mets* serait désagréable. Qui *met* sa confiance en *sot*, est *censé* se confier à un *sot* ou à un autre homme peu *sensé*. Le *geai* blessé est tombé loin de moi, à la distance d'un *jet* de pierre. — Le *jais* est une pierre d'un noir luisant. — La *crête* du *coq* est un *mets* excellent. — L'île de Candie s'appelait autrefois île de *Crète*; elle fut célèbre dans l'antiquité et aussi du temps des *Croisés*.

DEVOIRS ÉCRITS.

1. *Indiquer pour chaque mot donné à quelle partie du discours il appartient.*

Arête *nom*, arrête *verbe*; être *v.*, hêtre *n.*; doit *v.*, doigt *n.*; boîte *n.*, boite *v.*; vol *n.*, vole *v.*; voie *n.*, vois *v.*; violent *adj.*, violant *part.*; très *adv.*, trait *n.*; toi *pron.*, toit *n.*; sur *prép.*, sûr *adj.*; soufre *n.*, souffre *v.*; plaine *n.*, pleine *adj.*; oui *adv.*, ouï *part.*; mou *adj.*, moue *n.*; moi *pron.*, mois *n.*; main *n.*, maint *adj.*; lyre *n.*, lire *v.*; leur *adj. ou pron.*, leurre *n.*; leste *adj.*; lest *n.*; Laon *n.*, lent *adj.*; grâce *n.*, grasse *adj.*; goutte *n.*, goûte *v.*; gai *adj.*, guet *n.*; fosse *n.*, fausse *adj. ou v.*; différend *n.*, différent *adj.*, différant *part.*; danse *n.*, dense *adj.*; content *adj.*, contant *part.* comptant *part. ou adj.*; chut *interj.*, chute *n.*; chôme *v.*, chaume *n.*; car *conj.*, quart *n.*; brigand *n.*, briguant *part.*; bonace *n.*, bonasse *adj.*; apprêt *n.*, après *prép.*; antre *n.*, entre *prép.*; abbesse *n.*, abaisse *v.*

2. *Joindre à chaque substantif, le nom du genre ou de la classe à laquelle il appartient.*

A. *Faix* fardeau, *fait* acte; *zéphyr* petit vent, *zéphire* divinité; *martyr*, chrétien mourant pour sa foi, *martyre* supplice; *Rhin* fleuve, *rein* viscère; *Gand* ville, *gant* partie d'habillement.

B. *Voie* chemin, *voix* son; *sol* terrain, *saule* arbre; *pou* insecte, *pouls* battement des artères; *plainte* gémissement, *plinthe* planche mince; *rênes* courroies, *Rennes* ville de Bretagne; *coq* oiseau, *coke* combustible.

3. *Joindre à chaque nom l'adjectif qui lui convient.*

A. *Ver* rampant, *vers* alexandrin, *verre* fendu, *vert* foncé; *tante* généreuse, *tente* pavoisée; *sceau* apposé, *seau* rempli de vin, *saut* périlleux; *raie* pêchée, *rets* tendus.

B. *Point* géométrique, *poing* crispé; *pois* cueillis, *poix* fondue, *poids* vérifié; *cerf* réduit aux abois, *serf* fidèle à son seigneur; *ère* chrétienne, *air* chargé de vapeurs.

198e LEÇON.

Homonymes (Gr. n° 172).

EXERCICE ORAL.

1. Les élèves épelleront : « *Statue* colossale, *statuts* approuvés; *pène* rouillé ou oxydé; *peine* excessive; *fait* péremptoire, *faix* de 100 kilogrammes...

2. Ils analyseront la phrase suivante :

Texte d'analyse : Je suis jeune, la loi du jeûne n'est pas encore obligatoire pour moi.

DICTÉE.

Mettez ce *geai* en *joue*.— Il *vente* assez pour vanner.— Le *joug* du Seigneur est doux. — On *vante* le vin de Champagne.— *Vingt* fois j'ai manqué la *vente* de mes *dattes*. — Ce sont des fruits très-*sains*. — Le quatorze du *mois* de juillet était une *date* célèbre dans l'ère révolutionnaire. — Ces utopistes nous ont trompés; *leurs* promesses étaient un *leurre* ou une erreur. — Dis-*moi* qui tu *hantes*, je te dirai qui tu *es*. — *Aie* soin de mes espaliers, *ente*-les le plus tôt possible. — *Délace*-moi, mon corset me *serre* trop. — Le sommeil *délasse* l'esprit. — Comme il s'élève des *différends* de plusieurs espèces, il faut aussi *différents* juges pour les terminer. — Est-ce qu'en *différant* votre conversion, vous éloignez d'une minute l'heure de votre *mort?* — Le cheval qui a le *mors* aux *dents* ne connaît plus les *rênes*, ni la *voix* de son maître; il se lance *dans* des *voies* dangereuses et souvent se précipite *dans* les ravins. — En *vain* je déploie du courage, mon ennemi me *vainc* toujours. — *Vingt* fois déjà le son du *cor* a retenti dans la *forêt*. — Achetez-moi un *foret*, et payez-le *comptant*. — Ce n'est pas en nous *contant* des rêveries que vous nous rendrez *contents*. — J'aime beaucoup le *conte* du petit Poucet. — Les *comtes* de *Foix* ont été célèbres.—Heureux qui meurt pour sa *foi!* — Les *ais* des voitures publiques sont souvent déjoints.

DEVOIRS ÉCRITS.

1. *Désigner la partie du discours à laquelle appartient chacun des mots donnés.*

Vend *v.*, vent *n.*, van *n.*; vingt *adj.*, vainc *v.*, vint *v.*, vain *adj.*, vin *n.*; tond *v.*, thon *n.*; tint *v.*, thym *n.*; soie *n.*, soi *pron.*, soit *v.* ou *conj.*; six *adj.*, scie *n.*; sale *adj.*, salle *n.*; puits *n.*, puis *adv.*, le Puy *n.*; paon *n.*, pend *v.*, pan *n.*; perd *v.* pair *adj.* ou *n.*, paire *n.*; pain *n.*, peint *v.*, pin *n.*; ni *conj.*, nid *n.*; mors *n.*, mord *v.*; mai *n.*, met *v.*, mais *conj.*, mets *n.* ou *v.*; lis *n.*, lisse *adj.* ou *v.*; laid *adj.*, lait *n.*, guère *adv.*, guerre *n.*; fi *interj.*, fit *v.*, fils *n.*; faim *n.*, feint *v.*, fin *n.*, étang *n.*, étend *v.*; dont *pron.*, donc *conj.*, don *n.*

2. *Joindre à chaque nom celui du genre ou de la classe à laquelle appartiennent les êtres qu'il signifie.*

A. *Rome* ville, *rhum* liqueur; *ris* expression de gaieté, *riz* plante; *palais* édifice, *palet* pièce plate et ronde; *Hérault* rivière, *héros* guerrier très-vaillant, *héraut* officier public.

B. *Hautesse* titre d'honneur, *hôtesse* maîtresse d'hôtel; *hâle* chaleur du soleil altérant le teint, *halle* hangar où se tient le marché; *Grèce* État, *graisse* substance animale aisée à fondre; *Galle* principauté d'Angleterre, *gale* maladie; *frais* dépenses, *frêt* louage d'un navire.

3. *Accompagner chaque nom du complément déterminatif qui lui convient.*

A. *Chaire* à prêcher, *chair* de poulet; *champ* de blé, *chant* de triomphe; *contes* des fées, *compte* d'apothicaire, *comte* du Charollais, *fonts* de baptême, *fond* du puits, *fonds* de terre et de vigne.

B. *Pair* de France, *paire* de ciseaux; *pot* à eau, *peau* d'âne, *rives* du Pô, *ville* de Paris, *mètre* de drap, *maître* d'hôtel; *bans* de mariage, *bancs* d'église.

199e LEÇON.

Homonymes (Gr. n° 172).

EXERCICE ORAL.

1. Les élèves épelleront: « *Céleri* arraché, *sellerie* vaste; *cap* de la Hogue, *cape* décousue; *coin* obscur, *coin* en acier, *coing* découpé; saint *chrême*, bonne *crème*... »

2. Ils analyseront la phrase suivante:

TEXTE D'ANALYSE : La ville de Saintes était ceinte de fortes murailles.

DICTÉE.

Un nid d'écureuil est sur ce *pin*. — *Dès* demain je serai *clerc* d'avoué. — L'église Saint-Nizier à Lyon possède un *dais* d'un grand prix. — Je *bous* d'impatience d'arriver au *bout* de la carrière que je commence. — L'homme de *cœur* tient à sa parole. — Répétons en *chœur* le champ du triomphe. — Le *lis* est une des plus belles fleurs. — J'ai une *canne* faite d'une branche de *hêtre*. — La feuille de rose est aussi *lisse* qu'éclatante. — Cette *cane* doit *être* tuée et plumée *quand* je reviendrai; François se chargera de cette opération; *quant* à moi, je vais quérir un fagot de *pin* pour la faire *cuire*. — Mon *cuir* de rasoir est *excellent*. — Ce n'est *qu'en excellant* dans son *art* qu'on peut arriver à la gloire. — Une *tribu* soumise doit payer un *tribut*. — Sous le *toit* de *chaume* habite la paix. — *Toi* qui *chômes* tous les lundis, tu ne seras jamais qu'un pauvre *hère*. — *Panse* les blessés. — *Pense* aux plus malheureux, et donne-leur tes premiers soins. — Je *pêche* des *raies*. — Tu *pêches* lorsque tu confectionnes des *rets* le dimanche. — Que d'artistes manquent de *pain!*

1. *Les élèves indiqueront la partie du discours à laquelle appartient chaque mot donné.*

Aie *v.*, ais *n.*, hais *v.*, haie *n.*, es *v.*; erre *v.*, haire *n.*; Anvers *n.*, envers *prép.*; août *n.*, ou *conj.*, où *pron.* ou *adv.*; avent *n.*, avant *prép.*; bon *adj.*, bond *n.*; quand *conj.*, quant à *prép.*; selle *n.*, celle *pron.*, scelle *v.*, sel *n.*; cène *n.*, saine *adj.*; cent *adj.*, sang *n.*, sans *prép.*, sent *v.*; cinq *adj.*, ceint *part.*, sain *adj.*, sein *n.*; chaud *adj.*, chaux *n.*; clair *adj.*, clerc *n.*; cour *n.*, court *adj.* ou *v.*; crin *n.*, craint *v.*; cuir *n.*, cuire *v.*; dais *n.*, dès *prép.*, des *art. contracté*; dam *n.*, dent *n.*, dans *prép.*; vœu *n.*, veut *v.*, coût *n.*; coud *v.*; Saintes *n.*, sainte *adj.*, ceinte *part.*

2. *Ils uniront à chaque nom, celui du genre auquel appartient l'être qu'il désigne.*

A. *Date* époque, *datte* fruit; *cou* partie du corps animal, *coup* choc, *coût* prix de revient; *corps* substance étendue, *cor* instrument à vent; *coing* fruit du cognassier, *coin* endroit caché.

B. *Cane* oiseau de basse-cour, *canne* petit bâton, *Cannes* ville de Provence; *chaos* mélange désordonné, *cahot* soubresaut d'une voiture; *Aisne* rivière, *haine* ressentiment; *ache* herbe, *hache* instrument tranchant; *cric* machine pour soulever des fardeaux; *hart* corde ou lien.

3. *Ils joindront à chaque nom l'adjectif qui lui convient.*

A. *Teint* hâlé, *thym* odoriférant; *port* abrité et sûr, *pores* resserrés; *plant* arraché, *plan* approuvé et exécuté; *cri* strident; *hôtel* bien approvisionné, *autel* consacré.

B. *Arrhes* rendues, *ares* mesurés, *arts* libéraux; *desseins* bien conçus, *dessins* ombrés et lavés; *ancre* jetée à la mer, *encre* noire; *amande* cueillie, *amendes* imposées.

200ᵉ LEÇON.

Récapitulation sur les homonymes.

EXERCICE ORAL.

1. Les élèves épelleront : « *danse* défendue, corps *dense* et pesant; *plain*-chant, litre trop *plein*; *palet* jeté, *palais* ruiné; *mur* exhaussé, vœu *exaucé*... »

2. Ils analyseront la phrase suivante :

TEXTE D'ANALYSE : Toute la vie de Jésus n'a été qu'une croix et un martyre continuel.

COMPOSITION.

A. *Écrire simplement :*

Aie confiance en Marie, elle hait le péché, mais elle est compatissante pour les pêcheurs. L'an six cent vingt-deux de l'ère chrétienne commença l'ère mahométane. — Des chants de triomphe retentirent dans le camp des Israélites, et les échos des forêts les répétèrent au loin. — Malheur à qui portera la main sur l'oint du Seigneur! — Saint Étienne, premier martyr, souffrit le martyre l'année même de la mort de Jésus-Christ. — J'ai couché en joue un geai qui était sur la haie; j'ai tiré mes deux coups, et l'oiseau est tombé à la distance d'un jet de pierre. — La muraille sera exhaussée. Ma prière a été exaucée. — Écoute ma voix. Ne suis pas cette voie dangereuse. — Le son du cor a retenti. — Délacez-moi, mon corset me serre trop. — Le corps humain est un chef-d'œuvre. — J'ai payé le fret du navire et les frais d'embarcation.— Une tribu domptée doit payer le tribut.

Ancre d'espérance, arrhes rendues, beaux-arts cultivés; plan exécuté, plant arraché; le faîte, la fête; un cap, une cape; un roux, une roue; le foie, une dixième fois, la foi chrétienne; la tante généreuse; la tente pavoisée; les pois cueillis, les poids poinçonnés.

Arête, *n. comm.*; hêtre, *n. comm.*; souffre, *verbe à l'impératif;* soufre, *n. comm.*; leste, *adj.*; lest, *n. comm.*; Laon, *n. propre de ville;* pair, *adj.*; paire, *n. du fém.*; peins, *verbe à l'impératif;* clair, *adj.*; Clair, *prénom du masculin;* clerc, *n. comm.*

B. *Écrire le nom sans la définition ou sans le nom de la classe.* (Les enfants n'écriront que ce qui est en italique.)

Sceau cachet, *Seine* fleuve, *ton* manière d'être de la voix, *seau* vaisseau pour puiser, *scène* partie d'une pièce de théâtre, *cène* repas, *taon* mouche qui pique, *houx* arbrisseau, *plinthe* ornement de salon, *Gand* ville des Pays-Bas, *août* huitième mois de l'année, *plainte* gémissement, *gant* partie d'habillement, *conte* historiette ou fable, *peau* membrane, *compte* calcul ou état, *Pô* fleuve d'Italie.

DEVOIRS ÉCRITS.

1. *Remplacer les points par le son* an *bien orthographié.*

Le p*aon* orgueilleux, le p*an* de ma lévite; p*an*se r*an*une plaie, p*an*ser à l'avenir; principes différ*ents*, différ*ends* arrangés; liquide très-dense, d*an*se du petit montagnard; arg*ent* compt*ant*, élèves cont*ents*; v*ent* du midi, v*an* rempli de grain; am*an*de cassée, am*endes* imposées; *ancre* brisée, encre versée; le *temps* de l'av*ent*, la ville de C*aen*, le c*amp* des Français; du s*ang* répandu, le s*ens* commun, un c*ent* de coings; un ét*ang* profond; la peine du d*am*, mal de d*ent*; *anse* de panier, t*an* ou écorce de chêne. Le vétér*an* v*an*te ses traits de vaillance. Mainten*ant* il v*en*te et il pleut.

Noms : a*n*tre, afflu*ent*, embouchure, f*an*ge, l*an*des, occid*ent*, p*ente*, sept*en*trion, volc*an*, engrais, l*en*tille, p*am*pre, térébenthine, m*en*the, *amb*ulance, *emb*uscade, enrôl*ement*, ét*en*dard, g*en*darme, rempart, s*en*tinelle, trid*ent*, dét*ente*, adjud*ant*, serg*ent*, rég*ent*, artis*an*, avent*urier*, charlat*an*, contrebandier, gentilhomme, représentant, intendant, mendiant, rentier, taillandier, tisserand, faïencier, financier.

2. *Conjuguer le verbe s'en aller aux temps simples des modes personnels, en employant pour compléments les mots ci-après.*

Voiture, calèche, omnibus, fiacre, cabriolet, carrosse (prép. *en*). — Une carriole, une charrette, notre chariot, la diligence, le fourgon, un coche (prép. *dans*).—Un char, une patache, un tombereau, un char à bancs, un wagon, un camion (prép. *sur*). — Le premier train, l'express, le courrier, les messageries, le train omnibus, la concurrence (prép. *par*).

Bientôt, ce soir, demain, aussitôt, trop tard, dans deux heures.

A pied, au plus tôt, vite.

Sans itinéraire, à cent lieues, sans passe-port, sans retard, par la poste, par le roulage. — La première station, à l'arrivée de la locomotive, de toute la vitesse de son cheval, à la grande halte, au second relais, loin de la carrière.

Modèle : Je m'en vais en voiture, tu t'en vas en calèche, il s'en va en omnibus, nous nous en allons en fiacre, vous vous en allez en cabriolet, ils s'en vont en carrosse. — Je m'en allais dans une carriole... — Je m'en allai sur un char... — Je m'en irai par le premier train... — Je m'en irais bientôt... — Va-t'en à pied... — Que je m'en aille sans itinéraire... — Que je m'en allasse à la première station,... que tu t'en allasses à l'arrivée de la locomotive, qu'il s'en allât de toute la vitesse de son cheval...

3. *Analyser :* Celui qui persévérera jusqu'à la fin sera sauvé.

Modèle : *Celui*, pron. dém. 3ᵉ pers. masc. sing. sujet de *sera sauvé; qui*, pron. conj. 3ᵉ pers. masc. sing. sujet de *persévérera; persévérera*, verbe intr. 1ʳᵉ conj. futur simple de l'ind. 3ᵉ pers. du sing.; *jusqu'à*, locution prépositive qui fait rapporter *fin* à *persévérera...*

DICTÉES

DE RÉCAPITULATION GÉNÉRALE.

201. — LA CRÉATION DU MONDE.

Dieu a fait le monde de rien, par sa parole et sa volonté, et pour sa gloire: il l'a fait en six jours. Le premier jour, il créa le ciel et la terre, ensuite la lumière; le deuxième jour, il créa le firmament; le troisième, il sépara la terre d'avec les eaux, et fit produire à la terre toutes les plantes; le quatrième, il créa le soleil, la lune et les étoiles; le cinquième, il forma les oiseaux dans l'air et les poissons dans la mer; le sixième, il produisit les animaux terrestres, et forma l'homme à son image et à sa ressemblance; puis Dieu se reposa le septième jour. Le premier homme fut nommé Adam, mot qui veut dire tiré de la terre; la première femme fut nommée Eve, mot qui signifie la vie, parce qu'elle devait être la mère des humains. Dieu les mit dans le paradis terrestre, qui était un jardin délicieux où ils vivaient heureux; là, ils ne souffraient aucune incommodité, et ne devaient point mourir. (FLEURY.)

202. — LE CHOU.

Un père laborieux cultivait dans son jardin plusieurs espèces de légumes. Un jour, il dit à son fils encore jeune: « Vois-tu, mon ami, à l'envers de cette feuille de chou, ces jolis petits points jaunes? Ce sont autant de petits œufs d'où proviendront de pernicieuses chenilles. Aie soin, cette après-midi, d'éplucher chaque feuille, et de briser les œufs qui s'y trouvent collés. C'est ainsi que nos choux seront toujours beaux, verts et en bon état. » L'enfant, croyant qu'il était toujours temps de s'occuper d'un pareil travail, finit par ne plus y penser. Pendant quelques semaines, le père ne se porta pas bien et ne vint pas au jardin; mais lorsqu'il fut rétabli, il prit par la main le petit négligent et le conduisit près du carré de choux. Ils étaient presque entièrement dévorés, la tige seule restait avec les côtes des feuilles. Le petit garçon, effrayé et confus, versait des larmes sur sa négligence. Son père lui dit: « Ce qui peut se faire aujourd'hui, fais-le tout de suite, et ne le remets jamais au lendemain. » (SCHMID.)

I. M. *Ce texte peut être traduit en supposant deux enfants au lieu d'un* «... Un jour il dit à ses deux fils encore jeunes : Voyez-vous, mes amis... »

203. — L'ASIE.

L'Asie est la plus grande des quatre parties de l'ancien monde; elle a neuf mille sept cents kilomètres du nord au sud, et douze

mille huit cent cinquante de l'est à l'ouest. Ce fut en Asie que
Dieu plaça le paradis terrestre, où furent mis Adam et Eve.
L'Asie devint encore la nourrice du monde après le déluge; là
aussi furent fondées les premières villes, les premiers empires,
et les premières églises chrétiennes. On y trouve du blé, du riz,
du vin, des fruits excellents et quantité d'épiceries. On en tire
aussi de l'or, de l'argent, des perles, des pierreries, de l'ivoire,
du café, de l'encens, du thé, etc. Ses habitants, excepté vers le
nord, sont en général d'une assez belle nature, et varient, pour
la couleur, du blanc au basané. Si certaines contrées de l'Asie
réclament la supériorité sur le reste de la terre, on doit dire que
la Turquie d'Asie, ce pays autrefois le plus peuplé et le mieux
cultivé, est devenu inculte, et semble maintenant frappé d'une
complète stérilité.

204. — L'AFRIQUE.

L'Afrique est une vaste presqu'île, qui tient au continent par
une langue de terre d'environ cent vingt kilomètres de large, et
que l'on nomme l'isthme de Suez. Cette partie du monde n'offre
que peu de rivières de long cours et d'une navigation facile; ses
ports présentent rarement un asile assuré aux vaisseaux; aucune
mer méditerranée, aucun grand fleuve, aucun chemin n'offre
une voie sûre pour arriver au centre de cette grande contrée,
qu'on pourrait presque appeler un immense désert. L'Afrique,
placée sous l'équateur, offre les climats les plus chauds, et rien
ne tempère cette chaleur que les pluies annuelles, les vents de
mer et l'élévation du sol. Ce n'est pas le froid qui fait l'hiver
sous la zone torride, ce sont les pluies; c'est pour cela que,
dans bien des endroits de ces régions, il n'y a que deux saisons,
l'été et l'hiver. Tandis que l'homme est exilé de beaucoup de
parties de ce continent, un grand nombre d'animaux sauvages
et féroces occupent sa place, et se répandent sur toute la surface
de cette contrée, où ils exercent leur empire.

205. — L'AMÉRIQUE.

L'Amérique ou Nouveau-Monde fut découverte par Christophe
Colomb, en mil quatre cent quatre-vingt-douze. Ce vaste continent est opposé à celui que nous habitons, et se divise en Amérique septentrionale et en Amérique méridionale. On y recueille
d'excellents fruits, dont la plupart sont inconnus à l'Europe. On
en tire du sucre, du tabac, de l'indigo, de la cochenille, des
cuirs et des pelleteries. Mais ce qui, par-dessus tout, a attiré les
Européens en Amérique, ce sont les mines d'or et d'argent, les
diamants, les perles, etc. Les naturels sont en général basanés
ou cuivrés. Ceux qui ont quelque commerce avec les Européens
sont devenus moins sauvages; mais la plupart des autres sont
sérieux, mélancoliques, cruels, et même anthropophages. Presque tous les Américains suivent la religion que professent ceux
qui les ont soumis; les autres adorent le soleil, la lune ou un
être suprême, qu'ils appellent Grand-Esprit.

206. — RESPECT POUR LA RELIGION ET SES MINISTRES.

Rodolphe de Habsbourg, qui devint plus tard empereur d'Allemagne, allait un jour à la chasse dans une forêt; il était monté sur un superbe coursier; son écuyer portait ses javelots et marchait à sa suite.

Arrivé dans une prairie, le prince entend le bruit d'une clochette; il regarde, et voit un prêtre à cheveux blancs précédé de son clerc, et portant entre ses mains l'hostie consacrée; à cette vue il se découvre, prie et suit des yeux le ministre du ciel.

Mais soudain il le voit s'arrêter au bord d'un torrent et ôter sa chaussure : « Que faites-vous? s'écrie Rodolphe.

— Je cours chez un malade qui soupire après cette nourriture céleste; le pont sur lequel je passais a été emporté par les eaux, et comme il ne faut pas que le mourant soit privé du salut auquel il aspire, je vais traverser le courant pieds nus. »

Rodolphe ne peut souffrir que le vieillard s'expose ainsi, il le fait monter sur son cheval, et lui met la bride entre les mains.

Pendant que le prêtre porte la nourriture fortifiante au malade qui l'appelle, le jeune seigneur retourne à son château, heureux d'avoir renoncé au plaisir de la chasse pour faire un acte de religion et d'humanité.

207. — L'ENFANT PRODIGUE.

Un homme avait deux fils. Le plus jeune dit à son père: Mon père, donnez-moi mon partage; et le père leur partagea son bien. Quelque temps après, le cadet, ayant tout ramassé, alla voyager dans un pays éloigné, et il dissipa en débauches tout ce qu'il avait. Après qu'il eut tout mangé, il survint une grande famine en ce pays-là, et il se trouva dans l'indigence. Alors il se mit au service d'un des habitants du pays, qui l'envoya dans sa métairie garder les pourceaux. Bientôt, considérant la grande misère dans laquelle il était tombé, il rentra en lui-même, et dit: Je me lèverai et j'irai à mon père, et je lui dirai : Mon père, je suis coupable envers le Ciel et envers vous; je ne mérite plus d'être appelé votre fils. Il partit, et vint trouver son père. Comme il était encore éloigné, son père l'aperçut, courut à lui et l'embrassa; ce bon père, image de Dieu recevant le pécheur qui se convertit, manifesta sa joie en faisant un grand festin.

208. — LE GRAIN DE BLÉ.

Dans l'entrepont d'un navire récemment arrivé d'Europe, deux jeunes habitants des îles de la mer Pacifique trouvèrent un grain de blé. « Le blé, sans aucun doute, est une plante très-utile, dit le plus âgé; mais que faire d'un seul grain? » et il le rejeta d'un air dédaigneux. Son camarade, plus avisé, se hâta de le ramasser. Le soir même, il le planta et lui consacra ses soins les plus assidus. La première récolte aurait tenu dans un dé; la deuxième, il avait pu en remplir une coupe; et dès la troisième il put distribuer quelques grains à ses amis. Par la suite il recueillit non-seulement d'abondantes moissons, mais il eut encore la gloire d'avoir introduit dans son pays une culture qui fit sa fortune et celle de ses compatriotes. C'est ainsi que parvient à d'immenses résultats celui qui ne se laisse rebuter ni par l'aridité du travail, ni par la longue attente de ses produits.

209. — SAINT ARCADE.

Pendant une violente persécution contre les chrétiens, Arcade quitta sa maison et alla se cacher dans une solitude profonde, où il servait Dieu dans le silence et la prière. Les persécuteurs, étant entrés dans sa maison, y trouvèrent un de ses amis qui était aussi son proche parent ; ils le jetèrent en prison, en lui déclarant qu'il y demeurerait jusqu'à ce qu'il eût fait connaître le lieu où Arcade était caché. Celui-ci, informé de cet événement, sortit de sa retraite et alla se présenter au gouverneur. « Si c'est à cause de moi, lui dit-il, que vous retenez mon parent prisonnier, me voici, je viens me remettre entre vos mains. Relâchez-le donc et disposez de mon sort. »

Le gouverneur fit mettre le prisonnier en liberté, et employa toutes sortes de moyens pour engager Arcade à sacrifier aux idoles ; mais ce courageux chrétien résista constamment aux séductions et aux menaces ; enfin il souffrit le martyre, et il eut la double gloire d'être tout ensemble le martyr de la foi et celui de l'amitié.

210. — ÉDUCATION DES JEUNES SPARTIATES.

A Sparte, on accoutumait les enfants à rester seuls, à marcher dans l'obscurité, afin de les habituer à ne rien craindre. On les accoutumait aussi à n'être ni difficiles, ni délicats pour leur nourriture ; à ne point se livrer à la mauvaise humeur, aux cris, aux pleurs et aux emportements, à marcher nu-pieds, et à coucher sur la dure, à porter le même habit en hiver et en été, pour s'endurcir contre le froid et le chaud.

A l'âge de sept ans, on les mettait sous la conduite de maîtres habiles et sévères. Leur éducation n'était, à proprement parler, qu'un apprentissage d'obéissance : le législateur ayant bien compris que le moyen le plus sûr d'avoir des citoyens soumis aux lois et aux magistrats, était d'apprendre aux enfants, dès leurs premières années, à être parfaitement soumis à leurs maîtres. (B.)

I. M. *Ce texte peut être traduit en mettant* enfant *au singulier.*

211. — LE BEAU FRUIT.

Le petit Louis examinait, au jardin, des plantes étrangères déposées dans des vases élégants. Sur un arbuste peu élevé il vit un fruit d'une forme oblongue, dont les feuilles étaient d'un vert foncé, et dont la rougeur surpassait celle de la pourpre et de l'écarlate. « Quel admirable fruit! s'écria-t-il ; il n'en existe pas de plus beau dans tout le jardin. Oh! il doit avoir un excellent goût. » Il regarda soigneusement autour de lui si personne ne l'observait, cueillit le fruit et le porta à sa bouche. Mais tout à coup il sentit comme un feu ardent, et rejeta bien vite le fruit en versant des larmes. Cependant la vive douleur qu'il ressentait ne se calmait pas. Sa mère accourut à ses cris et lui dit : « Désobéissant que tu es, combien de fois ne t'ai-je pas défendu de manger ce que tu ne connaissais pas? Tu as été puni de ta désobéissance ; tu es même fort heureux de ne pas avoir avalé le fruit, car il aurait pu t'en coûter la vie. Ce fruit, qu'on nomme le poivre d'Espagne, est la vive image du péché, qui nous séduit par une apparence trompeuse, mais dont la jouissance n'entraîne après elle que la douleur et la mort. » (SCHMID.)

212. — CHARLES XII.

Charles XII avait un jour, dans l'ivresse, oublié le respect qu'il devait à la reine son aïeule; elle se retira, pénétrée de douleur, dans son appartement. Le lendemain, comme elle ne paraissait pas, le roi en demanda la cause, car il avait tout oublié. On la lui dit. Il alla trouver la princesse. « Madame, lui dit-il, je viens d'apprendre qu'hier je me suis oublié à votre égard; je viens vous en demander pardon; et, afin de ne plus tomber dans cette faute, je vous déclare que j'ai bu hier du vin pour la dernière fois de ma vie. »

Il tint parole. Depuis ce jour, il fut d'une sobriété qui ne contribua pas moins que l'exercice à rendre son tempérament fort et robuste. Jamais il ne se plaignit que ses mets fussent peu délicats ou mal apprêtés. Après un repas frugal, il faisait à cheval de longues courses, et, le soir en campagne, il couchait sur de la paille étendue par terre, tête nue, sans draps, couvert seulement d'un manteau. Il acquit par là un tempérament de fer, que les fatigues les plus violentes ne purent abattre.

213. — LA PATRIE.

La patrie, c'est le pays où nous avons reçu, avec le jour, les premiers baisers d'une mère; le pays où nous avons nos parents et nos amis; le pays où nous sommes compris lorsque nous parlons. Enfants, si vous étiez hors de la France, on ne vous comprendrait pas; on rirait de votre langage, comme il vous est arrivé peut-être de rire de ceux qui ne parlaient pas français. Oh! mes amis, ne riez jamais d'un étranger! On est si malheureux sur la terre étrangère! On meurt quelquefois, sachez-le, du mal du pays. Vous n'en devez pas être surpris, vous qui pleurâtes amèrement quand on vous arracha de la chaumière de votre bonne nourrice et de son village, dont vous aimiez tant le clocher. Eh bien! on éprouve en grand pour la patrie tout entière ce que vous éprouvez pour la campagne qui fut témoin de vos premiers jeux. L'amour de la patrie est quelque chose de semblable à l'amour filial, car la patrie est une mère aussi... Aimez donc bien votre pays, et quand vous serez grands, que vous pourrez manier une épée, un fusil, défendez-la comme vous défendriez votre père, si des méchants voulaient le tuer. (*J. des Enfants.*)

I. M. *Ce texte peut être traduit en supposant qu'on ne parle qu'à un enfant...* : Enfant, si tu étais hors de la France, on ne te comprendrait pas, on rirait de ton langage...

214. — LE PAGE DE FRÉDÉRIC.

Un jour Frédéric II, roi de Prusse, ayant sonné sans que personne répondit à son appel, ouvrit la porte de son antichambre, et trouva son page endormi sur une chaise. Au moment où il allait l'éveiller, il aperçut un papier écrit sortant de la poche du dormeur. La curiosité du roi était excitée: il ouvrit le papier. C'était une lettre de la mère du jeune page, dans laquelle elle remerciait son fils des secours d'argent qu'il lui avait envoyés.

Frédéric, charmé de la conduite de ce bon fils qui se privait de sa paie pour aider sa mère, alla prendre un rouleau de ducats et le glissa avec la lettre dans la poche de l'enfant.

Un instant après, il tira le cordon de la sonnette. Le page se réveilla et accourut auprès de Frédéric : « Vous avez dormi, » lui dit le roi. Le jeune homme tâcha de s'excuser, et, mettant la main dans sa poche, qui lui semblait plus lourde qu'à l'ordinaire, il y trouva le rouleau de ducats. Il le prit, pâlit, trembla, et ne put articuler une parole. « Qu'avez-vous? dit le roi. — Hélas! Sire, répondit le page, quelqu'un veut me perdre, je ne sais d'où m'est venu cet or. — Rassure-toi, reprit Frédéric; c'est moi qui ai voulu récompenser ta piété filiale; envoie cette somme à ta mère, et assure-la bien que j'aurai soin d'elle et de toi. »

215. — LE CHAMP D'ORGE.

Dans le siècle dernier, pendant que les Français faisaient la guerre en Allemagne, un capitaine de cavalerie reçoit l'ordre d'aller au fourrage. Il part à la tête de sa compagnie, et se rend dans le lieu qui lui était assigné. C'était un vallon solitaire, où l'on ne voyait presque que des bois; il aperçoit une pauvre cabane, il y frappe. Un vieillard ouvre la porte et se présente à lui. « Mon bon père, dit l'officier français, montrez-moi un champ où je puisse faire fourrager mes cavaliers. »

Le paysan se met à la tête des cavaliers, et remonte avec eux le vallon.

Après un quart d'heure de marche, ils trouvent un beau champ d'orge. « Voilà ce qu'il nous faut, dit le capitaine. — Venez un peu plus loin, reprit le conducteur, vous serez plus contents. »

Continuant de marcher, ils arrivent à un autre champ d'orge. La troupe aussitôt descend de cheval, fauche l'orge et la met en paquets. L'officier dit alors à son guide : « Vous nous avez fait venir trop loin sans nécessité; le premier champ valait mieux que celui-ci. — Oui, monsieur, reprit le vieillard; mais celui-ci m'appartient, et l'autre n'est pas à moi. »   (BARRAU.)

216. — SAGE RÉPONSE.

Le gouverneur de la Virginie causait un jour dans la rue avec un négociant, lorsque passa un nègre qui le salua; il lui rendit le salut. « Comment, dit le négociant, vous saluez un nègre? — Sans doute, répondit le gouverneur, je serais bien fâché qu'un nègre se montrât plus poli que moi. »

217. — SAINT LAURENT JUSTINIEN.

Saint Laurent Justinien eut, pendant sa jeunesse, un mal au cou pour la guérison duquel il fallut employer le fer et le feu. Le moment de l'opération étant arrivé, il rassurait lui-même les spectateurs, qui témoignaient les plus vives craintes. « Pourquoi craignez-vous? leur disait-il. Pensez-vous que je ne puisse recevoir la constance dont j'ai besoin de Celui qui sut non-seulement consoler, mais délivrer même des flammes les trois enfants jetés dans la fournaise? » Il souffrit l'opération sans laisser échapper aucun soupir, et en prononçant seulement le nom sacré de Jésus. Il montra tout de suite le même courage lorsqu'on lui fit une autre incision douloureuse. « Coupez hardiment, disait-il au chirurgien qui tremblait, votre instrument n'approche pas des ongles de fer avec lesquels on déchira les martyrs. »

218. — PAROLE REMARQUABLE.

Rutilius, Romain célèbre, avait un ami qui vint un jour lui demander une chose injuste; il la lui refusa avec fermeté. « Si je ne puis rien obtenir de vous, reprit cet ami, à quoi donc me servira votre amitié? — Et quel fruit retirerai-je de la vôtre, répondit Rutilius, s'il faut la conserver aux dépens de la vertu et de la justice? »

219. — L'ÉCUREUIL.

Ce joli petit animal est généralement recherché pour l'élégance de sa forme, la légèreté de ses mouvements, et la gentillesse de son humeur. Quoique naturellement sauvage, il se familiarise facilement avec sa prison, et, quoique excessivement timide, il reçoit bientôt sans le moindre effroi les plus familières caresses de la main qui le nourrit. Il vit ordinairement dans les bois, et se fait avec de la mousse ou des feuilles un nid commode et spacieux dans le creux des arbres. Il descend rarement à terre, mais saute d'arbre en arbre avec la plus grande agilité; il est d'une vigilance extrême. Sa nourriture consiste en fruits, amandes, noix et grains, dont il amasse une grande quantité pour ses provisions d'hiver : il les garde soigneusement près de son nid, et n'y touche que lorsqu'il ne peut plus rien trouver ailleurs. En été, il se nourrit de bourgeons, de jeunes rejetons; il est surtout amateur de glands de sapin et de chêne.

(ARDANT.)

I. M. *On peut traduire ce texte en mettant* écureuil *au pluriel.*

220. — L'ENFANT PIEUX.

La piété semblait avoir pris plaisir à se former un temple digne d'elle dans le jeune Lepelletier. La douceur et la modestie paraissaient sur son visage : on croyait lire dans ses yeux la candeur de sa belle âme. Les plus doux moments de sa journée étaient ceux qu'il pouvait passer au pied des autels, et sa présence dans le lieu saint était une éloquente leçon pour ceux qui l'y voyaient. Quand il rencontrait une église sur son chemin, la pensée qui lui venait que Dieu y est présent, ne lui permettait pas de passer sans entrer pour y prier. Il avouait à ses amis qu'il préférait les jours de congé aux autres, par la raison que, ces jours-là, il avait plus de temps à donner à la prière et aux pieux exercices. Beaucoup de ses condisciples, sur lesquels ses exemples faisaient une vive impression, se rendaient dans les églises où ils comptaient le trouver, afin de s'édifier de sa piété, et plusieurs en étaient touchés jusqu'à verser des larmes.

(L'abbé PROYART.)

221. — LE LION.

Le lion, né sous le soleil brûlant de l'Afrique où des Indes orientales, fort, fier et terrible, est justement surnommé le roi des animaux. Il n'est pas avide de carnage : au contraire, il est sobre, généreux et même susceptible d'attachement. Il est long de deux et quelquefois de trois mètres, et peut vivre jusqu'à soixante-dix ans. Il a l'air imposant, la démarche noble, la voix terrible. Sa large tête est ombragée d'une épaisse crinière; son œil étincelant, vif, farouche. Le poil de la partie postérieure ou inférieure du corps est court, soyeux, et sa couleur, communément jaunâtre. Son cri est un rugissement creux, coupé, réitéré, surtout quand cet animal est en fureur.

I. M. *Ce texte est traduisible par le pluriel.*

222. — LE MOINEAU.

Le moineau est un de nos oiseaux les plus familiers; il vole constamment autour de nos habitations, et s'absente rarement de nos jardins et de nos vergers. D'une légèreté et d'une adresse admirables, il ne se laisse pas prendre aisément. Dans son état naturel, il n'a pas de chant; mais lorsqu'on le prend jeune, on peut lui apprendre quelques airs. Les fermiers se plaignent beaucoup du pillage de ces oiseaux; cependant la guerre destructive qu'ils font constamment aux chenilles et aux insectes ailés, compense bien leurs déprédations passagères, et, tout bien considéré, on peut dire qu'ils font à l'économie rurale plus de bien que de mal. Les moineaux nichent ordinairement sous les toits ou dans le creux des arbres; leur nid est construit de foin ou de paille, garni de plumes, et placé de manière à n'être atteint ni par le soleil, ni par la pluie.   (ARDANT.)

I. M. *Ce texte est traduisible par le pluriel.*

223. — A UN COUSIN QUI VIENT DE FAIRE SA PREMIÈRE COMMUNION.

Il est des événements qui font époque, je mets de ce nombre le beau jour de la première communion. Oh! c'est bien le plus solennel et le plus heureux de notre vie! C'est pour te féliciter, mon cher cousin, que je t'écris ces lignes. Que ton bonheur est grand! Tu as été admis au banquet divin, le pain des anges est devenu ta nourriture. Tu as goûté combien il est doux d'aimer le Seigneur. Oui, je te félicite, et je souhaite que tu trouves toujours tes plus douces jouissances au pied des autels; celles-là seules sont vraiment des jouissances. Afin de les éprouver à l'avenir, conserve ton cœur pur, et va souvent t'unir à Celui que tu as reçu, et qui es toujours disposé à se donner à nous.

Tels sont les sentiments de ton affectionné cousin.

224. — L'ENFANT QUI SE CORRIGE.

Par un effet de la miséricorde divine, un jeune homme vicieux fut conduit dans une société d'hommes dont les mœurs étaient saintes et pures. Touché de leurs vertus, il ne tarda pas à marcher sur leurs traces et à se défaire de ses anciennes habitudes; il devint juste, sobre, patient, laborieux, charitable. On ne pouvait nier ses œuvres, mais on leur supposait des motifs odieux : on voulait toujours le juger par ce qu'il avait été, et non par ce qu'il était devenu. Cette injustice le pénétrait de douleur.

Il répandit ses larmes dans le sein d'un solitaire. « Rendez grâces à Dieu, ô mon fils, dit le vieillard : vous valez mieux que votre réputation. Heureux celui qui peut dire : Mes ennemis censurent en moi des vices que je n'ai plus. Si vous êtes bon, qu'importe que les autres vous croient méchants? N'avez-vous pas pour vous consoler deux témoins judicieux de vos actions : Dieu et votre conscience? »

225. — LE PARESSEUX.

« Je ne travaille jamais, disait un paresseux, parce que je suis toujours malade. » Son médecin lui répondit : « Tu serais infiniment plus près de la vérité si tu disais : Je suis toujours malade parce que je ne travaille pas; car, sois-en bien certain, l'oisiveté, qui est la mère de tous les vices, engendre aussi beaucoup de maladies. »

226. — ESTIME DE L'AGRICULTURE.

Les anciens encourageaient l'agriculture par toutes sortes de récompenses ; on a vu plus d'une fois chez eux des hommes passer de la charrue au faîte des grandeurs : plusieurs ont gouverné des empires, remporté des victoires, mérité des triomphes, et sont retournés ensuite, couverts de gloire, à cette même charrue qu'ils avaient été forcés d'abandonner. Chez les Romains, la récompense des grands capitaines consistait souvent en une certaine étendue de terrain ; les tribus qui s'occupaient à labourer étaient les plus estimées ; et le plus bel éloge qu'on pût faire d'un honnête homme, était de l'appeler bon laboureur.   (SÉGUIN.)

227. — LA BREBIS ET LE CHIEN.

TEXTE. — La brebis et le chien, de tous les temps amis,
Se racontaient un jour leur vie infortunée.
Ah! disait la brebis, je pleure et je frémis
Quand je songe au malheur de notre destinée.
Toi, l'esclave de l'homme, adorant des ingrats,
Toujours soumis, tendre et fidèle,
Tu reçois, pour prix de ton zèle,
Des coups et souvent le trépas.
Moi, qui tous les ans les habille,
Qui leur donne du lait et qui fume leurs champs,
Je vois chaque matin quelqu'un de ma famille
Assassiné par ces méchants.
Leurs confrères, les loups, dévorent ce qui reste.
Victimes de ces inhumains,
Travailler pour eux seuls et mourir par leurs mains,
Voilà notre destinée funeste !
Il est vrai, dit le chien : mais crois-tu plus heureux
Les auteurs de notre misère?
Va, ma sœur, il vaut encor mieux
Souffrir le mal que de le faire.   (FLORIAN.)

FIN DE LA PREMIÈRE ANNÉE.